Meet the Expert: Wissen aus erster Hand

Reihenherausgeber

Birgit Spinath, Psychologisches Institut, Universität Heidelberg, Heidelberg, Baden-Württemberg, Deutschland

Die Reihe „Meet the Expert: Wissen aus erster Hand" widmet sich aktuellen, angewandte Themen aus Psychologie und angrenzenden Wissenschaften, die für eine breite Leserschaft von Interesse sind. Das Besondere der Reihe ist das Format, in dem das Wissen vermittelt wird. Es handelt sich um Interviews mit führenden Expertinnen und Experten, die Auskunft über den Stand der Erkenntnisse in ihrem Gebiet geben. Die Interviews sind sowohl als Text als auch als Video verfügbar. Auf diese Weise vermittelt die Reihe nicht nur Wissen über interessante Inhalte, sondern stellt auch die Wissenschaftlerinnen und Wissenschaftler vor, die sich mit diesen Themen befassen. Die Reihe adressiert eine breite Leserschaft. Durch den Interview-Stil sind die Bücher angenehm zu lesen und daher auch als Freizeitlektüre geeignet. Die Bücher können auch als Grundlage für Lehrveranstaltungen in Schulen und Hochschulen dienen.

Bände in der Reihe „Meet the Expert":

Spinath (Hrsg.), Empirische Bildungsforschung – Aktuelle Themen der Bildungspraxis und aktuelle Bildungsforschung, ISBN 978-642-41697-2

Lenhard (Hrsg.), Psychische Störungen bei Jugendlichen – Ausgewählte Phänomene und Determinanten, ISBN 978-3-662-47349-8

Bajwa/König (Hrsg.), Karriereperspektiven in der Arbeits- und Organisationspsychologie, ISBN 978-3-662-54239-2

Dickhäuser/Spinath (Hrsg.), Berufsfelder der Pädagogischen Psychologie, ISBN 978-3-662-55410-4

Beinicke, Andrea, Bipp, Tanja (Hrsg.), Strategische Personalentwicklung, Psychologische, pädagogische und betriebswirtschaftliche Kernthemen, ISBN 978-3-662-55688-7

Weitere Bände sind in Planung.

Weitere Bände in der Reihe ► http://www.springer.com/series/13499

Markus Langer · Nida ul Habib Bajwa · Cornelius J. König
(Hrsg.)

Arbeits- und Organisationspsychologie im 21. Jahrhundert

 Springer

Hrsg.
Markus Langer
Universität des Saarlandes
Saarbrücken, Saarland, Deutschland

Nida ul Habib Bajwa
Arbeits- und Organisationspsychologie
Universität des Saarlandes – Campus
Saarbrücken, Saarland, Deutschland

Cornelius J. König
Universität des Saarlandes
Saarbrücken, Saarland, Deutschland

Die Online-Version des Buches enthält digitales Zusatzmaterial, das durch ein Play-Symbol gekennzeichnet ist. Die Dateien können von Lesern des gedruckten Buches mittels der kostenlosen Springer Nature „More Media" App angesehen werden. Die App ist in den relevanten App-Stores erhältlich und ermöglicht es, das entsprechend gekennzeichnete Zusatzmaterial mit einem mobilen Endgerät zu öffnen.

ISSN 2569-9660   ISSN 2569-9679   (electronic)
Meet the Expert: Wissen aus erster Hand
ISBN 978-3-658-30837-7   ISBN 978-3-658-30838-4   (eBook)
https://doi.org/10.1007/978-3-658-30838-4

Die Deutsche Nationalbibliothek verzeichnet diese Publikation in der Deutschen Nationalbibliografie; detaillierte bibliografische Daten sind im Internet über ▶ http://dnb.d-nb.de abrufbar.

Planung/Lektorat: Eva Brechtel-wahl
Springer ist ein Imprint der eingetragenen Gesellschaft Springer Fachmedien Wiesbaden GmbH und ist ein Teil von Springer Nature.
Die Anschrift der Gesellschaft ist: Abraham-Lincoln-Str. 46, 65189 Wiesbaden, Germany

Springer Nature More Media App

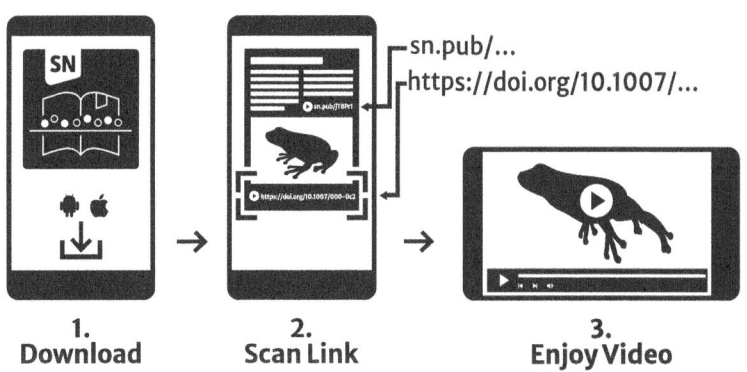

sn.pub/...
https://doi.org/10.1007/...

1.
Download

2.
Scan Link

3.
Enjoy Video

Support: customerservice@springernature.com

Inhaltsverzeichnis

Autorenverzeichnis

Dr. Nida ul Habib Bajwa Arbeits- und Organisationspsychologie, Universität des Saarlandes, Saarbrücken, Deutschland

Prof. Dr. Torsten Biemann Universität Mannheim, Mannheim, Deutschland

Dr. Falko Brenner Kienbaum Consultants International GmbH, Berlin, Deutschland

Dr. Nikos Green Berlin, Deutschland

Philipp Grochowski PRECIRE Technologies GmbH, Aachen, Nordrhein-Westfalen, Deutschland

Dr. Hanne Horvath GET.ON Institut für Online Gesundheitstrainings GmbH, Hamburg, Deutschland

Prof. Dr. Cornelius J. König Arbeits- und Organisationspsychologie, Universität des Saarlandes, Saarbrücken, Deutschland

Dr. Markus Langer Arbeits- und Organisationspsychologie, Universität des Saarlandes, Saarbrücken, Deutschland

Dr. Nathan Mondragon HireVue, Erie, CO, Vereinigte Staaten von Amerika

Lara Montefiori London, Großbritannien

(MSc) Stefan Patak whatchado GmbH, Vienna, Österreich

Dr. Michael Schilling CISPA Helmholtz Center for Information Security, Saarbrücken, Deutschland

Dr. Deborah Schnabel Creative Learning Space, Frankfurt, Deutschland

Johannes Tröger Deutsches Forschungszentrum für Künstliche Intelligenz (DFKI GmbH), Saarbrücken, Deutschland

Ilias Vartholomaios Owiwi, Athens, Attica, Griechenland

Annika Wenzel Bous, Deutschland

Einleitung

Markus Langer, Nida ul Habib Bajwa und Cornelius J. König

Inhaltsverzeichnis

© Springer Fachmedien Wiesbaden GmbH, ein Teil von Springer Nature 2021
M. Langer et al. (Hrsg.), *Arbeits- und Organisationspsychologie im 21. Jahrhundert*,
Meet the Expert: Wissen aus erster Hand, https://doi.org/10.1007/978-3-658-30838-4_1

Mögliche Berufsfelder für angehende Arbeits- und Organisationspsycholog*innen wurden im Buch „Karriereperspektiven für Arbeits- und Organisationspsychologen" von Bajwa und König (2018) erstmalig breitflächig beschrieben. Mit diesem Buch wollten wir interessierten Abiturient*innen sowie Studienanfänger*innen die klassischen Arbeitsfelder dieses Berufsstands vorstellen. Nach der Veröffentlichung des Buchs erreichten uns viele Kommentare von Studierenden sowie Kolleg*innen, die jenseits der klassischen Berufsfelder nach neueren Trends sowie zukünftigen Berufsfeldern für Arbeits- und Organisationpsycholog*innen fragten. Zu Recht!

Eine Vielzahl von Faktoren hat die Arbeitswelt im Vergleich zu vergangenen Jahrzehnten bereits nachhaltig beeinflusst und verändert. Erwartete man früher vielleicht nach zehn Jahren und mehr ein Nachfolgemodell zu einem Auto, so sind es mittlerweile eher fünf bis sieben Jahre. Autos sind dabei nur ein Beispiel von vielen. Ähnliche Entwicklungen findet man auch bei High-Tech-Produkten wie Smartphones. Aber auch klassischere Industriezweige schlagen eine vergleichbare Richtung ein: Beispielsweise verändert die Modebranche dank der Verfügbarkeit von detaillierten Verkaufsdaten mittlerweile ihr Sortiment mehrfach innerhalb einer Saison (diesen aus ökologischen Gesichtspunkten recht fragwürdigen Trend nennt man auch „fast fashion"). Neben der stetig steigenden Automatisierung in der Produktion hat die Digitalisierung im Allgemeinen zu hohen Effizienzgewinnen und einer Vielfalt an neuen Arbeitsformen geführt.

Die Veränderungen der Arbeitswelt haben auch einen Einfluss auf die Arbeit von Arbeits- und Organisationspsycholog*innen. In der neuen Wirtschaftswelt verändern sich viel häufiger die Anforderungen an Mitarbeiter*innen, was gleichzeitig neue Konzepte zur Ausbildung von passenden Kompetenzen bedingt. Gleichermaßen befinden wir uns mitten im Zeitalter von Big Data im Personalwesen, in dem neue Datenquellen, größere Datenmengen und ein schnellerer Datenfluss neue Möglichkeiten bieten, psychologische Faktoren der Arbeit zu erfassen und basierend auf diesen Daten Handlungsempfehlungen für Arbeitnehmer*innen und Arbeitgeber*innen zu unterbreiten.

In den vergangenen Jahren haben sich somit eine Vielzahl an Arbeitsbereichen für Arbeits- und Organisationspsycholog*innen ergeben, die für die Berufswahl von Studienanfänger*innen in der Zukunft prägend sein können. Entsprechend verfolgt dieses Buch das Ziel, diese neuartigen und sich noch in der Entwicklung befindlichen Berufsfelder in ihrer Breite darzustellen und einen sehr praxisnahen Einblick in eine Vielzahl von Tätigkeiten zu geben, um die Wahl des Studienschwerpunkts, des Studienorts sowie etwaiger Praktika und Weiterbildungen während des Studiums zu erleichtern. In 13 Interviews stellen vorrangig Arbeits- und Organisationspsycholog*innen, die an einigen Stellen auch Pionierarbeit für das Fach leisten, ihre neuartigen Arbeitsfelder vor und verknüpfen diese mit dem im Studium erlernten Wissen. Zudem gewähren die Interviewpartner*innen Einblicke in die zukünftig notwendigen Kompetenzen von Absolvent*innen der Arbeits- und Organisationspsychologie und bieten somit eine Vorausschau auf vermutlich anstehende Veränderungen in der psychologischen Ausbildung.

1.1 Zukunft der Arbeits- und Organisationspsychologie

Die Arbeits- und Organisationspsychologie beschäftigt sich mit dem Erleben und Verhalten von Menschen am Arbeitsplatz. Dabei soll Erleben und Verhalten in Organisationen beschrieben, erklärt, vorhergesagt und beeinflusst werden; so lautet eine der verbreitetsten Definitionen der Arbeits- und Organisationspsychologie – jenes Fachgebiets der Psychologie, das sich mit der Psychologie der Arbeit auseinandersetzt und dessen Anfänge im Beginn des 20. Jahrhunderts liegen.

Als empirisches Anwendungsfach besteht der Anspruch der Arbeits- und Organisationspsychologie, praxisrelevantes Wissen zu generieren, das hilft, persönliche Ziele von Mitarbeiter*innen und Ziele von Organisationen zu erreichen. Um dies wissenschaftlich fundiert bewerkstelligen zu können, benötigt die Forschung in der Arbeits- und Organisationspsychologie Zeit. Viel Zeit. Nimmt man beispielsweise das Thema Stress am Arbeitsplatz als Fragestellung, so sieht man, dass die Wissenschaft schon seit über 100 Jahren mit der Ergründung dieser Frage beschäftigt ist. In den letzten Jahrzehnten wurden dazu Tausende von wissenschaftlichen Veröffentlichungen sowie dezidierte wissenschaftliche Zeitschriften etabliert, die sich mit nichts anderem als Stress am Arbeitsplatz auseinandersetzen. Sie merken an dieser Stelle vielleicht schon, dass die simple Frage nach Stress am Arbeitsplatz eine deutlich komplexere ist, da es noch eine Vielzahl ungeklärter Fragen gibt und sich Arbeitsplätze selbst im stetigen Wandel befinden und immer wieder eine Anpassung etablierter Theorien nötig machen. So könnten aufgrund der stetigen Digitalisierung heute neue Stressoren dazugekommen sein, deren Wirkweise noch nicht verstanden ist (z. B. ständige Erreichbarkeit auch in der Freizeit). Gleichermaßen haben sich die Gesetzeslage und Gesellschaft auch verändert, sodass familienfreundlichere Arbeitszeitmodelle möglich sind, die für junge Eltern sicherlich eine Erleichterung darstellen, aber für die restliche Belegschaft, die mit dem längeren Ausfall von Kolleg*innen umgehen müssen, manchmal zu zusätzlichem Stress führen können.

Wenn die Arbeits- und Organisationspsychologie also das Erleben und Verhalten von Menschen am Arbeitsplatz analysieren möchte, dann gehört es zur Realität dazu, dass sich die Welt in einem stetigen Wandel befindet – und somit auch die Arbeit als Arbeits- und Organisationspsycholog*in. Wie oben beschrieben, fällt es einem von der Empirie getriebenen Fachgebiet wie der Psychologie aber nicht unbedingt leicht, sich schnell auf Veränderungen einzustellen. Vermeintlich einfache Fragen bringen zumeist eine große Komplexität mit sich, sodass die Generierung wissenschaftlich belastbarer Empfehlungen zur Verbesserung der Arbeitssituation viele Jahre in Anspruch nehmen kann. Die Zukunft wird es jedoch Arbeits- und Organisationspsycholog*innen abverlangen, näher an den Entwicklungen im unternehmerischen Umfeld zu sein und schneller belastbare Ergebnisse zu produzieren, auf deren Grundlage Organisationen evidenzbasierte Entscheidungen treffen können.

Dieses Buch versucht mithilfe einer Vielzahl von Interviews, unterschiedliche Entwicklungen für das Fachgebiet der Arbeits- und Organisationspsychologie zu beleuchten und daraus Karriereperspektiven abzuleiten. Dabei haben wir uns in diesem Buch bewusst dafür entschieden, bereits vorhandene nicht klassische Arbeitsfelder genauso darzustellen wie aktuell entstehende Arbeitsfelder, die immer mehr die Kompetenz von Arbeits- und Organisationspsycholog*innen erfordern, sowie einen Ausblick dazu zu geben, welche Themen relevant werden könnten. Wir haben uns dabei von drei globalen Trends leiten lassen: Digitalisierung, Big Data und Cybersecurity.

1.2 Digitalisierung

Es ist unbestreitbar, dass die Digitalisierung in den letzten Jahrzehnten im Arbeitsleben wie im Privatleben Einzug erhalten hat. Digitalisierung ist dabei ein Prozess, der nicht einfach irgendwann abgeschlossen sein wird, sondern bei dem Unternehmen in einem unterschiedlichen Grad überlegen, wie sie manche ihrer Unternehmensprozesse digitalisieren können und wollen. Hierbei sollte immer berücksichtigt werden, wie es Mitarbeiter*innen ermöglicht wird, „menschliche" Kompetenzen zur Geltung zu bringen und in erfolgreiche Arbeitsprozesse umzusetzen. Sehr sichtbar werden diese Veränderungen für viele wohl bei einer der Kompetenzen, die uns als Menschen besonders macht: Kommunikation. Beispielsweise gibt es neben der viel gescholtenen E-Mail, die nach wie vor ein zentrales Kommunikationsmedium in Unternehmen ist, mittlerweile eine große Zahl an unterschiedlichen synchronen (z. B. Videokonferenzen) wie asynchronen Kommunikationskanälen (z. B. Slack), gepaart mit kollaborativen Dokumentverarbeitungssystemen (z. B. Google Docs, Microsoft 365), die eine größere Schnelligkeit in den Berufsalltag bringen. Aber neben diesen für Bürotätigkeiten relevanten Werkzeugen gibt es eine Vielzahl anderer Beispiele, die zeigen wie sich unsere Arbeitswelt verändert: So verwenden Handwerker*innen Messengerdienste, um schnell Bilder einer Baustelle mit Auftraggeber*innen auszutauschen; spätestens seit der Corona-Pandemie haben Mediziner*innen nun Telemedizin-Angebote etabliert (deren Kosten manche Krankenkassen bereits übernehmen); Supermärkte verwenden zunehmend digitale Preisschilder, um schneller und einfacher Preisanpassungen vorzunehmen, und Speditionsunternehmen bieten Live-Tracking ihrer Waren mit dem Ziel an, möglichst viel Transparenz für ihre Kund*innen zu schaffen.

Teil der Digitalisierungsdebatte ist auch das Themenfeld der Automatisierung, d. h. die Frage danach, welche Arbeitsschritte in welchem Grad automatisch von Maschinen und Computern bearbeitet werden können. Mittlerweile werden beispielsweise zur Entlastung von Call Centern Chatbots eingesetzt, die in der Lage sind, natürliche Sprache bis zu einem gewissen Grad gut zu „verstehen" und auf einige der einfachen Nachfragen automatisch Vorschläge oder Lösungen zu unterbreiten. Gleichermaßen werden in Fabrikhallen eine Vielzahl von Robotern eingesetzt, die beispielsweise die Lagerlogistik eines Versandhändlers organisieren können und Mitarbeiter*innen dabei helfen, schnell zu versendende Artikel zu finden.

1.3 Big Data

Aus den genannten Beispielen ergibt sich ein weiteres großes Handlungsfeld: Big Data. Überall, wo Prozesse digitalisiert bzw. automatisiert werden, fallen Daten an. Dies können in Online-Shops beispielsweise die Besuchszahlen der Webseite und das Kaufverhalten von Kund*innen sein. In großen Produktionsstätten können Millionen von Datenpunkten für produzierte Produkte pro Tag anfallen, bei denen jeder Teilschritt maschinell festgehalten wird und ggf. auch Mitarbeiter*innen direkt zugeordnet werden kann. Aufgrund der Unmenge an anfallenden Daten dauerte es dann auch nicht lange, dass sich in Unternehmen der Bedarf an Expert*innen herausgebildet hat, die zum einen die Datenmenge systematisch erheben und strukturieren und zudem mittels mathematischer Modelle den Daten auch einen Sinn geben können. Universitäten haben diesen Bedarf erkannt und angefangen, spezialisierte Studiengänge im Bereich „Data Science", also der Forschung über Daten, anzubieten. Spannenderweise stand dabei lange Zeit im Vordergrund, die technisch realisierbaren Möglichkeiten an Datenquellen und deren mathematische Beherrschung zu erforschen, sodass die theoriegeleiteten Schlussfolgerungen im Hintergrund standen. So fanden Data Scientists vor einigen Jahren den Zusammenhang, dass Personen, die bei Facebook die frittierte Kartoffelsorte Curly-Fries mit einem „Like" versahen, bei Intelligenztests signifikant höhere Werte erreichten. Da diesem Zusammenhang keine sinnvoll erklärbare psychologische Theorie zugrunde lag, dauerte es auch nicht lange, bis es viele Fans von Curly-Fries gab und das soeben noch etablierte mathematische Modell nicht mehr funktionierte. Und hier kommt Arbeits- und Organisationspsycholog*innen eine entscheidende Rolle zu: Die Verknüpfung von großen Datenmengen mit theoretisch und inhaltlich tragfähigen Überlegungen eröffnet ein Mehr an Möglichkeiten, neuartige Wege der psychologischen Diagnostik zu finden. Gleichzeitig sind große Datenmengen die Basis von künstlicher Intelligenz und Algorithmen des maschinellen Lernens, an deren Ausgestaltung, je nach Themenfeld, auch Arbeits- und Organisationspsycholog*innen beteiligt sein können.

1.4 Cybersecurity

Aus voranschreitender Digitalisierung und einer immer größer werdenden Menge an Daten, die über Menschen (am Arbeitsplatz oder auch in der Freizeit) erhoben werden können, ergibt sich als ein drängendes Handlungsfeld, die Sicherheit dieser Daten zu gewährleisten. Kaum eine Woche vergeht, in der nicht von einem großen Datenleck bei Firmen die Rede ist. Neben sehr sensiblen Informationen wie Kreditkartendaten sind häufig auch persönliche Passwörter von Nutzer*innen Ziel der Cyberattacken und werden von Kriminellen verwendet, um in andere verwendete Dienste oder gar in Firmennetze einzudringen. Nicht nur Kleinkriminelle, sondern auch staatliche Institutionen betreiben aus unterschiedlichsten Gründen aktiv „Cyberwarfare" und mischen sich so in die politischen Belange des eigenen Landes oder fremder Länder ein. Neben technischen Angriffen auf kritische Infrastruktur gibt es aber auch eine Vielzahl von Attacken, die bewusst psychologisch getrieben sind und bei denen beispielsweise klassische Überzeugungstechniken eine große Rolle spielen. Sei es beim Phishing, bei dem Betrüger*innen versuchen, sich als eine seriöse Firma auszugeben und somit Personen zu freiwilligen Preisgabe ihrer Daten bringen, oder bei sogenannten Social-Engineering-Angriffen, bei denen über digitale Recherchen genügend Informationen über vereinzelte Personen zusammengetragen werden, um Firmenmitarbeiter*innen z. B. zur Überweisung hoher Summen zu bringen. „Humans are security's weakest link" lautet einer der berühmtesten

1

Aussprüche, der zeigt, dass sich mittlerweile die Erkenntnis breitmacht, dass Psycholog*innen einen entscheidenden Beitrag zur Erhöhung der Cybersicherheit beitragen können.

Diese aufgezeigten Trends sind natürlich nur eine Momentaufnahme und erheben auch keinen Anspruch auf Vollständigkeit. Jedoch prägen diese Entwicklungen nun bereits seit geraumer Zeit die Arbeit von Arbeits- und Organisationspsycholog*innen. Um auf diese Trends eingehen zu können, haben wir eine Vielzahl von Interviews geführt und in diesem Buch zusammengestellt: Wir stellen beispielsweise „kleinere" Veränderungen im Bereich der Personalentwicklung vor, bei denen didaktische Konzepte wichtiger werden, die eine optimale Verknüpfung der digitalen und analogen Welt zulassen. Ebenso im Fokus stehen bereits länger anhaltende Trends wie der Einsatz von Big Data im Personalwesen im Allgemeinen, aber auch in speziellen Anwendungskontexten, wie beispielsweise der Personalauswahl über alternative Datenquellen. Ein zentrales Thema hierbei ist, dass die Arbeit von Arbeits- und Organisationspsycholog*innen immer wichtiger sein wird, um technologische Möglichkeiten mit inhaltlich und theoretisch sinnvollen Vorgehensweisen zu verknüpfen. Zuletzt stellen wir auch Arbeitsfelder vor, bei denen Arbeits- und Organisationspsycholog*innen bisher nur in sehr geringer Zahl vertreten sind, aber in Zukunft immer stärker gefragt werden (z. B. Cybersecurity, User Experience).

Wir hoffen, Ihnen mit diesem Buch Einblicke in die Zukunft der Arbeit für Arbeits- und Organisationspsycholog*innen geben zu können, indem die genannten Trends und Entwicklungen in einer Vielzahl von Interviews aufgegriffen werden und detailliert auf die entscheidende Rolle unseres Berufsstands eingegangen wird.

Zuletzt möchten wir an dieser Stelle die Gelegenheit nutzen, um unseren Studierenden zu danken, die zentraler Bestandteil für das Zustandekommen dieses Buchs waren. Danke an: Sandra Bell, Julia Beyer, Vivien Busch, Niklas George, Saskia Haase, Laura Helmin, Tim Hunsicker, Stefan Kenst, Eirini Kourmpeli, Veronika Lazar, Johannes Merscher, Özge Tablacioglu, Jaqueline Naughton, Lisa Peuckmann, Nicole Pieprzyca, Denise Vesper, Nathalie Zetzmann und Theresa Zimmer haben die in diesem Buch dargestellten Interviews durchgeführt, Korrektur gelesen, übersetzt und professionell aufbereitet – ein großes Dankeschön an euch!

Digitale Karriereberatung

Nida ul Habib Bajwa, Markus Langer und Cornelius J. König

Inhaltsverzeichnis

Ergänzende Information Die elektronische Version dieses Kapitels enthält Zusatzmaterial, auf das über folgenden Link zugegriffen werden kann (▶ https://doi.org/10.1007/978-3-658-30838-4_2). Die Videos lassen sich durch Anklicken des DOI Links in der Legende einer entsprechenden Abbildung abspielen, oder indem Sie diesen Link mit der SN More Media App scannen.

© Springer Fachmedien Wiesbaden GmbH, ein Teil von Springer Nature 2021
M. Langer et al. (Hrsg.), *Arbeits- und Organisationspsychologie im 21. Jahrhundert,*
Meet the Expert: Wissen aus erster Hand, https://doi.org/10.1007/978-3-658-30838-4_2

2

Vielleicht haben Sie in der Vergangenheit schon eine Karriere- oder Berufsberatung erlebt. Üblicherweise besuchen in Deutschland Mitarbeiter*innen der Bundesagentur für Arbeit Schulen oder Schulklassen machen direkt einen Ausflug zur lokalen Agentur für Arbeit, um mit Berufsberater*innen ein Beratungsgespräch über eigene Stärken und Schwächen in der Schule sowie berufliche Interessen zu führen. Manchen, die solch ein Gespräch vor Jahren oder gar Jahrzehnten geführt haben, werden die Ideen der Berufsberater*innen für wenig zielführend in Erinnerung haben. Den Herausgebern dieses Buchs – heute alle Psychologen – wurde vorgeschlagen, dass sie eine Ausbildung zum Fluglotsen machen könnten, Moderator oder Hotelier werden. Mit diesen Vorschlägen konnten wir damals wenig anfangen und auch heute wären das (bei manchen von uns) nicht die Traumberufe, nach denen wir uns jenseits der Psychologie sehnen.

Solche Empfehlungen waren früher oft das Resultat eines lockeren und unstrukturierten Gesprächsformats mit Berater*innen, die sich durch den Dschungel der unzähligen Möglichkeiten an Berufen kämpfen und notgedrungen viel Komplexität reduzieren mussten. So war es recht üblich, nach individuellen Stärken und Schwächen im Hinblick auf einzelne Studienfächer zu fragen („Sie mochten in der Schule also vor allem Erdkunde? Möchten Sie vielleicht Geologe werden?") und dabei überfachliche Kompetenzen häufig außer Acht zu lassen. Gleichermaßen stand Berufsberater*innen lange auch keine breite Palette an psychometrischen Testverfahren zur Verfügung, die Einblicke in überfachliche Kompetenzen geben und vielleicht sogar eine Entscheidungsmatrix zur Verfügung stellen könnten, die anzeigt, welcher Beruf aufgrund der aktuellen Interessen und Stärken am besten zu einem Jugendlichen passen würde.

Dabei ist es naturgemäß schwierig, basierend auf situativen Aufzeichnungen der aktuellen Persönlichkeit, Einstellungen und Motivation sowie Stärken und Schwächen von Jugendlichen die ideale berufliche Karriere vorherzusagen. Viele individuelle Eigenschaften und Interessen verändern sich im Kindes- und Jugendalter noch stark. Erst im Erwachsenenalter stabilisieren sich einige der Variablen, die dann eine Analyse und Empfehlungen von Karrierewegen besser zulassen. Zudem ist es aus Forschungsperspektive nahezu unmöglich, für jeden denkbaren Beruf ein eigenes psychologisches Profil zu erarbeiten, auf dessen Basis man eine exakte Vorhersage treffen könnte.

Allerdings hat sich im Bereich der Karriereberatung in den letzten Jahren einiges getan. So gibt es neben einer Vielzahl von psychologisch fundierten Möglichkeiten zur Einschätzung persönlicher Eigenschaften und Interessen, die eine Reduktion der Komplexität bei gleichzeitiger Erhöhung der Qualität der Beratung zulassen, auch eine stärkere Differenzierung von Studienberatung, Berufsberatung sowie Karriereberatung im Allgemeinen. Oftmals bedienen sich sogar Personen, die mitten im Berufsleben stehen, solcher Beratungen für den weiteren Karriereweg. Viele Universitäten und Bundesländer bieten in Deutschland bereits sogenannte „Online-Assessments" an, bei denen man sich frühzeitig mit etwaigen Studien- oder Berufsideen auseinandersetzen kann, was den Reflexionsprozess über den eigenen Berufsweg unterstützen sollte.

In diesem Kapitel möchten wir eine neue Art der Berufsberatung vorstellen, die der arbeits- und organisationspsychologischen Idee der „realistischen Tätigkeitsvorschau" sehr nahe kommt, also der Idee, besser verstehen zu können, was in einem bestimmten Beruf auf einen zukommen könnte. Diese Idee entstand aus der

Erkenntnis, dass ein Berufsberater normalerweise keinen detaillierten Einblick geben kann, wie ein solcher Beruf später im Alltag aussehen könnte, denn für einen wirklich realistischen Einblick in einen Beruf ist einiges an Berufserfahrung im betreffenden Beruf notwendig. Die Firma whatchado hat aus dieser Erkenntnis ein innovatives Konzept zur digitalen Karriereberatung entwickelt. Zunächst wird ein Interessentest durchgeführt und danach eine zu den eigenen Interessen passende Auswahl an Interviews mit Personen gezeigt, die dem eigenen Profil entsprechen. Aus der Erfahrung der Autoren, die das folgende Kapitel einer Vielzahl an Studierenden zur Leseprobe gaben, zeigte sich, dass diese Idee zu vielen spannenden Fragestellungen und potenziellen praktischen Ideen für angehende Arbeits- und Organisationspsycholog*innen führen kann.

Im folgenden Kapitel wurde Stefan Patak, Co-Founder der Firma whatchado, interviewt. Im Interview stellt er die Karriereberatungsplattform whatchado vor und zeigt auf, welchen Beitrag Arbeits- und Organisationspsycholog*innen bei der Ausgestaltung solch einer Plattform leisten können.

2.1 Interview mit Stefan Patak, watchado

Das Interview mit Stefan Patak (SP) wurde geführt von Denise Vesper (Interviewerin, I) und transkribiert von Stefan Kenst.

Interviewer (I) Hallo Stefan, vielen Dank, dass du dir die Zeit für das Interview genommen hast. Du bist Mitgründer von whatchado, einem Karriereberatungsportal für Schüler und Jugendliche. Wie kam es denn eigentlich zu der Gründung von whatchado?

Stefan Patak (SP) whatchado wurde im Jahr 2010 als gemeinnütziger Verein gegründet. Der ursprüngliche Ideengeber war Ali Mahlodji und der hat den Verein gemeinsam mit Jubin Honarfar und mir gegründet. Ein Jahr später kamen Manuel Bovio und Kambis Kohansal Vajargah dazu. Bei uns ist das Ganze deshalb entstanden, weil wir in der Vergangenheit selbst das Thema hatten, einfach nicht zu wissen, wo wir hineinpassen mit unseren Interessen, mit unseren Fähigkeiten und unseren Potenzialen. Die Idee war, dieses Handbuch an Lebensgeschichten zu haben, in dem der zentrale Aspekt ist, den Weg, den Werdegang vom Menschen einzufangen. Darzustellen, was diese Menschen gemacht haben, wie sie dazu gekommen sind. Das heißt, uns war wichtig, mehr über den Background von Menschen und deren Beweggründe zu erfahren, zu schauen, was sie wie gemacht haben, welchen Beruf sie ausüben, warum sie diesen Beruf ausüben und wie sie dazu gekommen sind. Der Hauptgrund für die Gründung war, selbst das Problem zu haben, nicht genau zu wissen, wo unser Platz in der Berufs- oder in der Arbeitswelt ist. Wenn man sich die Werdegänge von sehr vielen Personen ansieht, die bei uns sind, unter anderem im Gründerteam, ist es so, dass zum Beispiel Ali über 40 Jobs ausprobiert, die Schule abgebrochen, ein Studium begonnen, Schule nachgemacht und dann das Studium berufsbegleitend beendet hat. Ich habe selbst auch einen Studiengangwechsel gemacht. Bei mir war es jetzt nicht so problematisch, aber ich habe mit 14 Jahren auch keine konkrete Vorstellung gehabt, was ich machen will. Und irgendwie war es dann so, ohne großartige Informationen zu haben oder auf einer

Berufsmesse gewesen zu sein, dass ich begonnen habe, Architektur zu studieren. Ich bin dann darauf gekommen, dass mein Studium eigentlich gar nicht so ist, wie ich es mir vorstelle, auch das Berufsleben als Architekt. Ich hatte einfach ein völlig verzerrtes Bild. Und auch bei Jubin war es so, dass er Wirtschaft studiert und dann zu Medizin gewechselt hat. Also es hat sich dann schon stark herauskristallisiert, dass wir ein sehr verzerrtes Bild von der Berufswelt hatten, was einem vermittelt worden ist. Und deshalb war es uns wichtig, von Menschen ein Handbuch an Lebensgeschichten zu haben, in dem man wirklich von Menschen, die einen Beruf ausüben und ihren Weg gegangen sind, erfährt, was dahintersteckt, wie das in der Realität so aussieht. Also auf authentische Art und Weise, aus erster Hand.

I   Sehr gut. Also du hast es jetzt schon kurz angesprochen, kannst du vielleicht nochmal in 1–2 Sätzen zusammenfassen, was genau whatchado macht?

SP   Ja, also wenn ich jetzt kurz whatchado erkläre: whatchado, wir sagen immer Wikipedia der Lebensläufe, Handbuch der Lebensgeschichten. Im Endeffekt ist whatchado eine Berufsorientierungsplattform, auf der Menschen anhand von sieben Fragen in kurzen Videointerviews erzählen, wer sie sind, was sie machen, warum sie das tun und wie sie zu dem gekommen sind. Die Idee von whatchado ist es, Menschen zu zeigen, welche Lebenswege es gibt, wie unterschiedlich die Werdegänge sein können und was es eigentlich für Berufsmöglichkeiten gibt. whatchado soll Menschen aktivieren oder Interesse wecken, sich mit diesem Thema mehr auseinanderzusetzen.

I   Was sind jetzt deine oder waren auch deine Funktionen bei whatchado? Du hast ja schon mehrere durchlaufen.

SP   Zum einen war ich unter anderem für den Verein, den wir gegründet haben, eine Zeit lang als Obmann tätig. Aber aufgrund meines Studiums und meiner Spezialisierung auf Marketing und Online-Business habe ich mich anfangs sehr stark um unsere Online-Präsenz gekümmert, das Thema Public Relation (PR) ein bisschen übernommen, mich um die Community gekümmert und die Social-Media-Kanäle aufgebaut, um die Community besser zu erreichen. Nach knapp eineinhalb Jahren haben wir eine GmbH gegründet. Vielleicht kurz zu dieser Gründungsgeschichte:
    whatchado ist wie gesagt als Verein gegründet worden, als Non-Profit, als Freizeitprojekt aus Interesse und Eigenmotivation. Trotz sehr viel Unterstützung aus dem Freundes- und Bekanntenkreis, haben wir das zu Beginn als Freizeitprojekt vorangetrieben, die ersten Preise gewonnen und versucht, auch spannende Lebensgeschichten, also Interviewpartner zu finden und diese Lebensgeschichten einzufangen. Dann war es so, dass wir auf einem Start-up-Event unseren Business-Angel kennengelernt haben und der hat gesagt: Die Jobs, die ihr habt und die Praktiken, die ihr macht, die sind gut und schön, aber warum fokussiert ihr euch nicht ganz darauf? Er hat uns finanziell darin unterstützt aus dem Freizeitprojekt eine Firma zu gründen. So sind wir eigentlich dann in die Gründungsphase reingekommen. Da war es eben anfangs so, dass wir geschaut haben, dass jeder aufgrund des Backgrounds, den er hat, oder aufgrund der Stärken das ausübt, worin er gut ist. Meistens ist es so, dass das, was man gut macht, automatisch auch gerne macht. Das

war zwar nicht immer so, weil manchmal muss man auch Feuerwehrmann spielen, aber am Ende des Tages war es so, dass ich zuerst eben in diesem Online-Bereich tätig war, Social-Media, PR, Marketing. Dann haben wir mit so vielen Organisationen zusammengearbeitet, dass es Zeit war, ein Key Accounting aufzubauen. Das heißt, ich habe dann in diese Key-Accounting-Schiene gewechselt, weil ich halt, wie du merkst, auch gerne rede und sehr kommunikativ bin. Und dann, vor knapp zwei Jahren, war es dann so, dass ich aus dem Bereich raus bin, weil wir zum damaligen Zeitpunkt schon einen eigenen Bildungsbereich entwickelt und initiiert hatten und da ist es so, dass diese Anfragen immer stärker geworden sind und deshalb bin ich seit zwei Jahren vorwiegend für den Bildungsbereich mitverantwortlich, sehr viel mit Vortragstätigkeit beschäftigt, mit Lehrerfortbildungen, Schulvorträgen, Partnerschaften im Bildungsbereich, mit Universitäten und Fachhochschulen, auch staatlichen Organisationen et cetera.

Wir machen auch Erklärvideos. Wir haben auch eigene Unterrichtsmaterialien für den Berufsorientierungsunterricht und dabei versuchen wir die digitalen Möglichkeiten, die es gibt, mit dem Medienverhalten oder mit der Lebensweise der jungen Menschen zu verbinden und da irgendwie so eine Brücke zu spannen. Zahlentechnisch ist es so, dass wir in den letzten vier Jahren über 300 Schulen besucht haben. In der Zeit waren wir als Organisation auch auf sehr vielen Events. Wir haben über unsere Schulungen, über unsere Online-Streams und auch Online-Vorträge über 120.000 Schülerinnen und Schüler erreicht. Und das in Deutschland, Österreich und der Schweiz. Deshalb haben wir auch eine eigene Instanz gegründet, wir haben unser whatchaskool-Format, bei dem es um den Schulvortrag geht, aber wir sind natürlich draufgekommen, dass unsere Ressourcen auch beschränkt sind. Deshalb haben wir eine eigene Subinstanz daraus gemacht. Also die nennt sich ► education.whatchado.com und da geht es wirklich darum, dass wir schauen, dass wir da einfach junge Menschen aktivieren, sich mit der Berufswahl proaktiv auseinanderzusetzen, sich den eigenen Fähigkeiten bewusst zu werden. Zu schauen, welche Interessen man hat, um zu schauen, wie das mit dem Angebot auf dem Arbeitsmarkt übereinstimmt. Und auch wirklich zu vermitteln, dass Berufsorientierung ein lebenslanger Prozess ist. Das heißt, es ist wichtig, einfach mal den ersten Schritt zu gehen, etwas zu probieren. Die Bildungsinitiative oder die Bildungsseite ist bei uns immer stärker in den Vordergrund getreten.

I   Es freut mich, wenn du so begeistert bist von dem, was du tust. Das ist auch ein schönes Bild, das dann vermittelt wird. Was man sich jetzt aber fragen kann, ist, wie so ein typischer Arbeitstag bei dir aussieht. Also wie muss man sich das vorstellen?

SP   Also einen typischen Arbeitstag habe ich defacto nicht. Das ist genau die Frage, die ich niemals gelten lasse in den Interviews, wenn wir Interviews führen. Jeder Arbeitstag ist anders. Es passiert immer was anderes. Tatsächlich ist es so, dass ich keinen typischen Arbeitstag an sich habe, weil ich durch Vortragstätigkeiten oftmals unterwegs bin. Das heißt, da gehört dann Reisetätigkeit dazu. Es kann sein, dass ich für ein bis zwei Tagen nach Deutschland komme. Es kann sein, dass ich eine ganze Woche mit dem Auto oder Zug durch Deutschland toure. Es kann sein, dass ich in Österreich bin, morgens in den Zug steige und abends zurückkomme. Es kann aber auch sein, dass ich diese Erklärvideos oder Berufsvideos drehe.

Manchmal habe ich einen Office-Tag, an dem ich bestimmte Meetings habe. Deswegen, so einen typischen Arbeitstag habe ich nicht. Was schon typisch ist, dass jeden Dienstag eine Art Teamlunch stattfindet. Das heißt, da versuchen wir im Team gemeinsam essen zu gehen. Das versuche ich schon als Fixpunkt einzuhalten, soweit möglich.

Im Office-Tag ist es so: Wenn ich im Office bin, versuche ich schon möglichst zeitig da zu sein. Dass ich vor allem die ersten ein, zwei Stunden sehr fokussiert arbeite, eher die Dinge, die mich sonst tagsüber aufhalten würden, abarbeite. 2013 und 2014 haben wir so eine Vertretung der Kolleginnen und Kollegen gewählt. Da war ihnen wichtig, dass es auch jemanden gibt, der oft anwesend ist. Der einen guten Draht zu den anderen Gründern hat, auch zum Managementteam. Und da haben sie damals gesagt, ich sei ihr Chief-Happiness-Officer und im Zuge dessen versuche ich jeden Tag eine Office-Runde zu machen, um einfach zu schauen, ob irgendwo was drückt. Ob man den Leuten irgendwelche Steine aus dem Weg räumen kann. Und da sehe ich mich ein bisschen so als Bindeglied zwischen der Geschäftsführung und allen Mitarbeitern, also allen Menschen in der Organisation. Da ist es auch wichtig, zu schauen, dass dieser Spirit, den man hat, wenn man gerade am Anfang ist, ein Unternehmen zu gründen, aufrecht zu erhalten. Ich versuche, ein gewisses Vertrauen aufzubauen und den Menschen auch die Werte des Unternehmens zu vermitteln. Da habe ich auch eine Art Vorbildfunktion. Deshalb ist das ein Fixpunkt in einem klassischen Office-Tag, die ersten zwei Stunden sehr fokussiert, dann die Office-Runde zusammen, dann mit irgendjemanden ein gemeinsames Mittagessen, dann danach meistens externe Meetings. Man muss oft mal improvisieren, weil man mal irgendwo einspringen muss, aber am Ende des Tages ist es so, mit den Leuten, mit denen ich arbeite, mit denen arbeite ich sehr gerne. Das ist einfach so. Und deshalb ist es mir auch nicht so wichtig, genau auf die Uhr zu schauen, wann ich komme, wann ich gehe, sondern das ist eher so ein fließender Prozess.

I   Du hast ja auch schon erwähnt, dass du BWL studiert hast. Würdest du sagen, dass dir dein Studium bei deiner Tätigkeit hilft?

SP   Am Anfang habe ich mich sehr schwer getan mit dem BWL-Studium, aber durch die Spezialisierung und mein Auslandssemester habe ich gemerkt, dass das Studium sehr wertvoll ist. Eher von dem, was einem vermittelt wird. Das einem vermittelt wird, wie man recherchiert, wie man komplexe Aufgaben oder komplexe Fragestellungen löst, die man bekommt. Es gab etwas ganz Wesentliches: wo man sich Unterstützung sucht oder wie man mit externen Personen bestimmte Fragestellungen erarbeiten kann. Das, würde ich mal sagen, war das Wichtigste im Studium. Und deshalb war es schon sehr hilfreich. Gerade als wir dann die Firmengründung gehabt haben, war der BWL-Background natürlich gut. Ich meine, ich war und bin nicht der Beste im Finance, in der Buchhaltung oder sonstwas gewesen, oder im Recht. Aber ich weiß: Wo schau ich nach, wie kann ich recherchieren, wo finde ich das, mit wem kann ich sprechen? Das war schon von dem Punkt her sehr wertvoll.

I   Und welchen Mehrwert hätte deiner Wahrnehmung nach eine psychologische Expertise für deine Tätigkeit?

SP Naja, also, eine enge Freundin, die ich noch aus der Sandkiste kenne, die mittlerweile allerdings in Deutschland lebt, ist selbst Psychologin. Also die hat das Psychologiestudium gewählt. Und mit ihr habe ich mich sehr oft im Studium oder auf Fachkräftetagungen ausgetauscht. Und bei ihr ist es ganz witzig, denn sie hat das Psychologiestudium fertig und hat danach eine Coaching-Ausbildung gemacht. Das Lustige ist, dass ich eben auch seit knapp einem halben Jahr auch berufsbegleitend eine Ausbildung mache, und zwar zum systemischen Coach, unter anderem – und das ist immer so spannend – weil sie vom Psychologischen her natürlich im ganzen diagnostischen Bereich, in der Psychologie, viel mehr Ahnung hat als ich. Wenn es dann um so arbeitspsychologische Themen geht oder Bereiche, wo die Arbeitspsychologie eher hingeht, finde ich, ergänzen wir uns gut, weil wir unterschiedliche Sichtweisen haben. Aber, um zurück zu kommen, das Schöne bei der systemischen Coaching-Ausbildung ist, dass du da eigentlich feststellst, dass jeder Mensch ein abgeschlossenes System ist, also kein triviales, und du kannst also nicht wirklich in dieses System eingreifen, weil du dieses System nie ganz verstehen können wirst. Und deshalb finde ich es ganz spannend für meine jetzige Tätigkeit, dass eher Menschen dabei unterstützt werden, die Lösungen selbst zu finden, einen Sichtwechsel herbeizuführen. Also lösungsorientiert zu arbeiten und zu versuchen, Denkprozesse anzustoßen, sodass die Lernfähigkeit beim Menschen erhöht wird oder oftmals angeregt wird. Und um zurückzukommen zu deiner ursprünglichen Frage: Deshalb ist das Psychologische an sich sehr wichtig. Sehr wichtig in der Arbeit, aber eher auf einer Meta-Ebene, um ein gewisses Verständnis zu bekommen. Für Menschen. Für die Arbeit mit Menschen. Ob das Psychologiestudium jetzt besser für mich gewesen wäre oder nicht? In meinem Fall glaube ich, wäre es vielleicht besser gewesen. Ich weiß aber nicht, ob ich dann in die Gründung gegangen wäre, wenn ich Psychologie studiert hätte. Also, ob ich dann diese Gründungsphase durchgemacht hätte. Deshalb ist es schwer, zu sagen, ob das eine besser oder schlechter gewesen wäre. Aber das Verständnis, Wissen zu haben, oder Leute zu kennen, die einen dahingehend unterstützen können, finde ich sehr sinnvoll.

I Dann sind wir schon bei einer Frage zu deinen Mitarbeitern, bevor ich zu whatchado selbst komme. Und zwar wäre auch interessant zu wissen, welchen Hintergrund deine Mitarbeiter bei whatchado haben?

SP Bei whatchado ist es so: Wir haben im Laufe der Geschichte verschiedene Phasen durchlaufen. Das heißt, wir haben, je nachdem, welche Projekte wir gehabt haben oder auch wie die Ausrichtung zum damaligen Zeitpunkt war, unterschiedliche Personen in der Organisation gehabt. Oder uns oft, sehr oft, externe Hilfe hinzugeholt. Das heißt, je nach Bereich sind die Ausbildungen sehr unterschiedlich. Generell würde ich sagen, dass das whatchado-Team sehr divers aufgestellt ist. Wenn ich so schaue, die Leute, die bei uns in der Videoproduktion zuständig sind, oder in irgendeinem Content-Bereich arbeiten, die haben halt meist einen ganz anderen Background. Sehr spezifisch. Da arbeiten wir auch sehr viel mit Fachhochschulen zusammen, für die Studierenden vergeben wir auch oft Praktika. Da haben wir auch sehr gute Kooperationen, dass Leute auch sehr oft direkt zu uns vermittelt werden. Die wissen schon, was sie erwartet, wie es bei uns abgegrenzt ist, haben eine sehr hohe Lernkurve. Aber lustigerweise kommen sehr viele Praktikanten danach nochmal zu uns und wollen dann weiter bleiben oder kommen dann später nochmal auf uns zu. Das heißt, das eine ist natürlich das Thema Videoproduktion oder Content an sich. Sehr viel, was das Thema Kommunikation betrifft. Im technischen Bereich ist es natürlich ganz klar. Developmentseitig brauchst du defacto wirklich Leute, die dieses Handwerkszeug, die diesen technischen Background haben. Das ist einfach essenziell, behaupte ich jetzt einmal. Es ist sehr unterschiedlich von den Ausbildungen her. Ich würde sagen, wir haben sehr viele Leute, die auch Praktika bei uns machen, die aus den unterschiedlichsten Studienrichtungen gekommen sind. Und das macht das ganze irgendwie auch aus, finde ich jetzt persönlich.

I Dann hast du ja vorhin schon kurz berichtet, was whatchado genau ist. Jetzt würde ich natürlich gerne daran anknüpfen und genauer auf die Inhalte und Vorgehensweisen bei whatchado eingehen. Die erste Frage wäre: In der klassischen Berufsberatung existieren schon viele etablierte Verfahren. Bekannt ist ja unter anderem das RIASEC-Modell von Holland. Zumindest wird das bei uns in der Psychologie öfters mal verwendet. Was macht whatchado anders als diese klassischen Ansätze?

SP Naja, also erstens steckt bei uns kein klassisches Modell dahinter. Wir orientieren uns immer wieder in der Arbeit auf Projektbasis, schauen, was es da gibt, oder was da passend ist. Das heißt, da schauen wir schon, ob man ansatzweise Dinge mit in die Arbeit einfließen lassen kann. Aber bei uns gibt es kein klassisches Clustern. Also wenn du dir die Plattform anschaust, nur als Beispiel, da ist sehr viel Diversität, wir setzen sehr stark auf Diversität. Wir setzen sehr stark auf den Faktor Authentizität. Wir wollen eigentlich wirklich den Menschen zeigen, also die persönliche Geschichte des Menschen. Wir wollen aber auch zeigen, dass Wege unterschiedlich sein können. Wir wollen zeigen, dass dieser „Berufsorientierungsprozess" lebenslang ist und sich immer wieder an Veränderungen anpassen muss. Dass da auch immer Anpassungen vorgenommen werden. Wir wollen die Hemmschwelle gering halten, weil wir uns natürlich aufgrund der Premiumzielgruppe – die fängt bei uns bei 13–14 Jahren an – wirklich als aktivierendes Instrument sehen. Ja also wirklich, wir wollen Menschen aktivieren, dass die sich mit einem Thema auseinandersetzen. Wir wollen Menschen dazu anleiten, zu sagen okay, setz dich hin, überlege dir einfach mal: Hast du schon eine Vorstellung? Ja/Nein? Wenn du eine hast, setze dich mit dem mal auseinander. Hast du schon etwas gemacht? Wir fragen auch immer wieder in den Schulvorträgen. Habt ihr schon etwas gemacht? Habt ihr einen Interessentest gemacht? Wart ihr da und dort? Das ist ja ganz klassisch, wenn du schaust: in Deutschland Arbeitsagenturen, in Österreich Arbeitsmarktservice, wo es ja auch Testverfahren gibt, wo die Leute hingehen etwas machen und dann wird etwas ausgespuckt. Aber es ist eh die Sache: Siehst du doch diese Selbsteinschätzung, oder ist das nur die Einschätzung durch das Testverfahren oder jemand Externen? Und dann eher zu schauen, nicht nur, was interessiert mich, sondern auch, was glaube ich, kann ich oder mache ich, um zu schauen, dass man da eine gewisse Annäherung hat. Also wir versuchen nicht so zu Clustern und zu sagen „So ist es!", sondern wir versuchen Menschen eher dazu anzuregen, ein bisschen nachzudenken, zuzuhören, sich Dinge anzusehen, etwas mitzunehmen, daraus zu lernen und dann eigenverantwortlich eine Entscheidung zu treffen. Und was wir aufzeigen, ist, dass Arbeitszeit, sagen wir es jetzt mal so klassisch, wirklich ein Großteil der Lebenszeit ist. Und deshalb versuchen wir wirklich zu aktivieren, um

Menschen aufzuzeigen, du wirst ja sehr viel Zeit damit verbringen, deshalb ist es wichtig, sich mit dem Thema auseinander zu setzen.

I   Das ist ja dann quasi euer Mehrwert gegenüber z. B. der Arbeitsagentur. Dieses Aktivieren und Selbsteinschätzen.

SP Ich tue mich da schwer, zu sagen „Mehrwert", weil natürlich die Arbeitsagentur viel breiter aufgestellt ist und viel mehr Menschen bedient und denen in ganz unterschiedlichen Lebenssituationen hilft. Wir sind zum einen ein Informationshub, deshalb Berufsorientierungsplattform, wo wir Orientierungshilfe geben. Aber das ist eben kein Richtig und kein Falsch, sondern das ist ein erster Impuls, den man setzen möchte, damit Menschen auf Basis dessen vielleicht eine Idee haben, wie sie weiter machen können. Bei der Arbeitsagentur ist das viel komplexer, weil auch das Publikum ein ganz anderes ist, als es bei uns der Fall ist und das persönliche Beraten da im Fokus steht. Ich sehe das auch nicht als Mitbewerber oder Marktbegleiter oder was auch immer, sondern ich sehe das als Ergänzung. Und wir haben auch zur Arbeitsagentur in Deutschland punktuell immer wieder Kontakt gehabt. Zum österreichischen Pendant dazu (dem sog. „Arbeitsmarktservice") haben wir sogar eine Zeit lang eine Kooperation gehabt, bei der gezielt Videos von uns zu Materialien oder Informationen, die dort vorhanden sind, eingespielt wurden. Also als ergänzende Maßnahme, weil wir eben das Medium Video hatten und das bei einer bestimmten Zielgruppe natürlich besser ankommt und einfacher konsumiert wird. Ich glaube, wir punkten, wenn du es auf das herunterbrechen möchtest, mit Realbeispielen. Also da steckt wirklich eine Person dahinter, da steckt ein Mensch dahinter. Und du hörst diesen individuellen Weg dieser Menschen. Und diese Realbeispiele zu nutzen und das Ganze einfach so, kostenlos und schau es dir an, mach dir ein Bild davon, da siehst du sicherlich einen Mehrwert. Wir machen keinen Unterschied bezüglich der Wertigkeit eines Berufs oder irgendwelche Prognosen, die sagen „naja, diese Berufsgruppe wird es da schwierig haben". Also da versuchen wir nicht jemanden in die Richtung zu treiben, sondern einfach Informationen bereitzustellen.

I   Jetzt hast du die Videos ja auch schon angesprochen, da ist es ja eine naheliegende Frage, wie ihr an die Personen für die Interviews herankommt?

SP Also zum einen ist es so, dass wir natürlich oftmals Anfragen bekommen aus der Community selbst. Was sie sich wünschen, also bestimmte Berufsbilder. Ganz am Anfang haben wir mal gesagt in einem Medienbericht, dass wir vom Bundespräsidenten bis zum Busfahrer Berufe abbilden möchten. Das waren dann die schwierigsten Berufe, die wir abbilden konnten, denn du musst erstmal einen Busfahrer oder eine Busfahrerin finden, die sich bereiterklärt, da mitzumachen. Und dann natürlich einen Präsidenten oder eine Präsidentin zu finden ist auch nicht so einfach. Wir haben beides geschafft. Natürlich haben wir auch sehr viele Nachfragen, da wir mit sehr vielen Institutionen zusammenarbeiten. Und ich habe gerade gesagt, ich war fürs Key Accounting und den Education-Bereich zuständig, das heißt, da haben wir Kooperationen mit Organisationen. Zum einen, dass wir Sale-seitig bestimmte Sachen, bestimmte Branchen angehen. Zum anderen aber auch klassisch Inbound. Die melden sich durch Empfehlungen. Wenn wir mit Organisationen

2

zusammenarbeiten, die sagen „Das ist gut!" oder „Habt ihr davon gehört?". Aber punktuell versuchen wir auf Trends natürlich aufzuspringen, um zu schauen: „Was wäre spannend?". Das ist teilweise unterschiedlich, wie das Ganze abläuft.

I In den Videos werden ja sieben Fragen beantwortet. Worauf basieren denn diese sieben Fragen?

SP Die sieben Fragen, die wir haben, versuchen einfach den persönlichen Werdegang widerzuspiegeln. Und es sind sieben Fragen geworden, das ist ähnlich wie beim Matching, das war am Anfang viel länger und viel mehr. Als wir ursprünglich die sieben Fragen ausgewählt haben, haben wir mit unterschiedlichen Personen gesprochen, von denen man sagen kann: „Die haben einen gewissen Expertenstatus". Aber du schaust dann natürlich auch, wie das Ganze ankommt. Und die Plattform ist ja nicht für die Expertinnen und Experten gemacht, sondern für die Zielgruppe. Um die Hemmschwelle gering zu halten für Jungendliche oder junge Menschen, also unserer Zielgruppe, muss man schauen, dass das Nutzer- bzw. Medienverhalten dieser primären Zielgruppe berücksichtigt wird. Dazu gehört, dass das Video per se eine gewisse Dauer nicht überschreitet. Und deshalb haben wir gesagt: „Welche sieben Fragen spiegeln den Inhalt möglichst wahrheitsgetreu auf authentische Art und Weise wider?" Sieben Fragen, die bei allen gleich sind. Der einzige Unterschied ist, dass es für Studentinnen und Studenten und für Azubis eigene Fragen gibt. Da versuchen wir mehr abzufragen, wie das Studium ist oder wie die Ausbildung aussieht. Ansonsten sind es immer pro Gruppe sieben gleiche Fragen, weil wir sagen, dass wir niemanden auf ein höheres Podest stellen wollen. Es werden alle gleich behandelt.

I Wer führt die Interviews und wie läuft das üblicherweise ab?

SP Die führen wir selbst. Heute Nachmittag darf ich auch ein Interview führen, weil ich unser Content-Team unterstütze bei einem Dreh, den ich initiiert habe. Das ist deshalb ganz wichtig, da wir, wenn wir die Videos selbst führen, für die Qualität garantieren können. Wir können dafür sorgen, dass die Inhalte wahrheitsgemäß wiedergegeben werden. Man sieht zwar auf der Plattform so Drei-bis-sieben-Minuten-Videos, aber die Videosituation dauert oft 45 min pro Interviewpartner. Das heißt, wir stellen ganz andere Fragen, wir stellen Zwischenfragen. Im Endeffekt spreche ich immer über das Thema Echtheit und Authentizität. Keine Person, die sich interviewen lässt, macht das nicht freiwillig. Warum? Weil unser Vorteil ist, und das ist vielleicht auch ein Vorteil zu vielen anderen: Wenn ich dich interviewt habe und ich gebe deinen Vor- und Nachnamen ein, wirst du mit deinem whatchado-Interview, solltest du eines haben, auf der ersten Google-Seite ziemlich sicher erscheinen. Sprich, es ist so, dass bei dem Video, das ich mache, ich versuche, das Interview möglichst wahrheitsgetreu wiederzugeben, weil wenn da jemand draufkommt, dass ich da Schwachsinn erzähle, dann habe ich de facto ein Problem. Gerade in den Zeiten von sozialen Netzwerken wäre es auf beruflicher Ebene schlecht, wenn man da versucht, ein falsches Bild zu vermitteln. Und wir sagen auch immer wieder den Organisationen, mit denen wir arbeiten, und auch den Interviewpartnern: „Das, was am Ende des Tages ankommt, ist das Authentische, das Echte". Wir haben auch schonmal ein Interview gehabt, bei der die Person bewusst, auch optisch, anders aufgetreten ist. Da hat dann das eigene Kind zu dieser Person gesagt: „Mama das bist nicht du." Das ist glaube ich dann auch für eine Mutter gar nicht so einfach, wenn deine Tochter sagt: „Hey, das bist ja gar nicht du und ich habe dich im Internet gefunden!" Dass man dann darüber nachdenkt, welches Bild man nach außen tragen möchte. Im Grunde nehmen wir das Ganze auf, stellen Zwischenfragen und schauen dann am Schluss, dass wir aufgrund der sieben Hauptfragen das vermitteln, was den größten Mehrwert bringt.

I Dann gibt es noch das whatchado-Matching. Was ist das und wie läuft das genau ab?

SP Beim whatchado-Matching wird immer eine Riesensache draus gemacht. Lustigerweise haben wir für das whatchado-Matching 2013 in Österreich den Staatspreis für Wissenschaft und Bildung bekommen. Uns war wichtig, bei Menschen, die überhaupt keine Ahnung haben, wonach sie suchen sollen, oder die gar keine Perspektive haben, und auf whatchado landen, ein Tool zu finden, das ihnen einen Anhaltspunkt gibt. Genau wie es beim Thema Video ist, anstatt eine Person anzurufen oder auf der Straße anzusprechen, also diese geringe Hemmschwelle zu haben, geht es beim Matching darum, einen Impuls zu liefern, damit ich mich traue, etwas zu machen. Da geht es nicht um Eignungsdiagnostik oder ein entsprechendes Verfahren, sondern es geht bei uns wirklich darum, einen Impuls zu liefern, um weiter zu schauen. Wie bei einem Kompass zu schauen, wo die Nadel ausschlägt, um eine erste Richtung zu haben. Darauf aufbauend versuchen wir Menschen zu begleiten und hoffen, dass Menschen dadurch den richtigen Weg für sich finden. Wir stellen auch keinen Anspruch auf Richtigkeit oder wissenschaftlich fundierte Genauigkeit. Sondern man versucht dann, wenn gewünscht und Leute anfragen, auf entsprechende Institute weiterzuleiten. Das ist auch ein Grund, weshalb wir so stark mit Bildungsinstituten zusammenarbeiten. Deshalb auch wieder das Thema Aktivierung. Und das Matching an sich ist ein Bild, das man aus den mittlerweile über 7000 Videos aufgrund meiner Interessen, den Vorstellungen, die ich gerade habe, das Gefühl, das ich habe, bekommt. Auf eine spielerische Art und Weise. Und dieses Ergebnis zeigt dann einfach Lebensgeschichten von Menschen, die ähnliche Interessen und Vorstellungen haben. Und so kann ich mir ein Bild machen, ob das etwas für mich ist oder nicht. Hilft mir das oder hilft mir das nicht. Weil es da mehr um das Interesse der Person geht. Wir sagen auch nicht, dass das, was da rauskommt, der Beruf ist, den du machen musst. Überhaupt nicht. Das heißt nur, da gibt es eine Person, die ähnliche Interessen wie du hat. Das ganze Verfahren haben wir uns ursprünglich etwas von klassischen Dating-Plattformen abgeschaut, die ja ihre User paarweise verlieren. Im Grunde geht es darum, dass Menschen, die gleiche oder ähnliche Interessen haben, tendenziell besser zusammenpassen. Das weiß man vor allem aufgrund solcher Anbieter. Wenn du gar keine Idee hast geht es vor allem darum, Gemeinsamkeiten zu finden. Und wenn ich mit einem Menschen Gemeinsamkeiten habe, werde ich mich für den Menschen mehr interessieren und dann werde ich auch schauen, was diese Person macht. Und darum geht es. Mehr Interesse dadurch zu wecken. Weil gerade die Leute, die keine Perspektive haben oder keine Idee haben. Für die ist unser Matching eine enorme Hilfe, weil sie dadurch ein Ergebnis bekommen, damit sie einen Anhaltspunkt haben. Da geht es nicht um das beste Ergebnis, sondern um das Ergebnis an sich. Diese Art Impuls.

2

I Da hast du schon Interessen angesprochen. Was bei uns Psychologen oft noch Thema ist, sind die Persönlichkeit und die Intelligenz. Das sind klassische Konstrukte. Welche Rolle spielen die bei eurem Matching oder kommen die einfach nicht vor?

SP Der Match erfolgt über die Leute im Video, die ebenfalls das Matching ausfüllen. Der User auf der Plattform füllt dieselben Fragen aus. Die Gemeinsamkeiten sind das Zentrale dabei. Ich würde sagen, dass die Intelligenz und die Persönlichkeit im Matching da nur sehr bedingt eine Rolle spielen. Aber aufgrund der Bandbreite der Videos haben wir schon letztes Jahr erste Gespräche geführt. Früher war das Matching viel länger. Wir sind dann darauf gekommen, dass viele Leute das Matching nicht zu Ende machen. Da verlierst du einfach viele Leute. Bestimmte Verfahren und Methoden dauern einfach, damit man da konkreter wird. Und da sind auch eine gewisse Expertise oder Reife erforderlich, damit ich überhaupt sehe, wie das ausgefüllt wird. Gerade bei diesen Verfahren. Deshalb war für uns wichtig, dass man das so einfach hält, damit das wirklich jede Person machen kann. Und gerade beim Einsatz bei 13–14-Jährigen ist das aus meiner Sicht ganz wesentlich. Aber aufgrund der vielen Videos, die wir mittlerweile haben und dem Gedanken da andere Filter einzubauen, oder anders zu Clustern, damit das detaillierter wird für einen, haben wir natürlich schon in Deutschland mit Partnern wie HILL International Gespräche geführt, um das Matching weiter auszubauen. Wenn ich selbst ein Profil zum Beispiel habe, kann ich in dem Status, in dem ich mich befinde, schauen: „Jetzt brauche ich das", „Jetzt möchte ich mich dahin mehr vertiefen". Und da ist es natürlich einfacher, je mehr Daten du hast, und da spielt sowas natürlich auch mit, wenn es um die Persönlichkeit geht, aber da gibt es ja noch viele anderen Faktoren, dass man das viel detaillierter für einen Menschen bereitstellen kann. Es ist schon eine der Überlegungen, wenn du sowas machst wie eine Online-Beratung, dein Online-Coach beispielsweise, der dich durch deine Plattform begleitet und führt, bei bestimmten Themenfelder noch eigene Fragensets hat, die dir nochmal einen anderen Mehrwert verschaffen.

I Eine etwas andere Richtung, wobei wir es bei den Interviewpartnern schon angeschnitten hatten. Wie kommt ihr an Unternehmen ran? Läuft das anders ab, als bei den Interviewpartnern oder ist das eigentlich die gleiche Vorgehensweise.

SP Im Grunde sind das bei uns teils Empfehlungen, teils ist das Kaltakquise. Sind sie im Inbound, sprich Anfragen, von Organisationen. Wenn du mit Organisationen arbeitest, gerade in Deutschland, ist es natürlich so, dass die eine ganz andere Größe haben. Ein Partner, mit dem wir ganz stark zusammenarbeiten, ohne jetzt Werbung zu machen, und uns bei den Schulprojekten unterstützen, ist Edeka. Und Edeka kennt in Deutschland jeder. Jeder war schonmal bei Edeka. Bei Edeka – und jetzt könnte mich Edeka wahrscheinlich erschlagen, wenn die Zahlen nicht absolut korrekt sind – glaube ich arbeiten 16.000 Azubis hat und fast 400.000 Menschen. Da kann man sich in etwa vorstellen, wie viele verschiedene Berufsfelder und Möglichkeiten es da gibt. Die oder der durchschnittliche Deutsche kennt wahrscheinlich eher die Leute, die man in der Filiale sieht. Aber was darüber hinausgeht, zum Beispiel, dass sie oftmals Mechatroniker suchen für bestimmte Bereiche oder ganz viele andere Ausbildungsberufe haben, das weiß man nicht, wenn man diese Dinge nicht abbildet. Und deswegen ist uns bei den Organisationen wichtig – und es ist völlig egal, ob das eine Non-Profit Unternehmen, ein mittelständisches Unternehmen oder ein Riesenkonzern ist – immer zu schauen, welchen Hintergrund haben die. Aber auch denen zu vermitteln, dass ihr möglichst breit darstellt, wer ihr seid und welche Menschen da stecken. Wenn ich von einem Energieerzeuger spreche, wird wahrscheinlich keine Jugendliche und kein Jugendlicher denken, dass es da Biologinnen und Biologen gibt, die zum Beispiel schauen, dass der Fischbestand in einem Wasserkraftwerk entsprechend gesichert wird. Weil man nicht im ersten Schritt daran denkt. Vielleicht ist es der Gedanke, dass der Strom aus der Steckdose kommt und irgendjemand schaut, dass der Strom dahin kommt. Da geht es aber eigentlich um die Netzbetreiber. Deshalb ist es uns wichtig, da möglichst eine Breite aufzuzeigen. Diese Diversität darzustellen. Zum einen sind das Kunden, die wir proaktiv angehen. Zum anderen sind das Leute, die da uns fragen. Da hast du mit den Organisationen natürlich wesentlich mehr Interviewpartnerinnen und Interviewpartner, also drehtagseitig. Und sonst bei Events natürlich. Youtuber, Influencer. Wenn man auf Trends irgendwie aufspringt oder wenn wir die Anfragen auch teilweise erhalten, versuchen wir das so teilweise abzudecken.

I   Und wie tragt ihr dann Informationen über die einzelnen Berufsbilder zusammen?

SP   Zum einen natürlich durch die Recherchetätigkeit, die wir betreiben. Bei uns gibt es intern ein Team, das sich darum kümmert. Die Recherchetätigkeit ist natürlich gepaart mit den Informationen aus den Videos und in weiterer Folge oftmals für unser Netzwerk. Unser Netzwerk sind wie gesagt verschiedenste Organisationen. Das heißt in Deutschland AUBI-Plus, die man kennt, oder Absolventa, aber in Österreich auch zum Beispiel ▶ BIC.at. Das ist der Berufsinformationskompass, der durch die Wirtschaftskammer und staatliche Einrichtungen für junge Menschen initiiert ist. Da versuchen wir Infos hinsichtlich Trendgestaltung, die wir von Personalerinnen und Personalern bekommen, kritsch zu hinterfragen. Leute aus unserem Netzwerk da zu fragen und das mit unseren Recherchetätigkeiten zu verbinden und zu schauen, wenn wir Videos haben, da noch einzelne Elemente rauszusuchen.

I   Einige Berufsbilder sind ja auch sehr humorvoll. Ich habe zum Beispiel den Einhornzüchter oder den Pokémon-Trainer entdeckt. Wie kommt ihr denn auf die?

SP   Da ist das Ziel ganz klar, die junge Zielgruppe einzufangen und sich mit dem Thema Berufsorientierung unterhaltsam auseinanderzusetzen oder anzunähern. Das kommt natürlich bei der jungen Zielgruppe sehr gut an. Da geht es wirklich darum, Leute zu animieren und offen zu sein für neue Berufe, die entstehen können. Ist zum Teil auch bewusst provokant gewählt. Wir bekommen da nicht nur positives Feedback. Da gibt es genug Leute, die sagen „das können Sie nicht machen". Aber wenn du dir anschaust, wie stark sich die Berufswelt verändert hat, und wenn wir vom Thema „Digitalisierung" reden, dass es Youtuber gibt, die relativ viel Geld machen. Dass es Influencer oder eGamer gibt, hätte vor 15 Jahren niemand für möglich gehalten. Den Kryptotrend oder die Blockchain-Bewegung hätten sich einige Leute vor 15 Jahren noch gar nicht vorstellen können. Deshalb, wenn du mit solchen Beispielen kommst, die vielleicht provokant klingen, geht es eigentlich darum, zu sagen, dass die Berufsorientierung ein lebenslanger Prozess ist. Wichtig ist es, lebenslang zu lernen, neugierig zu bleiben. Zu schauen, wie man sich anders ausrichten kann. Schauen, ob es da nicht irgendeine Möglichkeit gibt, dass ich für mich einen eigenen Beruf kreiere. Firmen wie Facebook, das es vor 20 oder 25 Jahren nicht gegeben hat und jetzt eine der größten Firmen der Welt ist und eine der größten Brands geworden ist und die Berufe, die dahinter stecken, das ist auch für Leute, die klassische Organisationen sehr lange kennen und diese Unternehmenszyklen sehr lange kennen, dann gar nicht so leicht nachzuvollziehen. Mein Großvater hat immer gesagt: „Du suchst dir einen Job bis zur Rente und das ist es." Aber wenn du dir Studien anschaust, dass man eigentlich alle zwei bis drei Jahre die Arbeitgeber wechselt, ist es da auch immer wichtig zu schauen, was es für neue Trends gibt und dem offen gegenüber zu sein.

I   Schöne Intention dahinter. Die Videos sollen ja lediglich als Richtungsweiser für die Nutzer dienen. Wie geht ihr mit der begrenzten Anzahl von Videos um? Ihr könnt ja nicht alle möglichen Jobs repräsentieren.

SP   Das Ziel von whatchado war es ursprünglich – und das ist die Vision – dass jeder Mensch die Möglichkeit hat, das zu finden, was zu einem passt. Und die Idee war ein Handbuch der Lebensgeschichten zu initiieren, damit jeder Mensch auf der Welt das, was er tut, darstellen kann. Also jeder, der berufstätig ist oder eine Ausbildung macht. Das jeder Mensch auf dieser Welt ein solches Handbuch lesen kann war unser zentrales Anliegen dabei, jedoch kamen dann auch schnell Fragen auf wie: Wer druckt das und bezahlt das? Das wird niemand lesen. Wenn du fertig bist, hat das schon längst jemand anderes gemacht. Deshalb schaut man: Wie ist die Lebensweise von jungen Menschen? Wie ist deren Verhalten? Das Ganze in Video. Video wird konsumiert. Möglichst kurz mit geringer Hemmschwelle. Jetzt ist natürlich unser Anspruch, alles abzubilden. Und das wird dann auch spannend zu schauen, wie du die Filter hast, damit das eben detaillierter wird. Aber natürlich versuchen wir das nicht nur einmal darzustellen, sondern auch nicht nur in die Breite, sondern auch in die Tiefe zu gehen. Weil jemand, der zum Beispiel im Bereich Kundenberatung tätig ist oder in Buchhaltung, kann sehr unterschiedliche Aufgabenfelder bedienen. Und uns ist wichtig, möglichst zu zeigen, wie unterschiedlich diese Werdegänge sein können. Aber auch zu zeigen, nicht wieviel Prozent ist das coolste dran, sondern die Bandbreite darzustellen. Deshalb, weil wir das auch auf mehreren Gebieten versuchen, sind wir darauf gekommen, dass bei uns wirklich berufswahlmäßig sehr viel vorhanden ist. Aber jetzt haben wir zum Beispiel dieses Jahr ein Bildungsprojekt, wo es darum geht, Studentenvideos zu fördern. Also wirklich Studienrichtungen aufzuzeigen, Ausbildungsangebote darzustellen. Videos, die wir teilweise in Vereinen führen, um Leute, die in einem anderen Setting sind, auch aufzuzeigen. Und da auch Einzelpersonen oder kleineren Organisationen die Möglichkeit zu geben, ihre Lebensgeschichte zu präsentieren. Viele Menschen mit ihren Möglichkeiten abzubilden.

I   Wie spezifisch kann man in den Videos werden? Ich kann mir schon vorstellen, dass es schwierig wird, wenn die Personen zu sehr ins Detail gehen.

SP Die sieben Fragen sollen einen Einblick geben und Lust machen, sich mehr mit dem Thema zu beschäftigen. Also wirklich Interesse wecken sich damit tiefgründiger zu beschäftigen. Wie die Nadel am Kompass der erste Richtungsweiser zu sein und zu schauen, okay, geht es eher in die oder in die Richtung. Wenn beim Matching zum Beispiel mehr Leute aus dem technischen Bereich rauskommen und ich mich nie damit befasst habe, dann kann ich meine Lehrerin, meinen Lehrer, die für Berufsorientierung zuständig ist, auch mal fragen, was es da technischer Natur gibt und wo man sich hinwenden kann. Das heißt, für uns sind die sieben Fragen eine wertvolle Möglichkeit, erste Einblicke zu geben und in weiterer Folge aufgrund der Länge zu schauen, dass das von der Zielgruppe auch angenommen wird. Es bringt nichts, wenn ich in schriftlicher Form zehn A4-Seiten lang bis ins kleinste Detail beschreibe, was eine Person macht und ich höre bei einer halben Seite auf. Da habe ich die Person verloren. Und deshalb ist eben wichtig zu sagen: „Okay, wenn ich sage, das ist spannend". Zum Beispiel, dass ich bei dem Video auf unserer Plattform schaue: Gibt es ein Berufsfeld dazu? Oder gibt es zusätzlich ein Erklärvideo dazu? So, dass es uns darum geht, im ersten Schritt Interesse zu wecken.

I Und dann war noch die Frage: Die Videos sind bisher nur in einer Sprache verfügbar. Also in der Muttersprache der interviewten Person. Gibt es da Ansätze, dass man es auch anderssprachigen Menschen zugänglich machen könnte?

SP Zum einen haben wir schon unterschiedliche Sprachen auf der Plattform. Wir haben Deutsch, wir haben Englisch, wir haben Französisch, wir haben Spanisch und wir haben ein paar andere Sprachen auch noch, die es bei uns gibt. Am Ende des Tages ist es so, wir haben – und das ist auch durch die Historie von whatchado gegeben – in Europa feste international Räume, aber der Fokus war letztendlich dann doch die DACH-Region, weil gerade Deutschland, Österreich und die Schweiz in weiterer Folge, jetzt nicht nur vom Bildungssystem her, aber auch von den Berufsmöglichkeiten oder vom Arbeitsmarkt her, Parallelen haben. Und deshalb haben wir uns auf das fokussiert. Im Sinne der Barrierefreiheit haben wir geschaut, dass wir anfangen zu transkribieren. Das heißt, es gibt Transkripte zu bestimmten Videos. Das haben wir nicht bei allen, aber das wird versucht, fortzuführen. Es ist wichtig, Transkripte zu haben. Durch die Transkripte ist es dann natürlich möglich zu untertiteln. Und durch die Untertitel wäre es rein theoretisch möglich, wenn es eine so nette Community da draußen gäbe, die es für 7000 Videos in mehreren Sprachen macht, dass wir zu jedem Video Untertitel in den verschiedenen Sprachen haben könnten. Das heißt, da ist eine Öffnung in diesem Bereich auch möglich. Wir haben auch die Plattform mittlerweile geöffnet für zusätzlichen Content. Sprich, wenn es Informationen gibt, die hilfreich sind und nicht unbedingt von uns stammen, gibt es schon die Möglichkeit, dass dieser Content auch bereitgestellt wird. Wenn es den Menschen in dem Sinne hilft, wie wir das ganze haben wollen. Im Sinne unserer DNA.

I Woran machst du denn eine gute Beratung für eine einzelne Person fest? Gibt es da Evaluationsansätze?

SP Also da muss ich dich jetzt enttäuschen, Einzelberatung haben wir de facto gar nicht. Wir haben zwar des Öfteren persönliche Anfragen, gerade die Leute, die bei uns die Schulvorträge machen, bekommen immer wieder Anfragen, Personen zu begleiten. So quasi eine Mentor/Mentee-Geschichte. Wir sind da aber auch mit Organisationen zusammen in Kontakt, die zum Beispiel Mentorenprogramme anbieten, und dabei Menschen eine längere Zeit begleiten. Und dann versuchen wir sehr stark auf Expertinnen und Experten oder auch Einrichtungen zu verweisen, bei denen den Menschen geholfen wird. Das heißt, wir versuchen da schon im ersten Schritt, die Person an die Hand zu nehmen, aber meistens schauen wir, dass wir die Person weiterführen. Wir haben hier eher einen Brückenansatz. Deswegen ist uns wichtig, dem jungen Menschen die nächste Anlaufstelle zu nennen. Das heißt, wir sehen uns da eher als Vermittler und Unterstützer und wir versuchen eben den Arbeitsmarkt möglichst zeitgerecht darzustellen, aber wir sind de facto keine Einzelberatung. Ich habe jetzt zum Beispiel eine Schülerin, die ich vor drei Jahren bei einem Schulvortrag gehabt habe, die sich bei der Studienwahl dann bei mir gemeldet hat, die jetzt einen Studienwechsel gerade anstrebt, die jetzt eine Teilselbstständigkeit beginnt. Die wird schon unterstützt. Von mir persönlich. Ich versuche, der Person keine Ratschläge zu geben, denn Ratschläge geben uns die Menschen sowieso schon viel zu viele. Ich versuche durch gezielte Fragestellungen bei ihr oder durch einen anderen Input zu schauen, dass bei ihr ein Perspektivenwechsel ein bisschen herbeigeführt wird, damit sie selbst auf die Lösung kommt. Also uns ist schon sehr wichtig: dieses Eigenverantwortliche, dieses Selbstbestimmte. Wir bekommen von Leuten auch Feedback. Von Leuten, die zum Beispiel einen Ausbildungsplatz bekommen haben, die bei uns waren oder die wir animiert haben, die sich dann schon persönlich bei uns melden. Das ist eher dieses Qualitative, die einfach sagen: „Ihr habt mir geholfen" oder „Ich habe mich für diesen Arbeitgeber oder diese Organisation entschieden und bin jetzt da glücklich, vielen Dank". Da haben wir schon genug Beispiele. Aber die dürfen wir schon rein datenschutztechnisch nicht veröffentlichen.

I   Das whatchaskool-Programm, das ihr für Schulen anbietet, ist jetzt auch schon mehrmals angeklungen. Wie ist denn die Idee für das whatchaskool-Programm entstanden und was versprecht ihr euch davon?

SP   Also im Grunde bei whatchaskool war es so, dass es 2013 oder 2014 entstanden ist, unter anderem mit dem österreichischen Sozialminister, der damals vorhanden war und einer Person, die für den österreichischen Rundfunk gearbeitet hat, also sprich fürs Fernsehen, oder noch arbeitet. Jedenfalls war die Initiative von zwei Personen, die auf uns zugekommen sind und gesagt haben: „Ihr habt ja immer wieder schon Anfragen für Schulen gehabt, machen wir das einmal ein bisschen größer". Und dann haben wir einmal eine etwas größere Veranstaltung gemacht. Das war quasi der Pilot, der damals durchgeführt worden ist und durch diesen Piloten erhielten wir auch eine Menge an Medienberichterstattung. Das war im Grunde der Startschuss für unsere Schulvorträge. Darauf aufbauend sind natürlich mehr Anfragen gekommen: „Könnt ihr nicht zu uns kommen?" oder „Können Sie das anders machen?" oder „Wie kann man whatchado im Berufsorientierungsunterricht darstellen?". Weil das ist ja das nächste, dass viele Lehrerinnen und Lehrer uns gekannt haben, aber nicht gewusst haben, wie sie das bestmöglich vermitteln. Dann haben wir gesagt so eine klassische „Ich erklär dir die Plattform" oder „Ich mach ein bisschen eine Firmenpräsentation", das war nicht unser Anspruch oder unser

Ansatz. Und deshalb haben wir uns überlegt, wie wir das Schulprogramm so gestalten können, dass wir im Vortrag die persönliche Story von uns drinnen haben, also von jedem Vortragenden, was die Geschichte von whatchado oder was whatchado ist, die Vorstellung der Plattform und natürlich auch Videocontent und zu erklären, warum wir das machen und was der Sinn und Zweck des Ganzen ist und dann einfach auch bestimmte Inhalte zu vermitteln. Inhalte, die Einblicke in den Arbeitsmarkt gewähren. Mit der Sprache der Zielgruppe und natürlich auch auf Augenhöhe. Und dann natürlich bestimmte Impulse zu setzen, die motivierend sind, und sich danach mit dem auseinanderzusetzen. Aber aus meiner Sicht das entscheidendste, also das wichtigste an dem Ganzen ist da einfach die Echtheit rüber zu bringen und auch aus der eigenen Geschichte zu erzählen. Ich bringe zum Beispiel jedes Mal dieses blinde Vertrauen in eine Vorstellung von einem expliziten Berufswunsch, ohne links und rechts davon geschaut zu haben, sondern einfach so mit Scheuklappen durch die Welt gegangen zu sein und dann auf einmal aufzuwachen und zu sagen: „Das ist nicht so". Also schon jungen Menschen zu sagen, die Zeit, die sie haben, auch bewusst zu nutzen. Ich schau mir auch gerne Instastorys an, aber am Ende des Tages geht es für mich um mehr, so wie jetzt bei dem Studium, dass ich mir ausgewählt habe, noch eine Ausbildung zu machen, um sich weiterzuentwickeln. Dieses lebenslange Lernen versuchen wir auch sehr stark Menschen zu vermitteln. Und damit meine ich mit lebenslangem Lernen einfach nicht zu sagen: „Du musst dich jeden Tag hinsetzen und es ist klassisch wie in der Schule", sondern wirklich zu schauen, wie ich mich als Person persönlichkeitsbildend weiterentwickeln kann, um meiner Lebensvision näher zu kommen.

I   Wie kann ich mir jetzt so einen prototypischen Ablauf von so einer whatchaskool-Veranstaltung vorstellen?

SP   Im Regelfall dauert solch eine Veranstaltung eine oder eineinhalb Stunden. Du kannst dir das so vorstellen: Das ist sehr interaktiv gestaltet. Mit sehr viel Fragestellungen an die Jugendlichen, allerdings nicht mit „Du, Du, Du", sondern oftmals mit Handzeichen, wir versuchen Meinungen einzuholen. Diese Feedbackkultur ist uns auch ganz wichtig im Nachgang, was die Vorträge betrifft. Wir haben interaktive Elemente. Wir haben oft auch ein Quiz drin, das recht witzig ist. Wir haben die persönliche Geschichte des Vortragenden drin. Auch mit Storys, wo Dinge fehlgeschlagen sind. Auch von whatchado teilweise Einblicke, wo es nicht so gut gelaufen ist. Denn es ist nicht immer so, dass man ein Start-up gründet und, wow, kurz später fahren wir einen Ferrari oder sonst was. Wir sagen immer bei whatchado: „Wir haben die größte Autoflotte Europas". Wir fahren DriveNow und Car-to-go. Und wenn man länger in Deutschland ist, dann Sixt und Co. Nein, Spaß beiseite. Wir versuchen da schon, dass wir das Ganze echt rüberbringen. Es ist eine Kombination aus Videos, also wirklich Realbeispiele, die auch auf der Plattform sind, und natürlich Learnings. Auch Key Learnings aus den letzten Jahren und natürlich Learnings aus den Storys, die wir haben. Auch der Entwicklung der Company.

I   Und sind die Vortragenden immer nur Mitarbeiter von whatchado oder auch Externe?

2

SP Bis dato haben das immer nur wir gemacht und wenn man ganz ehrlich ist, haben das meines Wissens nach nur Founder gemacht. Also bis jetzt hat das niemand sonst gemacht. Wir haben Leute eingebaut, Externe. Also wir haben auch mal jemanden mit eingebaut im Vortrag, der Improvisationskünstler ist. Also Improtheater eingebaut hat, was ganz cool rübergekommen ist, um Leuten ein bisschen wieder dieses Kindliche zu zeigen. Weißt du, zu zeigen, ich darf Fehler machen und es passiert nicht gleich etwas Schlimmes. Das ist auch ein wichtiger Aspekt. Dieses Fehler machen, zu reflektieren, daraus zu lernen und dann möglichst sie nicht mehr zu machen. Aber nicht zu sagen: „Du darfst nicht und das sind Fehler und es muss alles perfekt sein und wenn es nicht immer bergauf geht und dein Lebenslauf keine Lücke hat". Wir versuchen da schon sehr kritisch zu sein. Im Grunde ist es so, bei uns auf der Plattform haben 60 bis 80 % einen Zick-Zack-Werdegang. Und ich sag immer wieder: „Das Leben ist wie der Herzschlag. Es geht rauf und runter. Hauptsache es schlägt". Und das versuchen wir so zu vermitteln. Gerade natürlich ist es durch das Founder-Thema recht einfach, weil wir die ganz Reise mitgegangen sind. Und da einfach wirklich das Positive, wie auch die nicht so schönen Sachen auch darüber sehr authentisch berichten können. Aber im Grunde können das auch andere Personen machen. Wir haben das auch schon angedacht gehabt. Wir haben das auch schon angedacht gehabt, in dem wir Personen im Süden Deutschlands gesprochen haben. Da hängt es sonst oft davon ab, die Personen wollen für das auch natürlich irgendwie Geld haben. Wie finanziert man das? Und prinzipiell könnte das jeder machen, dem das Thema Berufsorientierung am Herzen liegt und unsere DNA verkörpert. Würde ich jetzt einmal behaupten.

I Seid ihr dann auch in Storytelling-Ansätzen geschult worden? Oder seid ihr dann so, wie ihr seid, einfach rüber und habt das durchgeführt?

SP Das ist immer so schön, denn Storytelling ist ja eines der Themen, die uns einfach besonders am Herzen liegen und wir sagen immer: „Erzähl die Geschichte, weil Menschen merken sich einfach die Geschichten". Und dadurch wird man einfach weitergetragen. Aber die Storys, die wir erzählen, sind halt wirklich unsere Storys und das wichtigste dabei ist einfach – und das habe ich schon des Öfteren gesagt – dieses Thema Authentizität, Echtheit. Weil dann glaubt man dir. Dann muss man nichts spielen, sondern dann bist du einfach du. Und wir untereinander haben uns natürlich ausgetauscht, was den Vortrag betrifft. Jeder hat sein eigenes Konzept. Ich kann nicht von Alis Lebensgeschichte erzählen, wie er als Flüchtlingskind nach Österreich gekommen ist und einiges sehr schwer hatte. Er hat verschiedene Jobs gehabt. Ist dann im Nachhinein draufgekommen. Wenn jemand an dich glaubt oder dich ein bisschen an die Hand nimmt, nutze die Chance und entwickele dich weiter. Da habe ich eine andere Story. Weißt du, die persönliche Story ist immer von jedem anders. Die ist beim Jubin ganz anders als sie bei mir ist, beim Manuel oder beim Ali oder jetzt auch jemand anderem, den wir auf der Bühne haben. Also ich habe zum Beispiel auch einen Gastredner, den ich gerne mitnehme, der 22 ist und aus dem Irakkrieg nach Syrien geflohen ist. Aus Syrien nach Österreich gekommen ist und mit dem ich gerne Vorträge halte, denn der steht auf der Bühne und sagt: „Er hat zweimal seine Heimat verloren". Jetzt bleibt er da und sagt zum Beispiel „Sprache ist für ihn das wichtigste Mittel, von einer Gesellschaft aufgenommen zu werden, akzeptiert zu werden und die Möglichkeit zu haben, sich weiterzuentwickeln und zu wachsen. Weil, wenn ich mich ausdrücken kann, kann mir niemand Blödsinn erzählen. Ich bin selbstsicher. Ich geh auf Menschen zu, öffne mich und kann dadurch einfach viel mehr erreichen". Das ist zum Beispiel einer, bei dem ich sage, das wäre Wahnsinn, den nicht reden zu lassen. Aber im Grunde sind die Elemente abgestimmt und für gewisse Passagen natürlich komplett unterschiedlich. Wir versuchen auch immer wieder am Anfang die Leute abzuholen, zu schauen, wie sie als Kind waren und was sie schon alles geschafft haben. Und da kommt immer das Thema: „Wir haben auch nur gelernt". Da hat der Jubin ein Video von seiner Tochter und ich habe ein Video von meinem Neffen, der gerade versucht, laufen zu lernen. Oder wenn mein Neffe irgendwas neugierig macht. Oder am Computer herumdrückt oder sonst was. Da versuchen wir authentisch zu sein. Und da Elemente mit dem, was wir haben, zu verbinden und das zu zeigen. Oder Kinderfotos von mir aus der Schule zum Beispiel. Kommen auch vor.

I Woran macht ihr dann den Erfolg von einer whatchaskool-Veranstaltung fest?

SP Ich habe dir gesagt, in Deutschland ist Edeka ein sehr starker Partner, mit dem wir sehr viel im Schulbereich machen. Teach-First. Wir haben auch mit 24for-School gearbeitet. Also wirklich komplett unterschiedlich. Mit AUBI-plus haben wir was gemacht. Und so weiter. Mit verschiedenen Organisationen. Da bekommst du natürlich von deinen Partnern ein sehr starkes und ehrliches Feedback. Das ist das eine. Das andere ist, dass wir durch die Klassenlehrer oftmals mit so Google-Forms, mit so Fragebögen natürlich auch Feedback einholen, es ist ja nicht so, dass da ein Klassenlehrer ist, sondern es sind oft vier/fünf oder mehr. Da bekommst du schon immer ein ziemlich gutes Feedback. Eines ist, dass ich immer zu schnell rede. Aber das ist das eine. Das andere ist, dass wir vergangenes Jahr aber jetzt aufgrund der Datenschutzgrundverordnung nicht mehr, oder vor zwei Jahren und letztes Jahr noch eine Art WhatsApp-Service gehabt haben, wo wir eben dann mit den Schülerinnen und Schülern sehr stark im Austausch waren. Also mit der Community. Das ist auch ein Qualitätskriterium, wenn du da positives Feedback bekommst. Aber das können wir in der Form nicht mehr weiterverfolgen, wie wir es gehabt haben. Aber dann auch natürlich Mehrfachbuchungen von Schulen. Also, wenn eine Schule der größte Erfolg ist. Wir haben eine Schule, die hat uns zum vierten Mal in Folge gebucht. Und da haben die Schülerinnen und Schüler im dritten Jahr ein Buch gemacht, mit ihrer whatchado-Story. Und dieses Jahr haben sie ein Kochbuch gemacht, weil das eine sehr internationale Klasse ist. Haben uns da Rezepte reingeschrieben, was in ihrer Kultur oder zu Hause gekocht wird und haben das ein bisschen so wie die whatchado-Fragen gemacht. So sieben Punkte runtergeschrieben. Das ist total süß. Das ist qualitativ so hochwertig. Wir haben über 125.000 Schülerinnen und Schüler erreicht. Wir haben Online-Vorträge gemacht, wo wir versucht haben diese Reichweite auch exakt gemessen zu bekommen. Da hast du natürlich Userzahlen oder sonstwas. Ich kann die Schülerinnen und Schüler ja heranziehen. Einer meiner besten Vorträge war in Deutschland auch in einer Willkommensklasse. Da waren 20 Schülerinnen und Schüler. Die Kinder sind nachher zu mir gekommen und haben ihre Süßigkeiten angeboten, weil sie sich bedanken wollten. Das sind halt diese Erfahrungen, da wird dir kein Medium das unterschreiben und sagen: „Das ist die tolle sexy Story". Da gibt es Sachen, die sich besser medientechnisch verarbeiten lassen, aber das sind halt die wirklichen Erfolge, finde ich. Und wenn du die auch dem Team mitgibst. Oder wenn du mal eine Weihnachtskarte gezeichnet bekommst und du hängst das im Office auf oder eine Schülerin hat mir ein Bild gezeichnet. Oder wir haben eine Berufs- und Studienmesse gehabt. Da ist eine Klasse zu mir gekommen, bei der ich vor drei Jahren war. Und die Schüler und Schülerinnen kommen her und sagen „kannst du dich noch an uns erinnern? Und wir machen jetzt das, das, das, das, das". Ich meine das ist keine KPI („key performance indicator"), aber das ist viel mehr, weißt du. Das ist der Grund, warum ich da bin und brenne oder das gerne mache.

I Kann ich gut nachvollziehen. Eine bisschen andere Richtung ist jetzt, dass du im Vorfeld gesagt hast, dass Psychologen bei euch nur projektgebunden eingesetzt werden. Wie relevant sind Psychologen denn bei whatchado?

SP Sehr relevant. Vor allem, weil ich finde, dass Psychologinnen und Psychologen bei unterschiedlichsten Themen einen enorm wertvollen Input liefern können und oft eine komplett andere Sichtweise und eine andere Perspektive haben. Gerade, wenn es um Themen geht, die das Arbeitsleben beeinflussen, finde ich oder glaube ich, dass es immer sinnvoll ist, auch Psychologinnen und Psychologen dabei zu haben. Gerade wenn wir von Zeiten der Digitalisierung reden. Da wird es sehr wichtig sein, Menschen zu unterstützen, diese Veränderungen durch professionelle Hilfe hinzubekommen. Warum? Der LinkedIn CEO hat einmal gesagt, dass Digitalisierung dazu führt, dass viel mehr Arbeitsplätze sich verändern oder verloren gehen. Und das ist ja klar, dass da dann auch sehr viel Unsicherheit mit im Spiel ist. Und wir wissen aus diversen Studien, dass gerade das Thema Sicherheit und Stabilität wichtig ist für den Ausbildungsverlauf. Deswegen ist es wichtig, die Menschen an ihrem Arbeitsplatz darin zu unterstützen, mit stressigen Situationen und Angst umzugehen oder lernen, damit umzugehen. Ich glaube – und das sagt auch der Jeff Weiner (LinkedIn CEO) –, dass lebenslanges Lernen deswegen so wichtig wird, um neue Kompetenzen zu erwerben und langfristig auf dem Arbeitsmarkt zu überleben. Deswegen ist es, glaube ich, sehr wichtig, dass es gerade auch Psychologen gibt, die sich auf dieses Thema der veränderten Arbeitswelt stürzen und da entsprechend Input liefern. Ich glaube auch, dass wir in den kommenden zwei bis drei Jahren bei whatchado mehr mit Psychologen zusammenarbeiten werden. Aber nicht nur, wenn es auf der Seite der Produkte darum geht, einen Online-Berufscoach ins Leben zu rufen oder am Testverfahren etwas zu verändern, sondern Menschen auf diese veränderte Arbeitswelt vorzubereiten. Wir wissen auch von kooperierenden Unternehmen, dass es ein Kontingent von Arbeits- und Organisationspsychologen gibt, auf das zurückgegriffen werden kann, gerade wenn es auch darum geht, dass private Themen das Berufliche beeinflussen und umgekehrt. Also, dass man externe Hilfe in Anspruch nehmen kann. Aber wir wissen auch von diesen Personen, dass dieses Thema leider noch recht negativ behaftet ist. Wenn ich zum Psychologen gehe, dann stimmt etwas mit mir nicht. Die meisten Menschen denken, wenn es um Psychologen geht, auch immer sofort an klinische Psychologen, und wenn das dann noch von der Firma kommt, ist es noch gravierender und geht einher mit der Angst, den Arbeitsplatz zu verlieren, obwohl es natürlich auch Organisationen gibt, die da schon sehr fortschrittlich sind, weil ihnen mentale Gesundheit sehr wichtig ist. Ich glaube, es ist wichtig, dass das Thema Psychologinnen und Psychologen anders thematisiert wird in einer Organisation. Wenn jemand nämlich zum Coaching geschickt wird, ist das meist besonders, wenn jemand aber zum Psychologen geht – huh. Da ist die Situation noch eine sehr negative teilweise, und das finde ich besonders schwierig. Trotzdem glaube ich, dass das immer wichtiger sein wird, gerade wenn es so um Changemanagementprozesse geht, wie beim Thema Digitalisierung, technologische Veränderungen. Ich denke, dass es da gut wäre, eine Begleitung mit einem psychologischen Background zu haben. Gerade bei diesen ganzen Veränderungsprozessen spielt sich sehr viel auf der interindividuellen Ebene ab. Und zum anderen gibt es natürlich auch die organisationale Ebene. Da wären Psychologen und Psychologinnen enorm wertvoll.

I   Was bräuchten denn zukünftige Psychologiestudenten und -studentinnen, um bei whatchado Fuß fassen zu können?

SP   Ich würde das eher generell fassen. Aus meiner Sicht bringen Psychologen einen wesentlichen Vorteil mit sich: Sie sind zum einen sehr nahe an der Zielgruppe dran aufgrund ihres Alters, und zum anderen verstehen sie auch deren Lebensweg. Also Kommunikationsverhalten, Träume, Wünsche. Das ist etwas schwierig zu erklären, was ich sagen möchte. Denken wir nur an das Schulsystem. Wenn du dir das Schulsystem anschaust. Die Einheiten. Die 50 min. Die sind ja aus einer Bildungsreform in den 1960er/1970er-Jahren entstanden. Wenn man zum Beispiel das amerikanische Schulsystem betrachtet. Das Kurssystem, in dem man nach Interessen und Fähigkeiten wählen kann, wo man eher in die Förderung von Personen geht als in die Überforderung. Und bei jungen Psychologieabsolventinnen und -absolventen ist es oft so, dass die durch das Studium eine sehr trial-and-error-geleitete Arbeitsweise im wissenschaftlichen Testen mitbringen. Also testen, verwerfen, testen. Das ist gerade für neue Arbeitsthemen und in Zeiten schneller Veränderung sehr wichtig und natürlich auch für Organisationen eine bedeutsame Fähigkeit. Wenn man sich dann noch mit arbeitspsychologischen Themen auseinandersetzt, kann man, glaube ich, bei whatchado einen enormen Mehrwert liefern, aber auch generell in Organisationen. Mit einem Psychologen kann man bei solchen Themen wie beispielsweise den Einfluss sozialer Medien und den Ängsten auf eine viel tiefere Ebene gehen. Ich habe zum Beispiel mal bei einer Podiumsdiskussion erwähnt, dass ich meinen Instagram-Account für drei Monate deaktiviert hatte. Im Anschluss kam da eine Gruppe Mädchen zu mir und die meinten, ich hätte ihnen aus der Seele gesprochen. Die schienen so einem Druck ausgeliefert zu sein, sich immer besser darstellen zu müssen und für die Freunde oder Follower gut genug sein zu müssen und gar nicht das Gefühl von innen heraus zu besitzen, einfach gut genug zu sein, ohne etwas dafür tun zu müssen. Das heißt, in so einem Fall definiere ich mich als Person nur durch die äußere Wahrnehmung. Das Innere, das Eigentliche, lasse ich damit weg. Und solche Themen, gerade im Zusammenhang auch mit dem Thema Beruf, Berufung, Arbeitswelt können Psychologen angehen, indem sie häppchenweise Druck rausnehmen.

I   Dann kommen wir jetzt auch schon zur letzten Frage: Was wäre denn deine Vision, wie whatchado in fünf bis zehn Jahren aussieht?

SP   Also idealerweise würde ich mir wünschen, dass das Ganze noch weiterwächst und dass whatchado so ein bisschen zum Sprachrohr wird für eine Bewegung, die den Fokus darauf legt, ein bisschen Authentizität in die Arbeitswelt reinzubringen. Dass man zum Beispiel auch auf politischer Ebene sehr offen damit umgeht. Dass man Dinge nicht verharmlost, sondern Menschen dazu ermutigt, durch Veränderungen, die einfach stattfinden, lebenslang zu Lernen. Bei jeder Bewegung, die es gegeben hat, ist danach etwas Neues entstanden. Auch nach der Entwicklung der Eisenbahn. Ich möchte damit sagen, dass es möglich ist, weiter zu gehen, wenn man bereit dazu ist, die Veränderung zu akzeptieren. Das finde ich ganz wesentlich. Und whatchado sehe ich da in der Rolle eines Begleiters, der Menschen bei bestimmten Fragen einfach eine Antwort liefern kann, die auch persönlich zugeschnitten ist auf den Lebensstatus oder Lebensmoment, in dem ich mich gerade befinde. Sodass jeder für sich etwas aus der Beratung profitiert. Gut, man müsste natürlich schauen, wie man das datentechnisch macht. Aber in Österreich und Deutschland erschlagen wir uns mit der Datenschutzgrundverordnung und auf der anderen Seite ist jeder zweite auf Facebook und Instagram. Ich würde Menschen einfach gerne darin unterstützen, offen für Veränderungen zu sein, sie nicht von vornerein abzulehnen, sondern sie natürlich auch kritisch zu hinterfragen, aber vor allem seinen Weg bewusst zu gehen. whatchado soll in diesem Prozess eine Art Begleitung ermöglichen und eine Unterstützungsmöglichkeit bieten.

I   Steht denn in nächster Zeit noch irgendein größeres Projekt an?

SP   Ja, ehrlich gesagt, gibt es ein Projekt, das ganz stark ist. Das ist das Thema Ausbildungsangebote, Studienfachangebote und Universitäten zu unterstützen mit Videos, um Studienmöglichkeiten realitätsgetreu darzustellen. Zum Beispiel gibt es ganz viele junge Menschen, die Informatik studieren, aber einen verwandten Studiengang (z. B. Cybersicherheit) studieren weniger, weil ihn niemand kennt. Ein weiteres Projekt wäre natürlich, die Plattform auch weiterhin zu öffnen für fremde Kontexte. Vielleicht auch ein bisschen eine Brücke darzustellen. Also wir haben auch keinen Anspruch auf Richtigkeit oder sind nicht der Meinung, dass es nur eine Lösung gibt, sondern wir sind nur eine Möglichkeit, Menschen dabei zu helfen, den Kompass richtig auszurichten. Die Plattformöffnung ist hierbei natürlich ein wesentlicher Aspekt, der noch lange nicht ausgeschöpft ist.

I   Hast du noch das Gefühl, dass irgendetwas nicht angesprochen wurde oder fehlt?

SP   Ich würde mir wünschen, dass es zukünftig einen größeren Austausch mit Psychologen gibt. Und dann hoffe ich natürlich auch, dass der ganze psychologische Kontext auch mit der Arbeitspsychologie etwas positiver wahrgenommen wird und dass das nicht nur mit dem klassisch klinischen Bild in Verbindung gebracht wird, dass etwas nicht mit einem in Ordnung ist. So simpel wir da auch mit unserem Ansatz allgemein sind, so zeitnah ist die Problematik und dient vielleicht auch nur mal dazu, den Menschen einen Impuls zu geben, damit mal was passiert.

I   Dann vielen Dank für das Gespräch!

SP   Danke auch!

Video des Interviews (siehe ◘ Abb. 2.1):

◘ **Abb. 2.1**   Video 2.1 (▶ https://doi.org/10.1007/000-0sf)

Alternative Assessment Methoden in der Praxis – Serious Games

Cornelius J. König, Nida ul Habib Bajwa und Markus Langer

Inhaltsverzeichnis

Ergänzende Information Die elektronische Version dieses Kapitels enthält Zusatzmaterial, auf das über folgenden Link zugegriffen werden kann (▶ https://doi.org/10.1007/978-3-658-30838-4_3). Die Videos lassen sich durch Anklicken des DOI Links in der Legende einer entsprechenden Abbildung abspielen, oder indem Sie diesen Link mit der SN More Media App scannen.

Seit jeher streben Psycholog*innen danach, möglichst viele und möglichst vielfältige Einblicke über Menschen und ihre Einstellungen und Fähigkeiten zu bekommen. Zu diesem Zweck entwickelten sich über die Jahre eine Fülle an Testverfahren, die Einblicke in das psychologische Innenleben und Vorhersagen hinsichtlich des Verhaltens von Menschen geben sollen. Seien es klassische Selbstberichtsfragebögen, bei denen die Teilnehmer*innen mittels Zustimmung oder Ablehnung von Aussagen Einblicke in ihre Einstellungen geben; Intelligenztests, bei denen Formen rotiert und Zahlen jongliert werden; Situational-Judgment-Tests, bei denen sich die Teilnehmer*innen Problemsituationen vorstellen und zwischen verschiedenen Optionen die Reaktion auswählen sollen, die am ehesten ihr Verhalten widerspiegeln würden; oder aber implizite Tests, bei denen über Reaktionszeiten versucht wird, implizite Einstellungen der Teilnehmer herauszufinden – das Ziel dieser Tests ist es, dass Menschen im Idealfall effizient, freiwillig und auf eine unverfälschte Art und Weise Aufschluss über ihre Einstellungen und Fähigkeiten geben.

Dieser Idealfall findet aber nur selten statt, weil es etliche Herausforderungen mit solchen klassischen Testverfahren gibt. Manchen Menschen fällt es z. B. generell schwer, über sich selbst zu reflektieren, um gehaltvoll auf Selbstberichtsfragebögen zu antworten. In manchen Situationen geben sich Personen kaum Mühe, Intelligenztests auszufüllen, Situational-Judgment-Tests werden nicht unbedingt ehrlich beantwortet, und implizite Testverfahren können einen Beigeschmack von Durchschautwerden und psychologischem Hokuspokus haben, was negative Reaktionen bei den Teilnehmer*innen auslösen kann.

Anbieter von alternativen Assessmentmethoden versuchen, für diese Herausforderungen Lösungen zu entwickeln. Im Speziellen geht es in den folgenden zwei Interviews um das Thema Serious Games. Serious Games sind Spiele, die nicht primär zu Unterhaltungszwecken entwickelt werden, sondern um Teilnehmer*innen etwas beizubringen oder um im Spielverlauf etwas über die Teilnehmer*innen herauszufinden. Die Annahmen und Hoffnungen bei Serious Games sind, dass Menschen ihr wahres Gesicht bei Spielen zeigen, dass man bei Spielen potenziell wirkliches Verhalten (statt Verhaltensintentionen) messen kann und dass Serious Games zusätzlich positive Reaktionen bei Teilnehmer*innen hervorrufen können – denn: Wer spielt nicht gerne? Um Verwirrung vorzubeugen: Serious Games werden häufig mit dem Schlagwort Gamification in Verbindung gebracht. Gamification ist, im Gegensatz zu Serious Games, der Einsatz von Spieleelementen in Nicht-Spiele-Situationen, um Menschen dazu zu motivieren, ein bestimmtes Verhalten auszuführen. Beispielsweise sind Bonuspunktsysteme (z. B. Payback, BahnBonus, etc.) eine klassische Form der Gamification: Käufer*innen sammeln Punkte beim Einkauf und können diese gegen Belohnungen eintauschen, die Punkte sollen dementsprechend zum Einkaufen motivieren.

Im Folgenden geht es um zwei Anbieter von Serious Games für Assessmentzwecke: Owiwi und Arctic Shores. Das griechische Start-up Owiwi hat es sich zur Aufgabe gemacht, psychologisch fundierte Tests (in ihrem Fall Situational-Judgment-Tests) in Serious Games zu überführen. Das Spiel von Owiwi soll vor allem Softskills wie Risikobereitschaft erfassen, den Teilnehmer*innen Spaß am Ausfüllen bieten und im geschützten Kontext des Spiels dazu führen, dass Teilnehmer*innen ehrlich antworten. Mit mehreren nationalen und internationalen Nominierungen für die innovative Start-up-Idee versucht sich Owiwi derzeit auf dem europäischen Markt zu etablieren. Gleichzeitig zeigt sich das Unternehmen forschungsnah

– so wurde das Serious Game von Owiwi in mehreren wissenschaftlichen Publikationen unter die Lupe genommen und Akzeptanz- sowie Validitätsfragen untersucht (Georgiou und Nikolaou 2020; Georgiou et al. 2019). Das Interview wurde mit einem der Gründer des Unternehmens, Illias Vartholomais, geführt.

Einen ähnlichen und doch strategisch anderen Ansatz hat das britische Unternehmen Arctic Shores gewählt. Arctic Shores bietet Assessment Spiele zur Erfassung von primär kognitiven Fähigkeiten an. Die Ansätze von Arctic Shores zielen hierbei auf Unterhaltung und Spaß bei der Bearbeitung der Aufgaben, aber auch auf eine möglichst faire und sprachunabhängige Darbietung der Inhalte ab. Das Interview wurde mit Chief Scientist von Arctic Shores, Lara Montefiori, geführt.

3.1 Interview mit Lara Montefiori, Arctic Shores, London

Das Interview mit Lara Montefiori (LM) sowie dessen Transkription führten Sandra Bell und Nathalie Zetzmann (Interviewerinnen, I) durch und die Übersetzung wurde von Niklas George durchgeführt.

Interviewer (I)   Heute führen wir ein Interview mit Lara Montefiori, Chief Scientist von Arctic Shores, einem Unternehmen, das spielbasierte Assessments für die Personalauswahl anbietet. Hallo und vielen Dank, dass Sie sich die Zeit für dieses Interview genommen haben.

Lara Montefiori (LM)   Hallo, schön Sie kennen zu lernen.

I   Sie sind Chief Scientist bei Arctic Shores. Welche Dienstleistungen bietet Arctic Shores an?

LM   Wir sind auf spielbasierte Assessments und gamifizierte Assessments spezialisiert und verwenden diese Produkte überwiegend für die Auswahl, aber wir erforschen nun auch verschiedene Wege wie z. B. Personalentwicklung und Karriereberatung sowie Arbeitsplatzauswahl. Außerdem habe ich jetzt damit begonnen, unsere Tools zu nutzen, um Themen im Zusammenhang mit dem Verbraucherverhalten wie Kaufverhalten und Markenpräferenz zu untersuchen.

I   Können Sie Ihre Rolle als Chief Scientist in Ihrem Unternehmen beschreiben?

LM   Meine Rolle ist sehr abwechslungsreich und spannend. Ich war der zweite Mitarbeiter von Arctic Shores, und als wir anfingen, habe ich buchstäblich alles außer der Programmierung gemacht. Ich habe viele verschiedene Aufgaben erledigt. Einige waren bequemer als andere. Ich bin eine Wissenschaftlerin durch und durch, ich liebe Wissenschaft, ich liebe Experimente und Daten, aber manchmal musste ich mich mit Kunden beschäftigen, was nicht gerade meine Kernkompetenz ist, noch ist es meine größte Stärke! Je weiter sich das Unternehmen entwickelte, desto mehr konnte ich mich auf das konzentrieren, was ich mehr liebe und am besten kann –

die Entwicklung hochwissenschaftlicher und doch super innovativer Bewertungsinstrumente.

Als eines der ältesten Mitglieder des Teams bin ich stark in die Strategie und das Wachstum des Unternehmens eingebunden. Im Rahmen meines Aufgabenbereichs leite ich das Wissenschaftsteam, das die Abteilung bei Arctic Shores ist, die für die Entwicklung und Validierung unserer Maßnahmen verantwortlich ist. Wir leisten alle wissenschaftlichen Vorarbeiten für unsere kundenorientierten Kollegen, um unseren Kunden dabei zu helfen, großartige Entscheidungen zu treffen. Es gibt verschiedene Arten von Dingen, die ich tue, um dies zu erreichen. Die erste ist die Produktentwicklung. Wir entscheiden, was und wie zu messen ist, je nach Marktbedürfnissen, Wettbewerbern und auch nach den beabsichtigten Nutzern. Wir recherchieren viel, um die Spezifikation für unsere Tests zu definieren, und dann arbeiten wir mit anderen Teams zusammen, die den Test tatsächlich entwickeln. Mein Team entwickelt nicht den eigentlichen Test, ich habe nichts mit Entwicklern zu tun, ich habe mit Wissenschaftlern zu tun.

Ich arbeite eng mit praktisch jedem Team von Arctic Shores zusammen. Ich arbeite mit dem Marketingteam zusammen, um die Botschaft sorgfältig auf unsere Wissenschaft und unser Ethos abzustimmen, ich arbeite sehr eng mit dem Vertrieb und den Arbeitspsychologen zusammen, um zu unterstützen, wie das Produkt verkauft und verwendet wird. Außerdem bin ich sehr engagiert im Bereich Training. Ich entwickle eine Trainingsplattform für das gesamte Unternehmen, unsere Wiederverkäufer und sogar für die Kunden und Kandidaten, die die Tests machen.

Bei Arctic Shores haben wir eine zweiteilige Mission, die darauf abzielt, „Unternehmen dabei zu unterstützen, bessere Personalentscheidungen zu treffen und Menschen bessere Karriereentscheidungen zu treffen". Neben der Bereitstellung eines großartigen Instruments für Unternehmen zur Auswahl und Bindung von Top-Talenten besteht ein Teil meiner Arbeit darin, sicherzustellen, dass wir der überwiegenden Mehrheit der Menschen, die nach Abschluss der Bewertung kein Stellenangebot erhalten, etwas zurückgeben – zu diesem Zweck bieten wir jedem, der unseren Test ablegt, einen sehr gründlichen Bericht mit einem Abschnitt zur Berufsorientierung an.

Ich arbeite auch am UCL – University College London –, wo ich zwei Tage in der Woche forsche. Ich betreue normalerweise 20–30 Studierende pro Jahr. Einige der Studenten sind meine direkten Studenten, aber die meisten werden von anderen Akademikern in Großbritannien und vielen anderen Ländern betreut. Das alles ist Teil meiner Arbeit: Forschung, aber auch der Aufbau einer Forschungsgemeinschaft rund um Arctic Shores und ihre wissenschaftliche Begründung. Aufgrund der Forschung reise ich viel zu Konferenzen, um den Nachweis zu erbringen, dass unsere Arbeit sicher, gut und wissenschaftlich fundiert ist.

I   Da machen Sie ja sehr viele unterschiedliche Dinge. Wie können wir uns Ihren typischen Arbeitstag vorstellen?

LM   Es ist schwer zu sagen, was mein typischer Tag sein könnte, denn meine Tage variieren sehr stark. Es gibt mehrere „Typen" von Tagen, an denen ich mich normalerweise befinde – der gemeinsame Nenner ist, dass sie alle mit einem schnellen Scan meiner E-Mails auf dem Weg ins Fitnessstudio um 6 Uhr morgens beginnen und mit einem weiteren schnellen Scan meiner E-Mails auf dem Weg ins Bett um 21:30 Uhr enden. Abgesehen davon gibt es kein Muster von einem Tag zum anderen, aber trotz der großen Unterschiede zwischen meinen Tagen bin ich ein Gewohnheitsmensch, und meine Wochen sehen einander eher ähnlich.

Ich mag es im Allgemeinen, Tage nach Art zu trennen und mich auf eine Sache zu konzentrieren, ich habe eine lange Aufmerksamkeitsspanne und bin auf diese Weise viel produktiver – Multitasking wird absolut überschätzt. Freitags zum Beispiel beginne ich den Tag mit einem Senior Management Meeting und dann werde ich mit meinem Team bis nach dem Mittagessen individuelle Zusammenkünfte haben. Es ist großartig, alle Zusammenkünfte an einem Tag zu haben, denn ich kann alle Maßnahmen, die ergriffen werden müssen, synchronisieren und einen soliden Plan für die kommende Woche erstellen, es ist auch großartig, all die „schweren" Interaktionen zu einem Tag zu verdichten, sodass die Störungen an Tagen, an denen ich mich intensiv auf Aufgaben hinter den Kulissen konzentrieren muss, minimal sind.

Diese Aufgaben umfassen vor allem die Organisation meiner Arbeit und der meines Teams. Aufgrund der geografischen Verteilung zwischen London und Manchester sind wir auf gute Kommunikation, gemeinsame Dokumente und ausgefallene Projektmanagement-Software angewiesen. Ungefähr an einem Tag pro Woche geht es darum, die Arbeit meines Teams zu überprüfen und zu planen, zu planen, zu planen, zu planen, zu planen. Diese Tage gehen ziemlich schnell vorbei!

Ich arbeite derzeit an meiner Doktorarbeit, sodass ein Tag pro Woche der akademischen Forschung gewidmet ist. Diese Tage können viele Gestalten und Formen annehmen, einige Tage habe ich fortlaufend Studententreffen, an anderen Tagen schreibe ich Forschungsergebnisse auf, reiche Paper für Konferenzen ein, halte Gastvorträge oder verliere mich in Daten. Sich in Daten zu verlieren ist eine meiner Lieblingsbeschäftigungen, aber ich genieße es auch, mit meinen Studenten über Naturwissenschaften zu sprechen.

Ich reise ziemlich oft zwischen London und Manchester und wenn ich im Büro in Manchester bin, verbringe ich meine Tage damit, Ideen zu sammeln oder Lösungen, Probleme und Ideen zu diskutieren. Das sind die Tage, an denen mein Gehirn mit Supertreibstoff betrieben wird, und normalerweise folgen auf sie die Admin-Tage. Ich werde leicht erregt und das Gleichgewicht ist entscheidend!

Besonders im Frühjahr reise ich viel für Konferenzen, die eine Mischung aus langen Stunden, Heureka-Erlebnissen, inspirierenden Diskussionen und Lernen sind. Dazu kommt die Vernetzung. Die Konferenztage beginnen gegen 7 Uhr mit Besprechungen vor oder während des Frühstücks, und diese Besprechungen werden oft abends über Getränke wieder aufgenommen und enden fast nie vor Mitternacht. Es macht mir wirklich Spaß, meine Forschung zu präsentieren und im Rampenlicht zu stehen, besonders wenn jemand interessante Fragen stellt, die mich dazu bringen, über meine Arbeit anders nachzudenken oder neue Forschungshypothesen zu entwickeln. Aber lange und intensive Tage erfordern eine erhebliche geistige und körperliche Ausdauer, und ich musste lernen, wie ich mich selbst beschleunigen und meine Angst etwas zu verpassen unter Kontrolle bringen kann, um es in einem Stück zu den Abschlusszeremonien zu schaffen.

Ein großer Vorteil meiner Rolle ist, dass ich jedes Jahr mehrere Wochen lang aus der Ferne arbeiten kann, während meine Kinder im Urlaub sind. Normalerweise arbeite ich in diesen Zeiten halbtags, damit ich mich entspannen und Spaß haben kann, ohne meine Arbeit bei Arctic Shores zu unterbrechen. Ich nehme die gelegentlichen „echten" Feiertage, aber E-Mail-Rückstände geben mir Alpträume, und ein paar Stunden pro Tag einzuplanen, um sicherzustellen, dass ich auf dem Laufenden bin, gibt mir eine große Ruhe. Ich wäre versucht zu sagen, dass dies meine Lieblingsart von Arbeitstagen ist, aber ich muss zugeben, dass ich es wirklich liebe, auch in meinem Büro zu sein. So sehr meine Routine, oder das Fehlen davon, hektisch erscheinen mag, sie belastet mich überhaupt nicht. Ich liebe es wirklich, was ich tue, und es gibt keine bessere Waffe gegen Stress als das!

I   Welche Stationen haben Sie bis zu Ihrer jetzigen Anstellung durchlaufen?

LM Nichts Besonderes. Ich habe keinen Psychologie-Lebenslauf. Ich habe einen Mode-CV. Ich habe die meiste Zeit meines Lebens in der Mode gearbeitet. Ich habe Bildende Kunst und Naturwissenschaften studiert und ich hatte bis später im Leben nichts mit Psychologie zu tun. Dann hatte ich diese Art von Krise mit Mitte zwanzig und beschloss, Psychologie zu studieren. Ich hatte nicht einmal vor, etwas im Zusammenhang mit der Arbeitspsychologie zu tun. Ich interessierte mich für Verhaltensgenetik und Evolutionspsychologie, einen eher biologischen Teil der Psychologie. Durch Zufall stolperte ich über die Arbeitspsychologie und fand sie sehr interessant, sodass ich mich entschied, mich dafür zu engagieren und meinen Master in diesem Bereich zu machen. Lustigerweise war Arctic Shores der erste Job, den ich nach meinem Master bekam, ich habe absolut nichts beruflich gemacht, um dorthin zu gelangen, wo ich bin. Der ganze Prozess war sehr einzigartig, und ich denke, meine Geschichte ist eine Ausnahme von der Regel, denn normalerweise müsste man etwas in seinem Lebenslauf haben, bevor man einen Job wie meinen bekommt, oder zumindest einen Lebenslauf.

I   Wollten Sie schon immer mit einem spielbasierten Assessment arbeiten?

LM Als ich mit dem Studium der Arbeitspsychologie begann, war ich nicht an Assessments interessiert. Ich war nur daran interessiert, wie wir die Talente der Menschen nutzen können, um Unternehmen erfolgreicher und auch glücklicher zu machen. Meine Idee war, dass es ein Geheimrezept geben muss, wie Menschen bei der Arbeit glücklicher sein können und wie sie ihre Talente entfalten können. Dann war ich eines Tages im hinteren Teil eines Klassenzimmers ziemlich schläfrig und dachte, nachdem ich einen Vortrag über Assessments gehört hatte, dass es viel zu einfach sei, Bewertungen zu fälschen. Ich könnte mich leicht so beschreiben, wie ich wollte, dass die Menschen mich wahrnehmen und damit Chancen am Arbeitsplatz erhalten, die ich nicht unbedingt verdient habe. Das war, als ich anfing zu träumen, wie man dieses Problem beheben kann. Mein ganzes Leben lang hatte ich immer Tagträume für Erfindungen. Ich habe immer versucht, etwas zu erfinden, um alltägliche Probleme zu lösen, und ich hatte ein neues Problem identifiziert. Wie kann ich eine fälschungssichere Bewertung vornehmen? Die Antwort darauf war, dass, wenn ich Videospiele gut genug entworfen habe, dann konnte ich sehen, wie sich unterschiedliche Verhaltensmuster bei Menschen herausbilden. Also beschloss ich, diese Idee in einen Promotionsvorschlag umzusetzen. Ich war nur daran interessiert, dieses Thema zu erforschen und eine Lösung für ein Problem zu finden – ich war nicht an etwas Kommerziellem interessiert. Ich war froh, für den Rest meines Lebens Akademiker zu sein, aber ich konnte keine Zuschüsse zur Finanzierung meiner

Doktorarbeit bekommen, weil der Rest der akademischen Welt dachte, dass es eine verrückte Idee sei und dass sie sich nicht engagieren wollten – geschweige denn dafür bezahlen. Dann führte eine Sache zum anderen, ich legte etwas über meine geplanten Forschungsprojekte auf LinkedIn an und jemand sah es und interessierte sich, weil er jemanden kannte, der meine Expertise brauchte, und so traf ich den Mitbegründer von Arctic Shores, bevor Arctic Shores offiziell eine Sache war. Der Rest ist Geschichte.

I   An welchen Projekten arbeiten Sie momentan?

LM   Ich habe ein paar Dinge, an denen ich arbeite. Ich versuche, jede Art von Sprache aus der Bewertung herauszunehmen. Ich denke, dass Sprache kontraproduktiv ist. Selbst wenn man versucht, die Sprache zu messen, muss mann nicht unbedingt die Sprache verwenden. Das ist meine Meinung, andere mögen anderer Meinung sein. Ich versuche, eine interaktivere, „rätselhaftere" Art der Beurteilung vorzunehmen, damit Menschen mit Legasthenie und Menschen, deren Muttersprache nicht Englisch ist, nicht diskriminiert werden. Ich möchte etwas mehr 3D, weil ich denke, dass wir es besser machen können, wenn wir Grafiken erstellen, die mehr an der Bewertung beteiligt sind. Wir denken auch an Virtual Reality. Wir hatten vor etwa anderthalb Jahren eine kleine Arbeit in der virtuellen Realität, weil ein Kunde es wünschte, und ich möchte es jetzt noch mehr untersuchen. Die meisten meiner Studenten forschen jetzt zu Stereotypenbedrohungen, sodass ich mich vorübergehend wirklich mit diesem Forschungsgebiet beschäftige. Auf der einen Seite versuche ich, meine Forschungsbreite zu erweitern, also schaue ich, ob spielbasierte Assessments die Ausgabengewohnheiten und -präferenzen der Menschen vorhersagen können und die Wahrscheinlichkeit, dass Menschen Schulden machen und unnötige Einkäufe tätigen. Auf der anderen Seite versuche ich zu verstehen, wie sich das Gehirn einer bestimmten Personengruppe von der allgemeinen Bevölkerung unterscheidet, z. B. mache ich einige Arbeiten mit Investmentbankern, um festzustellen, welche Gehirnregionen in verschiedenen Reaktionsmustern auf denselben Handelskontext assoziiert werden. Und ein weiterer Schwerpunkt liegt für mich im Moment darin, China zu verstehen. Wir haben einen riesigen Markt in China und ich stelle fest, dass die Daten aus China etwas anders sind als das, was ich gewohnt bin. Ich denke, es gibt einen eigenwilligen Unterschied, der verstanden werden muss, um unsere Einschätzung bestmöglich zu nutzen, und ich werde sie untersuchen. Außerdem baue ich eine Forschungsgemeinschaft auf. Im Laufe der Jahre hatten wir viele Studenten, die erstaunliche Forschungen betrieben haben, und ich starte ein Forschungsstipendium, winzig, nichts Großes, gerade etwas genug für alle Studenten, die mit uns arbeiten, um Ideen auszutauschen und sich als Teil einer Gemeinschaft fühlen zu können. Nicht zuletzt versuche ich, unsere Einschätzung für blinde Menschen, für Menschen, die nicht hören können, und für Menschen, die sich nicht richtig bewegen können, viel zugänglicher zu machen. Bei mir geht es darum, Menschen und Fairness einzubeziehen. Ich denke, 2020 sollte nicht die Zeit sein, in der man nicht an einem Assessment teilnehmen kann, weil man blind ist.

I   Wir können uns vorstellen, dass man innerhalb von Arctic Shores viele Menschen mit unterschiedlichen Kompetenzen braucht. Welche spezifischen Berufsgruppen sind in Ihrem Team enthalten?

LM Wir sind jetzt weit über 50 Mitarbeiter. Wir haben Teams für Personal, Marketing und Finanzen wie jedes andere Unternehmen. Aber wenn Sie darüber nachdenken, was uns einzigartig macht, ist es, dass wir drei Unternehmen zusammengelegt haben. Eins davon ist eine Spielefirma. Dort haben wir Top-Spieleentwickler, Grafiker, Serverentwickler und alle anderen Techniker. Dann gibt es die psychometrische Firma mit allem, was jeder andere Testentwickler haben wird, wie z. B. Leute, die das Assessment erstellen und verkaufen. Darüber hinaus verfügen wir über ein Forschungsteam mit Neurowissenschaftlern, Kognitionspsychologen und Datenwissenschaftlern, die normalerweise nicht zu einer regulären psychometrischen Firma gehören.

I Können Sie den Produktionsprozess eines neuen Spieles beschreiben?

LM Zuerst entscheiden wir, was wir messen. Das ist immer wichtig. Es ist eine gemeinsame Anstrengung der meisten Mitglieder des Senior-Management-Teams. Wir erhalten auch Input vom Vertriebsteam. Sie sagen uns, was sich verkauft und was die Leute verlangen. Darüber hinaus erhalte ich Input vom Delivery-Team, welche Art von Assessment am besten funktioniert und welche Art von Assessment die Kandidaten am meisten genossen haben. Auf dieser Grundlage entscheiden wir, was wir messen könnten und sollten. Dann geht mein Team los und recherchiert die ganze Sache. Wir identifizieren, welche Verhaltensaufgaben und wissenschaftlichen Paradigmen wir verwenden können, um die Arbeitsplatzkonstruktionen zu messen, die wir messen wollen. Der erste Schritt ist, dass wir einen sehr einfachen Prototyp bauen, wirklich einfach: keine Farben, kein Nichts und wirklich langweilig. Dann testen wir es nur, um zu sehen, ob wir die richtige Art von Daten bekommen, zum Beispiel eine Normalverteilung, und stellen sicher, dass die Leute die Anleitung verstehen. Sobald wir damit zufrieden sind, haben wir ein großes Treffen mit dem App-Team. Dieses Team besteht aus Spieleentwicklern, Grafikern, Experten für User Experience und all denjenigen, die uns den technischen Produktteil abnehmen. Und wir entscheiden, wie wir all diese Parameter übersetzen, z. B. wie viele Versuchswiederholungen nötig sind, welche Werte, was in der Aufgabe passiert und welches Design wir in einer App wollen. Wir wollen eine Aufgabe entwerfen, die spielerisch und spannend ist. Wir treffen uns ein paar Mal, bis sie uns eine Reihe von Mock-Ups schicken, die normalerweise aus Screenshots und Storyboards bestehen, und wenn wir einen von ihnen genehmigen, geht er in Produktion. Sobald es in Produktion geht, dauert es ein paar Monate, bis alle Grafiken und das eigentliche Spiel entwickelt sind. In dieser Zeit arbeiten wir daran, alle Variablen und Datenpunkte aufzulisten, die wir aus der Bewertung extrahieren wollen, und wie wir sie kombinieren und ein theoretisches Modell für eine Scoring-Strategie entwickeln wollen. Sobald die App live ist, kann sie Daten generieren, die wir verwenden können. Gleichzeitig beginnen wir mit der Entwicklung des Feedbackberichts. Normalerweise beginnen wir mit zwei Berichten: einer für die Kandidaten und einer für den Einstellungsleiter. Der Personalverantwortliche kann auch alle Daten in unserem Data Hub einsehen, einem hochgradig interaktiven Portal, in dem Kunden die Daten visualisieren und nutzen können. Sobald die Bewertung abgeschlossen ist, führen wir eine wissenschaftliche Validierung auf einer akademischen Testplattform durch, um sicherzustellen, dass wir eine gute Konstruktvalidität, Zuverlässigkeit und alle psychometrischen Parameter erfüllen. Mit diesen Informationen generieren wir unsere erste Nicht-Gruppe. Wir bitten unsere Tester um viel Feedback: wie sie die Bewertung finden, ob sie die Anleitung verstehen, ob sie sich gelangweilt haben oder ob sie Vorschläge haben. Wenn es zu diesem Zeitpunkt etwas zu ändern gibt, können wir kleine Optimierungen vornehmen. Und dann ist es bereit zum Loslegen. Normalerweise warten zu diesem Zeitpunkt, wenn die App fertig ist, bereits einige Kunden und sind bereit, sie zu nutzen.

I   Das klingt nach viel Arbeit. Wie lange dauert die Produktion eines Spiels?

LM   Der gesamte Prozess kann zwischen sechs Monaten und einem Jahr dauern, je nachdem, wie viele Dinge wir durch die Bewertung messen wollen.

I   Wie entwickeln Sie neue Ideen für ein Spiel?

LM   Wir schaffen eigentlich in dem Sinne keine neuen Ideen. Wenn wir uns entscheiden, was zu messen ist, führen wir einen Literaturüberblick über alle möglichen Aufgaben durch, die in der Vergangenheit festgelegt und validiert wurden und die auf das spezifische Verhalten ausgerichtet waren, das wir bei Menschen identifizieren wollen. Wir entwickeln keine Ideen, wir nehmen nur das, was zuvor getan wurde, und dann arbeiten wir mit unserem App-Team zusammen, um diese Parameter zu nutzen, um eine ansprechende Arbeitsplatzbewertung aufzubauen. Zum Beispiel nehmen wir eine kognitive Aufgabe und halten all jene Elemente in den Aufgaben fest, die notwendig sind, um einen Unterschied zwischen Menschen zu identifizieren, aber dann kleiden wir sie als Spiel aus. So sehr das Gesamtkonzept innovativ ist, so konservativ ist das, was wir tun. Es gibt nicht viel Raum für neue Ideen, weil wir unsere Aufgaben auf die Wissenschaft ausweiten wollen und unsere Bewertung nicht auf das stützen, was wir „denken", das es funktioniert, weil uns das nicht gefällt – wir mögen die Wissenschaft.

I   Gibt es Konfliktpotenzial in der Kollaboration solch eines multidisziplinären Teams?

LM   Wir alle haben verschiedene Arten von Fachwissen. Und am Anfang war es ziemlich interessant, weil wir hauptsächlich Psychologen und Spieleentwickler kombiniert haben, die anscheinend zwei Gruppen sind, die nicht sehr oft zusammenkommen. Die beiden Mitbegründer haben auch unterschiedliche Hintergründe. Einer hat einen Abschluss in Philosophie und hat schon viele Unternehmen geführt, und der andere ist ein qualifizierter Arzt, der es liebt zu kodieren und seine medizinische Karriere zu verlassen, um einer der britischen Top-Entwickler zu werden. Jeder von uns hatte eine ganz andere Expertise, was es schwierig machte, die gemeinsame Sprache zu finden, die wir jetzt gefunden haben. Es ist erstaunlich, wie verschiedene Arten von Menschen, die wahrscheinlich anders gewesen wären, jetzt zu diesem homogenen, aber auch heterogenen menschlichen Topf geworden sind.

I   In Bezug auf Konflikte: Gibt es weitere Probleme, die während des Entwicklungsprozesses einer Anwendung häufig auftreten?

LM   Am Anfang gab es zunächst zwei Zugkräfte: Wissenschaft und Spaß. Aber wir sind ein psychometrisches Unternehmen, also muss die Wissenschaft die Vorherrschaft über den Spaß haben. Es geht darum, die psychometrischen Eigenschaften der Bewertung immer über jedes andere Merkmal hinaus zu erhalten. Es gab in der Vergangenheit ein Thema, bei dem es leichte Meinungsverschiedenheiten gab, aber wir haben bald ein Gleichgewicht gefunden, bei dem unsere Spieleentwickler wissen, dass unsere Spezifikationen nicht verhandelbar sind, aber über eine volle kreative Lizenz verfügen, wie man sie konzipiert. Wir vertrauen darauf, dass sie die beste Arbeit leisten, um die Kunst und den Spaß hinzuzufügen, und sie vertrauen darauf, dass wir ihnen Regeln geben, die wirklich notwendig sind. Ich muss sagen, dass es überhaupt nicht viele Konflikte gibt.

I   Sie haben uns gesagt, dass es viele Studenten gibt, die in Ihrem Team arbeiten. Was sind die Aufgaben, die diese erfüllen?

LM   In meinem Team gibt es keine Studenten. Wir arbeiten mit Studenten verschiedenster Universitäten zusammen. Jedes Jahr haben wir eine lange Liste von Themen, Studien, Hypothesen, die wir behandeln wollen, und sie wählen diejenige aus, die sie wollen, und machen ihr Studium. Ab diesem Jahr beginnen wir mit der Aufnahme von Praktikanten, die im Rahmen ihres Hochschulstudiums für jeweils neun Monate bei uns arbeiten werden. Unsere Beziehung zu den Studenten ist vorerst zu 100 % forschungsbasiert.

I   Wir würden gerne mehr über die Apps sprechen, wie Sie bereits sagten, Ihre Organisation entwickelt Spiele, die für die Personalauswahl verwendet werden. Was genau gamifizieren Sie?

LM   Wir gamifizieren alles von den Big Five bis hin zu kognitiven Konstrukten. Was wir bei der Anwendung der Gamification auf die Bewertung tun, sind zwei Dinge. Wir haben eine spielerische Bewertung und eine geprüfte Bewertung. Bei der spielerischen Bewertung wählen wir aus der Literatur geeignete kognitive Aufgaben, neurowissenschaftliche Aufgaben oder verhaltensökonomische Aufgaben aus und setzen deren Parameter in Spielaufgaben um. Mit spielbasierten Assessments verwenden wir die Gameplay-Daten selbst, um eine Punktzahl zu generieren. Wenn wir von einer gezielten Bewertung sprechen, ist das etwas anders, denn dort nehmen wir traditionelle Bewertungen, meist Eignungsbewertungen, und importieren sie in einen spielerischen Rahmen – genau die gleiche Bewertung, aber bunter und ansprechender. Es ist der Rahmen, der es wie ein Spiel aussehen lässt, aber die Ergebnisse werden aus den traditionell aussehenden Elementen berechnet. Zum Beispiel gab es eine unserer ersten Spielbewertungen, bei der wir einen mündlichen Argumentationstest hatten. Die Fragen waren nur regelmäßige mündliche Argumente, aber wir haben die Bewertung so konzipiert, dass der Testteilnehmer wie ein Pirat agierte, dessen Schiff kaputt war und der das Handbuch des Schiffes verstehen musste, um es zu reparieren.

I   Sie haben gesagt, dass es einen Unterschied zwischen der gamifizierten und der spielbasierten Bewertung gibt. Können Sie mir das erklären?

LM Auf jeden Fall. In spielbasierten Assessments nutzen Sie die Eigenschaften des Spiels, um Daten zu generieren. Die Daten werden vom Spiel selbst vorgegeben. Es ist die Psychometrie der Spiele, die die Menschen misst. Bei einer gamifizierten Bewertung ist die Gamification eher eine Ergänzung zum Test. Du nutzt alle Spielelemente, um Stress abzubauen, das Engagement zu erhöhen, mehr Spaß zu machen und ein wenig Markenbildung zu betreiben. Aber wirklich bleibt der Test derselbe, sodass die Daten durch einen traditionellen Test erzeugt werden.

I Wie sieht es mit den Reaktionen der Bewerber aus? Wie reagieren sie auf eine spielbasierte Bewertung?

LM Ich habe mehrere Studien über die Reaktion der Bewerber durchgeführt, weil es etwas ist, worum ich zu Beginn gebeten wurde. Es war eine sehr berechtigte Frage. Und überraschenderweise, obwohl ich erwartet hatte, dass das recht positiv sein würde, erwies es sich als äußerst positiv. Wir haben Fragen gestellt, wie fair die Menschen die Bewertung finden, wie engagiert sie ist und wie sie sich auf das Bild der Arbeitgeber ausgewirkt hat. Und normalerweise sehen wir Daten, die gegen das obere Ende der Likert-Skala verzerrt sind. Vier oder fünf, was bedeutet, dass „Ich stimme zu", „Ich stimme stark zu" und „Ich stimme extrem zu" etwa 80 bis 90 % der Stichprobe ausmacht. Es wird sehr, sehr gut wahrgenommen, sodass wir vor einigen Jahren beschlossen haben, nicht nur Fragen zu stellen, sondern auch die richtigen Maßstäbe für die Reaktionen der Kandidaten, die Wahrnehmung von Fairness sowie die prozessuale und distributive Gerechtigkeit zu verwalten. Und wir haben wieder einmal festgestellt, dass die Ergebnisse wirklich ermutigend waren, da 70 bis 85 % der Menschen am oberen Ende der Verteilung standen. Warum wir das tun? Weil wir an bestimmten demografischen Daten interessiert sind. Wir sind an allen Menschen interessiert, wir sind an Menschen interessiert, die keine Spiele spielen, wir sind an Menschen interessiert, die nicht sehr technikbegeistert sind oder an verschiedenen sozioökonomischen Gruppen, verschiedenen Ethnien und so weiter. Ich habe festgestellt, dass es absolut keinen Unterschied gibt. Wenn die Leute die Wissenschaft verstehen, haben fast hundert Prozent in diese Idee eingekauft und das ist wirklich gut. Besonders interessant ist, dass die Menschen mit der spielbasierten Bewertung zufrieden sind, weil sie denken, dass andere Menschen nicht in der Lage sind, sie zu fälschen. Sie denken, dass sie eine bessere Chance haben, einen Job zu bekommen, den sie verdienen, und das ist sehr wichtig. Und sie sind der Meinung, dass diese Art der Bewertung einen Teil ihrer Persönlichkeit und ihrer Präferenzen und Tendenzen identifiziert und misst, die ihnen nicht vollständig bewusst sind. Die Leute schienen den Kern der spielbasierten Bewertung viel mehr zu verstehen, als ich erwartet hätte.

I Sie haben gesagt, dass das Auswahlverfahren fair sein und als fair empfunden werden sollte. Was tun Sie, um sicherzustellen, dass Ihre Apps für alle fair sind?

LM Wir haben das Assessment in verschiedenen Formaten entwickelt. So haben wir beispielsweise festgestellt, dass einige Menschen, als wir in Entwicklungsländern auf den Markt kamen, nicht immer über ein Smartphone verfügten, mit dem sie die Bewertung vornehmen konnten. Deshalb haben wir eine Desktop-App entwickelt, auf die sie entweder zu Hause, an der Universität oder in Karrierezentren zugreifen können. Ein einfacher, aber wirkungsvoller Trick war es, alle unsere Grafiken durch einen Farbblindfilter laufen zu lassen, um sicherzustellen, dass die Farbblindheit die Menschen nicht daran hindert, die Bewertung erfolgreich zu machen. Wir versuchen auch, die Sprache so weit wie möglich zu reduzieren. Und wie gesagt, ich forsche gerade daran, die Sprache vollständig aus der Bewertung zu eliminieren, damit Menschen, deren Sprache nicht ihre Muttersprache ist, einen Job finden können. Als ich zum ersten Mal in dieses Land kam, war mein Englisch nicht sehr gut, und ich wäre zu Unrecht diskriminiert worden, weil ich eine Frage nicht ganz verstanden hätte, und dafür hätte ich nicht gewusst, wie ich richtig antworten sollte, ob ich die Antwort tatsächlich wusste oder nicht.

I   Der Datenschutz ist ein aktuelles Thema. Wie stellen Sie sicher, dass die Daten Ihrer Benutzer geschützt sind?

LM   Es gibt keinen wirklichen Unterschied zwischen spielbasierten Assessment-Unternehmen und anderen psychometrischen Unternehmen. Wir verwenden die ganze Zeit Verschlüsselung. Und wir befolgen die GDPR-Richtlinien für die Speicherung von Daten und im Wesentlichen für die Speicherung identifizierbarer Informationen in den Daten. Wir haben Backup-Server und sie sind wirklich sicher. Wir tun alle notwendigen Schritte, um die Identität und die Privatsphäre der Menschen zu schützen. Wir geben die Daten niemals an Dritte außerhalb des Unternehmens weiter, und selbst innerhalb des Unternehmens können nur die Personen, die wirklich Zugang zu den Daten benötigen, sie sehen. Wir minimieren die Gefährdung von Daten so weit wie möglich.

I   Gibt es eine Möglichkeit für die Teilnehmer, nach Abschluss des Spiels Feedback zu geben?

LM   Ja. Jeder, der das Spiel beendet, hat am Ende des Tests eine Reihe von Fragen, die wir wöchentlich überprüfen. Wir gehen alle Bewertungen durch, die wir durchführen, und führen eine qualitative Analyse des Feedbacks durch. Wir identifizieren Probleme. Zum Beispiel haben wir festgestellt, dass eine der Ebenen für die Menschen zu frustrierend war. Wir haben drei parallele Versionen der gleichen Ebene erstellt, basierend auf dem, was den Leuten nicht gefiel, wir haben sie getestet und die leistungsfähigste ausgewählt, um die Originalversion zu ersetzen und gleichzeitig die gleichen Daten zu pflegen. Auf der anderen Seite haben einige Leute sehr gutes Feedback zu unseren Apps gegeben, sodass wir verstehen können, was gut funktioniert und es nutzen können.

I   Haben Personen mit Spielerfahrung, Ihrer Erfahrung nach, einen Vorteil bei solchen Auswahlspielen?

LM   Nein, eigentlich nicht. Wir haben viel darüber recherchiert, wegen all der Kritik, die von Leuten geäußert wurde, die davon ausgegangen sind, dass Spieler irgendwie im Vorteil waren. Erstens, wenn Sie die Bewertung sehen, ist es ganz klar, dass überhaupt keine Spielfähigkeiten erforderlich sind! Dennoch wollte ich zeigen, dass dies der Fall ist. Zuerst fragten wir, wie viele Stunden die Leute Spiele spielen und es gab keinen absoluten Effekt von Spielzeit und Leistung. Dann begannen wir, komplexere Fragen darüber zu stellen, welche Art von Spielen sie gespielt haben und welche Rolle Spiele in ihrem Leben gespielt haben. Darüber hinaus haben wir in Zusammenarbeit mit Dr. Sanchez von der San Francisco State University die Beziehung von Menschen zum Glücksspiel mit einer akademischen Skala untersucht, die für genau diesen Zweck entwickelt wurde, und wir haben wiederum absolut keinen Effekt, weder auf die Leistung noch auf ihre Wahrnehmung der Fairness der Bewertungen, festgestellt. Das Einzige, was wir in all diesen Studien gefunden haben, ist, dass die Spieler im spielbasierten Assessmentmaßstab der Persistenz einen höheren Wert erzielen. Aber das ist ein bereits bekanntes Beweisstück, denn Menschen, die hartnäckiger sind, neigen dazu, sich selbst zu wählen, um mehr Spiele zu spielen, und die höhere Punktzahl ist kein Artefakt der spielbezogenen Bewertung, sondern etwas, das einen natürlich auftretenden Gruppenunterschied identifiziert.

I   Lassen Sie uns über die Spiele selbst etwas mehr in die Tiefe gehen. Stellen Sie sich jemanden vor, der noch nie mit der spielbasierten Bewertung in Berührung gekommen ist. Könnten Sie beschreiben, wie die Apps aussehen? Welche Art von Aufgaben müssen Bewerber bewältigen?

LM   Sie können unsere Apps in der Regel wie Rätsel beschreiben. Rätsel, die verschiedene Muster von Verhaltensaktivitäten hervorrufen. So wird beispielsweise die Balloon Analogue Risk Task, auch bekannt als BART, übernommen. Nach unserer neuesten Einschätzung muss der Kandidat einen Ballon aufblasen, weil er einen Raum für ein Kundenevent vorbereitet. Je mehr sie den Ballon aufblasen, desto größer ist das Logo des Kunden und desto mehr Geld zahlt der Kunde. Mit mehr Pumpen gibt es jedoch mehr Chancen, dass der Ballon platzt und der Kandidat überhaupt kein Geld verdient. Die Kandidaten müssen den richtigen Punkt finden, an dem sie das Einkommen maximieren, bevor sie den Ballon platzen lassen. Das ist eine Aufgabe, die in der wissenschaftlichen Literatur schon seit einiger Zeit verwendet wird, wir haben unsere Bewertung darauf gestützt, weil wir wissen, was sie misst und wie.

I   Das klingt nach viel Spaß. Aber können Sie nur die Leistung messen? Oder gibt es konkrete Ergebnisse, die auch den Zugang zu Persönlichkeitsmerkmalen wie z. B. Verträglichkeit ermöglichen?

LM   Leistung ist eigentlich gar nicht wichtig. Wir haben leistungsbezogene Punkte in die spielbasierte Bewertung aufgenommen, nur um den Menschen ein Gefühl für den Zweck und eine Richtung zu geben, was sie erreichen wollen. Aber die Punkte in den Spielen werden nie in unserem Bewertungsmechanismus verwendet, alles, was wir tun, ist, verhaltensbedingte individuelle Unterschiede zu messen und psychologische Werte durch diese zu generieren. Die Leistung wird, wie bei der Arbeitsleistung, auf eine andere Weise berechnet. Sobald wir alle Ergebnisse haben, z. B. in Verträglichkeit, Gewissenhaftigkeit, Neurotizismus, kognitiver Geschwindigkeit, kognitiver Leistungsfähigkeit und mehr, kombinieren wir sie zu einem Modell, das die Leistung am Arbeitsplatz vorhersagt. Aber wir kümmern uns nicht um die Leistung im Spiel, sondern darum, was diese Datenpunkte in Bezug auf individuelle Unterschiede bedeuten und was sie in Bezug auf individuelle Unterschiede in den Leistungskennzahlen am Arbeitsplatz bedeuten.

I Sie haben über die Datenpunkte gesprochen. Laut Ihrer Website können Sie bis zu 12.000 Datenpunkte pro Bewerber erfassen. Das ist eine große Menge an Daten. Könnten Sie uns ein Beispiel geben, welche Datenpunkte gemessen werden?

LM Alles, was in einer Sitzung passiert, wird erfasst. Deshalb haben wir diese riesige Datenmenge. Die genaue Anzahl der Datenpunkte hängt davon ab, wie lange die Menschen in eine bestimmte Aufgabe investieren, denn es gibt Aufgaben, die je nach Präferenz mehr oder weniger lange dauern können. Jedes Mal, wenn etwas auf dem Bildschirm erscheint und der Benutzer darauf reagiert, ist es ein Datenpunkt, der ähnlich, aber auch für jeden anders ist – es ist eine Art Blaupause. Dabei ist zu betonen, dass die einzelnen Datenpunkte per se bedeutungslos sind. Also, für mich, ob Sie oben oder unten auf dem Bildschirm berührt haben, hat absolut keine Bedeutung, es sei denn, wir wissen, was wir versuchen zu tun. Indem ich weiß, was wir zu tun versuchen, muss ich alle diese Datenpunkte zu etwas Sinnvollem zusammenfügen. Ich betrachte zum Beispiel die Durchschnittsgeschwindigkeit, mit der Ballons gepumpt wurden, oder die Verteilung dieser Geschwindigkeit auf verschiedene Ballons. Wir arbeiten also auf einer viel weniger granularen Ebene als 12.000 Datenpunkte, wir haben es normalerweise mit ein paar hundert bis tausend Variablen zu tun, die auf 35 verschiedene Werte verteilt sind.

I Sobald die Daten des Antragstellers erhoben werden, wie werden sie verarbeitet und ausgewertet?

LM Im Rahmen der Validierung entwickeln wir alle Scoring-Mechanismen, die alle nützlichen Variablen aufnehmen und zu einem Modell kombinieren. Dieses Modell wird dann in Form einer Gleichung übersetzt. Wann immer Daten hereinkommen, werden sie durch diese Gleichung analysiert und eine Reihe von Ergebnissen generiert und dann normiert. Die normierten Scores informieren die Berichte auf der einen Seite und alle anderen Informationen auf der Datendrehscheibe. Die meisten Kunden haben das, was wir ein „Fit-Profil" nennen, das ein maßgeschneiderter Algorithmus ist, der die Kandidaten, die zu der Frage passen, wie gut sie zu einem vorher festgelegten Satz arbeitsplatzrelevanter Kriterien passen, bewertet. Dies geschieht durch eine Job-Mapping, welches unser Delivery-Team mit dem Kunden durchführt. Im Wesentlichen gehen wir also von einer riesigen Menge an metrischen Daten aus, verwandeln sie in weniger Variablen, kombinieren sie zu 35 verschiedenen Konstruktions-Scores, von denen einige dann zu einem einzigen Prozentsatz zusammengefasst werden, der für die Auswahl verwendet wird. Das alles dauert nur etwa fünf Sekunden. Es geschieht fast sofort.

I Wenn Sie die Ergebnisse haben, ist das das Feedback, das die Bewerber erhalten? Erhalten sie überhaupt ein Feedback?

LM Ja. Jede einzelne Person, die unsere Bewertung als Live-Kandidat durchführt, erhält einen Feedbackbericht, unabhängig davon, für was sie sich beworben hat. Es ist ein Feedbackbericht, der sich um sie dreht, und es ist nur fair, dass sie ihn bekommen. Es geht nicht um sie im Kontext der Anwendung, es geht um sie als Menschen. Im Moment fügen wir dem Bericht weitere Dinge hinzu, zum

Beispiel Berufsberatung und mögliche Wege, um nach anderen Arbeitsplätzen zu suchen. Denn manchmal, eigentlich meist im Rahmen von Absolventenprogrammen, bekommen die Menschen nicht den Job, für den sie sich beworben haben, und wir glauben, dass es gut sein wird, ihnen einige Werkzeuge an die Hand zu geben, mit denen sie ihre Stärken und Schwächen verstehen und ihre zukünftige Berufswahl steuern können.

I Nun möchte ich mit der kritischen Diskussion über spielbasierte Assessments und Arbeitspsychologie im 21. Jahrhundert fortfahren. Arctic-Shores-Kunden sind auf der ganzen Welt zu finden. In welchem Umfang können Apps an spezielle Wünsche Ihrer Kunden angepasst werden?

LM Da die Wissenschaft eine heikle Sache ist, kann nichts getan werden, um die Wissenschaft in den Assessments zu ändern. Alles, was wir als Sonderwunsch für den Kunden tun, ist „Kosmetik". Wir machen zum Beispiel viel Branding-Arbeit. Die meisten unserer großen Kunden wollen ihre eigene App, aber das bedeutet nicht, dass wir die Bewertung ändern. Das bedeutet nur, dass wir ihre Logos so weit wie möglich anbringen, alle Farbthemen an ihre Farbgestaltung anpassen, solange sie z. B. den Richtlinien zur Farbenblindheit und allen wichtigen Parametern des Tests entsprechen. Manchmal erstellen wir für sie auch einen anderen Bericht, der spezifisch für ihren Arbeitsplatz, für ihre Auswahlkampagne ist. Ich bin der Torwächter der Wissenschaft und ich lasse nie zu, dass Kunden eine Änderung der Wissenschaft verlangen, es ist jedoch passiert, dass ein Kunde ein bestimmtes Konstrukt messen wollte, welches wir nicht hatten, also haben wir entwickelt, dass wir für sie – nur nicht exklusiv für sie – immer alles in unser Portfolio aufnehmen würden, damit jeder es dann nutzen kann.

I Sie würden also nie etwas erfinden, das nicht auf Forschung basiert? Was tun Sie, wenn Kunden etwas verlangen, das empirisch nicht valide ist?

LM Nein, würde ich nicht. Das ist der Punkt, an dem ich eine sehr klare Linie ziehe. Und ich würde den Kunden nicht raten, Personen auf der Grundlage von etwas auszuwählen, das nicht validiert wurde. Es kommt oft vor, dass Kunden beispielsweise ihren Kompetenzrahmen mit uns teilen, um unsere Eigenschaften darauf „abzubilden" – d. h. wir wählen die Eigenschaften aus, die theoretisch mit ihrem breiten Arbeitsplatzverhalten verbunden sind. Wenn wir jedoch vermuten, dass der Kompetenzrahmen nicht gültig oder wissenschaftlich ist, empfehlen wir ihnen, eine Studie oder eine Validierung mit uns durchzuführen, um uns zu zeigen, wie ihre gute Leistung in Bezug auf ein psychologisches Profil aussieht, und wir verwenden diese Informationen, um unsere Algorithmen aufzubauen. Meistens reicht es nicht aus, nur ein paar High-Performer zu testen – deshalb führen wir theoretische Übungen durch, um herauszufinden, welche anderen Eigenschaften notwendig wären, um Ziele zu erreichen, die der derzeitige Pool von High-Performern nicht erreichen kann. Dann können wir eine wissenschaftlichere Diskussion darüber führen, wie Daten und Theorie in einer einzigen Gleichung kombiniert werden können, aber es muss eine gute wissenschaftliche Grundlage für alles, was wir tun, vorhanden sein.

I Die Entwicklung eines spielbasierten Assessments erfordert, wie Sie bereits gesagt haben, einen hohen Aufwand. Welche Vorteile hat die spielbasierte Bewertung im Vergleich zu traditionellen Auswahlverfahren?

LM Der Hauptvorteil für mich, der auch der Grund dafür ist, dass ich diese verrückte Idee von mir ins Leben gerufen habe, besteht darin, dass man mit spielbasierten Assessments nicht in der Lage ist, die Bewertungen zu fälschen. Wir haben umfangreiche Untersuchungen durchgeführt, in denen wir die Menschen gebeten haben, die Bewertung zu fälschen, und ihnen sogar spezifische Anweisungen gegeben haben, wie sie vorgehen sollen, oder klare Sätze von wünschenswerten Eigenschaften, die sie besitzen sollten, um einen (gefälschten) Job zu bekommen. Und wir hätten ihnen viel Geld gezahlt, wenn es ihnen gelungen wäre, sich für diesen Job zu qualifizieren. Insgesamt haben wir festgestellt, dass die Menschen nicht in der Lage sind, zu ändern, wie sie Aufgaben angehen können und so tun, als ob sie sich von dem unterscheiden, was sie sind, und das ist für mich sehr wichtig. Das bedeutet, dass wir den Menschen eine unglaubliche Möglichkeit geben, wirklich zu zeigen, wer sie sind. Und, was noch wichtiger ist, wir nehmen den Menschen, die nicht ehrlich sind und die versuchen, Arbeit zu bekommen, die sie nicht verdienen, diese „falsche" Macht vollständig ab.

Eine zweite Sache ist, dass Menschen spielerische Bewertungen viel weniger stressig und insgesamt eine viel bessere Erfahrung finden. Wir haben festgestellt, dass sich die Menschen auch nicht besonders schlecht fühlen, weil sie auf der Grundlage eines spielerischen Tests abgelehnt werden. Wir konnten dies nicht an einer tatsächlichen Stichprobe testen, da es extrem schwierig ist, Zugang zu abgelehnten Kandidaten zu erhalten, also basiert es auf hypothetischen Fragen, die wir unseren Testern gestellt haben. Dies ist von entscheidender Bedeutung, denn wie bereits erwähnt, werden die meisten Bewerber – insbesondere bei großvolumigen Studiengängen – abgelehnt, und wenn sie das Bewerbungsverfahren als stressig und unangenehm empfunden haben, fühlen sie sich überfordert und nehmen den Arbeitgeber viel eher negativ wahr. Die Zufriedenheit abgelehnter Kandidaten ist für kundenorientierte Marken von größter Bedeutung und unsere Kunden sind sehr daran interessiert, alles zu tun, um die abgelehnten Kandidaten als Kunden zu halten – eine schlechte Rekrutierungskampagne kann ein Unternehmen mehrere Millionen verlorene Geschäfte mit abgelehnten Kandidaten und ihren Netzwerken kosten.

I Können Sie sich auch Nachteile spielbasierter Assessments vorstellen?

LM Nein, aber ich bin vielleicht ein wenig voreingenommen. Der einzige Nachteil, den ich mir vorstellen kann, ist, dass sich spielbasierte Assessments nicht dazu eignen, erworbenes Wissen zu bewerten, es geht um Ihre angeborenen Prädispositionen, um das, was Sie tun können, wer Sie sind und wie Ihre Präferenzen und Tendenzen aussehen. Es ist etwas, das etwas fließender und natürlicher ist als das, was du gelernt hast. Es ist also schwierig, das erworbene Wissen mit spielbasierten Assessments zu testen, und da sie ein großartiges Instrument zur persönlichen Entwicklung darstellen, sind sie nicht geeignet, den Fortschritt in diesem Sinne zu verfolgen. Das ist wahrscheinlich ein Nachteil, aber es gibt viele andere Tools, die dafür eingesetzt werden können.

I Was halten Sie von anderen innovativen Methoden der Personalauswahl?

LM Ich wünsche mir mehr Forschung, auf die ich meine Meinung stützen kann. Weil natürlich alle diese innovativen Methoden sich so präsentieren, als wären sie sehr gut, sehr valide und sehr wissenschaftlich, aber ich muss noch einige konkrete Ergebnisse sehen. Und sobald ich die Ergebnisse gesehen habe, werde ich meine Meinung entwickeln.

I Glauben Sie, dass die Personalauswahl von künstlicher Intelligenz profitieren kann?

LM Es kommt darauf an, was man als künstliche Intelligenz definiert, wo man die Grenze zieht und wie man sie nutzt. Ein Problem mit künstlicher Intelligenz ist, dass sie lernt, wie man eine „Intelligenz" ist, aber sie ist nicht intelligenter als ihre Ausbildung. Wenn Sie versuchen, Verzerrungen zu reduzieren, ist es sehr schwierig, ein Modell nach dem zu trainieren, was menschliche Bewerter tun würden. Weil Sie versuchen, Verzerrungen zu eliminieren, aber Sie versuchen, das Modell so zu trainieren, dass es sich wie ein Mensch verhält – was für Dinge gilt, die sich per Definition gegenseitig ausschließen. Künstliche Intelligenz ist wirklich gut, um Aufgaben zu erfüllen, bei denen man z. B. verstehen muss, ob es während der Fahrt eine Gefahr in seinem Gesichtsfeld gibt, weil man versucht, nachzuahmen, was man getan hätte, wenn man es als Mensch gesehen hätte. Mit der Bewertung wollen Sie etwas radikal anderes tun als der Mensch, und das ist ein Problem, wenn Sie als Mensch versuchen, ein Modell zu trainieren, das auf einem Kriterium basiert, das von Menschen beeinflusst wird. Es gab einige Fälle, in denen Algorithmen nicht nur menschliche Verzerrungen repliziert, sondern massiv verstärkt haben.

Bei der Anwendung ausgeklügelter Datenanalyseverfahren, die als künstliche Intelligenz eingestuft werden, ist Vorsicht absolut notwendig, da vollständige Black-Boxen nicht der beste Weg nach vorne sind. Mit genügend Daten und einem Vorhersagekriterium ist es einfach, eine sehr gute Korrelation zu finden. Es ist jedoch auch notwendig zu verstehen, was in einem Algorithmus vor sich geht, damit er am Arbeitsplatz eingesetzt werden kann. Der Algorithmus muss sehr deutlich zeigen, was zu guter Leistung führt und was zu schlechter Leistung führt, sonst ist es nutzlos. Der Sinn eines Algorithmus besteht darin, Arbeitgebern zu helfen, ihr Unternehmen um Faktoren herum aufzubauen, die eine gute Leistung fördern und Prozesse und Verhaltensweisen minimieren, die die Leistung beeinträchtigen – gute Algorithmen sollten nicht nur die Bewertung, sondern auch das Trainingssystem, die Belohnungsstrategie und die internen Richtlinien berücksichtigen. Black Boxes überschreiten die Grenze unserer Kognition, wir wissen vielleicht, welche Daten in ihnen enthalten sind, aber wir können ihre Struktur nicht entwirren und sie so weit vereinfachen, dass wir sie verstehen und von ihnen lernen können.

I Hat sich Arctic Shores bisher mit künstlicher Intelligenz befasst?

LM Ja, natürlich. Wir verwenden analytische Techniken, die unter das Dach der KI fallen, aber wir verwenden sie theoretisch geleitet, nur um unsere Algorithmen zu maximieren, nicht um sie von Grund auf neu zu entwickeln.

I   Gibt es also bereits eine Kombination aus spielbasierter Bewertung und künstlicher Intelligenz?

LM   Ja, das gibt es. Aber meine Regel ist: Wenn du es nicht erklären kannst, dann kannst du es nicht benutzen. Ich bin nicht daran interessiert, erstaunliche 100 %ige Vertrauensvorhersagen zu machen, es sei denn, ich kann erklären, welche psychologischen Mechanismen für Leistungsunterschiede verantwortlich sind. Wenn es also zu kompliziert ist zu erklären, bedeutet das, dass wir uns von der Datenwissenschaft zurückziehen und den Schwerpunkt auf die „aktuelle" Wissenschaft legen müssen.
Eine weitere Möglichkeit, wie wir die Künstliche Intelligenz erforschen, ist die Natural Language Processing, aber das hat nichts mit der Bewertung selbst zu tun. Die Idee ist es, die Art und Weise, wie wir unsere Eigenschaften auf verschiedene Berufsrollen „abbilden", zu automatisieren und zu standardisieren. Wenn eine Stellenbeschreibung alle Elemente enthält, die für den Erfolg in der Rolle notwendig sind, dann sollte ein Algorithmus in der Lage sein, herauszufinden, welche psychologischen Konstrukte mit einer hohen Leistung verbunden sind. Ich arbeite noch sehr viel an dieser Idee, aber beobachte diesen Bereich.

I   Glauben Sie, dass eine spielbasierte Bewertung in Zukunft die traditionellen Bewertungsmethoden ersetzen oder zumindest erweitern kann?

LM   Auf jeden Fall. Ich denke, wir haben eine wirklich gute Bandbreite an Bewertungen. Unser Spiel misst jetzt 35 Kernkonstrukte und wir arbeiten daran, ein paar mehr hinzuzufügen – es gibt nicht so viel mehr, was notwendig ist, um mehr über Menschen zu erfahren. Die Ergebnisse sind stabil, sie sind gültig, und sie sind immun gegen Fälschungen, plus die Leute mögen spielbasierte Assessments – also warum nicht?

I   Und in welchen Bereichen sehen Sie das größte Potenzial für die Durchführung von spielbasierten Assessments?

LM   Neben der Arbeitsplatzbewertung sehe ich viel Potenzial in der frühen beruflichen Selbsterkenntnis. Es ist schwierig, einen Karriereweg zu wählen, und die Entscheidungen werden oft von der Vorstellung geleitet, dass ein Beruf Spaß macht oder lukrativ ist, oder von dem, was verfügbar und vertraut ist. Die Durchführung von Orientierungstests ist ein Problem, da die Art der Fragen, auf denen sie basieren, nicht gegen die oben genannten Punkte abpuffert. Es ist einfach, auf eine Weise zu antworten, die bestätigt, was wir von dem Vorschlag erwarten. Die spielerische Bewertung, die tiefer geht und das Rohpotenzial und die Veranlagung betrachtet, kann den Menschen wirklich helfen, herauszufinden, was ihre Stärken und Schwächen sind – und die Berufswahl von selbst erfüllenden Prophezeiungen und Wahnvorstellungen befreien. Wir haben tatsächlich damit begonnen zu untersuchen, wie gut wir spielbasierte Assessments nutzen können, um die Beschäftigung der Menschen vorherzusagen, und vor allem, wie glücklich sie mit ihrer Beschäftigung sind. Die Jury ist noch nicht ausgeschieden, während wir an dieser Forschungsarbeit arbeiten, aber ich hoffe, dass meine Einschätzung jungen Menschen helfen wird, in den richtigen Beruf für sie zu investieren.

I Die spielbasierte Bewertung ist ein Bereich mit großen Arbeitsmöglichkeiten für angehende Absolventen. Könnten Sie uns in diesem Abschnitt einen Rat geben, wie wir uns auf einen Job vorbereiten können?

LM Es hängt wirklich davon ab, welcher Aspekt der spielbasierten Assessments von Interesse ist. Wenn beispielsweise jemand daran interessiert ist, diese Art von Bewertung zu entwickeln, ist der beste Weg, Kognitionswissenschaften, Neurowissenschaften oder Computational Neuroscience zu studieren. Aber es gibt so viel mehr als nur Testentwicklung. Vielleicht ist es also der beste Weg, sich darauf vorzubereiten, Wissenschaft und Innovation wirklich zu verstehen und immer mit neuen Trends Schritt zu halten und ein Disruptor zu sein. Habt keine Angst, ein Disruptor zu sein, seid so laut und unkonventionell wie möglich. Diese ganze Firma, dieses ganze Konzept basierte auf Störungen, also würde ich das vorschlagen.

I Und welche Kompetenzen werden benötigt, um mit spielbasierten Assessments zu arbeiten?

LM Nun, viel Geduld, weil alles viel länger dauern wird als bei anderen Arten der psychometrischen Beurteilung, und Kleinlichkeit, weil es so viel mehr Faktoren zu berücksichtigen gibt als bei einem „normalen" Spielentwickler oder einem „normalen" Psychometriker, und kaum etwas ist einfach.

Eine gute Portion Risikobereitschaft und Unsicherheit ist auch deshalb notwendig, weil das, was wir tun, noch nie zuvor getan wurde und immer ein hohes Risiko von Misserfolg und Überraschung besteht. Es ist möglich, dass dies in ein paar Jahren unnötig sein wird, aber im Moment lernen wir alle, wenn wir diesen Bereich entwickeln, und es erfordert ein gewisses Maß an Selbstvertrauen, um damit einverstanden zu sein, dass die Dinge manchmal einfach nicht funktionieren oder dass einige Menschen sie, selbst wenn sie funktionieren, nicht mögen werden. Außerdem ist es schwer vorherzusagen, was als Nächstes passieren wird, und einige Leute sind bequemer als andere, wenn es darum geht, nicht nur mit dieser Unsicherheit, sondern auch mit dem damit verbundenen hohen Grad an Aufgabenwechsel umzugehen.

I Gibt es noch andere wichtige Themen, über die Sie sprechen möchten oder die Sie hinzufügen möchten?

LM Ich denke, dass die spielbasierte Bewertung sehr spannend ist, und ich arbeite wirklich hart daran, mehr Universitäten einzubeziehen, denn ich denke, ein Bereich, in dem es uns gemeinsam mangelt – nicht nur bei Arctic Shores, sondern bei allen spielbasierten Assessmentkollegen – ist die aktuelle Forschung von Akademikern und die Veröffentlichung wissenschaftlicher Arbeiten über die Vorteile dessen, was wir tun, selbst wenn wir nur beschreiben, was wir tun, weil es viele Fehlinformationen und Missverständnisse gibt. Ich denke, es liegt in unserer Verantwortung, das zu tun. Ich hoffe, dass wir viel mehr Forschungsergebnisse und viel mehr Aktivitäten von Universitäten aus der ganzen Welt veröffentlichen werden. Wir begrüßen immer Studenten und haben ein sehr gutes Programm zur Unterstützung der Studenten. Wir haben auch Forschungsgelder!

I Vielen Dank für Ihre Zeit und das Gespräch.

Video des Interviews (siehe ◘ Abb. 3.1):

Interview mit Lara Montefiori
Chief Scientist bei Arctic Shores, London

◘ **Abb. 3.1**   Video 3.1 (▶ https://doi.org/10.1007/000-0sg)

3.2 Interview mit Ilias Vartholomaios und Athina Polina Dova, Gründer von owiwi

Das Interview mit Ilias Vartholomaios (IV) und Athina Polina Dova (APD) und die Transkription führten Theresa Zimmer, Lisa Peuckmann und Stefan Kenst (Interviewer, I) durch.

Interviewer (I)   Guten Tag, wir freuen uns sehr, dass Sie sich die Zeit für dieses Interview genommen haben. Könnten Sie uns beschreiben, welche Dienstleistungen Owiwi anbietet und uns einen kurzen Überblick geben?

Ilias Vartholomaios (IV)   Wir haben eine Online-Assessmentplattform geschaffen und im Wesentlichen unterstützen wir damit ein von uns von Grund auf neu entwickeltes, spielbasiertes Assessment-Tool. Grundlegend nimmt dieses spielbasierte Assessment-Tool die Form eines visuellen Romans an, also einer grafischen Illustration, bei der jede Aktion im Spiel dazu beiträgt, ein umfassendes Soft-Skill-Profil zu erstellen. Dabei ist zu beachten, dass das Tool selbst ausschließlich Soft-Skills misst und nicht Persönlichkeitsmerkmale oder emotionale Intelligenz. Die Fähigkeiten, die wir derzeit gemessen haben, sind Flexibilität bzw. Veränderungsbereitschaft, Anpassungsfähigkeit, Entscheidungsfindung und Belastbarkeit. Vor kurzem haben wir die nächste Iteration veröffentlicht, die vier zusätzliche Fähigkeiten misst: Lern-Agilität, Teamarbeit, Verantwortungsübernahme und Arbeitsmoral. Im Wesentlichen haben wir also eine zweiseitige Plattform geschaffen, auf der einerseits Arbeitssuchende, Absolventen, Millennials oder allgemein solche, die an ihrer persönlichen Weiterentwicklung interessiert sind, einfach auf unsere Website kommen, sich registrieren und das Spiel völlig kostenlos spielen können und am Ende sogar einen Feedback-Bericht erhalten, sobald sie fertig sind. Und auf der anderen Seite bedienen wir große Unternehmen, die grundsätzlich für den Zugang zum Management Dashboard-System, das wir erstellt haben, bezahlen und von dem aus sie dann Einladungen zum Test an die Kandidaten senden können. Des Weiteren können die Unternehmen dann die Ergebnisse einsehen und dabei die Daten nach

Belieben filtern. Zusätzlich können sie auch Notizen und Kommentare mit anderen Managern innerhalb der Plattform austauschen. Erwähnenswert ist außerdem, dass der Kandidat, nachdem er den Test abgeschlossen hat, einen Basisbericht erhält, der die Definition davon, was wir messen, warum dies am Arbeitsplatz wichtig ist und die numerische Punktzahl für diese Fertigkeit, enthält. Die Texterklärung für diese numerische Punktzahl ist in vier Stufen untergliedert, nämlich in „niedrig", „mittel", „angemessen" und „hoch", sodass also letztendlich auch der Bewertungsbereich vierstufig ist. Und auch werden in diesem Bericht die verschiedenen Eigenschaften jeder Fertigkeit genauer erklärt, was bedeutet, dass auf der Grundlage der Ergebnisse, Aussagen in Bezug auf sehr wahrscheinliche Verhaltensweisen und Handlungen sowie individuelle Entwicklungsbereiche der Testperson, generiert werden. Die Testpersonen erhalten somit auch eine Art Synopse darüber, was sie verbessern sollten und wie sie das tun können. Der Bericht des Personalers enthält die gleichen genannten Details und darüber hinaus schlagen wir basierend auf den Ergebnissen auch noch spezifische Interviewfragen vor, die während eines semi-strukturierten Interviews benutzt werden können.

Die neue Version misst nun, wie bereits erwähnt, die Lernagilität, Verantwortlichkeit, Teamarbeit und Arbeitsmoral und basiert auf Situational-Judgment-Test. Die Szenarien sind Situationen, die wir mit unserem eigenen Expertenteam von Grund auf neu entwickelt haben.

I   Was für Experten waren das?

IV   In der ersten Version für die ersten vier Fähigkeiten haben wir uns stark auf Human Resources (HR)-Manager konzentriert. Aber diesmal haben wir das Tool auch für andere Manager in anderen Funktionen konzipiert, so zum Beispiel für den Bereich des Marketings oder des Vertriebs. Wir brauchten also repräsentative Fälle für jede Fähigkeit vor vielfältigen Hintergründen. Für die Konzeption haben nun leitende Manager Beispiele und Fälle ausgetauscht, von denen sie ausgehen, dass die spezifischen Soft Skills in diesen Situationen gezeigt werden oder nicht. Somit entsteht ein separates Panel mit Antworten, welche dann erneut geprüft, nachkontrolliert und wieder erneut überprüft wird.

Athina Polina Dova (APD)   Es gab verschiedene wissenschaftliche Probleme, die wir zudem lösen mussten. Das war extrem anstrengend. Zwar gibt es schon einige psychometrische Anbieter, aber zurzeit gibt es viele alte Tests und psychometrische Verfahren und hingegen nur sehr wenige, die alle Validitäts-, Reliabilitäts-, Konstruktvaliditätsaspekte berücksichtigen und erfüllen. Und vor allem, wenn man ein ganz neuer Akteur auf dem Markt ist, wie wir es sind, und man versucht eine Technologie, wie unsere zu nutzen, muss man alles doppelt kontrollieren. Oder zumindest vorsichtig damit sein. Nur als Beispiel: Wenn SHL, ein riesiges Unternehmen, einen Test verwendet, müssen sie wissen, dass er auch valide sein wird.

IV   Wir haben also viel Zeit investiert. Und deshalb dauert es auch so lange ein Produkt zu entwickeln, weil es nicht ausreicht, diese Verfahren, wie beispielsweise die situativen Urteilstests, zu bekommen, denn wir mussten auch noch einen Schritt weiter gehen und diese in einen „fiktiven Rahmen" überführen. Der Grund, warum wir uns im Speziellen dafür entschieden haben, mit einer fiktiven, unrealistischen

Darstellung für das Spiel zu arbeiten, ist – wie ich auch aus meiner eigenen persönlichen Erfahrung weiß –, dass wir, wenn wir in einer Videospielumgebung sind, die ein Büro simuliert, automatisch in einer bestimmten Art und Weise voreingenommen sind, da man in einem Büro natürlich gefordert ist bestimmte Verhaltensweisen zu zeigen und andere eben nicht. Um es an einem schlechten Beispiel für ein situatives Urteil zu veranschaulichen, stellen wir uns einfach mal vor, dass ich z. B. am Schreibtisch sitze, das Telefon klingelt und es der CEO, mein Chef, ist. Gleichzeitig erhalte ich eine sehr dringende E-Mail von meinem Lieferanten. Zusätzlich klingelt mein Handy und sagen wir, dass gerade ein Verkäufer, der etwas Marketing machen will, anruft. Und dann sieht man noch, dass der Assistent mit Kaffee und Papieren vorbeikommt und das nur, um etwas Zeit zu verschwenden. Und schließlich wird hierbei dann die Frage gestellt: Was machst du zuerst? Es ist hierbei super klar, was die richtige Antwort ist und was die Priorität sein sollte. Und genau das wollen wir vermeiden, indem wir den Kontext und den Hintergrund völlig verändern, indem wir die richtige Antwort weniger offensichtlich machen. Außerdem wollen wir es auch für die Testperson schwerer gestalten, zu erkennen, was wir tatsächlich messen. Deswegen nutzen wir Antworten, die nur sehr kleine Unterschiede aufweisen, sodass die Testpersonen beim Nachdenken über die Antworten sich vielleicht denken: „Okay, ich denke, bei dieser Frage wird vielleicht dieses Merkmal gemessen. Aber wirklich sicher bin ich mir hierbei nicht. Ich muss aber überlegen, welche Antwort man hier von mir erwartet. Okay, ich bin mir nicht sicher, was sie hierbei messen wollen, also werde ich einfach mal das angeben, was ich tatsächlich machen würde. Und ich würde mit C antworten". Wenn die Antworten also auf eine solche Art und Weise vorgegeben werden, dann glauben wir, dass dies einen Schluss auf die wahren Einstellungen und Verhaltensweisen der Kandidaten zulässt. Und deshalb erhalten wir mit unserem Tool auch die Qualität an Ergebnissen, die wir momentan haben.

I   Was haben Sie getan, um die Qualität zu überprüfen? Validität oder Reliabilität?

IV   Test-Retest- und Re-Re-Retestreliabilität. Und wir haben uns zusätzlich noch viele Praxisberichte angeschaut.

APD   Das ist in der Tat der schwierigste Teil, denn in unserem Fall, müssen wir die gleiche Anzahl von Leuten finden, die den Fragebogen ausfüllen und das Spiel nicht nur einmal durchspielen, sondern mehrmals! Denn die Teilnehmer mussten natürlich einen Fragebogen im traditionellen Format bearbeiten, sowie auch innerhalb des Spielformats. Hinzu kommt, dass wir sechs Fragen pro Soft-Skill gemessen haben, womit es somit alles in allem sehr umfangreich war.

IV   Ja, in dem ursprünglichen SJT (situational judgement test), der herauskam, hätten wir ungefähr sechs Fragen pro Soft-Skill gehabt. Einer von ihnen, Flexibilität, hatte sieben. Und wir hatten sie alle von Anfang an im Spiel. Aber so war der gesamte Prozess des Spiels extrem lang und es war somit für viele Kandidaten sehr anstrengend. Deswegen führten wir eine Analyse durch und stellten fest, dass wir die Anzahl der SJTs tatsächlich reduzieren können, ohne die Genauigkeit oder die Gültigkeit der Ergebnisse negativ zu beeinflussen. Ich glaube die Baseline, die unser CSR-Science-Officer empfohlen hatte, lag bei mindestens drei Fragen pro

Soft-Skill, aber damit war ich noch nicht zufrieden. Wir sollten mindestens vier haben. Vier ist eine gute Zahl. Also haben wir die Anzahl der SJT Fragen von sechs auf vier reduziert, um den Ablauf reibungsloser zu machen. Und als wir dann loslegten, hatte das keinen Einfluss auf unsere Genauigkeit. Nun, wie kam es dann von einem SJT zu der fiktiven Version? Besonders am Anfang war das als Prozess sehr chaotisch, aber im Allgemeinen haben wir viele Spezialisten, viele Übersetzer und kreative Autoren angeheuert, um verschiedene Versionen und verschiedene Szenarien zu erstellen, weil wir uns auch entscheiden mussten, ob es im Weltraum oder auf der Erde spielt und noch weitere kleinere Dinge mussten festgelegt werden. Schließlich wollten wir uns für etwas entscheiden, das sehr vertraut und vielleicht für alle zugänglich ist. Wir haben entschieden, dass die Spielwelt in einem Entdeckungszeitalter stattfinden soll, das heißt in der Christoph Kolumbus Ära/ Fluch der Karibik trifft Game of Thrones ohne den Sex und die Gewalt. Und dann mussten wir eine Geschichte schreiben. Danach gaben wir es an unsere Psychologen zurück, um zu versuchen alle unmittelbaren, offenkundigen Verzerrungen zu erkennen. Dies war ein sehr wichtiger Schritt. Dann mussten wir das Spiel in der gleichen Gruppe erneut testen, die die SJTs im traditionellen Format gemacht hatte und so weiter. Und gleiches galt auch, als wir das Spiel für andere Länder in ihre jeweiligen Sprachen übersetzt haben. Wir hatten also Leute, die es zunächst übersetzten und anschließend zurückübersetzten, um zu sehen, wie sehr die ursprüngliche Bedeutung sich geändert hatte und wo die Sprache noch einmal angepasst werden musste. Parallel dazu berücksichtigten wir auch kulturelle Unterschiede. Dazu haben wir mit Organisationspsychologen in den jeweiligen Ländern zusammen gearbeitet, um herauszufinden, ob es Probleme aufgrund von kulturellen Unterschieden gibt oder es andere kulturelle Vorurteile gibt, auf die wir achten müssen, wie z. B. die Arbeitsmoral. Die Frage war, ob ein und dieselbe Situation in Nordamerika völlig anders als in Europa oder im Mittleren Osten interpretiert wird.

APD Ein gutes Beispiel ist hier die Teamarbeit, dieser Soft-Skill könnte selbst innerhalb eines Landes in verschiedenen Branchen anders definiert werden. Große Unternehmen haben extrem unterschiedliche Codes für ihre Kommunikation. Die Leitlinien in der Führung sind in verschiedenen Ländern sehr unterschiedlich, zum Beispiel bewertet man Teamarbeit häufig als nicht so wichtig wie andere Soft-Skills, wie zum Beispiel die Belastbarkeit.

I Ich sehe, dass es schwierig ist, ein derartiges Tool zu entwickeln.

IV Ja, und deshalb haben wir in Irland mit einem Kunden namens Qualtrics zusammengearbeitet. Es ist ein Forschungsunternehmen und wir bezahlen sie im Wesentlichen für einen Zugang zu einem sehr sorgfältig ausgewählten und kuratierten Pool von Studienteilnehmern. Das war sehr teuer. Es waren etwa 15.000 Pfund, nur für eine Stichprobe von 1000 Menschen. Und nicht nur das. Es gab auch eine Geschichte, die nicht so gut lief. Bei der Messwiederholung haben wir nicht so viele Teilnehmer getestet, wie wir das eigentlich wollten. Eigentlich wollten wir das Spiel benchmarken und für den britischen Markt normieren. Wir hatten angegeben, dass wir 500 Studenten insgesamt, beziehungsweise eher zweimal 333 Studenten brauchen, die einmal gerade erst mit ihrem Studium an der Universität angefangen haben und 333 Absolventen, die erst kürzlich ihr Studium abgeschlossen hatten. Und zudem wollten wir eine 50/50 Aufteilung in Bezug auf das Geschlecht Mann-Frau. Das Ganze hat sehr gut funktioniert, denn alles in allem dauerte es etwa einen Monat und zehn Tage. Beim ersten Mal versuchten wir die Untersuchung für nur vier Fähigkeiten zu machen und da dauerte es insgesamt neun Monate. Das war ein richtiger Kampf, den wir neun Monate lang führten. Wir haben viele Menschen anrufen müssen und ihnen versprochen, dass wir sie für die Teilnahme bezahlen werden.

I   Danke, ich denke, das war schon eine gute Einführung für einen ersten Überblick. Vielleicht könnten wir jetzt ein wenig über Ihre spezifischen Aufgaben am Arbeitsplatz sprechen? Wie sieht ein Arbeitstag von Ihnen aus? Das wäre sicherlich für viele Psychologen interessant, denn es gibt bestimmt einige, die sich dafür interessieren hier zu arbeiten.

IV   In Ordnung, also ich denke, was erstmal ziemlich cool zu erwähnen ist, wäre, dass offensichtlich weder Athina noch ich einen Hintergrund in Psychologie haben. Ich mag Psychologie, aber ich habe das Fach nie studiert. Ursprünglich wollte ich in den Bereich der Videospielentwicklung einsteigen, weil ich dachte, dass ich dort einem kreativen Job nachgehen kann. Doch leider waren alles, was ich gefunden habe, Jobs im Buchhaltungsbereich, die überhaupt nicht interessant für mich waren. Da stieß ich auf das Konzept der Gamifikation. Im Wesentlichen habe ich also die drei Dinge gefunden, die mir im Leben gefallen: Videospiele, Psychologie und Wirtschaft. Es ist also so, dass unser Geschäft alle diese Dinge vereint. Und dort traf ich dann Athina. Doch am Anfang hatte sie nicht ein einziges Mal mit mir gesprochen. Sie hasste mich. Jetzt sind wir super eng, aber zuerst war sie wirklich wettbewerbsorientiert. Ich auch, aber sie sah mich als richtigen Konkurrenten. Dann mussten wir irgendwann eine Präsentation über unser Geschäftsmodell machen, bei der ich die Spielweise vorgestellt hatte. Und da dachte Athina wohl so etwas wie „okay, das ist interessant", aber sie sprach immer noch kein Wort mit mir. Doch irgendwann brauchte sie dann meine Hilfe und dann sprach sie mit mir. Sie versuchte gerade, ein Thema für ihre Dissertation zu finden. Übrigens kommt Athina aus dem Rechtsbereich und wollte im HR-Bereich arbeiten. So kam sie zu mir mit der Frage nach einer Anwendung von Gamification in der Personalarbeit. Wir brainstormten ein paar Ideen, doch dann sprach sie anschließend wieder eine lange Zeit nicht mehr mit mir und das bis wir unseren Abschluss gemacht hatten. Und da rief sie mich an und sagte: „Weißt du, diese Idee, die wir besprochen haben. Willst du versuchen, sie zusammen zu verwirklichen?" Und ich sagte ihr, ich müsse darüber nachdenken. Ich habe mit meinen Eltern darüber gesprochen, denn zu diesem Zeitpunkt ist es noch ein völlig zufälliges und radikales Konzept gewesen. Und schließlich beschloss ich, dass wir damit anfangen sollten. Aber als wir anfingen die Idee den Leuten vorzustellen, dachten alle, dass wir verrückt wären. Zumindest in Griechenland. Ich erinnere mich noch, dass wir zu einem anderen psychometrischen Testverlag hier in Griechenland gingen und ihr Chief Science Officer zu uns kam und sagte: „Wie zum Teufel hast du dir so ein Konzept ausgedacht? Gibt es irgendwo schon reale Ergebnisse dazu?" Dann sagte er uns so etwas wie: „Ich habe seit den 80er Jahren versucht genau so etwas umzusetzen und es ist mir nicht gelungen."

Ich denke, dass es gerade unser Vorteil war, dass wir von unserer Ausbildung nicht beeinflusst wurden. Also damit meine ich, dass wir nicht Psychologie studiert hatten. Denn wir dachten uns: „Warum nicht? Warum sollte das nicht möglich sein?". Wenn wir ausgebildete Psychologen gewesen wären, hätten wir wahrscheinlich gedacht, dass es nicht möglich ist, denn dann hätten wir viele Einschränkungen bei unserem Vorhaben gesehen. Und diese Einschränkungen hatten wir nicht. Die Tatsache, dass wir nichts über die Branche wussten, ermöglichte es uns bestimmte Barrieren zu umgehen. Zu dieser Zeit hatte die Psychologie viel an Stigmatisierung verloren, aber gleichzeitig waren Videospiele eine schlechte Sache. Es war ja damals 2013. Ein Gamer zu sein, hatte damals immer noch viele Vorurteile. Heutzutage wird es mehr akzeptiert und fast jeder spielt Videospiele. Ob es nun Candy Crush oder Farmville ist, spielt keine Rolle. Das war also eine sehr interessante Sache, denn am Anfang sagten alle aus der Branche: „Wie bist du auf diese Idee gekommen und wie hast du es geschafft sie umzusetzen?". Damals hatte Ioannis Nikolaou, unser CSO, eine sehr gute Methodik entwickelt. Wir haben sozusagen viele Abkürzungen genommen und es zahlt sich im Moment sehr aus, denn der wissenschaftliche Teil der Entwicklung ist eine enorme und sehr große Eintrittsbarriere für viele Wettbewerber. Wenn man heute mit so einer Idee startet, spielt es keine Rolle, wie viele Ressourcen man hat, denn die schnellste Zeitspanne, in der man das Produkt auf den Markt bringen könnte, wäre circa in einem Jahr. Also haben wir viel in den wissenschaftlichen Teil investiert, weil wir nicht wollten, dass uns jemand Konkurrenz machen kann. Und ich denke, dass wir eine wirklich gute Arbeit geleistet haben, denn wenn wir bisher mit Menschen gesprochen haben, die verstehen, was wir tun, sind sie mit den Ergebnissen, die wir haben, sehr zufrieden. Ich will es mal so sagen, unsere Konkurrenten freuen sich darüber, dass sie 10.000 Datenpunkte aufzeichnen können, doch die Frage ist vielmehr: Was zum Teufel steckt hinter diesem Datenpunkt? Ein Unternehmen könnte zum Beispiel sagen: „Wir haben ein Minispiel, bei dem man den Bildschirm wirklich schnell berühren muss und damit messen wir Persönlichkeitsmerkmale". Und obwohl man dabei vielleicht 10.000 Datenpunkte sammeln kann, steckt nicht wirklich viel Aussagekraft hinter den einzelnen Daten. Aber leider haben wir auf der Käuferseite meist Personalverantwortliche, die nicht den psychologischen Hintergrund haben, um solche Herausforderung verstehen zu können.

I   Also erklären Sie Ihren Kunden den psychologischen Hintergrund?

IV   Ja, in den ersten zwei bis drei Jahren war die Sensibilisierung des Marktes unser Hauptaugenmerk. So mussten wir sie nicht nur über die spielbasierten Assessment-Tools informieren, sondern sie außerdem über die psychometrischen Werkzeuge im Allgemeinen aufklären, denn besonders in Griechenland gibt es eine Menge negatives Stigma und wir mussten klar machen, dass wir wirklich den Unternehmen helfen wollten und sie davon überzeugen, dass die Verwendung von Psychometrie wirklich einen Mehrwert bietet. Unabhängig davon, ob es üblich ist sie zu benutzen oder nicht. Aber wir haben den Unternehmen wirklich angeraten, dass sie die psychometrischen Tools bei der Rekrutierung verwenden sollten, denn nur so ist man in der Lage, die besten Talente auszuwählen. Aber es gab auch eine ungeheure Angst, dass wir versuchen würden, die Personalarbeiter mit unserem Produkt zu ersetzen.

APD   Sie müssen verstehen, dass es ein mentales Problem war. Sie hatten Angst, dass man versucht, ihnen den Job wegzunehmen. Sie haben nicht wirklich verstanden, dass man ihnen dabei helfen kann, effizienter zu werden. Die Personalabteilung ist traditionell weniger offen gegenüber neuen Technologien. Und weil sie sich eben nicht viel mit neuer Technologie beschäftigen, haben sie Angst vor dem ganzen Thema der Automatisierung. Und somit schätzen sie es nicht wirklich wert.

I   Es besteht dort also kein Vertrauen in die Technologie?

APD   Nein, es ist nicht nur das Vertrauen. Es ist vielmehr so, dass, wenn man etwas nicht kennt, der erste Instinkt ist dieses Neue zu fürchten.

I   Ok, das verstehe ich. Jetzt noch einmal zurück zu Ihrem Arbeitsalltag. Was machen Sie genau, wenn Sie zur Arbeit kommen?

IV   Ja, was machen wir an einem typischen Tag? Wir kommen morgens früh. Wir beginnen meistens ab zehn Uhr morgens, denn in Griechenland funktioniert morgens vorher nichts. Aber auch wegen der Tatsache, dass wir versuchen, ausländische Märkte zu erschließen, müssen wir den Zeitunterschied berücksichtigen. Wir kommen also normalerweise um zehn Uhr, Athina und ich bleiben normalerweise bis acht Uhr, was die frühste Uhrzeit ist um die wir abends gehen, obwohl der normale Arbeitstag ja meist um 6 Uhr schon endet. Bis zu dieser Uhrzeit ist das ganze Team anwesend, und oft gibt es viele verschiedene Themen, die am Tag anfallen. Meist passieren die Dinge irgendwie ad hoc und spontan. Ich habe mich jetzt vom Vertrieb entfernt und übernehme kleinere Aufgaben in der Verwaltung, und Athina hat viele externe Meetings, also ist sie normalerweise immer unterwegs. Und so fallen für mich viele kleinere Dinge an, z. B. gibt es aufgrund der griechischen Bürokratie eine Menge Verwaltungsarbeit. Leider nimmt das einen Großteil meiner Zeit in Anspruch. Also bin ich gerade für viele verschiedene Dinge verantwortlich, wie Spesenabrechnungen, Buchhaltung und alles, was mit Finanzen und auch Steuern zu tun hat. Leider gibt es aufgrund der griechischen Bürokratie täglich andere Dinge, die ich zu tun habe. Doch wenn meine Arbeit nicht so ist, wie sie momentan ist, dann hat typischerweise der größte Teil meines Tages mit dem Produkt zu tun. Denn nachdem ich ein neues Produkt veröffentlicht habe, muss man natürlich dessen Qualität sicherstellen. Wir korrigieren bestimmte Features, Fehler und überwachen den allgemeinen Implementierungsplan. Dann sprechen wir mit unseren Kunden, um zu sehen, welche Art von Klienten und Synergien wir erschließen können oder welche potenziellen Partner wir akquirieren können. Also Partnerschaftsentwicklung und Fundraising stellt auch einen wesentlichen Teil meiner Arbeit dar. Und das ist auch das Kerngebiet, woher wir eigentlich kommen: das Treffen mit potenziellen Investoren. Heute zum Beispiel habe ich einen Anzug getragen, aber ich musste mich dann umziehen. Also ja, für uns, beziehungsweise für mich besteht die Arbeit zu einem Großteil aus Fundraising, dem Überdenken des Investitionsplans und Gesprächen mit Investoren. Dabei müssen wir ihre Fragen beantworten, während wir gleichzeitig versuchen zu planen, wann wir das Geld bekommen, um dann zu überlegen, wen wir rekrutieren können. Außerdem gilt es hierbei zu bedenken, wie die Zukunft des Produkts aussieht, was vielleicht einen interessanteren Teil der Arbeit darstellt. Ansonsten kümmere ich mich auch um unser Marketing, bei welchem ich mit Julia zusammenarbeite. Wir haben viele Ideen über E-Mail-Kampagnen, die Einrichtung von Landing Pages bis hin zur Verbesserung unserer SEO, der Suchmaschinenoptimierung.

APD Ich denke, es wäre interessant, ein wenig mehr über den Prozess unserer Produktentwicklung zu erfahren. Also warum all diese Leute jeden Tag zusammenarbeiten und wie eine bestimmte Idee eines Produkts zu dieser ganzen Arbeit führt. Das erste, was wir tun müssen, ist zu überlegen, welche Art von Fähigkeiten wir messen wollen. So setzen wir uns mit unserem wissenschaftlichen Team zusammen und diskutieren, was der Markt braucht und welches Feedback wir im Bezug auf Vorstellungsgespräche erhalten. Und dann setzen wir uns mit dem Marketingteam zusammen und diskutieren das Feedback. Dann trifft sich die wissenschaftliche Abteilung nochmal intern, um festzustellen, wie der Stand der Forschung zu der Fähigkeit ist, die wir messen wollen. Als wir zum Beispiel die Zuverlässigkeit gemessen haben, konnten wir tatsächlich keine verwertbaren Daten dazu finden. Somit haben wir uns dann dazu entschieden, dass wir Verantwortlichkeit messen wollen, da es mehr Forschung zu dieser Fähigkeit gab. Nach der internen Besprechung kommt dann die Forschungsabteilung zu uns zurück und wir beginnen mit dem Prozess der Erstellung der Interviews, beziehungsweise der Erstellung der Fragebögen. Im besten Fall dauert ein solcher Prozess etwa zwei Monate. Anschließend können wir die Daten an die Datenanalysten weitergeben. Außerdem müssen wir die Fragebögen dann den kreativen Autoren geben, sodass diese fiktive Szenarien der Fragen erstellen. Des Weiteren müssen auch die Spiele-Designer einbezogen werden, die versuchen alles in einem Spiel zu integrieren. Dann gibt man alles den Entwicklern, damit es zu einem Videospiel integriert und kodiert werden kann. Und schließlich wird dann in der Marketingabteilung über den Verkauf und die Vermittlung des Produkts zur Zielgruppe gesprochen.

I Wie viele Personen arbeiten denn circa in Ihrem Team?

IV Das Kernmanagementteam besteht aus 7 Mitarbeitern, von denen ein jeder im Wesentlichen eine gesonderte Funktion einnimmt. Julia ist beispielsweise für das Marketing zuständig, sie ist also der Chief Marketing Officer. Und dann haben wir das wissenschaftliche Team, das aus fünf Personen besteht, mit Ioannis, unserem CSO. Innerhalb dieses Teams gibt es PhDs, zwei weitere Organisationspsychologen und einen Data Scientist. Und darüber hinaus haben wir ein Netzwerk von etwa 12 bis 17 externen Partnern, mit denen wir zusammenarbeiten. Aber diese Zusammenarbeit ist projektbasiert und es hängt dementsprechend von dem jeweiligen Projekt ab. Wenn wir also die nächste Iteration unseres Produkts entwickeln, sind es eigentlich so in etwa 21 Personen. Und das sind etwa sechs Zeichner, Tontechniker, Spieleentwickler, andere Informatiker, Texter und Grafikdesigner. Kommen wir aber noch einmal zu meinem Arbeitsalltag zurück. Im Moment probieren wir zum Beispiel aus, wie wir mehr marketingbezogene Inhalte generieren können. Dabei versuchen wir herauszufinden, wie wir das Spiel am besten auf den Markt bringen können. Außerdem haben wir auch eine wissenschaftliche Arbeit vor zwei oder drei Wochen veröffentlicht. Hierbei zeigen wir im Wesentlichen, dass unser Tool ein guter Indikator für die Leistung von Studenten ist. Und solche Projekte wollen wir wirklich vorantreiben.

I Und wie verdient Owiwi Geld? Haben Sie einen Investor? Oder verkaufen Sie ihr Produkt? Wie funktioniert das ganze?

IV Wir haben zwei Finanzierungsrunden durchgeführt. Wir sind noch nicht zwangsläufig im positiven Bereich, was bedeutet, dass es sich noch nicht um ein nachhaltiges Geschäft handelt, da wir noch die Mittel der Investoren benötigen, um weiterarbeiten zu können. Wir haben eine halbe Million Euro gesammelt seit Sommer 2016 und dann erneut bis Ende 2017. Mit diesen Mitteln konnten wir das Produkt entwickeln und hatten auch bis dahin ein sogenanntes „starter eco system" entwickelt mit einem MVP, einem minimal tragfähigen Produkt. Mit etwa zweieinhalbtausend Euro haben wir im Grunde genommen eine PowerPoint-Diashow-Automatisierung entwickelt, die zwar sehr unflexibel war, aber wir versuchten damit das Spiel zu simulieren. Ich hatte die Bilder dafür selbst gezeichnet, und wir wollten den Investoren mit folgender Aussage gegenübertreten: „Sie wissen ja, dass diese Simulation nur 0,5 % von dem umfasst, was wir entwickeln wollen. Mit Ihrer Finanzierung könnten wir es aber auf 40 % bringen. Ich kann Ihnen aber versprechen, dass das fertige Spiel zumindest so ähnlich aussehen wird". Und letztendlich glaubten sie an uns. Man muss verstehen, dass man an einem solchen Punkt eigentlich alles in die Menschen und nicht in die Idee an sich investiert, da diese noch undefiniert ist. Und so haben wir das Produkt entwickelt und das erste Feedback, das wir erhielten, war äußerst positiv. Wir haben versucht, es zuerst für fünf Unternehmen zu testen, um einige Validitätsprüfungen durchzuführen und drei von ihnen sagten, dass sie tatsächlich für das Produkt bezahlen wollen. Wir konnten es damals nicht glauben. Mit dieser Finanzierung konnten wir sowohl das Team bezahlen als auch die nächste Version des Tools veröffentlichen. Was das Geschäftsmodell betrifft, so haben wir, wie gesagt, eine zweiseitige Plattform. So können sich die Kandidaten zum einen kostenlos bewerben. Die Idee ist, dass wir eine Datenbank mit Talenten aufbauen und letztendlich eine sehr große Anzahl von Kandidaten, die den Test abgeschlossen haben, erreichen wollen. Wir nutzen dazu auch „Big Data". Und Unternehmen bezahlen im Wesentlichen dafür, dass sie Zugriff auf das Management Dashboard erhalten. Es ermöglicht ihnen, alle Bewertungen zu verwalten und die Ergebnisse zu lesen. Dabei basiert ihre Preisgestaltung auf einem volumenbasierten Modell. Je mehr Assessments gekauft werden, desto geringer sind sozusagen die Stückkosten. Zum Beispiel liegt die durchschnittliche Dealgröße in den meisten Fällen in Griechenland, wo wir normalerweise einen Pilotlauf durchführen, bei 1500 bis 2500 €. Aber zum ersten Mal werden hierbei gigantische Maßstäbe erreicht, wie man am folgenden Beispiel sehen kann: Turksell, ein Telekommunikationsunternehmen in der Türkei, das größte seiner Art, hatte ein Pilotprojekt, welches 18.000-Euro kostete. Hierbei hatten sie 2000 bis 2500 Personen in zwei Tagen getestet. Ein anderes Beispiel ist, dass wir momentan mit einem Unternehmen in Brasilien sprechen. Und was anfangs damit begann, dass wir bescheidene 5000 Menschen während eines Jahres testen wollten, was ich damals schon ganz cool fand, mündete darin, dass es letztendlich um 80.000 Menschen innerhalb eines Jahres ging. Und das in vier verschiedenen Ländern, also Argentinien, Brasilien, Mexiko und Kolumbien. Dieses Projekt alleine schon ist also gewaltig. Aber sicherlich hängt es auch nicht nur vom Volumen an sich ab, sondern auch davon, was man erreichen will. Wir wollen zum Beispiel mit unserem Angebot einen bestimmten Mehrwert schaffen. Das eine ist natürlich der HR-Aspekt, wir helfen, die beste Person zu finden und zu identifizieren, damit man diese einstellt. Das andere ist, dass wir auch die bestehenden Mitarbeiter vergleichen können. Somit weiß man letztendlich auch mit wem man aktuell arbeitet. Ein weiterer Punkt ist, dass wir Menschen identifizieren können, die potenziell trainiert werden sollen. Wenn man also einen Mitarbeiter hat, der ein hohes Potenzial hat, können wir auf der Grundlage unserer Ergebnisse sagen: Es lohnt sich, in diese Person zu investieren.

I Wie haben Sie die Verbindungen nach Brasilien bekommen?

APD Online Marketing.

IV Wir haben auch Verbindungen nach Pakistan und Finnland. Das ist Teil des Content Marketings, das wir machen. Zumindest ist das immer unser Ziel, aber teilweise ist dieser Weg sehr schwierig. Also damit meine ich Werbung, wie man sie auf Twitter sieht und ich glaube, dass das Ganze mit Brasilien über Twitter zustande kam. Wir benutzen es zwar nicht wirklich, aber wann immer wir es benutzt haben, passieren gute Dinge. Ich weiß nicht, warum. Twitter gab uns im Grunde genommen die Möglichkeit diesen Markt für uns zu entdecken. Sie hatten uns dann angeschrieben und was als einfache Diskussion mit etwa 5000 Testungen begann, stieg dann auf 17.000 an, anschließend dann auf 25.000 und jetzt auf 80.000.

I Und was machen Sie mit den von Ihnen gesammelten Daten? Führen Sie Tests mit diesen durch?

IV Wir verwenden diese Daten, um Benchmarks und Knotenpunkte zu erstellen. Als Beispiel: Sagen wir, dass ich eine Firma bin, die Owiwi benutzt und einen Psychologen sucht. Sie bewerben sich bei der Firma und ich lasse Sie das Spiel spielen und wir messen die vier genannten Fähigkeiten. Wenn wir die einzelnen Werte zusammenfassen, dann erreichen Sie vielleicht eine Gesamtzahl von 80 %. Vielleicht würde man als erstes sagen: „Wow, 80 %! Das ist eine sehr hohe Zahl. Das gefällt mir. Das sieht gut aus.". Aber Sie wollen ja trotzdem einen Anhaltspunkt, mit dem Sie diesen Wert vergleichen können. Und hier kommen die Daten ins Spiel. Wir können anfangen, Sie zum Beispiel mit jedem, der jemals unser Spiel gespielt hat, zu vergleichen. Wenn die Norm 65 % wäre, sind Sie sofort ein weit überdurchschnittlicher Kandidat, verglichen mit jedem, der unser Spiel gespielt hat. Die allgemeine Norm ist dabei 65. Dann kann man es mit jemandem vergleichen, der im letzten Jahr seines Bachelors ist, zum Beispiel ist er zwischen 18 bis 22. Zusätzlich hat er vielleicht einjährige Berufserfahrung in Deutschland. Wenn wir dort genug Daten gesammelt haben, können wir vielleicht sagen: „In Ordnung, die Norm hier liegt bei 75 %". Damit bist du zwar noch immer überdurchschnittlich, aber du hast keinen so großen Unterschied mehr wie zuvor. Und darüber hinaus könnte ich, wenn ich genügend Leute habe, eine interne Benchmark für mein Unternehmen festsetzen. Wenn ich das mache, dann könnte ich den internen Maßstab für Owiwi bei 90 % setzen. Und in diesem Fall, hätten Sie immer noch einen hohen Wert, aber er ist nicht hoch genug, um unserem Team beizutreten. Das bedeutet jetzt aber nicht, dass es immer einen so strengen Cut-Off-Wert geben muss, letztendlich muss hierbei das Unternehmen selbst intern diskutieren, welchen Wert sie tolerieren und dafür geben wir zusätzlich auch immer eine Abweichung an. Und zwar die Standardabweichung für die Norm. Und dann gibt es noch einen weiteren wichtigen

Punkt: Wie viel muss die Person an sich selbst ändern, um die Benchmark zu erfüllen? Normalerweise ist es so, dass je niedriger die Zahl, desto einfacher ist es theoretisch jemanden zu trainieren, um die Ergebnisse erzielen, die man erzielen will.

I   Und Sie geben auch Tipps, wie man die Personen trainieren könnte?

IV   Noch nicht. Aber das werden wir. Im Moment sprechen wir nur auf Grundlage der Datenaufzeichnungen Empfehlungen aus, um bestimmte Probleme zu lösen. Aber wir wollen in Zukunft in der Lage sein, auf der Grundlage der Ergebnisse konkretes Lernmaterial zu empfehlen. Wenn eine Person zum Beispiel 30 % der Fähigkeit der Entscheidungsfindung erreicht hat, braucht sie viel Hilfe. Und dann wollen wir eben konkret sagen können, dass es diese fünf Dinge gibt, die man tun kann. Und das entweder kostenlos oder bezahlt, das liegt ganz bei Ihnen. Und für die Unternehmen können wir einen erweiterten Bericht erstellen. Dieser ist so aufgebaut, dass jede Spalte einen Kandidaten repräsentiert. Und nur um Ihnen ein Beispiel zu geben: Wir haben zwei Vodafone Franchise-Stores in verschiedenen Städten innerhalb Griechenlands getestet. Wir wollten sehen, welches Team besser ist und wie wir die Teams strukturieren können, um den Umsatz und die Leistung zu steigern. Wir haben auch zu Beginn demografische Informationen gesammelt. Vorname, Nachname, Geburtsjahr und Bildungsgrad sowie den Zeitpunkt der Bearbeitung sowie einen Kommentar zu der Zeit, die gebraucht wurde. Also, wenn ein Teilnehmer zum Beispiel früher fertig war oder wenn jemand viel länger brauchte. Weil es im Spiel kein wirkliches Ende gibt, kann man theoretisch so lange spielen, wie man will. Also in der Regel sind es 15 bis 25 min. 45 min sind auch noch in Ordnung. Alles, was über eine Stunde und fünf Minuten hinausgeht, wird als „okay, seltsam" angesehen. Aber wir können das Spiel nicht beenden, denn das wäre unfair. Es muss also das Unternehmen entscheiden, ob sie die Zeit berücksichtigen wollen oder nicht. Letztendlich haben wir dann vier Reihen von Zellen, in denen wir jeden spezifischen Soft Skill analysieren. Zum Beispiel die Belastbarkeit: Man erkennt zum Beispiel, dass die Belastbarkeit des gesamten Scores, also der Score, den der Kandidat erreicht hat, 75 % ist. Die Norm für diese besondere Gruppe von Menschen ist hingegen 79 %. Und die Änderungsrate der Norm beträgt fünf Prozent. Und das Gleiche tun wir dann für alle anderen Fähigkeiten auch. Und dann werden die, sagen wir mal, „guten Fälle" hervorgehoben. Darüber hinaus bieten wir auch eine Gesamtpunktzahl für Owiwi an. Dabei fassen wir im Wesentlichen alle vier Ergebnisse zusammen, oder vielleicht auch acht, oder sechs, oder wie viele Sie eben wollen. Wir können Ihnen einen bestimmten Pfad zuweisen. Die Idee ist, dass Sie anstatt auf vier Zahlen zu schauen, nur auf eine einzige sehen, um schnellere und fundiertere Entscheidungen zu treffen. Aber letztendlich kann die Auswertung an Ihre Bedürfnisse angepasst werden. Vielleicht sehen manche es auch so: „Eigentlich geht es mir nicht um Flexibilität und Anpassungsfähigkeit. Ich will nur Entscheidungsfindung und Belastbarkeit einbeziehen, also lasst uns einen 50-prozentigen Gewichtswert für jede dieser beiden Fähigkeiten setzen. Die anderen beiden sind mir egal." Und das ist wirklich sehr nützlich. Zudem machen wir dann auch noch einige grafische Darstellungen. Auf diesen kann man dann sofort sehen, dass jemand überdurchschnittlich ist, man kann hierbei gute Leistungen direkt an dem Profil ablesen. Und die Analyse können wir dann auf verschiedenen Ebenen durchführen. Man kann nun auch die Teams miteinander vergleichen mithilfe einer

Gesamtnorm. In beiden Filialen, liegen die Teams unter der Norm. Das war natürlich keine gute Nachricht, aber letztendlich wurde das Team umstrukturiert. Und dann haben wir die Teams erneut getestet und es gab nun eine ausgewogenere Verteilung der Soft Skills im gesamten Unternehmen. Solche Aufträge sind etwas, das wir auf Projektbasis tun. Aber jetzt geschieht das alles von der neuen Plattform aus im Wesentlichen online.

I Wieso haben Sie diese vier spezifischen Fähigkeiten (Belastbarkeit, Flexibilität, Anpassungsfähigkeit und Agilität) gewählt? Also, wie sind Sie darauf gekommen, auch auf die neuen Fähigkeiten?

ADP Die Grundlage unserer Entscheidungen bilden tatsächlich jedes Mal die Ergebnisse aus unserem Marktfeedback. Also normalerweise organisieren wir einige Fokusgruppen oder Interviews mit jemandem und wir versuchen uns in unsere Kunden hineinzuversetzen und diskutieren viel mit ihnen. Nur als Beispiel: Als wir anfingen, war unsere erste Fähigkeit Teamarbeit. Aber die Unternehmen interessierten sich damals nicht wirklich für Teamarbeit. Und jetzt, zwei Jahre später, haben sich die Fähigkeiten auf dem Arbeitsmarkt gebraucht werden, verändert und alle brauchen mehr von den Skills der Teamarbeit oder der Belastbarkeit. Niemand suchte früher nach Belastbarkeit und jetzt ist es unser Hot Topic. Unser Tool spiegelt also auch wider, wie sich unser Arbeitsmarkt verändert.

IV Es war wirklich ärgerlich, denn als wir den MVP entwickelten, haben wir die Teamarbeit gemessen und uns damals auf SJTs verlassen. Hierbei hatten wir damals einen Ansatz gewählt, der vier verschiedene Typen unterschieden hat. Für die Teamarbeit hatten wir vier Typen: Es gab einen Faulenzer, den Erleichterer, den Kontrollierenden und den… an den letzten erinnere ich mich gerade nicht mehr. Und mit diesem Ansatz sind wir zu den Unternehmen gegangen und haben ihnen unser Angebot präsentiert. Leider hatten sie kein Interesse an Teamarbeit, aber an dafür an Flexibilität und Anpassungsfähigkeit und generell einem coolen Team im Allgemeinen. Wir haben dann ein Tool entwickelt, das nun Flexibilität und Anpassungsfähigkeit gemessen hat. Jetzt arbeiten wir mit den gleichen Unternehmen zusammen und wir zeigten ihnen unsere neu entwickelten Werkzeuge über Flexibilität und Anpassungsfähigkeit, aber sie nun waren sie nur noch an Teamarbeit interessiert. Nun, diese Firma hat jetzt geschlossen. Aber in der Tat werden diese auch aus wissenschaftlicher Sicht als die grundlegenden Kernkompetenzen angesehen, die jeder braucht, unabhängig davon, ob er ein Senior oder Junior ist, ein mittelgroßes oder ein anderes Unternehmen ist. Aber wir haben auch versucht, eine Fertigkeit sozusagen als Platzhalter auszuwählen, von der wir denken, dass sie von Unternehmen in Zukunft gebraucht wird, an die aber bislang noch nicht von den Unternehmen gedacht wurde. Und in diesem Fall ist es die Agilität.

I Für mich wirken Anpassungsfähigkeit und Flexibilität sehr ähnlich, was genau ist da der Unterschied?

IV Das ist eine häufige Frage. Deshalb haben wir eigentlich den Namen von „Flexibilität" in „Bereitschaft zur Veränderung" geändert, nachdem wir nochmal eingehender recherchiert hatten. Die Anpassungsfähigkeit hat im Wesentlichen damit zu tun, ob Sie sich an einen neuen Umstand oder ein neues Ereignis anpassen können oder nicht. Ich denke, das ist relativ einfach zu verstehen. Flexibilität, in der Art und Weise, wie wir sie definieren, hat damit zu tun, ob Sie diese Veränderung tatsächlich annehmen oder nicht. Also passe ich mich an und sage: „Weißt du was? Das ist doof, aber ich versuche, es als eine positive Chance zu sehen. Aber ich werde diese Chance nutzen. Ich werde glücklich sein. Vielleicht wurden die Büros ein wenig weiter weg verlegt und es dauert nun 50 min für mich dort von Zuhause hin zu fahren, aber vielleicht habe ich ja dadurch die Gelegenheit ein Buch zu lesen für das ich sonst keine Zeit hätte". Wenn man hingegen nicht flexibel ist, dann passt man sich nicht an und fängt an zu jammern, sich zu beschweren und kann nicht akzeptieren, dass die Veränderung tatsächlich stattgefunden hat. Das ist also der Unterschied zwischen diesen beiden Fähigkeiten.

I   Könnten Bewerber das Spiel manipulieren? Oder haben Sie einen Test, mit dem sie überprüfen, dass sie es nicht tun?

IV   Es ist offensichtlich, dass es bei psychometrischen Tests immer dazu kommt, dass die Leute versuchen zu betrügen. Ich bin mir sicher, dass es einige gibt, die den Test manipuliert haben, da man nie einen 100-prozentig sicheren Weg entwickeln kann, solche Tests durchzuführen. Aber wir haben einige Fehler erkannt, die wir bewusst umgehen können und dann auch sagen können: „Das ist ein verdächtiges Verhalten. Wir wissen zwar nicht genau, was er getan hat, aber das Verhalten, das er zeigt, ist verdächtig". Wir hatten zum Beispiel einen Fall, in dem ein Kunde von uns ein Karriereprogramm für Absolventen gestartet hat. Sie luden eine große Anzahl von Kandidaten ein und sagten, dass sie den Test auf Griechisch durchführen wollten. Ein bestimmter Absolvent entschied sich aus irgendeinem Grund, dass er auf Englisch getestet werden wollte. Und als unsere Analysen dann abgeschlossen war, sahen wir bestimmte verdächtige Verhaltensweisen und informierten das Unternehmen darüber, dass sie, die Kandidatin, zwar auf eine Frage innerhalb von einer Minute geantwortet hat, aber bei der nächsten Frage brauchte sie 25 min um zu antworten. Dann wieder nur eine Minute. Und dann wieder 25. Dann wieder eine Minute. Dann wieder 25. Und das ging so weiter während des gesamten Spiels. Aber eben systematisch. Also haben wir uns gefragt: „Weißt du, das ist seltsam. Wir wissen nicht, was da los ist. Und außerdem hast du gesagt, dass du es auf Griechisch machen willst, und nicht auf Englisch". Es stellte sich heraus, dass sie kein Englisch konnte und sie gab zu, dass sie mit ihrem Freund auf ihrem Handy sprach und er ihr half. Also hier konnten wir zum Beispiel sehen, dass betrogen wurde, aber generell kann man sich nie sicher sein, ob jemand betrügt.

I   Ich habe Ihren Lebenslauf gelesen und erinnere mich, dass er mit den Soft Skills begann. Für wie wichtig halten Sie Soft Skills heutzutage? Gibt es einen großen Bedarf an Soft Skills oder dem Wissen über Soft Skills von den Bewerbern?

APD   Ich würde sagen, dass sich die Dinge sehr verändert haben, weil wir alle heutzutage viel leichter an Informationen kommen, die wir brauchen. Außerdem ist es so, dass jeder einen Abschluss hat, wie beispielsweise einen Bachelor oder einen Master. Zudem ist es heutzutage einfacher, ein PhD-Programm zu absolvieren als früher. Und da es bereits die ersten Universitäten gibt, die Online-Bachelor- und

Masterstudiengänge anbieten, was eine große Neuerung ist, glauben wir fest daran, dass persönliche Einstellungen und Fähigkeiten das sind, was zwischen Bewerbern unterscheidet. Es ist nicht nur Ihr Abschluss, der Sie von anderen unterscheidet. Es sind die Fähigkeiten, die Sie durch ein Programm, oder ein Praktikum erworben haben. Soft Skills sind zu etwas Besonderem geworden. Es geht heutzutage darum die eigenen Fähigkeiten zu erkennen und in das Unternehmen zu integrieren, es kommt also auf die Passung an. Deshalb glauben wir fest daran, dass die Zeiten der alphabetische, numerische oder kommunikative Test vorbei ist. Es ist eine andere Ära.

IV   Genau da stimme ich zu und auch, weil sich die Fähigkeiten für die Zukunft ebenfalls ändern, aufgrund der Tatsache, dass es mehr Automatisierung geben wird. Man muss nicht mehr gut mit Zahlen umgehen können, wenn man eine gute Buchhaltungssoftware hat. Man steckt alle Informationen einfach rein und die Software macht alles von alleine. Man braucht heutzutage deswegen mehr kreative und abstrakte Fähigkeiten. Und ich denke, dass es in Bezug auf das, was Athina gesagt hat, auch die Tatsache ist, dass die Wissenschaft der Psychometrie den Markt einholt. Die Menschen erkennen, dass Persönlichkeit nutzlos ist. Es ist vielleicht cool, wenn ich ein Team aufbauen will und das finde ich ist auch zu berücksichtigen, aber für mich macht eine Auswahl, die auf einem Persönlichkeitstest basiert, keinen Sinn. Es ist, als würde man sagen, dass ich ein Steinbock bin und Sie Fische sind. Hierbei werden einfach zu viele Verallgemeinerungen gemacht. Außerdem ist es nicht fair, solche allgemeinen Klassifizierungen vorzunehmen. Weil man vielleicht bestimmte Eigenschaften hat, die sich zwar in menschlichem Verhalten zeigen, aber sich nicht in diese Klassifikation einordnen lässt und damit auch keinen Zusammenhang zu beruflicher Leistung zeigt. Immer mehr Unternehmen nehmen kognitive und numerische Tests zur Personalauswahl auf und ich glaube eine Kombination verschiedener Tests wird wohl der richtige Weg sein. Emotionale Intelligenz, Soft Skills und IQ sind alles in allem sehr wichtige Fähigkeiten, nicht zuletzt, weil es einen Zusammenhang zwischen IQ und Leistung gibt, sodass IQ einen hohen prädiktiven Wert hat. Die Fähigkeit, die zukünftige Arbeitsleistung vorherzusagen, ist für Unternehmen unglaublich wertvoll.

I   Am Ende des Spiels erhält man ein Feedback über seine Leistung. In dieser Beispielversion ist es, nach meinem Gefühl sehr kurz. Ist es für die Unternehmen differenzierter?

IV   Ja, wir haben auch eine detailliertere Version des Feedbacks entwickelt. Dieser neue Bericht, den wir entwickelt haben, ist viel detaillierter und man erhält hier definitiv mehr Informationen. Für uns ist es wichtig, Feedback zu geben, denn es verbessert den Rekrutierungsprozess und die Erfahrung der Kandidaten. Und letztendlich damit auch die Arbeitgebermarke, beziehungsweise generell die Firma, die das Tool benutzt. Und ich erinnere mich gerade, dass es bei mir tatsächlich auch einen Vorfall gab, in dem sich zeigte, wie wichtig Feedback ist, und zwar handelte es sich um ein Interview für eine Praktikumsstelle. Es ging um eine junge Frau, sie beworben hatte. Sie durchlief mehrere Tests, aber erhielt nie ein Feedback und am Ende bekam sie den Job nicht. Sie meinte dann: „Ich habe hier alle diese Tests durchgemacht und jetzt weiß ich nicht einmal, warum ich nicht genommen wurde oder woran ich persönlich arbeiten könnte." Und daraufhin haben wir beschlossen, dass wir den Personen immer ein Feedback geben wollen. Denn wenn du den Job nicht bekommst, weißt du zumindest, was du tun kannst, um deine Fähigkeiten zu verbessern. Auch wenn es nur etwas Kleines ist. Du lernt immerhin noch etwas aus der Erfahrung. Und doch müssen wir darauf achten, dass wir nicht zu viele Informationen an die Kandidaten geben, denn wiederrum aus der Sicht des Personalvermittler fragt man sich vielleicht, wieso man für so viele detaillierte Informationen für den Kandidaten etwas bezahlen soll.

I   Ist das Feedback standardisiert, also gibt es Cut-Off-Werte oder Prozentränge von null bis hundert oder so etwas, wenn man das Feedback erhält?

IV   Ja, es gibt einen Cut-off. Dieser ist rein automatisiert als eine Art Schablone. Es gibt vier Stufen: niedrig, mittel, angemessen und hoch. 0–25 % ist niedrig und so weiter. Es ist sehr standardisiert und die Idee ist, dass es sofort verfügbar ist, wenn jemand den Test beendet.

I   Nun kommen wir zu der Verbindung zur Psychologie. Was denken Sie? Welche Kompetenz braucht ein Psychologiestudent, um bei Owiwi zu arbeiten? Oder würden Sie einen Studenten von der Universität einstellen, der Psychologie studiert hat? Welche Kompetenzen sollte sie oder er haben, um mit Ihnen zusammenarbeiten zu können?

APD   Also Werte sind das eine. Das andere ist das Skillset. Ich meine, wenn wir über das Skillset sprechen, dann wäre es eine Kombination der Skills von Ioannis. Er ist unser CSO und er ist ein sehr gutes Beispiel, denn obwohl er Akademiker ist, hat er eigentlich eine sehr starke analytische und wirtschaftliche Perspektive der Dinge, und das ist etwas, das wir sehr schätzen. Wir denken, dass in den meisten Fällen, die Universitäten nicht genügend mit den Unternehmen verbunden sind. Das eigentliche Problem ist dabei, dass Forscher oder Akademiker der „Geschäftsperspektive" nicht sehr nahe sind. Wir möchten mit jemandem zusammenarbeiten, der nah am Geschäft ist und strategisch denken kann. Denn manchmal ist es natürlich wunderbar, ein großartiger Psychologe zu sein und die ganze Literatur, SPSS und all das Zeug zu kennen, aber es ist dennoch sinnvoller zu verstehen, warum man die nächste Iteration des bestehenden Produkts erstellt oder, ob man eine Vorstellung davon entwickeln kann, wohin es in Zukunft geht. Also über den Tellerrand hinaus denken zu können und Fähigkeiten wie eine gute Entscheidungsfindung zu haben, ist in einigen Fällen das Wichtigste, um hier zu arbeiten.

I   Könnten Psychologen generell eine Unterstützung für Ihr Team sein?

IV   Ja, absolut.

APD   Immer. Aber wir betrachten nicht nur die Bibliografie und prüfen alle Paper, die wir finden. Denn manche würden uns auch inhaltlich ein wenig herausfordern und damit meine ich, warum wir manche Dinge so machen, wie wir sie mache und eben nicht anders, wie es beispielsweise in den Studien vorgeschlagen wird.

IV Das ist ein sehr wichtiger Punkt. Auch wenn wir in manchen Dingen noch nicht so weit sind oder man es als ziemlich progressiv betrachten müsste. Nochmals, wie Athina sagte, der Ausdruck „die meisten Akademiker" stellt natürlich eine Verallgemeinerung dar.

I Ja, aber ich weiß, was Sie meinen. Als Psychologe muss man sich an der Universität heutzutage viel mit der Seite der Forschung beschäftigen und hat nicht diese enge Verbindung zum Arbeitsmarkt.

IV Sie befinden sich möglicherweise in einem eingeschränkteren Umfeld sozusagen. Weil man auch eben nicht gefordert wird darüber hinauszuschauen. Man sieht nur, dass man bestimmte Daten braucht, aber zum Beispiel nicht, welche Probleme es in der Anwendung gibt oder welche Konsequenzen, gar schädliche Auswirkungen etwas hat. Selbst jemand wie Ioannis zum Beispiel, der progressiv ist und man könnte auch sagen, verrückt genug, um ein Produkt wie dieses zu unterstützen. Selbst er wird aufgrund seiner eigenen Erfahrung in gewisser Weise zurückgehalten. Er ist natürlich auch älter. Deswegen laufen Gespräche mit ihm folgendermaßen ab: „Ioannis, wir würden gerne mal etwas verrücktes ausprobieren und damit dieses und jenes in Frage stellen?" und er entgegnet er uns vielleicht: „Das können wir nicht tun, weil die Wissenschaft keine Grundlage dafür liefert". Manchmal wissen wir, dass etwas vielleicht nicht funktioniert. Aber wir wollen jemanden, der bereit dazu ist, auszuprobieren, ob da etwas ist oder nicht. Wenn wir über Kompetenzen sprechen, dann würden wir hier über „Thinking outside the box" sprechen, wie schon Athina sagte. Haben Sie einen Geschäftssinn, wie z. B. Geschäftsverständnis? Wie zum Beispiel: „Wie wirkt sich das auf das Geschäft aus und was können wir danach tun"? Man muss zusätzlich belastbar sein, denn bei der Arbeit in einem Start-Up geht es auf und ab. Du musst widerstandsfähig sein. Und dann würde ich sagen, dass Humor wichtig ist, denn man muss auch Spaß haben. Aber darüber hinaus haben wir, als wir für Owiwi Mitarbeiter eingestellt haben, wertbasierte Interviews durchgeführt. Wir haben unsere Werte tatsächlich innen an einer Wand stehen. Es sind insgesamt sechs Werte und wir verwenden sie, um danach zu filtern, was uns unserer Meinung nach wichtig ist und was nicht.

I Verwenden Sie die Tools auch, um Mitarbeiter einzustellen?

IV Klar.

I Wie sehr verlassen Sie sich auf diese? Gibt es danach immer ein Interview?

IV Es gibt zwei Interviews und den Test.

APD Und der lustigste Teil des ganzen Prozesses ist, dass alle Leute hier jetzt schon seit einem Jahr oder länger zusammenarbeiten und wir jetzt beobachten können, wie sie sich in bestimmten Situationen verhalten und miteinander interagieren. Manchmal reden wir darüber dann auch: „Erinnerst du dich an seinen Bericht?", „Ja, ich erinnere mich, dass er einen niedrigen Resilienzwert und einen niedrigen Entscheidungswert hatte. Deshalb reagiert er auch so." Dabei stellt man also Verbindungen zu dem her, was man über die Person erfahren hatte. Da unsere Mitarbeiter heute wissen, wie das Tool funktioniert, können wir es natürlich nicht nochmal so anwenden, da sie wissen, was gemessen wird. Aber wir können nochmal in die alten Berichte reinschauen.

I   Ich habe auch gelesen, dass Sie an vielen Wettbewerben teilgenommen haben. Warum genau nehmen sie an diesen Wettbewerben teil? Auch wegen des Marketings, oder warum haben Sie das getan?

IV   Bei den aktuellen Events, an denen wir teilgenommen haben, gab es einen monetären Preis. Zwar gibt es natürlich bei diesen Wettbewerben immer solche Preise zu gewinnen, jedoch, was viel wichtiger ist, hat es auch mit etwas zu tun, was ich eben gesagt habe: Sensibilisierung und Aufklärung. Wir wollen jeden Wettbewerb und jede Chance mit der Öffentlichkeit zu sprechen nutzen. Und meistens hat Athina mich dazu gebracht zu so etwas hin zu gehen.

APD   Es ist ein einfacher Weg, Aufmerksamkeit zu generieren, ohne großen Aufwand und Marketing-Beratung.

IV   Plus: Einige von diesen Wettbewerben hatten auch monetäre Preise, die zwar manchmal kleiner sein mögen, aber selbst das hilft uns immer weiter. EntrePR ist im Wesentlichen kostenlose PR, kostenloses Marketing, ein paar Erwähnungen auf Social Media oder in den Zeitungen. Man erhält dadurch eine gewisse Anziehungskraft. Aber für uns ist es meistens eine Möglichkeit zu zeigen, was wir tun und was wir erreichen wollen.

I   Eine andere Frage ist vielleicht: Wie können Sie die Glaubwürdigkeit von Owiwi überzeugend argumentieren? Wie überzeugen Sie jemanden davon? Geben Sie ihnen Paper zum Lesen oder was machen Sie genau?

IV   Am Anfang haben wir nach dem Motto „Bitte, hilf uns!" gehandelt. Und genau so haben wir auch unsere E-Mails verschickt: „Hilf uns!". Weil wir schließlich auch darauf gewartet haben, die Ergebnisse des Tools zu sehen, also inwieweit es den Unternehmen tatsächlich geholfen hat. Denn gerade in der Personalabteilung und den Bereichen, in denen wir tätig sind, bekommt man kein sofortiges Feedback. Es ist schließlich nicht so, dass man jemanden einstellt und zack, steigen die Profite um zehn Prozent. Man muss eben eine Weile warten. Man muss erst einige Rezensionen bekommen und das hat etwa acht Monate gedauert. So lange sind wir herumgelaufen mit: „Oh, bitte!". Und dann als es begonnen hat, dass wir Feedback bekamen und sie zu uns sagten: „So hat es mir geholfen." und „Es hat mir hierbei wirklich geholfen.", sind wir viel selbstbewusster geworden. Am Ende war es so, dass wir sagten: „Okay, jetzt geben wir keine Rabatte mehr." Wir haben gesagt: „Okay, das ist es. Du willst es nicht? Schön, dann sei wie alle anderen. Du wirst aber den Anschluss zur Konkurrenz verlieren." Ganz allgemein, haben wir in der Geschäftswelt festgestellt, dass sich niemand für die Wissenschaft interessiert. Aber in der Geschäftswelt geht es eben auch darum eine Angst davor zu erzeugen, dass man etwas verpasst. Wie beispielsweise: „In Ordnung, mach es so wie du denkst! Die anderen machen es alle und es funktioniert großartig!". Es ist also ein bisschen so wie ein Theaterstück. Es ist lustig. Und natürlich muss man darüber hinaus auch über Inhalte reden. Über Dinge, die von der Wissenschaft unterstützt werden, also in Form eines Papers eine Art Beweis darstellen. Aber mit all dem haben wir erst vor zwei Wochen begonnen. Nein, das ist etwas, das wir wirklich promoten wollen und zwar nach dem Motto: „In your face"!

I   Wie bewerten Sie die Zukunft des Serious-Game-Marktes?

IV   Ich bin zwar voreingenommen, aber es hat definitiv eine große Zukunft. Und ich denke, es wird einen gewaltigen Sprung in der Technologie geben. Es ist so als hätten sie bereits versucht diesen Sprung zu machen, aber bislang ist diese spezielle Technologie noch nicht kommerziell nutzbar. Aber ich denke, dass man von dem, was wir gerade tun, sofort zu Virtual-Reality-Umgebungen übergehen wird. KFC macht es bereits, aber es ist noch nichts, was kommerziell verfügbar ist, beziehungsweise kostengünstig angeboten werden kann. Es gibt dabei einen großen Handlungsspielraum, wie man die Dinge ausgestaltet und vielleicht noch interessanter ist dabei, wie man bestehende Videospiele zum Messen nutzen kann. Als wir anfingen, hatten wir einen Mentor. Er hatte seine eigene Videospielfirma und es war wirklich teuer ein Videospiel zu entwickeln. Und er sagte: „Warum benutzt du zur Messung nicht bestehende Spiele?" Ich dachte mir: „Das wäre toll!". Ich habe selbst World of Warcraft gespielt. Es gibt eine Menge Daten dort, aber ich dachte mir: „Das ist unmöglich. Wie soll man so etwas entwickeln? Wie überwachen wir das Ganze? Wie können wir Blizzard, den Hersteller, dazu überreden, mit uns zusammen zu arbeiten?" Und dann sagte er, dass wir einfach Notizen von den Spielern machen sollten, während sie spielten.

I   Glauben Sie, dass Spieler, die öfter Videospiele spielen, einen Vorteil haben?

IV   Es kommt auf das Spiel an. Nicht die Spiele, die man spielt, sondern auf das Spiel, das letztendlich bewertet wird. Weil ich ein Gamer bin, ist meine Hand-Augen-Koordination viel schneller, deswegen würde ich wahrscheinlich bei vielen Spielen, die so im Umlauf sind, gegen Athina leicht gewinnen. Aber die Art und Weise, wie wir unser Spiel gestaltet haben, ist sehr unkompliziert, sodass es keinen Unterschied macht, ob du eine Stunde oder 60.000 h Videospiele gespielt hast. Du wirst trotzdem keinen Vorteil haben. Es gab auch noch eine andere Firma, die Athina gefunden hatte, Scoutible, die ein vollwertiges Videospiel hergestellt hätten. Hingegen hat man in unserem Spiel gesehen, dass es wie eine Geschichte abläuft. Es ist tatsächlich eher Multiple-Choice Format. Aber Scoutible war wie Call of Duty oder so etwas in der Art. Und wenn das Spiel so komplex ist, dass man nicht einmal weiß, wie man sich bewegen kann, dann haben viele Nicht-Spieler einen großen Nachteil. Deshalb sind wir der Meinung, dass der einfache Einstieg in unsere Tools ein gewisses Unikat darstellt.

I   Glauben Sie, dass es eine Möglichkeit gibt, Serious Games außerhalb der Personalauswahl zu verwenden?

IV Sicherlich. Es wurde bereits auch in anderen Kontexten verwendet. Das Serious Game wurde ursprünglich beim Militär verwendet, also in Form von militärischen Simulationen. Ich glaube das war in Frankreich.

APD Ja, es wurde zudem im Management und in der Bildung eingesetzt. Es wurde auch in der Medizin verwendet. Also zum Training von bestimmten Fähigkeiten. Ich denke, dass es viele Märkte gibt.

I Gibt es am Markt viel Wettbewerb?

APD Nicht so viel, aber ich denke, dass sich in den nächsten Jahren sehr schnell ein Wettbewerb entwickeln wird.

IV Wir haben einen direkten und einen indirekten Wettbewerb. Eigentlich sollten wir als unsere direkten Wettbewerber, andere Anbieter von Serious-Games Assessments, ansehen. Aber tatsächlich betrachten wir sie eigentlich als unsere indirekten Konkurrenten, weil wir unsere direkten Wettbewerber in den traditionellen psychometrischen Bewertungsformen sehen, da diese den Marktanteil haben. Es ist SHL. Sie dominieren den Markt, sodass wir alle mit ihnen im Wettbewerb stehen, um diesen Markt zu erobern. Derzeit gibt es noch nicht so viel Wettbewerb, da es viele Barrieren beim Markteintritt gibt. Aber der Wettbewerb wird definitiv wachsen. Und er ist bereits auch schon gewachsen. Erst letzte Woche waren wir in Großbritannien und haben dort ein Unternehmen gesehen, das auch in der HR-Welt tätig war. Und nun sind sie auch in den Bereich der spielbasierten Assessment-Tools eingetreten. Es ist nur so, dass sie etwa 100 Mio. an finanziellen Mitteln gesammelt haben und somit ist es für sie viel einfacher, all diese Dinge zu tun.

I Und aus einer finanziellen Perspektive: Haben Sie neben Owiwi noch weitere Projekte?

IV Nein, wir haben schon momentan mehr als genug zu tun. Owiwi beansprucht unsere gesamte Zeit.

I Gibt es irgendetwas, dass Sie Studierenden empfehlen würden, die versuchen im aktuellen Arbeitsmarkt erfolgreich zu werden?

APD Das hängt vom spezifischen Markt ab. Ich bin fest davon überzeugt, soweit ich es aus meiner Sicht als Arbeitgeber beurteilen kann, dass man in sehr jungen Jahren versuchen sollte, die goldene Balance zwischen persönlichen Eigenschaften und einer Spezialisierung zu finden. Ich weiß, das klingt sehr rational. Was ich meine ist, dass es sehr wichtig ist, eine Spezialisierung zum Beispiel auf Datenanalyse zu machen, aber man gleichzeitig versuchen sollte anpassungsfähig und lernwillig zu bleiben. Weil sich die Dinge eben so schnell ändern, dass derjenige, der Widerstand gegen Veränderungen leistet, derjenige ist, der nicht überleben kann. Und daran glaube ich fest.

IV Was mich sehr stört, ist zum Beispiel ein Mangel an Vorbereitung oder Recherche, wenn man sich bei einem Unternehmen bewirbt. Es wäre tragisch, sich bei PWC oder einer Bank zu bewerben und mit Shorts und T-Shirt hin zu gehen. Man muss sich mit dem Unternehmen wirklich vorher auseinandersetzen. Was gar nicht geht, wäre: „Oh, ich habe mich nur beworben, weil ich gesehen habe, dass es eine offene Stelle gibt.". Man muss authentisch sein, man muss man selbst sein. Ich denke, dass es sehr wichtig ist, man selbst zu sein, sonst belügt man sich selbst auf die gleiche Weise, wie man versucht den psychometrischen Test zu betrügen. So fügt man sich selbst und dem Unternehmen mehr Schaden zu. Also sei einfach du selbst. Hab keine Angst, lass deine Qualitäten zum Vorschein kommen. Wenn du viel fluchst, bedeutet das nicht gleich, dass du ein schlecht erzogener Mensch bist. Ich fluche auch sehr viel, von Zeit zu Zeit. Wenn ich rede, sage ich oft: „Oh, was zum Teufel. Das ist Schwachsinn. Das ist Mist." Heißt das, dass ich meinen Job nicht richtig mache? Es bedeutet ja nicht gleich, dass ich fluche, um jemandem zu schaden oder um jemand anderen dazu zu bringen Angst zu haben? Naja, es ist vielleicht ein schlechtes Beispiel. Aber ja, sei du selbst und sei authentisch.

I Gibt es noch andere Themen, die Sie gerne erwähnen würden?

APD Ich habe noch etwas, das wir speziell im Bezug auf unsere Generation mal diskutiert haben. Vielleicht sind wir belastbar, aber wir sind nicht wirklich geduldig. Weil diese Generation in einer Welt mit dem Internet, den Smartphones und all den anderen Anwendungen lebt. Alles ist so schnell. Auf der einen Seite gibt es so viele Informationen, dass man nicht mehr hinterher kommt. Selbst, wenn man das mit jemandem vergleicht, der im Moment 23 oder 22 Jahre alt ist, glaube ich, dass es eine riesige Lücke gibt. Ich bin 28 und Sie sind 23. Und selbst in diesen fünf Jahren sind so viele Dinge passiert und aufgetaucht, dass man mit all dem gar nicht umgehen kann. Auf der anderen Seite ist es auch so, dass wir alles immer sofort wollen. Job, Beziehungen und Freundschaften, alles. Ich glaube also, dass wir Wege finden sollten, um ein wenig mehr wie unsere Eltern zu sein. Mehr Geduld, mehr Nähe zu unseren Werten. Auch weil ich glaube, dass all diese neuen Technologie unseren Fokus verändert haben. Besonders natürlich auch für Psychologen.

IV Geduld ist definitiv eine sehr wichtige Sache. Und das möchte ich betonen, denn es ist sehr relevant. Man muss nicht nur belastbar sein. Meiner Meinung nach muss man auch emotional belastbar oder resilient sein. Und gerade jetzt, wo alles politisch korrekt sein muss und sich jeder von allem beleidigt fühlt. Ich sage damit nicht, dass es schlecht ist, politisch korrekt zu sein, aber es gibt eine Grenze. Denn ab einem gewissen Punkt kann man nichts mehr sagen, ohne jemanden wegen etwas zu beleidigen. Aber man muss emotional belastbarer sein, denn das Leben ist hart. Die jungen Generationen sind extrem überempfindlich. Ich erlebe das oft in Großbritannien. Es war eine meiner ersten Erfahrungen, als ich anfing. Meine Eltern sind Griechen und ich bin in den USA geboren. Ich habe einen amerikanischen Akzent. Die Leute denken, dass ich Amerikanerin bin. Und wenn sie fragen: „Woher kommst du?", dann sage ich trotzdem: „Ich bin aus Griechenland." Natürlich könnte ich sagen, dass ich aus Amerika komme, weil ich in Amerika geboren wurde.

„Und warum hast du einen amerikanischen Akzent?" „Okay, es ist so: Ich wurde dort geboren." Und dann sagen sie: „Du bist dort geboren. Du bist eine Amerikanerin." Aber wenn ich jemanden in Großbritannien sehe, der asiatischen Ursprungs ist und ich dann frage: „Wo kommst du her?" und er antwortet: „Oh, ich bin aus London" dann sage ich: „Achso, großartig! Ich frage auch nicht aus dem Grund, warum du denkst, dass ich frage". Ich sage aber eben nicht so etwas wie: „Oh, das ist ein chinesischer Akzent. Ich mag kein Chinesisch." Es ist offensichtlich, dass sie sich als Engländer identifizieren könnte. Das ist in Ordnung. Deswegen sage ich eigentlich: „Hey, woher kommst du?". „Ich komme aus Birmingham.". „Nein, ich meine, wo liegen deine Wurzeln?". „Warum willst du das wissen?" Doch ich frage es einfach nur um über verschiedene Kulturen zu sprechen. Ich spreche eben gerne darüber, wie du Dinge machst und wie wir Dinge machen. Warum sollte das ein Problem sein? Athina meinte, dass man mehr wie seine Eltern sein muss. Was bedeutet das? Es meint einfach: den Kopf runternehmen und den Arsch abarbeiten. Und hier ist es genau so: „Es ist schon drei Tage her und ich habe immer noch keine Beförderung bekommen." Ich meine die Probleme, die wir heutzutage haben, kann man nicht mit den Problemen vergleichen, die meine Eltern hatten. Ich bin 28 Jahre alt und habe kein eigenes Haus, ich habe keine Hypothek, ich habe keine Kredite. Ich habe ein Unternehmen, ich habe verantwortliche Aktionäre, ich habe ein Team und ich lebe bei meinen Eltern. In Ordnung. Ich bin 28 Jahre alt. Meine Eltern hatten drei Kinder in einem fremden Land, in dem sie nicht die Landessprache gesprochen haben und hatten zudem zwei Jobs. Beide. Und dann sagst du: „Das Leben ist hart." Ich aber für meinen Teil verstehe auch andere Kontexte und andere Zeiten. Die jüngere Generation ist zu weit gegangen, glaube ich. Denn ab einem gewissen Punkt, wird man nichts mehr dagegen tun können.

I   Ok, dann vielen Dank für das Gespräch.

Literatur

Anderson CA, Shibuya A, Ihori N, Swing EL, Bushman BJ, Sakamoto A, Rothstein HR, Saleem M (2010) Violent video game effects on aggression, empathy, and prosocial behaviour in Eastern and Western countries: a meta-analytic review. Psychol Bull 136:151–171

Appel M, Kronberger N (2012) Stereotype threat and the achievement gap: stereotype threat prior to test taking. Educ Psychol Rev 24:609–635

Appel M, Mara M (2013) The persuasive influence of a fictional character's trustworthiness. J Commun 63:912–932

Appel M, Schreiner C (2014) Digitale Demenz? Mythen und wissenschaftliche Befundlage zur Auswirkung von Internetnutzung. Psychol Rundsch 65:1–10

Appel M, Stiglbauer B, Batinic B, Holtz P (2014) Internet use and verbal aggression: the moderating role of parents and peers. Comput Hum Behav 33:235–241

Beyer JRG (1795) Ueber das Bücherlesen, in so fern es zum Luxus unserer Zeiten gehört. churfürstlich mainzer Academie nützlicher Wissenschaften

Boulianne S (2009) Does Internet use affect engagement? A meta-analysis of research. Polit Commun 26:193–211

Chiu Y, Kao C, Reynolds BL (2012) The relative effectiveness of digital gamebased learning types in English as a foreign language setting: a meta analysis. Br J Edu Technol 43(4):104–107

Goldberg A, Russel M, Cook A (2003) The effect of computers on student writing: a meta-analysis of studies from 1992 to 2002. J Technol Learn Asses 2(1)

Greitemeyer T, Mügge DO (2014) Video games do affect social outcomes: a meta-analytic review of the effects of violent and prosocial video game play. Pers Soc Psychol Bull 40:578–589

Hattie J (2009) Visible learning. Routledge, New York

Huang C (2010) Internet use and psychological well-being: a meta-analysis. Cyberpsychol Behav Soc Netw 13:241–249

Kowalski RM, Limber S, Limber SP, Agatston PW (2012) Cyberbullying: bullying in the digital age. Wiley, Malden

Kowalski RM, Giumetti G, Schroeder A, Lattanner M (2014) Bullying in the digital age: a critical review and meta-analysis of cyberbullying research among youth. Psychol Bull 140:1073–1137

Marshall SJ, Biddle SJH, Gorely T, Cameron N, Murdey I (2004) Relationships between media use, body fatness and physical activity in children and youth: a meta-analysis. Int J Obes 28:1238–1246

Means B, Toyama Y, Murphy R, Bakia M, Jones K (2010) Evaluation of evidence-based practices in online learning: a meta-analysis and review of online learning studies. U.S, Department of Education

Nie NH, Hillygus DS (2002) The impact of Internet use on sociability: time-diary findings. It & Society 1:1–20

Prenzel M, Artelt C, Baumert J, Blum W, Hammann M, Klieme E et al (Hrsg) (2007) PISA 2006. Die Ergebnisse der dritten internationalen Vergleichsstudie. Waxmann, Münster

Shklovski I, Kiesler S, Kraut R (2006) The Internet and social interaction: a meta-analysis and critique of studies, 1995–2003. In: Kraut R, Brynin M, Kiesler S (Hrsg) Computers, phones, and the Internet: domesticating information technology. Oxford University Press, New York, S 251–264

Spitzer M (2012) Digitale Demenz: wie wir uns und unsere Kinder um den Verstand bringen. Droemer, München

Blended Learning

Nida ul Habib Bajwa, Cornelius J. König und Markus Langer

Inhaltsverzeichnis

Ergänzende Information Die elektronische Version dieses Kapitels enthält Zusatzmaterial, auf das über folgenden Link zugegriffen werden kann (▶ https://doi.org/10.1007/978-3-658-30838-4_4). Die Videos lassen sich durch Anklicken des DOI Links in der Legende einer entsprechenden Abbildung abspielen, oder indem Sie diesen Link mit der SN More Media App scannen.

Neben der Einstellung von neuem Personal sind erfolgreiche und wachsende Unternehmen bestrebt, ihr verfügbares Personal weiterzuentwickeln, damit bestehende Aufgaben und zukünftige Herausforderungen besser gemeistert werden können. So möchten Unternehmen nach der Neueinstellung der Mitarbeitenden schnellstmöglich mittels geeigneter Einarbeitungsmaßnahmen in das neue Tätigkeitsfeld einarbeiten. Erfahrenen Mitarbeitenden möchte man hingegen Karrierepfade innerhalb des Unternehmens aufzeigen oder Stärken stärken und Schwächen schwächen. Über diese Beispiele hinaus bieten Personalentwicklungsabteilungen begleitend für alle Phasen, die Mitarbeitende in Unternehmen durchleben, eine Vielzahl an Angeboten zur Fortbildung von Mitarbeitenden.

Arbeits- und Organisationspsychologe im Bereich Personalentwicklung beschäftigen sich neben strategischen Fragen, wie man beispielsweise Nachwuchskräfte für bestimmte Bereiche gezielt entwickeln und wie ein gesamtes Fortbildungsprogramm hierzu aussehen kann, vor allem mit der Konzeption und Durchführung von Trainingsmaßnahmen. Solche Trainingsmaßnahmen erstrecken sich von halb- bis mehrtägigen Workshops und Seminaren zu Themen wie Zeitmanagement, Stressmanagement, Kommunikation und Kreativität. Gleichermaßen gehören hierzu auch Verfahren wie Development-Center, in denen gezielt überfachliche Kompetenzen erfasst und Stärken- und Schwächenprofile erstellt werden.

Allen diesen Verfahren ist gemein, dass sie für Unternehmen recht kostspielig und aufwendig sind. Des Weiteren sind eine Vielzahl an Workshops und Seminaren Gruppenverfahren, die per definitionem nicht für einzelne Personen angeboten werden und damit kaum Möglichkeit bieten, detailliert auf individuelle Bedürfnisse der Teilnehmenden einzugehen. So beklagen Mitarbeitende häufig die zeitliche Latenz zwischen der Identifikation eines Fortbildungsbedarfs und der eigentlichen Durchführung der Schulung, da diese (je nach Nachfrage) häufig nur ein- oder zweimal pro Jahr durchgeführt werden. Stellen Sie sich vor, Sie steigen in die Arbeit in einem Unternehmen ein und bekommen nach den ersten 12 Monaten ein detailliertes Feedbackgespräch über Ihre Stärken und Schwächen und Ihre Führungskraft empfiehlt Ihnen, zur strukturierteren Arbeit an Ihren Projektmanagementfähigkeiten zu feilen. Naheliegend wäre hierbei die Teilnahme an einem Projektmanagement-Workshop. Leider finden diese Workshops aber erst statt, sobald eine gewisse Anzahl an weiteren Mitarbeitenden mit Trainingsbedarf identifiziert wurden. Sie müssen nun leider damit leben, dass die Weiterentwicklung Ihrer Projektmanagementfähigkeiten erst im nächsten Workshop in sechs Monaten stattfinden kann – 18 Monate nach dem Start im Unternehmen.

Trotz der genannten Einschränkungen haben sich Gruppentrainings in der unternehmerischen Praxis etabliert, denn sie liefern einen guten Kosten-Nutzen-Ertrag. Aufgrund der voranschreitenden Digitalisierung stellt sich aber auch Arbeits- und Organisationspsychologen die Frage, wie zeitgemäß solche Fortbildungsmaßnahmen sind – ob die digitalen Möglichkeiten der heutigen Zeit nicht einige der Schwachpunkte von klassischen Trainings aktiv angehen können. Nun wirken beispielsweise E-Learning-Module als nicht weltbewegend neue Idee, aber ein Blick in die Entwicklung von E-Learnings zeigt, dass bei den Anfängen oft wenig didaktisch ausgefeilte Konzepte verwendet wurden. Zudem sind Face-to-face-Trainingsmaßnahmen für Teilnehmende auch Gelegenheit für sozialen Austausch. Entsprechend ist es wenig verwunderlich, dass wenig durchdachte E-Learnings bei Teilnehmenden einen gewissen Frust auslösen können: Man wird mit einer Fülle von didaktisch schwach ausgearbeiteten Materialien konfrontiert, durch die man sich selbstständig ohne persönliche Anleitung quälen muss.

Glücklicherweise hat sich in den letzten zwei Jahrzehnten viel im Bereich E-Learning getan, sodass mittlerweile auch gelungene und wissenschaftlich fundierte Verfahren existieren, die E-Learnings neben der reinen Faktenvermittlung auch als Blended-Learning-Formate einsetzen. Solche Blended-Learning-Ansätze haben den Vorteil, dass sie integrativere Lernansätze verfolgen, welche E-Learning mit sozialen Austauschphasen verknüpfen. Große Unternehmen haben mittlerweile viele Trainings digitalisiert und überlegen, wie Präsenzphasen bei manchen Themen nicht gänzlich wegfallen, sondern effizienter genutzt und didaktisch geschickt mit Vorbereitungs- und Reflexionsphasen in E-Learnings verknüpft werden können. Aus all diesen Ideen ist mittlerweile eine Vielfalt an Angeboten entstanden, die jedoch in der arbeits- und organisationspsychologischen Ausbildung, wenn überhaupt, nur am Rande erwähnt werden.

Kürzlich standen wir, die Herausgeber dieses Buchs, selbst vor einer Herausforderung: Im Rahmen eines Drittmittelprojekts sollten wir mehrere Hundert Hochschullehrer in Kenia im Bereich kreativer Lehr- und Lernmethoden mit möglichst wenig Kapital schulen. Die buchstäbliche Quadratur des Kreises. Typischerweise hatten wir in der Vergangenheit solche Trainingsmaßnahmen face-to-face angeboten und sind in die betreffenden Länder geflogen. Da ein geringes Budget und der hohe Zeitaufwand dies unmöglich machten, wandten wir uns einer Kollegin zu, die sich wissenschaftlich sowie praktisch mit Kreativitätstrainings auseinandergesetzt hat.

Entsprechend wurde für das folgende Kapitel Dr. Deborah Schnabel von der Firma Creative Learning Space interviewt, die neben digitalen Kreativitäts- und Entrepreneurship-Trainings auch Micro-Coachings und Blended-Learning-Ansätze anbietet. Sie stellt dar, welches Potenzial in den digitalen Möglichkeiten der Personalentwicklung steckt.

4.1 Interview mit Prof. Dr. Deborah Schnabel, Creative Learning Space

Das Interview und die Transkription mit Frau Prof. Dr. Deborah Schnabel (DS) führten Jaqueline Naughton und Nicole Pieprzyca (Interviewerinnen, I) durch.

Interviewer (I) Guten Tag Frau Professor Schnabel! Vielen Dank, dass Sie sich heute für dieses Interview Zeit genommen haben. Derzeit sind Sie Geschäftsführerin der Firma Creative Learning Space in Frankfurt, während Sie gleichzeitig Professorin für Personal- und Organisationspsychologie an der Hochschule Fresenius sind. Könnten Sie uns beschreiben, wie Ihr Werdegang Sie dahin geführt hat?

Prof. Dr. Deborah Schnabel (DS) Gerne. Also, ich habe zuerst einmal Wirtschaftspsychologie im Bachelor studiert, weil für mich am Anfang sehr klar war, dass ich eine Verbindung schaffen wollte zwischen Psychologie und Wirtschaft. Und bis dato dachte ich noch, dass es mich eher in die Wirtschaft ziehen würde als in die Psychologie. Nach dem Bachelor habe ich dann gemerkt, dass ich doch eher in die Psychologie will als in die Wirtschaft und habe daher noch meinen Master in Psychologie

gemacht. Dort habe ich mich in meiner Masterarbeit schon mit dem Thema Kreativität beschäftigt, und zwar in Verbindung mit Entrepreneurship. Ich habe untersucht, was einen Entrepreneur ausmacht, was die Intentionen sind, Entrepreneur zu
werden, und habe dort Persönlichkeit untersucht, aber auch die eigene Familienhis-
torie und eben Kreativität. Das hat mich also schon ganz früh beschäftigt.

Und danach dachte ich mir, ich würde gerne promovieren, aber sehr gerne mit
Praxisbezug, also eben nicht einfach rein an einer Hochschule, und habe eben nach
einem Unternehmen gesucht, in dem ich arbeiten und gleichzeitig promovieren
kann. Das ist in unserem Bereich gar nicht so leicht. In anderen Bereichen ist das
sehr viel gängiger. Dann habe ich allerdings ein Weiterbildungsunternehmen gefunden, das größte in Deutschland im Bereich internationales Personalmanagement.
Sie begleiten Personen sowohl auf der Skill-Ebene, aber auch, was ganz praktische
Dinge betrifft, wenn Mitarbeiter ins Ausland entsendet werden, meist von großen
Unternehmen. Und dort war eben eine Stelle ausgeschrieben, bei der ein psychologisches Instrument entwickelt werden sollte, das interkulturelle Kompetenzen misst,
die man später aber auch bei den Mitarbeitern entsprechend entwickeln kann. Das
hatte jetzt gar nicht so viel mit Kreativität zu tun, aber ich dachte mir, das ist trotzdem spannend. Interkulturalität hat mich schon immer sehr gereizt, ich bin immer
gern gereist und habe auch selbst einen interkulturellen Hintergrund. Da dachte ich
mir: Super, dann mache ich das! Es war auf drei Jahre angelegt und ich habe auch
einen ganz tollen Doktorvater gefunden aus dem Bereich methodische Psychologie und Diagnostik, der auch Standardwerke dazu veröffentlicht hat. Das hat alles
ganz gut gepasst. Am Ende habe ich meinen Doktor dann an der Universität Tübingen und an der Universität Tilburg in den Niederlanden gemacht und parallel
in dem Unternehmen gearbeitet. Dort habe ich das Instrument entwickelt und auch
tatsächlich angewendet mit Menschen, die es nutzen können und auch ganz viele interkulturelle Trainings gegeben.

Ich habe dann eine Trainerausbildung gemacht, habe Coachings gegeben in
Verbindung mit psychologischer Diagnostik. Das war immer ein ganz spannendes
Feld. Ich habe dann aber auch gemerkt: Einerseits fehlt mir das Thema Kreativität
sowie Entrepreneurship und andererseits war das auch noch ein relativ traditionel-
les Weiterbildungsinstitut. Trainings sind also so abgelaufen, dass der Trainer vorne
stand und vermittelt hat was man so erwarten kann in einer neuen Kultur. Ich war
dann auch mal ein Jahr in China und durfte das selbst erleben und auch Trainings
geben für Deutsche, die nach China gereist sind. Also schon spannend. Aber immer
mit diesem traditionellen Lernansatz.

Wir haben dann in dem Weiterbildungsinstitut selbst eine eigene Abteilung zum
Thema Innovation gegründet und gesagt: Okay, wir wollen was verändern, wir machen das von innen heraus und schauen mal, wie wir selber innovative Produkte
entwickeln können in dem Bereich. Und das hat auch ganz gut geklappt. Aber ich
muss auch dazu sagen: Wenn man bei einem Unternehmen angestellt ist, dann kann
man eben nur bedingt gestalten. Es gibt dann immer Grenzen.

Dann hatte ich irgendwann das Gefühl, dass das, was ich hier beitragen kann,
die Grenze erreicht hat, sozusagen. Deswegen wollte ich sehr gerne austreten, um
was Eigenes zu machen. Auch die Hochschule habe ich vermisst und dann dachte
ich mir, so neben der Selbstständigkeit nehme ich eine Lehrtätigkeit an einer Hochschule an. Daraus hat sich dann auch der Weg hin zur Professur entwickelt. Das hat
auch gut geklappt, weil es sich um eine Fachhochschule handelt, etwas was mir sehr

wichtig ist, weil es immer den Praxisbezug gibt. Ich fühle mich dort wahrscheinlich auch wohler als ich es an einer Universität tun würde. Das Forschen fehlt mir
ein wenig. Dennoch kann man das ganz gut verwenden, auch in unserer Arbeit. Da
bin ich jetzt Professorin und aus der Idee „Creative Learning Space" habe ich dann
auch das Unternehmen gegründet.

I   Sehen Sie in Ihrem Werdegang, inklusive Ihrer derzeitigen Tätigkeiten, einen roten Faden? Also Themen, die Sie immer wieder beschäftigt haben und die Sie potenziell auch in Zukunft beschäftigen könnten?

DS   Das ist eine spannende Frage. Tatsächlich ist Kompetenzentwicklung ein solches Thema. Obwohl es unterschiedliche Kompetenzen waren, mit denen ich mich
beschäftigt habe. Auf der Ebene, dass es um Menschen geht, die komplexen Herausforderungen gegenüberstehen und wir versuchen wollen, sie dabei bestmöglich
zu unterstützen, war es dieselbe Thematik. Als Psychologen wissen Sie ja auch, dass
man Persönlichkeit nur bedingt verändern kann, Kompetenzen allerdings schon.
Den Menschen also bewusst in seiner Entwicklung zu unterstützen, das ist etwas,
das sich durchgezogen hat. Und das gerne auch mit innovativen oder zumindest
zeitgemäßen Methoden.

I   Die Arbeitswelt verändert sich, durch Globalisierung und das große Schlagwort
Industrie 4.0, welches die intelligente Vernetzung von Maschinen und Abläufen in
der Industrie mithilfe von Informations- und Kommunikationstechnologie bezeichnet (Plattform Industrie 4.0, 2019). Damit geht eine Modernität einher, auf die Arbeitnehmer mit entsprechenden Kompetenzen deutlich besser reagieren können als
ohne. Die Frage, die sich nun stellt ist: Was sind das für Kompetenzen?
   Das Das 21st-Century-Skills-Modell scheint hierfür Antworten zu bieten. Auch
Sie orientieren sich bei Creative Learning Space daran. Würden Sie uns etwas über
dieses Modell erzählen?

DS   Das Spannende bei dem Modell ist eigentlich, dass es aus der Schulbildung
kommt. In der Hochschulwelt sowie der Arbeitswelt ist es noch gar nicht so richtig
angekommen. Da geht es wirklich darum, zu überlegen, wie muss sich Schulbildung
bei Kindern im sehr frühen Alter verändern, sodass man schon von Beginn an mehr
auf einen Kompetenzansatz setzen kann, anstatt eben nur auf Wissensvermittlung
– gerade im Schulbildungsalltag.
   Die Kompetenzen, die in dem Modell beschrieben werden, sind auch nichts
Neues. Wir sprechen häufig von den drei oder vier Cs, also z. B. Kreativität, Kollaboration. Diese Ideen sowie auch Toleranz anderen Menschen gegenüber oder gute
Kommunikation wurden sicher schon vor 20 Jahren als relevant eingestuft. Auch
dies beinhaltet eben das 21st-Century-Skills-Modell – also Dinge wie Kollaboration mit anderen, Kommunikation, komplexes Problemlösen, Kreativität, aber auch
Umgang mit anderen Kulturen und eben die etwas neuere Komponente „Umgang
mit Technologien".
   Das Schöne an dem Modell ist, dass es nochmal betont, wie wichtig diese Kompetenzen sind, auch im Zeitalter der Digitalisierung. Dabei denken wir nämlich
meist nur an den Umgang mit Technik, wir denken lediglich daran, Menschen in

Medienkompetenz zu schulen. Dabei erhalten Dinge wie das Kommunizieren miteinander in Zeiten der Digitalisierung einen anderen Stellenwert durch virtuelle Kommunikation oder die stärkere Vernetzung der Welt. Wir müssen stärker miteinander in den Austausch treten und Dinge gemeinsam entwickeln, also auch beispielsweise mehr kollaborieren. Das betrifft auch Kreativität, was wir uns ja so ein wenig herausgegriffen haben. Dabei weiten wir den Radius bei fast allen Lernprogrammen, aber auch möglichst auf zusätzliche Dinge wie beispielsweise Kommunikation aus.

Warum nun Kreativität? Weil unsere Welt sehr komplex wird und wir aktuell in den unterschiedlichsten Lebensbereichen auch ganz extreme Herausforderungen haben und lösen müssen. Dann brauchen wir Innovationsfähigkeit und kreatives Problemlösen mehr denn je. Hier bringe ich auch gerne immer wieder folgende Perspektive mit ein, auch wenn mir bewusst ist, dass sie sehr provokativ ist: Was können Maschinen, wo werden sie uns vielleicht unterstützen oder sogar Tätigkeiten ganz übernehmen? Im Bereich des kreativen Problemlösens ist dies noch nicht der Fall. Einige Maschinen können das schon ganz gut, aber in keiner Weise so, wie der Mensch das kann. Das heißt, das ist noch so ein wenig unsere Kernkompetenz, als Mensch. Umso wichtiger ist es, dass wir das auch nutzen.

I   Das stimmt natürlich. Die Komplexität nimmt auch im Arbeitskontext zu. Dadurch wird der Arbeitnehmer im Rahmen seiner Tätigkeit immer häufiger mit komplexen Situationen konfrontiert, in denen potenziell auch unbekannte Probleme auftreten können. Daher ist kreatives Problemlösen eine besonders wichtige Kompetenz im Zuge der Entwicklung der Arbeitswelt. Was verstehen Sie bei Creative Learning Space unter kreativem Problemlösen?

DS   Also wir verstehen darunter, dass es eine Situation gibt, die nicht eine einfache klare Lösung voraussetzt. In dieser Situation sind mehrere Lösungswege möglich und das Lösen dieser Herausforderung ist auch etwas schwieriger als in Situationen, in denen es sehr einfache Ursache-Wirkungs-Zusammenhänge gibt. Also bei was weiß ich, wenn ich das tue, kommt X raus. Wenn ich also eine Situation habe, bei der ich gar nicht weiß, was ich tun muss und auch nicht, was herauskommt, dann bin ich in einer solchen schwierigen Situation. Dafür brauche ich dann kreatives Problemlösen zur Meisterung. Wir unterscheiden konvergentes Denken von divergentem Denken. Das, was kreatives Problemlösen ausmacht, ist divergentes Denken, bei dem ich eben unterschiedliche Wege zur Lösung gehen kann.

I   Können Sie uns vielleicht eine Beispielsituation nennen, in der einem Arbeitnehmer eine unerwartete Situation begegnet, in der divergentes Denken ihm neue Lösungsoptionen eröffnen kann?

DS   Ja, das ist eine gute Frage. Ich glaube, das haben wir im Kleinen permanent im Alltag. Ich glaube, das sind immer Situationen, in denen mehrere Dinge zusammenkommen.

Also als Beispiel habe ich Folgendes im internationalen Bereich häufiger erlebt:
Ich habe meine eigentliche Arbeitsaufgabe, beispielsweise ein Projekt zu leiten. Und dann gibt es eben Schwierigkeiten, weil da Dinge ganz anders ablaufen als geplant. Zeitliche Dinge verschieben sich oder ein Rohstoff soll verwendet werden,

der so plötzlich nicht mehr verfügbar ist. Ich arbeite mit Menschen zusammen, die alle auch ganz anders ticken als ich. Auf einmal muss ich Wege finden, deren Existenz mir vorher überhaupt nicht bewusst waren. Da habe ich natürlich etwas Zeit, um darauf zu reagieren, dennoch bin ich erst einmal vor so einem offenen Fall.

Genauso ist es tatsächlich auch ganz häufig, wenn wir mit Gründern zusammenarbeiten. Durch die Veränderung durch Technologien verändern sich auch die Bedürfnisse der Käuferschaft oder der Nachfragenden insgesamt ziemlich schnell. Auf einmal gibt es etwas Neues und dadurch entwickelt sich ein ganz anderes Bedürfnis bei Käufern. In Deutschland plant man Produkte aber recht lange und führt sie dann recht lange ein. Es wird viel Geld investiert, aber so schnell kann man gar nicht reagieren. Und diese schnelle Reaktionskraft ist auch etwas, für das ich kreatives Problemlösen brauche. Ich kann nicht immer alles umwerfen. Ich muss mir etwas überlegen, was mit meinen Mitteln zum Erfolg führt. Und das ist mitunter ganz schwierig.

I Kreativität geht im Arbeitskontext auch mit dem Schlagwort Innovation einher. Wie stehen diese beiden Begriffe miteinander in Verbindung?

DS Also diese beiden Begriffe werden tatsächlich häufig fälschlicherweise synonym verwendet.

Kreativität ist allerdings eher etwas, das beim Menschen liegt. Es ist die Fähigkeit, Ideen zu entwickeln, die gleichzeitig neuartig oder neu gedacht sind und anwendbar sind. Wenn ich das dann tatsächlich umsetze, dann sind wir im Bereich von Innovation angelangt. Man sagt auch, dass Innovation die praktische Anwendung von einer kreativen Idee ist. Und somit werden Innovationsprozesse häufig auch auf der Managementebene geplant und durchgeführt.

I Inwiefern ist Innovation etwas, mit dem sich Arbeitnehmer und Unternehmen auseinandersetzen sollten?

DS Unbedingt! Ich kann Ihnen mal ein Beispiel nennen von Kunden, die wir haben. Auch so ganz traditionelle Unternehmen, so Big Player in ihrem Bereich, große Wirtschaftsprüfungsgesellschaften zum Beispiel, die auf eine sehr erfolgreiche Firmenhistorie zurückblicken. Von außen denkt man, die haben ja gar kein Problem. Aber dann merkt man, dass sich deren Markt ganz rasant verändert und dass sie so riesige Tanker sind und sie gar nicht richtig darauf reagieren können. Da sitzen dann Menschen drin, die sich nie mit Innovation auseinandergesetzt haben, die vielleicht auch vom Berufsbild her eher die „gewissenhaften", traditionell eingestellten Mitarbeiter sind. Auf einmal müssen die dann innovativ werden, und das geht natürlich gar nicht so schnell. Das heißt also, wenn man von Beginn an Innovation und Innovationsfähigkeit seiner Mitarbeiter auch in die Firmenkultur integriert, das sehr früh zu seinem Leitbild macht, dann kommt man gar nicht zu so einer Herausforderung, dass man erst reagiert, wenn es vermeintlich schon zu spät ist.

I Mit dem Global Competitiveness Index 4.0 hat das World Economic Forum einen wirtschaftlichen Index entwickelt, der die Konkurrenzfähigkeit von 140 Ländern in Bezug auf Industrie 4.0 vergleichbar macht. Aktuell im Report 2018 schneidet Deutschland sehr gut ab und belegt in der Gesamtbewertung Platz

3. Spezifisch bezogen auf den Faktor Innovationsfähigkeit konnte Deutschland sogar Platz 1 belegen. Allerdings stellt die Innovationsfähigkeit in dem Report über alle Länder hinweg insgesamt die schwächste aller 12 evaluierten Faktoren dar.

So gut Deutschland hier also im Vergleich abschneidet, so klar ist es, dass insgesamt noch viel Entwicklungsraum nach oben ist bezüglich der Innovationsfähigkeit unserer gesamten Gesellschaft.

Spiegelt das auch Ihre Erfahrungen wieder oder hätten Sie andere Ergebnisse erwartet?

4

DS Ich würde sagen, dass Deutschland ohnehin auf eine solide Historie bezüglich Innovationsfähigkeit zurückblickt. Made in Germany ist schon ein relevantes Siegel und geht auch mit Innovationsfähigkeit einher. Deutschland war in vielen Bereichen ein Vorreiter. Ich denke also, das ist sehr abhängig von der Industrie. Es gibt Bereiche, in denen wir sehr gut sind, aber auch andere. Ein gutes Beispiel hierfür ist, dass das Siegel Made in Germany immer als sehr hochwertig eingestuft wurde, gerade in Ländern wie beispielsweise China. Da dachten wir immer, dass die Chinesen ja nur kopieren und dass sie unsere Produkte verwenden und es uns daher lange gut gehen wird, weil wir immer exportieren können.

Und auf einmal, ohne dass man es richtig gemerkt hatte, entwickelten die Chinesen plötzlich eigene innovative Produkte. Sie hängen die Deutschen auch in einigen Bereichen ab, vor allem in Technologiebereichen. Das liegt mitunter daran, dass Deutschland trotz dem, dass viele gute neue Produkte entwickelt werden und wir in einigen technischen Bereichen auch echt gut sind, oft etwas schwerfällig ist. Also langsam und bedacht könnte man sagen. Es braucht einfach Zeit für Innovationszyklen. Die Dynamik fehlt noch und es gibt Bereiche, die die Innovationsfähigkeit überhaupt nicht widerspiegeln.

Und einer dieser Bereiche ist der Bereich der Bildung, mit dem wir uns bei Creative Learning Space sehr stark beschäftigen. Da sind wir eben nicht Platz eins in der Welt, was Innovationsfähigkeit angeht. Es gibt andere Bereiche in der Bildung, die super laufen, aber das ist nicht die Innovationsfähigkeit. Daher muss man darauf achten, worauf da geschaut wird und sich diejenigen Branchen heraussuchen, in denen noch mehr getan werden muss als in anderen.

I Was denken Sie, wie sich der Umgang mit Kreativität und Innovation in Deutschland entwickeln wird?

DS Es tut sich ja schon ganz viel. Es gibt viele Unternehmen, die das Thema Innovation ganz vorne auf die Agenda setzen. Das passiert gerade. Es gibt einen Großteil Unternehmen, die ihre Mitarbeiter in Themen wie Design Thinking schulen. Da sind schon erste Schritte da. Wie nachhaltig das ist, weiß ich manchmal nicht. Ich weiß nicht, wie viel es bringt, wenn man seine Mitarbeiter für zwei Tage durch Innovationsworkshops durchjagt, wenn sie am Ende in ihrem Job nicht die Zeit haben, neue Ideen zu entwickeln. Es hapert also noch an der Umsetzung. Die Organisationsstrukturen im Bereich der Organisationspsychologie gehen oft nicht Hand in Hand mit dem, was wir auf personaler Ebene in der Personalentwicklung machen. Um das stärker aneinander anzupassen, da müssen wir noch etwas tun. Das kommt auch Schritt für Schritt an. Ich weiß nicht, ob es schnell genug ankommt. Ich kann die Frage im Moment also ehrlich gesagt nicht ganz beantworten. Ich finde, dass das so ein bisschen eine Blackbox ist, wie sich das entwickeln wird. Da wird es sicherlich auch viel Heterogenität geben. Unternehmen, die da ganz toll sind und Vorreiterrolle einnehmen, aber auch einige Unternehmen, die weiterhin so agieren wie vor zehn Jahren.

I Und wenn Sie darüber nachdenken, können Sie eine bestimmte Rolle für Psychologen in dieser Entwicklung sehen?

DS Ja, unbedingt. Ich finde sowieso, dass viel zu wenige Psychologen in diesem Bereich arbeiten. Das kann ich ehrlich gesagt gar nicht verstehen. Der Bereich von Innovation und der Entwicklung von Kreativität, sowie Design Thinking, all diese neuen Arbeitsmethoden – auch meine Studenten im fünften Semester Psychologie im Bachelor haben noch nie etwas davon gehört. Sie wissen nicht, was Agilität ist oder Scrum. Innovationen können sie vielleicht noch begrifflich erklären, aber das war es dann schon.

Ich sage das jetzt nicht, weil es deren Schuld ist. Es zeigt einfach, mit welchem Mindset wir durch die Schulbildung gehen und auch durch die ersten Semester, in denen wir die Studenten mit Wissen vollpumpen. Wir überlegen gar nicht, was dann später auf dem Arbeitsmarkt passiert und was wir dementsprechend brauchen.

Und all das, was wir jetzt tun, also Workshops anleiten und Menschen befähigen, aus ihrer Komfortzone herauszugehen, neue Ideen zu entwickeln, sie dabei zu unterstützen, offen für neue Erfahrungen zu sein, Ambiguität auszuhalten, zu kommunizieren, zu kollaborieren… Wo wäre da kein Psychologe gefragt? Da sind wir doch ganz vorne dabei. Aber auch auf Strukturebene Organisationsstrukturen so zu gestalten, dass sie zur Entfaltung des menschlichen Potenzials beitragen, ist auch ein tolles Feld für Psychologen.

I Dass Innovation in deutschen Unternehmen immer stärker thematisiert wird ist auch an der steigenden Anzahl von Stellenanzeigen erkennbar, die zu diesem Thema zu finden sind: „Innovator gesucht", „Innovationsmanager", „Aufbau eines Innovationslab" sind nur ein paar Beispiele.

Sie meinten vorhin, Sie hätten in einer Firma ein Innovationslab gegründet. Haben Sie dort als Innovationsmanager gearbeitet?

DS Ja, ich habe es mitgegründet. Wir waren eine kleine Einheit, bestehend aus drei Personen aus unterschiedlichen Unternehmensbereichen. Ich persönlich war als Psychologin dort angestellt und habe den Bereich Diagnostik geleitet. Mit entsprechender Brille bin ich dann in der Rolle einer Psychologin in das Innovationslab gekommen: Um ein wenig Forschung und Entwicklung zu betreiben, aber auch um zu sehen, welche neuen Formen des (digitalen) Lernens dieses Unternehmen nutzen und entwickeln kann.

Dann gab es noch eine Kollegin aus dem Bereich Kommunikation, die den Austausch mit Kunden steuern sollte, also nutzerzentrierte Innovationen vorantreiben. Und dann gab es noch einen Kollegen, der uns eher so zugearbeitet hat, würde ich sagen. Wenn man so will, war ich dort Innovationsmanager, aber nur ein Jahr lang. Dann bin ich, wie besprochen, ausgetreten, um eigenständig zu arbeiten.

Wir haben dort versucht, eine Innovationskultur in dem Unternehmen selbst aufzubauen. Das war mitunter sehr schwierig, auch im Bereich Bildung. Die meisten Mitarbeiter dort waren fest angestellte Trainer und Coaches. Und wie das auch so mit Lehrern und Hochschuldozenten ist, die meist noch sehr traditionell agieren in der Art, wie sie Bildung gestalten, so war es auch hier. Es ist hier also etwas passiert, das Sie auch aus anderen Bereichen kennen: Digitalisierung wurde eher mit Angst wahrgenommen: „Ersetzt mich die Technik? Wenn es dann ein e-Learning gibt, braucht man mich dann noch?" Themen wie Change und das Vorantreiben von Innovation gehen ja immer auch mit Widerständen einher. Es war also ein klassischer Fall von: Es gibt Widerstände, es ist schwierig, Mitarbeiter intern mitzunehmen, schwieriger als gedacht. Wir haben also gegen viele verschiedene Barrieren in verschiedenen Bereichen gekämpft, was für einen Innovationsmanager recht gängig ist – allerdings auch in anderen Bereichen.

Mittlerweile bin ich ja Professorin für Organisationspsychologie und da machen wir viel mit Change. Das Thema Widerstände ist auch etwas, bei dem Psychologen unglaublich gefragt sind, da es eindeutig auf der menschlichen Ebene stattfindet. Da können wir natürlich sehr viel beitragen als Psychologen.

I   Wenn nun – mitunter durch das Interview inspiriert – Psychologiestudenten Interesse an einer Tätigkeit in diesem Feld hätten, was würden Sie ihnen empfehlen, um sich dafür besonders zu qualifizieren?

DS   Also, das kommt natürlich ein wenig darauf an, wo die Studenten derzeit stehen. Mit abgeschlossenem Bachelor-Studium kann man bei der Wahl des Masterstudiengangs beschließen, den klassischen Psychologie-Master zu wählen. Man kann aber auch den spezifischen A&O-Psychologie-Master wählen. Das macht auf jeden Fall Sinn, weil man dadurch den Bereich schon einmal ein bisschen kennenlernt.

Wenn man doch den generischen Psychologie-Master gemacht hat, dann machen auf jeden Fall auch immer Praktika Sinn, beispielsweise in einem großen Unternehmen in den Bereichen „Change" oder „Personalentwicklung". Da kann man dann sehen, wie es abläuft, und Erfahrung sammeln. Heutzutage kann ich mich aber auch ganz gut selbst weiterbilden, indem ich zum Beispiel in einen Design-Thinking-Workshop gehe und lerne, wie ich damit arbeite. Es gibt das Hasso Plattner Institut, wo man als Studierender recht günstig eine Design-Thinking-Ausbildung machen kann. Als Student sollte man noch alles nutzen, was man mit einem Studentenausweis nutzen kann. Das ist eine super Ausbildung für den Start. Also ich halte wenig davon, Design Thinking als Allheilmittel zu nehmen, aber man bekommt ein Gefühl dafür, wie man so etwas heutzutage gestalten kann. Sowas könnte man beispielsweise machen.

I   Mittlerweile sind Sie ja Gründerin und Geschäftsführerin des Unternehmens *Creative Learning Space* in Frankfurt am Main. Was bietet Creative Learning Space denn für Produkte/Dienstleistungen an und für wen sind diese gedacht?

DS   Wir sind wirklich sehr gut darin, die Bereiche Innovation, kreatives Problemlösen und „entrepreneurial skills"/„innovation skills" von der digitalen Ebene aus zu bedienen. Wir arbeiten sehr viel mit digitalen Medien und der Schnittstelle oder

Kombination von digitalen Medien und Präsenzlernen, Richtung Blended Lerning. Das machen in dem Bereich bisher Wenige. Häufig geht man wie besprochen, zu einem zweitägigen Design-Thinking-Workshop. Das ist das eine, was wir machen: Mit unserer eigens entwickelten e-Learning-Plattform mit eigens gestalteten Kursen diese Themen an Menschen heranzubringen.

Das Zweite, worin wir sehr stark sind (eben weil wir Psychologen sind) ist, das nicht nur auf der Wissensseite zu machen, sondern auch zu schauen, was der Mensch eigentlich dazu braucht, um kreativ zu sein und um Innovationen zu entwickeln, um eigene Ideen als Entrepreneur oder als Intrapreneur voranzutreiben. Wir schauen uns die Kompetenzebene an bei diesen Themen. Das sind unsere beiden Kernbereiche.

Das ist somit eigentlich für jeden relevant, der aktuell irgendwie im Berufsleben steckt. Wir haben da tatsächlich auch unterschiedliche Zielgruppen.

Eine unserer größten Zielgruppen sind die Menschen aus dem Bildungsbereich, die Innovationen unterschiedlichster Natur im Bildungsbereich vorantreiben wollen. Also entweder Personalentwickler oder Bildungsverantwortliche, aber auch Trainer und Hochschulpersonal. Der zweite große Bereich ist, dass wir oft mit Jungunternehmern zusammenarbeiten, die gerade im Zuge sind, ein eigenes Unternehmen zu gründen. Denen geben wir „entrepreneurial skills" mit, damit sie sich gerüstet fühlen für ihr Gründungsvorhaben. Tatsächlich haben wir aber auch den Anspruch, flächendeckend zu agieren, also am liebsten jedem Studierenden ein Mindestmaß an kreativen Problemlösefähigkeiten und Verständnis für diese neuen Arbeitsmethoden mitzugeben. Wir würden gerne allen Studierenden das e-Learning ermöglichen, woran wir derzeit auch arbeiten. Was wir bisher immer gemacht haben, war eher spezifische Zielgruppen zu bedienen. Und jetzt arbeiten wir eher daran, zu „skalieren" – sozusagen auf Masse zu gehen, um mehr Menschen zu erreichen, die davon profitieren, auch mit einem anderen Geschäftsmodell.

I Ihre digitale Lernplattform EnjoyCLS ist dementsprechend ein zentrales Element in ihrem Geschäftsmodell. Was erwartet Lernende auf Ihrer Plattform?

DS Das, was beim e-Learning am offensichtlichsten ist: Wissen zu den verschiedenen Themen. Wir versuchen, dieses Wissen durch verschiedene Medien zu vermitteln, mittels Erklärvideos zum Beispiel, aber auch Übungen oder Infografiken, in denen dann noch einmal etwas zusammengefasst wird.

Und was es auch mittlerweile braucht bei einem e-Learning ist eine Art Lernprozess, also dass Lernende da durchgeleitet werden. Das machen wir mit unterschiedlichen Methoden. Es gibt natürlich Standardmethoden wie Quiz, es gibt aber auch psychologisch orientierte Reflexionsfragen oder psychologische Tests, die wir durchführen (von Persönlichkeitstests bis hin zu Teamrollentests und so weiter). Es gibt auch den virtuellen Lernbegleiter, der als virtueller Coach zur Verfügung steht. Dies geschieht entweder über sogenannte 45-minütige Mikrocoachings, die wir mit den Lernenden gestalten, um den Lernprozess an sie anzupassen, oder über Chat oder Moderation der Community.

Und was ich immer ganz wichtig finde, ist zu wissen, was ein e-Learning leisten kann und was eben nicht. Man kann nicht erwarten, nach einem e-Learning (so intensiv es auch gestaltet ist) als Experte im Bereich kreatives Problemlösen herauszugehen und dann die Innovationen schlechthin zu entwickeln. Das kann passieren, wenn du schon sehr weit bist. Aber wenn du Anfänger bist, dann passiert das eher nicht. Es ist aber ein Weg, so eine Wissensbibliothek zur Verfügung zu stellen, zu sensibilisieren für die Themen, erste Meilensteine zu setzen und sich selbst zu reflektieren, zu hinterfragen und sich sozusagen in seiner Komfortzone „zu stretchen". Danach kann man dann weiter in die Tiefe gehen.

I Lassen Sie uns einmal den gesamten Prozess durchgehen von dem Erstkontakt eines Lerninteressierten bis hin zum erfolgreichen Abschluss seines Lernprozesses. Wie entsteht denn ein Erstkontakt üblicherweise?

DS Oh, das ist ganz unterschiedlich. Die fragen uns zum Beispiel einfach über die Website an. Oft ist es aber so, dass wir Vorträge auf Konferenzen halten. Das ist so der Standardweg, eigentlich. Und dann gibt es ja „Content-Marketing", so wie man das heute nennt. Wir verbreiten Informationen, Content über uns, vor allem aber über die Themen, mit denen wir uns beschäftigen. Das finden Menschen interessant und buchen das.

Der Erstkontakt erfolgt zumeist nicht mit der lernenden Person selbst, sondern mit seinem Arbeitgeber oder seiner Institution. Der bucht das dann für die eigentlich lernende Person.

I Das ist also ein ähnlicher Vorgang, wie bei vielen anderen Personalentwicklungsmaßnahmen?

DS Es ist mehr B-to-B, also Business-to-Business. Ich hatte ja angesprochen, dass wir uns ein bisschen verändern. Ziel ist es, mehr Business to Customer (B-to-C) zu machen, also mehr zum Endkunden zu kommen. Der Erstkontakt soll in Zukunft auch häufiger über den Endkunden, also die eigentlich lernende Person erfolgen.

I Wenn der Kontakt also derzeit noch häufiger über die Unternehmen erfolgt, schicken diese Ihnen dann eher Einzelpersonen oder ganze Gruppen?

DS Eher ganze Gruppen, auch größere Gruppen.

I Wenn dieser Erstkontakt erfolgt ist, was ist dann der nächste Schritt?

DS Der nächste Schritt ist dann, dass wir mit der tatsächlich lernenden Person in Kontakt kommen. Dann fängt der Prozess an, der bei uns sehr intensiv ist. Wir haben nämlich die Erfahrung gemacht, dass viele noch gar nicht so geübt sind im digitalen Lernen. Man kann also nicht sagen: „So, hier sind die Informationen und nun schalte dich mal selbst frei und lerne und gib uns am Ende dann Feedback." So funktioniert es leider nicht. Wir müssen den Prozess sehr mit Hilfestellung füttern. Wir sprechen auch auf Konferenzen oft darüber, dass es wichtig ist, den Menschen wieder zurück ins e-Learning zu holen. Am Anfang machen wir zum Beispiel häufig ein Webinar, in dem alle Teilnehmer dann ihren persönlichen Lernbegleiter auch optisch persönlich sehen und synchron mit ihm interagieren können. Wir erklären die Plattform sehr intensiv, was man da alles machen kann, wie man sie nutzen kann. Dann erst fängt das selbstgesteuerte Lernen an. Es erfolgt also eine Einladung per E-Mail, in der auch noch einmal Informationen stehen. Erst danach kommt man dann auf die Plattform und auch dort gibt es wieder erst einmal ein Tutorial-Video. Es ist also alles sehr gefüttert mit Infos, Infos, Infos. Und trotzdem gibt es am Ende immer noch Fragen oder Schwierigkeiten damit. Das ist dann einfach so.

Dann fängt die Lernreise innerhalb von EnjoyCLS an. Am Anfang ist es häufig so, dass wir viel mit Selbstreflexion und „self-assessment" arbeiten. Dann gibt es häufig noch ein kurzes Coaching und dann fängt erst der Wissensvermittlungsteil an. Da können sie dann sehr eigenständig lernen.

I Sie haben Selbstreflexion angesprochen. Was sind das für Fragen und warum haben Sie genau diese ausgewählt?

DS Die sind eigentlich fast immer anders, je nach Gruppe und je nach Berufsfeld. Der Zweck dieser Reflexionsfragen am Anfang besteht darin, sich selbst bewusst zu werden, wo man gerade steht. Was sind die eigenen Herausforderungen? Was sind die eigenen Themen, mit denen man sich beschäftigen möchte? Was möchte man lernen? Es soll ein Bezug zwischen generischen Lerninhalten und der persönlichen Situation hergestellt werden.

Wir haben auch noch mal Reflexionsfragen während des Lernprozesses. Diese dienen dann dazu, Transfermomente zu schaffen. Angenommen, sie haben etwas darüber gelernt, wie man eine bestimmte Zielgruppe befragt, dann bekommen sie die Frage gestellt: „Jetzt wende einmal Methode X auf deine persönliche Herausforderung oder eine Situation aus deinem Alltag an." Dann können die Lernenden das beschreiben und erhalten von uns auch noch einmal Feedback dazu oder sie können das noch mit anderen teilen.

I Im Anschluss an die Beantwortung der Fragen werden sie aufgefordert, einen Zeitslot für ein halbstündiges Coachinggespräch auszuwählen. Erfolgt diese Aufforderung immer und bei jedem?

DS Nein, das ist jedes Mal anders. Es ist ja eine Leistung, die durch einen Menschen durchgeführt wird. Das ist also Zeitaufwand für den Lernbegleiter und muss auch entsprechend vergütet werden. Eine menschliche Leistung ist leider auch immer teurer als eine digitale Leistung, die man stärker standardisieren kann. Es ist also vom Kunden abhängig, ob er das zur Verfügung stellt oder eben von der lernenden Person, ob sie das zusätzlich buchen möchte. Die Variante gibt es also auch, dass der Endkunde beschließt, dass er das mit einem Coach vertiefen möchte und das Coaching zusätzlich dazu bucht.

I Im Prinzip ist es also ein optionales Upgrade?

DS Ja, genau.

I Zum Coachinggespräch an sich: Ist das angelehnt an das Konzept des „collaborative assessment", mit dem sie sich in Ihrer Dissertation (Schnabel et al. 2016; Schnabel 2007) beschäftigen?

DS Ja, genau. Ich habe mich da sehr damit beschäftigt, wie man mithilfe von psychologischer Diagnostik Veränderungsmotivation entwickeln kann. Also ich führe einen Test durch und dann habe ich ein kurzes Feedbackgespräch, ein kurzes Coachinggespräch. Es kommt eigentlich aus der Therapie mit Alkoholkranken, also aus einem ganz anderen Bereich. Ich habe mich allerdings damit beschäftigt, wie ich es schaffen kann bei Lernenden auch wirklich eine Motivation hervorzurufen, dass das eben wichtig ist für sie, wenn die Ergebnisse vorhanden sind. Wir haben das aufgenommen aufgrund der Annahme, dass sie dahin geschickt werden und gar nicht so richtig wissen warum, nicht sehen, dass sie etwas an sich verändern müssen. Deswegen haben wir das so ähnlich gemacht, wie ich das in der Dissertation gemacht habe. Das hat da ja gut funktioniert und wir haben es auch empirisch überprüft. Daher auch hier wieder der Ansatz: Es gibt ein „self-assessment" (Ich muss mich selbst reflektieren) und dann gibt es das Coachinggespräch (da nutzen wir die Antworten aus dem „self-assessment" als Basis, um Anknüpfungspunkte zu finden zwischen lernender Person und dem Coach). Daraus leiten wir dann relevante Themenfelder ab. Diese kann sich der Coachee dann aus der Plattform herausziehen. Wir sprechen dann natürlich auch mögliche Herausforderungen an, die Lernende beim selbstgestalteten Lernen haben könnten. Wir versuchen das also alles ein wenig abzufangen und das klappt eigentlich ziemlich gut. Die besten Erfahrungen haben wir tatsächlich, wenn das Coaching integriert ist. Das macht aber auch Sinn und ist sehr offensichtlich.

I Wie ist das Lernmaterial innerhalb der Plattform strukturiert? Gibt es Deadlines oder eine andere Form der zeitlichen Strukturierung im Lernprozess?

DS Ja, gibt es, wobei derzeit auch da noch vom Kunden abhängig ist, wie lange Kurse freigeschaltet sind. Wir versuchen das immer ein wenig anzupassen an die alltäglichen beruflichen Herausforderungen der Teilnehmer. Sind diese zum Beispiel sehr eingespannt, gibt es gerade ein wichtiges Projekt, das parallel läuft, und das korrelieren wir praktisch mit der Zeit, die man so im Durchschnitt für eine Lektion braucht. Dann kommunizieren wir vorab, wie lange das e-Learning freigeschaltet ist und wie lange man durchschnittlich pro Lerneinheit braucht. Wir versuchen dann auch entsprechend zu erinnern oder Lernpläne mit den Teilnehmern auszuarbeiten. Das kann man auch auf der Plattform selbst machen, indem man sich Meilensteine für bestimmte Inhalte setzt.

Aber ansonsten ist man innerhalb der Lektionen sehr frei und kann völlig selbstständig hindurch navigieren.

I Die Lerninhalte liegen in Form von „micro content" vor, also in kleinen Lernportionen, die häufig auch mehrere Medienkanäle nutzen. Was hat Sie dazu bewegt, diese Form zu wählen?

DS Ich denke, dass wir heutzutage daran gewöhnt sind, in der Art und Weise, wie wir Dinge konsumieren. Unsere Aufmerksamkeitsspanne (und das sehe ich auch an mir selbst) geht immer weiter runter. Ich will schneller Informationen haben. Wenn etwas länger als 2 min dauert, dann scrolle ich vor und werde ungeduldig. Und das muss man eben in Einklang bringen mit einer gewissen Informationstiefe. Es gibt auch Studien dazu, wie lange ein solcher Lernhappen idealerweise sein sollte. Die magische Grenze sind so 7 min bei Videos. Wir bewegen uns meistens drunter, bei einigen etwas drüber. Wir haben allerdings nichts über 10 min. So kann man das gut in seinen Alltag integrieren.

Wir sind ja keine App. Das hat den Grund, dass wir das entwicklungstechnisch noch nicht geschafft haben. Aber wenn man das jetzt auf das mobile Lernen übertragen würde, dann hätte es den Vorteil, dass ich mir unterwegs in der Bahn kurz mal ein zehnminütiges Lernvideo anschauen könnte. Und dabei muss ich nicht ständig unterbrechen, weil es über eine Stunde geht oder so, es sozusagen also nicht mundgerecht für mich präsentiert wird.

I   Auf der Plattform haben Sie ein zusätzliches Konzept integriert: Eine Community für Lernende. Wie sieht dort die Interaktion zwischen Lernenden aus?

DS   Also die Community ist meiner Meinung nach (und auch was die Forschung dazu sagt) ein wichtiger Bestandteil von Lernen. Sozialer Austausch beim Lernen, auch da sind wir Psychologen wieder gefragt. Es ist wahnsinnig wichtig, weil man so Gelerntes festigen kann, man kann Transfermomente schaffen und überprüfen, ob man überhaupt etwas verstanden hat. Das kennen Sie sicherlich aus Ihrem eigenen Alltag: Eine Freundin fragt Sie, ob Sie ihr ein Thema erklären können. Und beim Erklären fällt Ihnen auf, dass Sie das doch nicht so gut verstanden haben wie Sie dachten.

Man nutzt auch ein wenig die Schwarmintelligenz, da wir davon ausgehen, dass die Lernenden schon mit viel Wissen zu uns kommen. Im Idealfall reichern sie den Lernprozess also bestmöglich mit eigenem Wissen an. Das hört sich alles ganz toll an und in der Theorie ist das sicherlich auch alles hilfreich. Aber es funktioniert nur sehr bedingt mit Lernenden, die vielleicht noch nicht so viel Erfahrung haben im digitalen Lernbereich.

Da wird die Community als Mecker-Box benutzt. Man muss diese Teilnehmer dann ganz krass versuchen, umzuerziehen. Das ist teilweise sehr schwierig. Wir können immer ganz viel erzählen, welche Herausforderungen es gibt bei Communities of Practice (im digitalen Lernen). Unter Communities of Practice wird eine Arbeits- oder eben eine Lerngemeinschaft verstanden, deren Mitglieder gleiche oder ähnliche Interessen verfolgen und zum Beispiel virtuell voneinander lernen. Wir versuchen da viel und wir stehen auch dazu. Wir sind auch so mutig, es immer wieder zu nutzen und arbeiten da an unserem Konzept. Beispielsweise besteht jetzt ein Lernbestandteil darin, dass man in der Community interagieren muss, damit dann auch etwas passiert. Die meisten machen es nämlich eigentlich nicht, weil sie keinen Sinn darin sehen. Wenn sie es aber machen, dann funktioniert es auch gut. Dann haben sie oft so einen eigenen Aha-Moment, von dem sie dann berichten: „Das war ja spannend!", „Der Austausch war toll!" oder „Ich habe etwas dazugelernt.".

Der Weg dorthin ist allerdings schwierig. Wir glauben aber, ehrlich gesagt, dass sich das Stück für Stück verändern wird. Deswegen halten wir auch daran fest.

I   Sie haben ja auch ein zusätzliches Anreizsystem geschaffen, das soziale Interaktion fördern soll, indem durch diese Interaktion „Aha-Punkte" gesammelt werden. Ist der Name von dem eben angesprochenen Aha-Moment abgeleitet?

DS   Ja, genau.

I   Welche Vorteile bringt es Lernenden denn, diese Aha-Punkte zu sammeln?

DS   Wir haben bei ganz vielen Gruppen Belohnungen, die auch vorweg bekannt sind. Wenn man (beispielsweise) in einem Kurs für kreatives Problemlösen ist, dann kann man ein Creative Kit gewinnen. Da erhält man eine Box, in dem Dinge drin sind, die man zum Brainstormen braucht. Man kann ein extra Coaching gewinnen oder Zugang zu einem erweiterten Kurs. Solche Sachen.

Wir haben da auch einmal eine Studie gemacht, welche Belohnungen am besten funktionieren. Verglichen haben wir da den Anreiz einer Süßigkeiten-Box und den Anreiz „sinnvoller" Belohnungen (Coaching oder ein Zusatzkurs). Die sinnvollen Belohnungen haben tatsächlich besser funktioniert als Anreiz: Es haben sich mehr Leute dafür entschieden und sie hatten am Ende auch mehr Punkte. Wir versuchen also schon, das so zu durchdenken. Es hilft ein Stückchen, aber es kann die Schwierigkeiten nicht ganz aus dem Weg räumen, die mit Lernenden auftreten, die nicht ganz firm darin sind.

I   Haben Sie das direkt zu Beginn der Plattform eingeführt oder ist das später eingeführt worden, um die Nutzung der Plattform zu verstärken?

DS   Das Anreizsystem hatten wir von Beginn an. Die Sache mit den Creative Kits und das Gamification-System hatten wir seit Minute eins. Was wir später hinzugefügt haben, ist, dass Diskussionsfragen als Lernteil integriert wurden. So alleine wurden nicht so viele Fragen gestellt, trotz Anreizsystem. Also haben wir versucht, Inspiration zu schaffen, was man denn teilen könnte. Das haben wir erst später hinzugefügt, mitunter inspiriert durch eine Studie, die wir dazu durchgeführt haben, in der das gut funktioniert hat.

I   Und hat es dann auch in der Praxis gut funktioniert?

DS   Ja, es funktioniert. Die Community funktioniert dadurch besser. Man geht so den chronologischen Lernweg durch, angefangen mit dem Video, dann die Toolbox, dann die Transferfragen, dann kommen die Diskussionsfragen. Dann ist das einfach ein integraler Bestandteil des Lernprozesses, den ich durchlaufe. Dann nehme ich das eher an als lernende Person, tatsächlich.

I   Wann gilt der Lernprozess als abgeschlossen?

DS   Je nachdem. Es gibt Kurse, die einfach als abgeschlossen gelten, wenn ich alles bearbeitet habe. Es gibt Kurse, bei denen es nicht wichtig ist, ob ich alles bearbeitet habe. Bei denen ist nur wichtig, dass ich zeige, dass ich das notwendige Wissen habe. Dazu werden Quiz- und Transferfragen beantwortet. Einige Teilnehmer wissen ja auch schon vorher etwas und bringen Vorwissen mit. Diese können dann die Fragen beantworten, ohne das Video angesehen zu haben.

Es gibt auch Lernprozesse, die erst nach dem sogenannten „Transfercoaching" als abgeschlossen gelten. Hier wird so circa ein bis zwei Monate nach Abschluss des e-Learnings ein Mikrocoaching durchgeführt, in dem geschaut wird, welche Inhalte in der Praxis umgesetzt werden konnten und welche Herausforderungen vielleicht noch aufgetreten sind.

I   Da sprechen Sie einen wichtigen Punkt an. Transfersicherung ist ein wichtiger Punkt, um zu gewährleisten, dass die Trainingsinhalte auch in der Praxis angewendet werden können. Ist das Transfercoaching ein obligatorischer Bestandteil des Prozesses oder variiert das je nach Auftrag?

DS   Wir haben zwei Dinge für den Transfer. Vorhin habe ich ja schon die Transferprojekte angesprochen. Diese sind obligatorisch integriert in den Prozess, zum Abschluss des Lernprogramms. Das Transfercoaching ist nicht obligatorisch. Das wäre wieder so etwas wie das Mikrocoaching am Anfang, das man dazubuchen kann.

I   Die Qualitätssicherung Ihres Trainings – also die Überprüfung des Lernerfolgs – erfolgt also über die angesprochenen Quizfragen?

DS   Ja, anhand des Quiz kann man gut sehen, ob Fragen richtig beantwortet werden. Als Lernbegleiter haben wir auch die Möglichkeit, die Antworten auf die Transferfragen einzusehen und zu bewerten. Da ist die Verarbeitungstiefe gut zu erkennen, also wie gut die Lernenden sich mit den Inhalten beschäftigt haben.

I   Und wenn diese Antworten ein bestimmtes Level nicht erreichen, würden Sie den Teilnehmer dann ermutigen, weiterzulernen?

DS   Genau, richtig. Dann sprechen wir die Lernenden auch persönlich an. Auch wenn wir wenig Fortschritt beobachten oder sehen, dass die Lernenden mit lediglich drei Worten antworten, fragen wir erst einmal nach, wo vielleicht Schwierigkeiten bestehen. Wir bieten auch an, dazu zu telefonieren oder zu skypen, um Hilfestellung zu geben. Das wird von manchen Lernenden angenommen und sehr gerne genutzt. Andere ignorieren uns und schließen das Ganze auch mit weniger Erfolg ab.

Das ist eben das Los im selbstgesteuerten Lernen. Man kann (wie in der Schule) nicht jeden Schüler durchboxen, eine Eins zu haben am Ende. Das ist dann auch von der eigenen Motivation der Schüler abhängig. Aber wir geben da unser Bestes zu motivieren mit den gegebenen Grenzen, dass da eben auch jeder selbst mitarbeiten muss.

I   Da viele Ihrer Kunden Unternehmen sind, die Ihnen Ihre Mitarbeiter zur Weiterbildung schicken: Haben Sie eine Verpflichtung, dem Unternehmen die Einzelergebnisse mitzuteilen?

DS   Ja, das ist so eine Sache. Da kommt man schnell an die Grenzen vom Datenschutz. Was wir immer mitteilen ist, ob die Teilnehmer das e-Learning genutzt haben. Damit wissen die Unternehmen dann, ob es überhaupt angenommen wird. Wir sagen aber nicht: „Person X hat nur eine Lektion abgeschlossen. Person Y hat alles abgeschlossen." Die Unternehmen dürfen auch nicht in die konkreten Ergebnisse hineinsehen.

Die Ergebnisse – das ist natürlich auch immer eine wichtige Frage der Teilnehmer – sind nur für die lernende Person selbst einsehbar. Das gilt für die Ergebnisse aus den „self-assessments", den des Coachings, den Quizfragen und allem anderen. Die sieht niemand sonst aus der Lern-Community und niemand vonseiten des

4

Arbeitgebers. Nur wir Lernbegleiter dürfen hineinsehen und wir verpflichten uns, vertraulich damit umzugehen.

I   Es gibt noch ein Prinzip, das bei Ihnen Verwendung findet: Das Konzept des „inverted classroom". Wie setzen Sie das in Kombination mit der Lernplattform um?

DS   Das, was ich vorhin angesprochen habe, wird gerne auch synonym verwendet: „inverted classroom" und „blended learning". Es ist ein bisschen etwas anderes, aber im Prinzip ist es doch ein gemischtes Konzept. Die Idee des „inverted classroom" ist wie folgt: Wir ziehen die Vermittlung von Wissen weitestgehend heraus aus dem Präsenzlernen, hinein ins digitale Lernen. Und da kommt dann unsere Plattform ins Spiel. Die Präsenzzeit nutzen wir dann zur Vertiefung von Wissen, zur Elaboration, zur Klärung von Fragen, als Hilfestellung, damit Kompetenzen entwickelt werden können und um Wissen anzuwenden und Transfermomente zu schaffen. Wenn wir Präsenzformate durchführen, haben wir fast immer unser e-Learning vorgeschaltet.

Dies dient auch als rahmengebende Wissensbibliothek. Als Beispiel: Ich lerne eine Methode, bevor ich am Präsenzformat teilnehme. Im Präsenzformat wende ich diese Methode dann an und reflektiere, wie das für mich war. Dann gehe ich wieder in meinen Berufsalltag und kann auf die Plattform zurückgreifen, um mir die Methode wieder anzusehen, die Anleitung rauszuziehen, die Methode anzuwenden und für mich zu reflektieren. Das wäre so der Idealprozess.

I   Um das Thema der Plattform nun zusammenfassend abzuschließen: Was denken Sie, würden Ihre Kunden berichten, was Ihre Plattform von anderen unterscheidet?

DS   Ich glaube, das wären vor allem unsere Ansätze zur Lernbegleitung. Das ist etwas, das uns viele Kunden zurückspiegeln.

Wenn man e-Learnings einkauft, dann kauft man meist nur einen Lernhappen oder eine technische Umgebung ein. Bei uns kauft man eben ein psychologisch sehr fundiertes Lernkonzept mit ein, inklusive der psychologischen und pädagogischen Lernbegleitung. Der Grund, warum wir das alles so durchdenken, ist ja, dass das Lernen möglichst effektiv und nachhaltig für Lernende ist. Ich glaube, das kommt dann auch so beim Kunden an: Lernende werden nicht alleine gelassen. Es wird nicht gesagt: „Hier hast du es und dann machst du es oder eben auch nicht." Wir achten wirklich darauf, was Lernende in dem Ganzen brauchen.

I   Neben der Plattform haben Sie in Ihrem Berufsalltag ja auch andere Dinge, um die Sie sich kümmern. Womit verbringen Sie denn die meiste Zeit?

DS   Oh, das ist eine gute Frage! Ich verbringe tatsächlich die meiste Zeit als Lernbegleiterin. Das ist so das Eine.

Ich steuere auch von der inhaltlichen Perspektive her die technische Umsetzung. Ich arbeite also sehr intensiv mit einem Programmierer zusammen, der das alles technisch umsetzt. Das muss aber ja auch alles von der inhaltlichen Seite stimmen, und das mache ich.

Ich verbringe Zeit mit Führung von Mitarbeitern, eine klassische Aufgabe. Das nimmt sehr viel Zeit in Anspruch. In meiner Selbstreflexion habe ich da auch gemerkt, das ist nichts, was man so nebenbei machen kann. Ursprünglich dachte ich mal, das kann ich nebenbei machen.

Ich verbringe aber auch viel Zeit damit, inhaltlich unterwegs zu sein. Ich habe ja schon angesprochen, dass wir auf Konferenzen unterwegs sind. Wir bilden uns auch selbst weiter. Wir geben Inputs unterschiedlicher Natur. Das nimmt auch viel Zeit in Anspruch.

Und was nicht zu unterschätzen ist, ist der betriebswirtschaftliche Anteil. Den muss man auch als Psychologe im Blick haben. Das ist einfach das, was dazugehört, wenn man sich selbstständig macht. Man muss Umsatzentwicklung im Blick haben, Buchhaltung machen… Dinge, die eben anfallen, wenn man selbstständig ist.

I Wie angesprochen bieten Sie auch Coachinggespräche für Lernende an. Wieviel Vorlaufzeit haben Sie, um ein solches Gespräch vorzubereiten und wie bereiten Sie sich auf diese Gespräche vor?

DS Das ist so ein bisschen abhängig vom Coach. Ich bin ja nicht die Einzige bei uns, die Coachings durchführt. Und jeder hat da so seinen eigenen Stil. Ich habe einen Kollegen, der davon überzeugt ist, dass man sich nicht zu intensiv auf ein Coaching vorbereiten sollte. Sonst bestünde die Gefahr, dass man das Gespräch in eine bestimmte Richtung steuert. Den Punkt sehe ich auch. Man sollte offen mit seinen Kompetenzen als Coach in ein solches Gespräch gehen, natürlich die richtigen Fragen stellen, aber es dann dem Coachee überlassen, wohin sich das Coaching entwickelt.

Ich ticke da anders. Ich habe es sehr gerne sehr strukturiert, auch weil ich es sehr stark an dem Collaborative-Assessment-Ansatz ausrichte. Ich schaue mir vorher also die Ergebnisse aus dem „self-assessment" genau an, die Antworten auf die Reflexionsfragen und ich schreibe mir Dinge heraus, die ich relevant finde. Wir haben so ein Coachingraster, in das wir Dinge eintragen und schon positionieren. Ich leite meine eigenen Muster daraus ab und gehe dann in das Gespräch herein. Ich versuche aber, es durch die Fragen offen zu lassen, ob meine Annahmen überhaupt stimmen. Sie können auch durch die Antworten, die der Coachee gibt, in eine ganz andere Richtung gehen. Aber ich habe zumindest meine Muster vorweg. Das dauert natürlich viel länger. Man wird auch schneller mit der Zeit, aber ich würde schon sagen, dass es so 15–30 min in der Vorbereitung sind. Diese kommen dann zu einem 45-Minuten-Coaching dazu.

I Das sammelt sich ja schon. Vermutlich haben Sie häufig auch mehr als ein solches Coachinggespräch am Tag?

DS Ja, genau. Und das ist auch sehr anstrengend. Aber das ist es auch als Therapeutin, nicht? Psychologen arbeiten ja häufig in dem Bereich Therapie. Als Therapeut hat man ja auch viele Gespräche hintereinander, bereitet sich da zwischendurch noch einmal vor oder auch nach. Das bewegt sich so in einem ähnlichen Feld.

I Wie sieht die Interaktion mit Ihren Kollegen in Ihrem Arbeitsalltag aus?

DS Bei uns arbeitet jeder sehr selbstständig. Unsere Organisationsstruktur ist keine, von der ich sagen würde: „Die ist super durchdacht und modern." Wir sind modern in dem Sinne, dass jeder zeit- und ortsunabhängig arbeiten kann. Zur Kommunikation verwenden wir natürlich auch digitale Mittel, von „slack" zu „podio", sowie auch andere Projektmanagementplattformen. Das betrifft sowohl die IT-Entwicklung wie auch die interne Entwicklung. Wir benutzen Kanban und all den anderen modernen Schnickschnack, den man so braucht, wenn man eben nicht den ganzen Tag nebeneinandersitzt. Wir haben auch eine WhatsApp-Gruppe. Wir arbeiten also mehr digital zusammen und sehr viel remote, würde ich zusammenfassend sagen.

Und das funktioniert überwiegend gut. Wir erleben aber genauso gut wie jeder andere, der digital zusammenarbeitet, auch sehr viele Herausforderungen. Wir haben dann oft auch Lust und das Bedürfnis, persönlich in Kontakt zu treten.

Es ist daher auch viel digitale Führung, was es nicht einfacher macht. Das ist dann eine zusätzliche Herausforderung, wenn man nicht permanent persönlich nebeneinandersitzt, dann darauf zu achten, was der Einzelne braucht und ob er so vorankommt, wie er es sich vorgenommen hat. Woran liegt es, wenn er nicht so vorankommt? Hat er Arbeitsaufträge richtig verstanden? Man hat ja auch eine Art Entwicklungsaufgabe, gerade wenn man Praktikanten hat, zum Beispiel. Die sollen sich ja auch gut weiterentwickeln können. Allerdings ist der Praktikant oft dann der einzige, der im Büro sitzt und anwesend ist. Das ist natürlich auch eine Schwierigkeit. Oft gibt es zwei Praktikanten, die können sich dann austauschen. Aber wenn sonst alle unterwegs sind, mitunter Workshops halten, dann ist es manchmal schwierig. Da muss man schon sehen, welche Maßnahmen man schafft, um besser führen zu können.

I   Ist abzusehen, dass sich diese Situation ändern wird oder soll diese so weiter bestehen?

DS Ich glaube, dass sich die Arbeitswelt eh in eine ähnliche Richtung entwickelt. Was sich auf jeden Fall verändern wird (hoffentlich zumindest), ist dass wir geübter werden mit bestimmten Prozessen, die wir brauchen. Dass diese Prozesse strukturierter werden. Aber dass wir zeit- und ortsunabhängig arbeiten, das ist etwas, was ich gut finde. Das will ich selbst auch so als Tätige (also in der Rolle derjenigen, die arbeitet). Insofern wird das schon so bleiben, denke ich.

I   Unabhängig von der Plattform und den Trainings arbeiten Sie ja auch an anderen Aufträgen und Projekten. Gibt es da etwas Aktuelles, über das Sie sprechen möchten?

DS Nun, eines zum Beispiel mit der Universität des Saarlandes.

Das ist wirklich ein tolles Projekt. Es ist nämlich eines, das auch zum Thema meines roten Fadens passt. Es bringt viele Dinge zusammen, die mir Spaß machen: Es ist ein internationales Projekt, bei dem wir uns fragen mussten (und noch weiterhin tun werden), ob das, was wir an Lerninhalten haben, auch adäquat für eine Zielgruppe in einem weit entfernten Land auf einem anderen Kontinent ist. Es geht um eine andere Sprache und man muss sich auch dem Thema der Interkulturalität stellen, beispielsweise.

Ich fasse einmal kurz zusammen, worum es bei dem Projekt genau geht:

Wir sind ein kleinerer Teil von dieser größeren Förderung „entrepreneurial universities", die die Universität des Saarlandes ja gewonnen hat, gefördert vom DAAD. Hier geht es darum, kenianischen Universitäten zu helfen, ihre Bildung unternehmerischer auszurichten. Da gibt es ganz viele Teilbereiche. Einer davon ist es, Universitätspersonal in modernen Methoden des Lehrens und Lernens zu schulen, aber auch was die „21st century skills" angeht. Das soll sozusagen die Basismaßnahme sein, damit später durch Folgemaßnahmen Studenten mit mehr unternehmerischen Fähigkeiten und erhöhten Kompetenzen im Bereich der "21st century skills" ihr Studium abschließen. Damit können sie dann vielleicht eigene Unternehmen gründen und Arbeitsplätze schaffen. Vielleicht können sie auch selber Probleme in ihrem eigenen Land lösen, anstatt immer Lösungen von außen zu bekommen. Das ist ein wahnsinnig komplexes und umfassendes Projekt mit total vielen tollen Perspektiven darauf. Deswegen gefällt es mir auch so gut.

Wir dürfen da durch unsere Plattform 600 Universitätsmitarbeiter schulen. Auch Workshops dürfen wir durchführen zu Themen wie „Wie sieht aktuelle Bildung aus?", „Wie vermittelt man „entrepreneurial skills" an Studierende?". Wir dürfen sogar Studenten betreuen, die sich mithilfe unserer Plattform Themen wie die „entrepreneurial skills" oder die „21st century skills" aneignen. Das Ganze wird auf Englisch stattfinden. Deswegen entwickeln wir gerade eine englische Version unserer Plattform und überarbeiten die Videos.

Von der interkulturellen Perspektive her ist es ein anderes Land, das mit reinkommt. Es hat den Faktor Innovation und Entrepreneurship in Bezug auf Bildung im Universitätsbereich, was ich ganz, ganz spannend finde. Und das Ganze passiert eben mit digitalen Mitteln, wir werden beispielsweise Webinare und Workshops durchführen. Vor allem die Webinare finde ich spannend: Über so eine weite Distanz beispielsweise Kreativitätstechniken weiterzuentwickeln. Es wird Mikrocoachings geben mit den Mitarbeitern dort. Und da freue ich mich sehr darauf, dass das so stattfinden wird.

I Was denken Sie, wie sich das Lernen in der Schule, aber auch im Arbeitsleben verändern wird?

DS Im beruflichen Kontext sind wir, denke ich, schon auf einem ganz guten Weg. Jeder Mitarbeiter kann sich tatsächlich *on the job* das Wissen einholen, was er braucht. Es ist nicht mehr so von außen gesteuert, nach dem Motto: „Dir würde Weiterbildung in XY ganz guttun, deswegen schicke ich dich jetzt zu dieser Fortbildung. Du kannst es zwar vielleicht gar nicht anwenden, weil du die Herausforderung nicht hast in deinem Job, aber geh mal hin." Das ändert sich jetzt, mitunter weil wir so viele Plattformen haben, wie beispielsweise *udacity, udemy* oder *coursera*. Man kann online ganze Berufsfelder erlernen. Für diese muss man fast gar nicht mehr studieren. Aber als Mitarbeiter kann man sich diese Weiterbildung abholen. Da sind wir schon ganz gut gestaltet.

Und es gibt ja jetzt den DigitalPakt: Es wird ganz viel darüber geredet, wie man die Digitalisierung in die Schule bringen kann. Es wird noch darüber gestritten, wer es finanziert: Der Bund oder das Land. Da merkt man dann wieder, wie das so in Deutschland abläuft: Es fokussiert sich stark auf die Frage der administrativen Umsetzung, anstatt dass Schulen einfach mal mit Internet ausgestattet werden. Mir ist bewusst, dass es nicht so einfach ist. Es werden aber zumindest erste Schritte gegangen und wir kommen da weiter. Ich glaube aber, dass es in der Schule etwas länger dauern wird als in der beruflichen Bildung, wo sich Dinge einfacher umsetzen lassen. In der Schule gibt es noch so viele Fragen, beispielsweise was die Lehrerbildung angeht, Datenschutz oder die ganzen verschiedenen Meinungen von Eltern. Diese wollen vielleicht ganz unterschiedliche Dinge für Kinder. Das sind sehr viele Herausforderungen, die sich nicht so schnell lösen lassen.

4

I   Und sehen Sie auch hier wieder eine spezifische Rolle, die Psychologen dabei erfüllen können?

DS   Es gibt ja den Bereich der pädagogischen Psychologie, da wird wahnsinnig viel geforscht. Ich war selber an der Universität Tübingen im *Hector Institut* für empirische Bildungsforschung, wo fast nur Psychologen gearbeitet haben. Hier hat man sich mit Fragen der Veränderung von Bildung forschungstechnisch beschäftigt. Es gibt aber auch ganz praktisch die Tübinger School of Education TüSE, in der Studien durchgeführt werden zu Themen wie: „Wie muss ein Lernraum gestaltet sein mit digitalen Elementen?", „Wie wirkt das auf die lernenden Personen oder die Lehrer?". Da kann man sich auf jeden Fall in der Forschung austoben, aber auch an Instituten.

Es ist ja leider noch nicht so ganz der Fall, dass Psychologen aktiv in Schulen ihre Stelle finden. Schulpsychologen hat man ja eher selten und wenn, dann haben sie eher eine andere Aufgabe. Man wirkt also eher aus dem Bereich Forschung heraus als Psychologe, als jetzt in der Schule selbst.

I   Mit dieser Perspektive auf die zukünftige Entwicklung des Lernens: Haben Sie schon Ideen für Maßnahmen, die Sie bei Creative Learning Space entwickeln könnten?

DS   Wir entwickeln gerade ein Konzept, wie wir unsere Kernbereiche Innovation und Entrepreneurship und den Bildungsbereich sinnvoll kombinieren können. Zielgruppen hierbei sind vorwiegend auch Bildungspersonal aus Schulen und Hochschulen, aber auch aus anderen Bereichen.

Was uns dabei so vorschwebt, ist eine Art Inkubator für den Bildungsbereich. Inkubator ist ja ein Begriff aus dem Bereich Entrepreneurship und bezeichnet einen Ort, an dem Gründer ihre Ideen ausbrüten, weiterentwickeln und hin zu konkreten Projekten bringen. Das wollen wir auch für den Bildungsbereich schaffen. Dabei könnten wir dann Lehrer, Hochschulpersonal und sonstige Bildungsverantwortliche unterstützen, ihre Ideen zu entwickeln, aber auch in konkrete Bildungsvorhaben zu gießen mit den Methoden, die wir kennen, und mit unserer Plattform. Häufig ist nämlich die Hilfestellung in Schulen und Hochschulen so nicht gegeben. Es gibt durchaus Lehrer, die wollen etwas verändern, die haben gute Ideen, aber die haben nicht den Raum, das an Schulen umzusetzen.

Und das Ziel, das wir verfolgen, ist, dass wir das Bildungspersonal mit dem Wissen, was wir haben, unterstützen können.

I Vielen lieben Dank! Im Prinzip wären wir dann am Ende des Interviews. Sie haben nun noch die Gelegenheit, etwas zu ergänzen oder auch eine besondere „take-home-message" zu formulieren für die Nachwuchspsychologen, die dieses Interview lesen.

DS Etwas, das ich auch immer mit meinen Studierenden bespreche: Gerade Nachwuchspsychologen haben häufig kein so breites Feld vor Augen, in dem sie wirken können. Häufig sind ihnen nur ein paar Möglichkeiten bewusst. Klar, ich kann Therapeut/Therapeutin werden und alles, was damit zu tun hat. Dann hört es meist aber auch schon auf. Dann gibt es vielleicht noch ein paar, die sich im Personalbereich sehen durch die A&O-Psychologieveranstaltungen. Aber alles, was mit der Gestaltung von Bildung oder auch der modernen Arbeitswelt zu tun hat (wo es doch so sehr um den Menschen, um sein Erleben und Verhalten in diesem Kontext geht), das scheint mir noch nicht so eröffnet im Horizont von Psychologieabsolventen. Zumindest ist das an unserer Hochschule so und vielleicht ist es ja auch bei Ihnen so.

Das liegt sicher auch an Professoren und an Hochschulstrukturen und an der Bildung, aber es liegt auch an den Studierenden, sich einfach mal umzuschauen, was da draußen noch so passiert.

Und da möchte ich jeden, der in das Feld kommt, dazu motivieren, die aktuellen Entwicklungen mit zu unterstützen, gerade auch die Entwicklungen der Digitalisierung, die sehr, sehr entscheidend sind. Und ich finde, da können wir als Psychologen sehr gut mitwirken.

Video des Interviews (siehe ◨ Abb. 4.1):

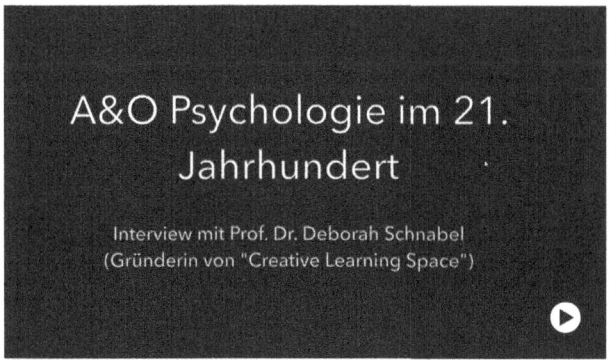

◨ **Abb. 4.1**   Video 4.1 (▶ https://doi.org/10.1007/000-0sh)

Literatur

Schnabel DBL, Kelava A, van de Vijver FJR (2016) The effects of using collaborative assessment with students going abroad: intercultural competence development, self-understanding, self-confidence, and stages of change. J Coll Stud Dev 57(1):79–94. ▶ https://doi.org/10.1353/csd.2016.0000

Schnabel DBL (2007) Intercultural competence: development and validation of a theoretical framework, a cross-cultural multimethod test, and a collaborative assessment intervention. Dissertation an der Eberhard Karls Universität, Tübingen

4

E-Health

Cornelius J. König, Markus Langer und Nida ul Habib Bajwa

Inhaltsverzeichnis

© Springer Fachmedien Wiesbaden GmbH, ein Teil von Springer Nature 2021
M. Langer et al. (Hrsg.), *Arbeits- und Organisationspsychologie im 21. Jahrhundert,*
Meet the Expert: Wissen aus erster Hand, https://doi.org/10.1007/978-3-658-30838-4_5

Laut dem Gesundheitsbericht 2019 der Techniker Krankenkasse ist die Anzahl der Fehltage aufgrund psychischer Erkrankungen in den letzten Jahren immer weiter gestiegen und steht mittlerweile an der Spitze der Liste erkrankungsbedingter Ausfallzeiten. Damit ist das Thema „Stress am Arbeitsplatz" nicht nur für Arbeitnehmende, sondern auch für Arbeitgeber*innen von großer Bedeutung. Auch der Gesetzgeber hat die zunehmende Problematik erkannt und fordert seit 2013 im Arbeitsschutzgesetz neben der Beurteilung von allgemeinen Arbeitsbedingungen auch eine Beurteilung der psychischen Belastungen am Arbeitsplatz (vgl. § 5 ArbSchG, Ziffer 6). Diese umfasst eine Vielzahl unterschiedlicher psychisch bedeutsamer Einflüsse, etwa die soziale Unterstützung am Arbeitsplatz, Arbeitsintensität und -dauer, Handlungsspielräume oder Abwechslungsreichtum. Die Analyse psychischer Belastungen trägt dazu bei, psychische Fehlbelastungen am Arbeitsplatz, die sich negativ auf die Leistungsfähigkeit auswirken, zu identifizieren.

In der Vergangenheit nahmen sich innerhalb von Unternehmen die Personalabteilung und/oder der Arbeitsschutz in den meisten Fällen dem Thema „Stress am Arbeitsplatz" an. Nach einer meist schriftlichen Befragung nach etwaigen Stressfaktoren im Rahmen einer „Gefährdungsbeurteilung psychischer Belastungen" versuchte man Maßnahmen abzuleiten, die zu einer merklichen Verbesserung in der Stressbewältigung und der Veränderung der Stressbewertung führen sollen. Klassicherweise waren solche Maßnahmen Gruppenworkshops zu Themen wie Stressmanagement, Achtsamkeit, Erkennung von Warnsignalen von Burn-outs oder Workshops zur Eliminierung von Störfaktoren in organisatorischen Abläufen. Dabei können Gefährdungsbeurteilungen meist nur die psychischen Belastungen am Arbeitsplatz erfassen und sind nicht darauf ausgelegt, auch private Schicksale und Herausforderungen einzubeziehen, die jedoch meist auch substanziell zur subjektiven Stresswahrnehmung beitragen. Wie bereits im Kapitel zu E-Learning/Blended Learning angedeutet, sind organisationale Trainingsmaßnahmen jedoch häufig wenig auf die individuelle Lerngeschwindigkeit, Herausforderungen und den eigenen Leidensdruck angepasst, sondern orientieren sich an organisationalen Bedürfnissen.

Nun ist es nicht unwahrscheinlich, dass lang anhaltende psychische Belastungen in wiederholten Stressreaktionen münden und somit das Aufkommen psychischer und psychosomatischer Erkrankungen begünstigen. Entsprechend sind eine frühzeitige Prävention und ein aktiver Beitrag für die psychische Gesundheit von Arbeitnehmenden notwendig. Hier können im digitalen Zeitalter individualisierte E-Health-Trainings einen Beitrag leisten, da sie je nach Leidensdruck zeitnäher eingesetzt werden können und gleichzeitig für Unternehmen wie Mitarbeiter*innen vergleichsweise geringere Kosten verursachen. So haben sich am Markt bereits eine Vielzahl von Angeboten etabliert, die Mitarbeiter*innen oder Privatpersonen eigenständig verwenden können: Von Meditations-Apps über Chatbot-Systeme zur Früh-erkennung und Prävention von Burn-out hin zu digitalen Achtsamkeitstrainern – der E-Health-Sektor entwickelt sich sehr dynamisch. Standen bei den Anfängen dieser Angebote statische psychoedukative Elemente, d. h. Wissensvermittlung zu psychischen Belastungen, und körperliche Warnsignale im Vordergrund, so gehen wie bei den erwähnten Beispielen viele Angebote mittlerweile weit darüber hinaus. Neben Arbeitgeber*innen haben auch Krankenkassen das Potenzial solcher digitaler E-Health-Assistenten erkannt und fördern solche Angebote auch in der privaten Nutzung, da man sich verspricht, mit intelligenten Algorithmen viel individueller auf Anliegen von Anwender*innen eingehen zu können.

Im folgenden Kapitel wird Dr. Hanne Horvath vom Get.On Institut vorstellen, welche Rolle E-Health in der Zukunft der Arbeit für Arbeits- und Organisationspsycholog*innen spielen wird und wie man wissenschaftlich fundiert Online-Prävention sowie Interventionen gestalten kann.

5.1 Interview mit Dr. Hanne Horvath, GET.ON Institut

Das Interview mit Frau Dr. Hanne Horvath (HH) und die Transkription führten Vivien Busch und Özge Tablacioglu (Interviewerinnen, I) durch.

Interviewer (I)   Guten Tag Frau Horvath! Vielen Dank, dass Sie sich Zeit genommen haben für das Interview. Ihr Beitrag ist sehr wichtig für uns. Wir möchten Ihnen gerne heute Fragen zu Ihrer Person, Ihrer Tätigkeit und zu Ihrem Unternehmen GET.ON stellen.

Sie sind Mitbegründerin und die aktuelle Geschäftsführerin von GET.ON. Können Sie uns zu Beginn einen kurzen Einblick in Ihren universitären und beruflichen Werdegang vor Ihrer Zeit als Geschäftsführerin bei GET.ON geben?

Dr. Hanne Horvath (HH)   Ich habe von 2005 bis 2011 Psychologie in Trier studiert. Das war damals noch auf Diplom. Nach meinem Studium habe ich einen Job gesucht, ohne genau zu wissen, wonach genau ich eigentlich suche. Ich habe eher nach Jobs Ausschau gehalten, die interessant für mich waren, und nicht spezifisch nach einer Möglichkeit zu promovieren. Dann habe ich eine Stellenausschreibung an der Uni Lüneburg gesehen. Darin ging es darum, internetbasierte Interventionen zu entwickeln und zu evaluieren. Das fand ich spannend, weil ich so etwas Ähnliches schon einmal in meinem Studium gemacht hatte und das schon damals interessant fand. Nachdem ich mich dort beworben hatte, habe ich angefangen, mit einem Forschungsteam zusammenzuarbeiten, woraus dann später das GET.ON Institut entstanden ist. Es war nicht unbedingt schon immer mein Wunsch, zu promovieren oder Forschung zu machen, es hat sich eher aus der Tätigkeit ergeben, die ich interessant fand. Es handelte sich bei der Stelle um ein Forschungsprojekt, das für alle den Reiz hatte, dass ein ganz neues Team auf einen Schlag geschaffen wurde und man nicht zu einer bestehenden Abteilung dazugestoßen ist. Es ist sozusagen ein über zehnköpfiges Team geschaffen worden. Alle Teammitglieder sind gleichzeitig gestartet und haben letztendlich auch alle ungefähr gleichzeitig aufgehört. Das hat einfach eine tolle Arbeitsatmosphäre geschaffen und eine richtig gute Produktivität ermöglicht. In diesen Jahren von 2011 bis 2015 haben wir im Projekt mit Informatikern, Designern, Psychologen und Public-Health-Experten zusammengearbeitet und elf verschiedene Onlinetrainings entwickelt und evaluiert. Jeder hatte sein Training, das er hauptsächlich entwickelt und in teilweise mehreren Studien evaluiert hat. Daraus ist dann irgendwann ein Unternehmen, das GET.ON, entstanden. Aber letztendlich würde es das GET.ON Institut nicht geben, wenn das Forschungsprojekt nicht so erfolgreich gelaufen wäre.

I   Sie haben gesagt, dass Sie bereits während Ihres Studiums mit internetbasierten Trainings zu tun hatten. Gingen diese auch schon in Richtung des Gesundheitssektors?

HH   Ja, genau. Ich war in einem Projekt wissenschaftliche Hilfskraft, in dem es um ein Stressdiagnostiksystem ging. Es hieß Neuropattern. Das Projekt hatte das Ziel, ausgehend von einer neuen Art der Diagnostik von stressbezogener Gesundheitsführung Interventionen abzuleiten. Was eigentlich schon damals richtig gut gedacht war. Daraus sollten auch kleinere internetbasierte Module entstehen. Das war damals noch in den Anfängen und daran habe ich mitgearbeitet. Ich war jedoch nur für eine bestimmte Zeit da und habe es nicht zu Ende geführt, da mein Studium zu Ende ging. Nach mir ging das Projekt noch weiter.

I   Worin genau lagen Ihre Forschungsinteressen? War es die Stressforschung, die Sie besonders gereizt hat?

HH   Ja, Stressforschung fand ich interessant, aber ich fand grundsätzlich auch klinische Psychologie interessant. So etwas wie Personalauswahl oder bestimmte Themen der Arbeits- und Organisationspsychologie waren weniger interessant für mich. Alles was mit psychischer Gesundheit oder psychischen Störungen zu tun hatte, empfand ich als besonders spannend – also tatsächlich eher klinische Psychologie.

I   Sie haben gerade schon von Ihrem Job als studentische Hilfskraft erzählt. Haben Sie weitere Praktika oder andere zusätzliche Jobs wie Werkstudententätigkeiten ausgeübt, die für die Ausführung Ihrer jetzigen Tätigkeit entscheidend waren?

HH   Ja, ich habe einmal als wissenschaftliche Hilfskraft bei Professor Hellhammer von meiner Abteilung gearbeitet. Zudem habe ich noch zwei Praktika absolviert. Eins in der Beratungsstelle für Gewalt- und Unfallopfer und eins in einer psychosomatischen Tagesklinik in Berlin. Letztendlich waren diese Praktika auch sehr wichtig, weil ich in meiner Arbeit schon ein bestimmtes Know-how bezüglich psychischer Störungen brauche. Ich bin nicht Psychotherapeutin, da fehlt mir auch noch etwas der theoretische Hintergrund, aber Gott sei Dank arbeiten hier Menschen, die Psychotherapeuten sind bzw. einen psychotherapeutischen Background haben. Es wäre super, wenn ich auch gleichzeitig Psychotherapeutin wäre. Aber durch Praktika in diesen Bereich reinzuschnuppern war auch sehr wichtig.

I   Was ich auf der Website vom GET.ON Institut gelesen habe ist, dass Sie auch eine Ausbildung zur Stresstrainerin gemacht haben. Was hat Sie damals dazu bewogen, diese Ausbildung zu absolvieren?

HH   Ich habe zu der Zeit neben der Tätigkeit als Geschäftsführerin auch Gesundheitsseminare für Lehrer und Lehrerinnen an Schulen gegeben. Die Trainerausbildung war sehr gut dafür, um mit Menschen in Gruppen arbeiten zu können.
   Da ich nach dem Studium in einem Forschungsprojekt gearbeitet und weder eine Psychotherapieausbildung noch eine andere Art von Beratungs- und Trainingsausbildung absolviert habe, hatte ich keine Expertise in diesem Bereich. Die

Trainerausbildung fand ich somit spannend, weil ich diesbezüglich ein Know-how für meine Arbeit brauchte. Ich hielt es zudem auch allgemein für eine gute Weiterbildungsmöglichkeit.

I   Das heißt, man kann sagen, dass die Entscheidung, diese Ausbildung zu machen, in direkter Verbindung zu Ihrer Tätigkeit beim GET.ON Institut stand?

HH   Nicht zu hundert Prozent. Es hatte auch etwas mit meinen Interessen zu tun. Wir bieten ja auch ein Stressbewältigungstraining an. Da ging es eher darum, dass man lernt, bestimmte Inhalte auch im Face-to-face-Kontext rüberzubringen. Das ist jetzt nichts, was das GET.ON Institut direkt macht. Das ist ja eine Trainerausbildung. Wir machen eigentlich alles nur online. Aber klar, man hat auch etwas zur didaktischen Aufbereitung von Inhalten gelernt. Es war einfach eine Weiterbildung, welche mit Vielem zu tun hatte, aber nicht wegen meiner Arbeit beim GET.ON Institut gemacht wurde.

I   Erst mal vielen Dank für die Einführung. Wir würden in der nächsten Frage noch einmal auf die Historie des GET.ON Instituts eingehen. Dazu haben Sie schon einiges erzählt.
    Sie haben im Rahmen Ihrer Promotion zwischen 2011 und 2015 gemeinsam mit weiteren Forschern elf Gesundheitstrainings entwickelt und evaluiert und somit den Grundstein für das GET.ON Institut gelegt. Möchten Sie vielleicht noch einmal speziell etwas zum Kontext, worin die Idee zum GET.ON entstanden ist, erzählen oder passt das erst mal soweit für Sie?

HH   Nein, man kann das erst mal so stehen lassen. Es ist so, dass das GET.ON aus einem Forschungsprojekt entstand, aber auch nur deshalb, weil das Forschungsprojekt abgeschlossen war. Es entstand quasi deswegen, weil wir fertige Produkte hatten, die erfolgreich evaluiert und wirksam waren und man sich gefragt hat, was man damit nun machen kann. Hätte man mit den Trainings nichts gemacht, dann wären die irgendwo versandet, niemand hätte sie genutzt. Und wir hatten damals schon Krankenkassen und Vertreter von Unternehmen, die daran interessiert waren, diese Trainings als Produkte einzusetzen. So sind wir auf die Idee gekommen, ein Unternehmen zu gründen. Letztendlich war das auch ein Forschungsprojekt, das von Anfang an darauf ausgelegt war, Arbeitsplätze in der Region entstehen zu lassen. Dass vielleicht auch ein Unternehmen daraus entsteht, was diese Produkte benutzen kann, das war auch von Anfang an ein Teil unserer Agenda. Aber, dass es wirklich dazu gekommen ist, lag vor allem daran, dass es so erfolgreich war. Das Forschungsprojekt in Lüneburg nannte sich damals „Innovationsinkubator". Und da ging es eben darum, dass auch Unternehmen oder Arbeitsplätze daraus entstehen. Ich habe damals dann auch keine Lehre an der Universität gemacht, es war einfach nur ein drittmittelfinanziertes europäisches Forschungsprojekt.

I   War das Institut von Anfang an stärker auf Arbeitnehmer als Zielgruppe ausgerichtet? Und wenn ja, waren Ihnen bei der Ausgründung Lücken im Arbeits- und Organisationspsychologiefeld bekannt?

HH Wir sind eigentlich gar nicht stärker auf Arbeitnehmer ausgerichtet. Wir richten uns hauptsächlich über Krankenkassen an Personen. Selbst im Bereich des Betrieblichen Gesundheitsmanagements (BGM) geht das über Krankenkassen. Dass wir mit Unternehmen direkt Verträge schließen ist sehr selten. Es stimmt, dass wir zwei Trainings anbieten, die speziell für Berufstätige und speziell für die Situation von Berufstätigen entwickelt wurden. Aber auch diese Trainings werden über Krankenkassen an alle Menschen in ihrem Versichertenbereich adressiert. Diese Personen sind letztendlich auch alle berufstätig.

I Um welche zwei Trainings handelt es sich dabei?

5

HH Einmal um das Regenerationstraining für Menschen mit insomnischen Beschwerden. Das sind Schlafbeschwerden, die auch mit der Arbeit oder dem nicht Abschaltenkönnen von der Arbeit in Verbindung stehen. Das ist auf jeden Fall klassisch für den Arbeitnehmer entwickelt worden. Und dann das Stressbewältigungstraining, das „GET.ON Fit im Stress". Diese beiden Trainings thematisieren explizit die Situation von belasteten Arbeitnehmern. Aber wir haben auch ganz viele andere Trainings mit viel breiteren Zielgruppen. Wir fokussieren uns nicht stärker auf Arbeitnehmer als auf andere Zielgruppen.

I Dann eine Frage an Ihre Person. Sie waren zuvor Forscherin. Sie haben somit einen sehr starken wissenschaftlichen Hintergrund und nahmen dann letztendlich mit der Ausgründung zusätzlich die Rolle der Geschäftsführerin ein. War das, bzw. mit welchen Schwierigkeiten war dies für Sie verbunden?

HH Ja, das war schon eine ganz schöne Umstellung, weil ich einfach keine Expertise darin hatte, was es bedeutet, eine Unternehmerin zu sein. Da musste ich erstmal hineinwachsen. Es ist ja nicht so, dass mich das Studium irgendwie darauf vorbereitet hat. Ich habe ja nicht BWL studiert. Ich würde mal behaupten, selbst wenn man BWL studiert, weiß man nicht, was man als Geschäftsführerin machen muss oder was zum Alltag dazugehört. Das ist von der Position her automatisch etwas, was man sich anders beibringen muss. Es geht eher darum, sich mit Leuten zu vernetzen, die auch Unternehmer sind, und darüber zu lernen und hineinzuwachsen. Eine Herausforderung war es, dass man nun nicht mehr in allem, was man tat, als Forscherin denken konnte. Auf der einen Seite war es leicht, da wir tatsächlich als Unternehmen nur gut evaluierte Produkte anbieten. Man musste somit nicht plötzlich anfangen zu lügen oder Produkte verkaufen, welche man aus der Forschungsperspektive nicht vertreten kann. Da fällt es mir dann auch als Wissenschaftlerin nicht schwer, zu hundert Prozent dahinterzustehen. Aber natürlich muss man etwas verkaufen und das ist erst mal eine neue Rolle.

I Sie haben ja schon Ihre Trainings angesprochen und die nächste Frage würde daran anschließen. Wie ist das aktuelle Leistungsportfolio von GET.ON aufgebaut? Welche inhaltlichen und methodischen Schwerpunkte gibt es bei Ihren Produkten?

HH Einer unserer Schwerpunkte liegt auf dem Thema Depression. Hier sind wir, in allen Versorgungsstufen, besonders breit aufgestellt. Wir haben ein Training, bei dem es um die Prävention von Depression geht. Ein Training, das als Akutintervention eingesetzt werden kann und ein drittes Training, das als Nachsorge nach einem stationären Klinikaufenthalt für Menschen mit Depressionen gedacht ist. Wir bieten aber auch ein Training für Diabetiker mit depressiven Beschwerden an – also nochmal eine besondere Zielgruppe – und zusätzlich ein Training, in dem es viel um depressive Beschwerden bei Menschen mit chronischen Schmerzen geht. Die Depression ist somit ein Störungsbild, worauf unser Schwerpunkt liegt. Es ist ja auch naheliegend, da die Depression in der Bevölkerung so oft vorkommt und mit vielen anderen Krankheitsbildern einhergeht.

Der andere Schwerpunkt ist der Arbeitnehmerbereich. Mit dem Regenerations- und Stressbewältigungstraining haben wir explizit ein Angebot für diesen Bereich geschaffen.

I Anschließend an Ihre Antwort: Der Gesundheitsreport 2018 zeigt, dass psychische Störungen mit rund 17 % der zweithäufigste Grund für Arbeitsunfähigkeitstage in Deutschland sind. Und die Depression, die ja auch bei Ihrem Unternehmen eine große Rolle spielt, ist dabei die häufigste Beschwerde und somit im Unternehmenskontext besonders relevant. Können Sie uns anhand eines Ihrer Depressionstrainings beispielhaft den Aufbau Ihrer Onlinetrainings in Bezug auf Dauer, Rhythmus, den eingesetzten Methoden, der Interaktivität etc. beschreiben?

HH Ein Beispiel für ein Depressionstraining wäre das „GET.ON Stimmung" zur Prävention von Depression. Die Methodik ist aber bei der Akut- und bei der Nachsorgeintervention ähnlich. Es handelt sich bei dem Training nicht um eine Breitbandintervention, im Sinne von: „Alles, was mit Depression zu tun hat, packe ich da jetzt rein und erstelle ein 12, 13 oder 14 Einheiten langes Training." Unsere Depressiontrainings sind stattdessen mit sechs Einheiten relativ kurz. Die sechs Einheiten sind dabei als wöchentliche Einheiten gedacht, das heißt, dass man das Training in sechs Wochen abschließen kann. In den sechs Einheiten konzentrieren wir uns auf ganz wenige Methoden, die aber dafür mit den Teilnehmern ganz intensiv abgehandelt werden. Das ist am Beispiel der Depression vor allem einmal die Verhaltensaktivierung – klassische Verhaltenstherapie. Hierbei geht es darum, wie Klienten es schaffen, vermehrt positive Aktivitäten auszuüben und von der Negativspirale zwischen Stimmung und Aktivität in eine Positivspirale zu kommen. Zum anderen ist es das Problemlösetraining. Beim Problemlösetraining geht es darum, gemäß einem Sechs-Schritte-Plan Dinge, die ich kontrollieren kann, also Probleme, die sich von mir lösen lassen, systematisch anzugehen und so wieder Kontrollerfahrung zu erleben. Denn gerade die Kontrollerfahrung kommt bei der Depression oft abhanden. Das heißt, Verhaltensaktivierung und Problemlösetraining sind die zwei Sachen, mehr passiert eigentlich nicht in den Trainings, aber diese passieren dafür über alle sechs Module hinweg. Jede Woche erstellt der Klient neue Pläne für positive Aktivitäten, muss diese Pläne im Training aufschreiben und wird in der nächsten Trainingslektion daran erinnert. Der Klient muss somit reflektieren, wie es gelaufen ist und warum es so gelaufen ist. Was konnte er machen, was nicht? War er um 18.00 Uhr schwimmen, oder nicht? Was war ein Hindernis für ihn? Das heißt, der Klient schreibt viel und das Training erinnert sich an seine Eintragungen aus den letzten Wochen und so steigt er in die Themen immer intensiver ein. Auf diese Art und Weise funktionieren alle unsere Trainings – nicht jedes Thema anschneiden, was es gibt, sondern eher wenige Themen aufgreifen, aber dafür intensiv.

I   Intensiv und fokussiert quasi?

HH   Und immer mit der Möglichkeit für den Teilnehmer, zu schreiben, zu reflektieren, sich auszudrücken. Es ist also nicht nur Lesen.

I   Mich würde an dem Punkt interessieren, warum die Trainings sechs Wochen dauern. Haben Sie in den Evaluationsstudien herausgefunden, dass das ein guter Zeitraum ist, um gute Erfolge zu erzielen?

HH   Das war schon aus internationaler Forschung vorher bekannt, dass ein bis zwei Einheiten pro Woche optimal sind. Wenn ich mir zu viel Zeit zwischen den einzelnen Lektionen lasse, kann das im Einzelfall richtig sein, aber die Gefahr erhöht sich, dass ich mit dem Training aufhöre oder abbreche.

I   Sie meinten, dass sich die Personen sehr stark durch das Schreiben ausdrücken können und dass das Programm sich die Einträge merkt. Wie ist die Interaktivität allgemein gegeben? Gibt es z. B. Videos, Bilder? Wie müssen wir uns ein Training vorstellen?

HH   Es ist kein Selbsthilfebuch online. Es ist nicht, dass ich mich einlogge und erstmal etwas lese und mir immer wieder mal etwas ausdrucken kann. Ich habe Bilder und Videos. Es begrüßt mich immer ein Experte, und zwar ein tatsächlicher Experte. Das ist im Fall von der Depression Professor Bernhard Sieland, der die Trainings auch mitentwickelt und das Forschungsprojekt mitbetreut hat. Er spricht in den Videos mit den Teilnehmern, erklärt auch teilweise einzelne Übungen und motiviert sie. Zusätzlich gibt es immer Bilder, Psychoedukation oder Informationen, die teilweise in Quizze aufbereitet werden. Des Weiteren hat man schriftliche Übungen, Auswahlübungen und schreibt Pläne auf.

I   Sie sind ja schon öfters auf die Wirksamkeit Ihrer Trainings zu sprechen gekommen. Auf Ihrer Website kann man lesen, dass die Wirksamkeit Ihrer Trainings in aufwendigen klinischen Studien evaluiert wurde. Können Sie uns beispielhaft eine Evaluationsstudie zu Ihren Depressionstrainings beschreiben und auch die Ergebnisse berichten?

HH   Ich könnte beispielhaft die Studie beschreiben, bei der es um die Prävention von Depression ging. Einfach deswegen, weil das eine Evolutionsstudie war, die es so weltweit im Bereich Onlinetraining zu dem Zeitpunkt noch nicht gab. Das ist das einzige Training, das weltweit tatsächlich zeigen konnte, dass es Depression verhindern kann. Bei der Studie wurden statistisch Analysen durchgeführt, die detailliertere Aussagen bezüglich der Verhinderung einer Depression zuließen. Es ging nicht darum, mittels Fragebögen vor dem Training, nach dem Training und drei Monate danach zu schauen, wie die Symptome sich verändert haben. Es ging darum, sogenannte Survival-Analysen durchzuführen. Man führte somit diagnostische Interviews mit den Personen durch, um den Effekt der Prävention – das heißt, ich verhindere eine Depression, sie entsteht oder sie entsteht nicht – zu erhalten. Dafür wird eine höhere Fallzahl gebraucht als bei anderen RCTs (Randomized Control Trial, ein Studiendesign, bei dem die Versuchsobjekte per Zufall einer

Versuchsgruppe oder einer Kontrollgruppe zugeteilt werden). In unserem Fall wurden zwischen 400 und 500 diagnostische Interviews durchgeführt. Beziehungsweise wurden mehr diagnostische Interviews durchgeführt, da wir Personen mit subklinischen Symptomen, also die Risikogruppe, aus dem Pool „rausfischen" wollten. Da fielen natürlich einige raus. Diejenigen z. B., die schon eine manifeste Depression hatten. Das heißt letztendlich, dass unsere Kollegen sehr viele diagnostische Interviews durchgeführt haben, was ein Riesenaufwand war und dies nach einem Jahr wiederholt haben. Somit konnte man schauen, wie viele Personen in der Kontrollgruppe, die lediglich schriftliche Psychoedukation bekommen haben und wie viele in der Interventionsgruppe, die das Training durchlaufen haben, über den Zeitraum eine Depression entwickelt hatten. Um die Ergebnisse umgangssprachlich zu beschreiben: Wenn wir 100 Personen aus einer Hoch-Risikogruppe haben, also Menschen mit subklinischen depressiven Beschwerden, würden, wenn man nichts unternimmt, innerhalb von einem Jahr ungefähr 41 Menschen eine Depression entwickeln. Das Onlinetraining kann das bei 14 von den 41 Menschen verhindern. Das ist einfach eine andere Art von Aussage und eine andere Art von statistischen Analysen, die notwendig gewesen sind.

I Auf dem Onlinemarkt haben Sie mit Sicherheit viel Konkurrenz. Speziell in Bezug auf die Depression ist mir häufig der Name Deprexis entgegengestoßen. Liegen neben der wissenschaftlichen Absicherung Ihrer Trainings auch weitere Vorteile gegenüber Konkurrenzunternehmen vor – ist z. B. Ihr Leistungsportfolio innovativer, breiter oder interaktiver?

HH Ja, es gibt super viel Konkurrenz, das stimmt. Deprexis ist da sehr positiv herauszuheben, weil bei ihnen auch die wissenschaftliche Evidenz da ist. Aber ganz viel Konkurrenz, die gerade auf dem Markt ist – da würde ich jetzt nicht unbedingt als Unternehmerin draufschauen, sondern alleine als Wissenschaftlerin oder als Außenstehende – bieten Menschen mit teilweise psychischen Erkrankungen ein Angebot an, das nicht evaluiert ist. Das ist letztendlich unglaublich. Wenn Sie sich vorstellen, ich darf heute nicht mal mehr auf ein Bier „Das ist bekömmlich" schreiben, das wurde vom Verbraucherschutz verboten. Ich darf nicht auf Actimel-Flaschen „Das aktiviert Abwehrkräfte" schreiben. Aber es gibt ganz viele Unternehmen, die sich gerade um den digitalen Markt tummeln und behaupten, dass ihre Interventionen wirksam seien, obwohl es keine einzige Wirksamkeitsstudie gibt, die das zeigt. Das ist ein Skandal. Die wissenschaftliche Evidenz, die wir haben, ist somit ein Abgrenzungspunkt. Zumal wir aus Metaanalysen wissen, dass eine Onlineintervention, die evidenzbasierte Methoden aus der Psychotherapie umsetzt, nicht unbedingt wirksam ist. Im Stressbereich ist das so, dass 50 % aller Online-Stressbewältigungstrainings auf evidenzbasierte Methoden aus dem Face-to-face-Bereich basieren, aber nur 50 % davon wiederum wirken, die andere Hälfte wirkt nicht. Das heißt letztendlich, dass man sich jedes einzelne Training anschauen muss. Man muss das Onlinetraining selbst evaluieren und nicht die Methoden, die dahinterstecken. Das haben wir und auch Deprexis gemacht. Darüber hinaus haben wir ein sehr breites Portfolio, das sticht heraus. Nicht jeder Klient leidet unter einer Depression oder es gibt Klienten, die gleichzeitig unter einer Depression und Diabetes Mellitus leiden, um beim Beispiel zu bleiben. Wir können Menschen relativ spezifisch auf ihre Bedürfnisse zugeschnittene Angebote machen, das ist ein Vorteil, welchen wir durch das breite Portfolio haben. Und klar, die Herangehensweise, die ich vorher beschrieben habe, ist nicht bei jedem Unternehmen genauso. Es gibt Trainings oder andere Unternehmen, die lassen weniger Interaktion zu, weniger schriftliche Übungen. Aber wir finden das sehr wichtig. Zumal die meisten Trainings durch einen Coach begleitet werden, das heißt, dass ein Psychologe vorhanden ist, der Kontakt mit den Klienten hat. Dies wird von anderen Unternehmen auch nicht immer angeboten. Das sind Abgrenzungspunkte. Ich möchte da gar nicht einzelne Unternehmen nennen, aber der Markt ist sehr dynamisch momentan, sehr unübersichtlich und bedarf dringend einer Regulierung.

I   Zu dem E-Coach haben wir auch später noch einmal eine Frage, aber erst mal vielen Dank. Wir würden gerne noch einmal auf das GET.ON Institut allgemein eingehen und später auf Ihre Person. Können Sie uns erst die Arbeitsweise des GET.ON Instituts erläutern und dann im nächsten Schritt beschreiben, wie ein normaler Arbeitsalltag für Sie aussieht?

HH   Es ist wichtig zu wissen, dass wir ein kleines Unternehmen sind. Hier arbeiten also keine 50 Leute. Von der Struktur her haben wir ein kleines Kernteam von festen Leuten. Darüber hinaus arbeiten viele Honorarkräfte für uns. Das sind Menschen, die in psychotherapeutischer Ausbildung oder selbst Psychotherapeuten sind und unsere Teilnehmer begleiten. Aber eben oft auf Honorarniveau, das heißt, dass sie selber einen Job haben und ihren psychotherapeutischen Aktivitäten nachgehen und nebenbei für uns Coaching machen. Zudem sitzen wir nicht alle hier in Hamburg oder Berlin. Wir arbeiten dezentral von überall zusammen, was sich auch bei der ganzen Onlinethematik anbietet. Wir sind so organisiert, dass wir einigermaßen flache Hierarchien haben, einfach auch deswegen, da viele meiner jetzigen Kollegen auch schon damals Kollegen von mir im Forschungsteam waren. Es ist so, dass ich z. B. mit Elena Heber und Lara Ebenfeld promoviert und am Forschungsprojekt „Innovationsinkubator" gemeinsam gearbeitet habe und sie arbeiten jetzt auch am Institut. Das ist einfach ein Thema, was uns alle über viele Jahre hinweg gemeinsam begeistert hat und immer noch begeistern kann. Und sie haben genauso Verantwortung wie ich für einzelne Projekte. Wir arbeiten so, dass immer einer für ein bestimmtes Projekt oder für einen bestimmten Kunden verantwortlich ist. Selbstverständlich muss ich gewisse Entscheidungen anders treffen oder habe Zugang zu den Finanzen des Instituts, aber sonst sitzen wir alle im gleichen Boot und sind im engen Austausch.

I   Heißt das dann, dass Sie für das eine Unternehmen ein Training spezifisch umändern und Frau Heber mit einem anderen Unternehmen zusammenarbeitet?

HH   Ja, zum Beispiel, nur das wir an den Trainings wenig umändern. Das tun wir manchmal auch. Aber es geht eher um die ganze Abwicklung mit dem Kunden und um Projektmanagement.

I   Und Sie stellen dann mit Frau Heber und Frau Ebenfeld das Kernteam dar?

HH   Ja, genau. Dann gibt es aber auch noch weitere Leute, die in Berlin sitzen, die jetzt in unserem Tochterunternehmen arbeiten und mit denen wir natürlich auch zu tun haben. Zudem haben wir eine Betriebsstätte in Erlangen, wo auch zwei bis drei Personen sitzen. Das sind auch alles Festangestellte, die natürlich zum Team dazu gehören. Aber hier in Hamburg sind es vor allem Frau Ebenfeld, Frau Heber, Frau Frisch, unsere Psychotherapeutin, die viel von Italien aus arbeitet, und ich.

I   Ein Teilaspekt der Frage war, wie ein normaler Arbeitsalltag für Sie aussieht. Können Sie dazu noch einmal etwas sagen?

HH   Es ist schwierig zu sagen, wie ein normaler Arbeitsalltag von mir aussieht. Es gibt einige Tage, da habe ich Termine mit Kunden. Ich mache viel Akquise und Vertrieb. Des Weiteren bereite ich Vertriebstermine vor und nach, erstelle Präsentationen oder Marketingmaterialen. Ich habe Teammeetings, die ich telefonisch oder persönlich durchführe. Die Frage ist schwierig zu beantworten, da nicht jeder Tag gleich abläuft. Ich habe auch immer wieder administrative Dinge zu erledigen, wie die Gesellschafterversammlung vor- und nachzubereiten, die Buchhaltung mit vorzubereiten und Rechnungen zu bezahlen.

I   Nochmal zur Spezifikation. Sie haben einen stark wissenschaftlichen Hintergrund. Sehen Sie sich eher als Forscherin im Alltag, die psychologischen Aktivitäten nachgeht, oder eher als Geschäftsführerin mit vor allem administrativer Verantwortung?

HH   Ich sehe mich schon eher als Geschäftsführerin und Unternehmerin. Aber ich bin auch nah an den ganzen psychologischen Aufgaben, die mein Team übernimmt. Ich mache nicht nur Administration, sondern wirke, dadurch dass wir ein kleines Unternehmen sind, an vielen verschiedenen Aufgaben mit – wie jeder in meinem Team auch.

I   Ich glaube, man hat das schon etwas herausgehört, aber ich stelle die Frage trotzdem nochmal. Haben Sie das Gefühl, dass das Psychologiestudium Sie ausreichend auf Ihre jetzige Tätigkeit vorbereitet hat oder mussten Sie sich vieles selbst aneignen? Vielleicht nicht nur als Geschäftsführerin, aber auch als Forscherin.

HH   Ja, ich musste mir vieles selbst aneignen. In dem Bereich, in dem ich jetzt arbeite, ist von der Forschung her in den letzten Jahren sehr viel passiert. Als ich studiert habe, kamen internetbasierte Interventionen gerade erst auf, es war jedoch noch ganz am Anfang. Ich hatte ein Seminar dazu, aber das war jetzt kein großer Teil von meinem Studium. Ich weiß nicht, wie das aussehen würde, wenn man heute studiert, aber wahrscheinlich ganz anders. Vieles habe ich mir selbst bzw. haben wir als Forschungsteam uns selbst beigebracht und wurden dabei von Professoren aus Amsterdam unterstützt. Was den ganzen E-Mental-Health-Bereich angeht haben wir uns in Kongressen, in Meetings und in Treffen mit Forschern weitergebildet. Das Studium hat mich eher grundsätzlich in den Bereichen psychische Gesundheit und psychische Erkrankungen, deren Grundlagen ganz wichtig für meine Tätigkeit sind, vorbereitet. Aber alles was mit E-Mental-Health zu tun hat, kam eigentlich größtenteils nach dem Studium.

I Sie sind bereits auf Ihr Team zu sprechen gekommen. Das GET.ON Institut liegt zum einen mit seiner wissenschaftlichen Basis, zum anderen mit seiner wirtschaftlichen Ausrichtung an der Schnittstelle zwischen Forschung und Praxis. Vor diesem Hintergrund würden wir gerne die Frage stellen, wie Ihr Team aktuell aufgestellt ist. Da Sie aber schon einiges zur Struktur gesagt haben, können Sie uns vielleicht erläutern, in welcher Weise die Zusammenarbeit mit Ihrem wissenschaftlichen Beirat erfolgt?

HH Es ist so, dass die Professoren Dirk Lehr, David Ebert, Burkhardt Funk, Matthias Berkling und Bernhard Sieland damals das Forschungsprojekt, in dem die Trainings entstanden sind, geführt haben. Sie sind auch weiterhin in ihren Universitäten tätig, betreiben Forschung in dem Bereich, entwickeln teilweise neue Trainings und bringen das Thema E-mental-Health voran. Ein Beispiel wäre das in Erlangen entwickelte Training „GET offline", ein Onlinetraining für Menschen mit Internet-abhängigkeit – was witzigerweise ganz gut funktioniert. Das sind jedenfalls alles Professoren, die in ihren Abteilungen Forschung betreiben und diese Forschung, wenn sie einen bestimmten Reifegrad erreicht hat und daraus Produkte entstanden sind, wieder an uns weitergeben können. Das heißt, dass wir als GET.ON Institut uns letztendlich als eine Art von Transferinstitut verstehen, das erfolgreiche Konzepte aus der Forschung in die Praxis transferiert. Deswegen benötigen wir diese enge Zusammenarbeit. Und dieser wissenschaftliche Beirat arbeitet daran mit, dass zu den Dingen, die bei uns laufen, auch teilweise Begleitforschung stattfindet. Zum Beispiel haben wir einen Vertrag mit der SVLFG (Sozialversicherung für Landwirtschaft, Forst und Gartenbau) und haben in diesem Zuge alle unsere Trainings für Landwirte angepasst. Man braucht für diese spezielle Zielgruppe eine ganz andere Ansprache. Dazu haben wir alle Videos ausgetauscht, Texte angepasst usw. Das ist z. B. ein Projekt, das von der Universität Ulm und Universität Erlangen begleitend evaluiert wird. Ansonsten ist das Team, wie gesagt, so aufgestellt, dass wir hier in Hamburg sitzen, in Erlangen noch eine Betriebsstätte haben und in Berlin unser Tochterunternehmen „Arya" agiert. Wir arbeiten in jeweils kleinen Teams, die aber miteinander vernetzt sind. Dann gibt es einen großen Pool an Honorarkräften, die die psychologische Begleitung von unseren Teilnehmern übernehmen. Zudem haben wir neben Kunden wie Barmer und SVLFG auch Praxispartner in Forschungsprojekten. Zum Beispiel startet nächstes Jahr ein großer Innovationsfond. Ein Forschungsprojekt, in dem es darum geht, unsere Schlaftrainings in Haushaltspraxen einzusetzen. Hierbei arbeiten wir mit über 500 Hausarztpraxen an einem integrierten Versorgungskonzept mit. In diesem Forschungsprojekt sind wir ein Praxispartner, sodass einem Teil der Personen, die an dem Forschungsprojekt teilnehmen, unsere Schlaftrainings zur Verfügung gestellt werden. Das heißt letztendlich, dass manche unserer Projekte so ablaufen, dass wir zwar auch Geld daran verdienen, aber gleichzeitig Partner oder Teil eines Forschungsprojekts sind.

I Haben Sie in Ihrem Team auch interdisziplinäre Schnittstellen? Und wenn ja, wo liegen diese?

HH Interdisziplinäre Schnittstellen haben wir vor allem in unserem Team in Berlin, weil dort eine smartphonebasierte Plattform entsteht. Für das GET.ON kaufen wir uns die Technik hauptsächlich ein. Wir haben hier keine Informatiker, die bei uns arbeiten, weil wir die Plattform nicht selbst entwickelt haben und auch nicht selbst pflegen. Da gibt es weniger interdisziplinäre Schnittstellen in dem Sinne. Wir haben in Berlin Informatiker sitzen, mit denen wir zusammenarbeiten, aber hier in Hamburg nicht.

I Sie meinten gerade, dass Sie die Technik einkaufen. Haben Sie trotzdem die Möglichkeit, Ihre Expertise als Psychologin im Bereich der Emotion und Kognition in Anbetracht der Programmierung und Nutzerfreundlichkeit einzubringen?

HH Ja, das auf jeden Fall. Wir sind im engen Austausch mit dem Unternehmen, das die Technik für uns anbietet. Wir wollen auch, dass sich der Austausch immer weiter verbessert und setzen sie auch bei dem ein, was bei Arya neu entstehen soll.

I Noch einmal zurück zu Ihren Dienstleistungen bzw. Ihrem Leistungsportfolio. Auf Ihrer Website kann man lesen, dass Ihre Onlinetrainings sowohl von Kranken-kassen als auch teilweise von Unternehmen bezuschusst werden. Welche Trainings sind für den Einsatz im Rahmen von BGM besonders geeignet?

HH Besonders geeignet sind die Trainings „GET.ON Stimmung" zur Präven-tion von Depression, das „GET.ON Regeneration" für Arbeitnehmer mit Schlaf-beschwerden und das „GET.ON fit im Stress" als klassisches Stressbewältigungs-training. Aber auch das „GET.ON weniger trinken" für Menschen, die ihren Al-koholkonsum hinterfragen wollen, eignet sich dafür, da der Alkoholkonsum zum Stress-abbau bei Arbeitnehmern ein großes und unterschätztes Thema ist. Vorteil-haft ist bei dem Thema gleichzeitig, dass man bei Onlinetrainings anonym bleiben und niedrigschwellig etwas nutzen kann. Ja, diese vier Trainings vor allem, aber auch unser „GET.ON Dankbarkeitstraining", in dem es um Grübeln und Sorgen sowie positive Psychologie geht, eignet sich für das BGM. Im Prinzip eignen sich alle Trainings, die sich nicht explizit an eine psychische Störung, sondern eher nach dem Wohlbefinden richten.

I Zur Abgrenzung – was heißt „explizit an eine psychische Störung richten", also welche Ihrer Programme sind weniger geeignet, um im Rahmen von BGM einge-setzt zu werden?

HH Zum Beispiel die Akutintervention für Depressive oder die Nachsorgeinter-vention nach einem stationären Klinikaufenthalt. Diese Trainings sind zwar auch geeignet, aber nur für einen kleineren Teil an Arbeitnehmern. Für die, die vielleicht krankgeschrieben waren, die aufgrund eines Klinikaufenthalt länger abwesend wa-ren und dann wieder eingegliedert werden sollen. Das geht natürlich alles auch, aber betrifft einen viel kleineren Teil.

I Sie haben nun schon einiges genannt, aber können Sie noch einmal ein Beispiel zur erfolgreichen Umsetzung eines Ihrer Trainings im BGM nennen?

HH Ja, das sind, wie bereits gesagt, vor allem „GET.ON Fit im Stress", „GET.ON Regeneration", „GET.ON Stimmung" und „GET.ON weniger trinken". Ein Bei-spiel dazu wäre eine Zusammenarbeit, die wir mit der BARMER haben. Da ist es so, dass BGM-Berater der BARMER in Unternehmen gehen und das Training verbreiten. Wir regeln dann den Rest mit dem Unternehmen. Wir stellen den Unternehmen unter anderem Flyer zur Verfügung und erstellen eine Landingpage, bei der sich die Mitarbeiter informieren und sich einen Zugang erstellen können. Aber der erste Zugang läuft über die Krankenkasse. Wir gehen nicht direkt auf die Unternehmen zu, sondern gehen den Weg über die Krankenkasse. Der Grund dafür ist, dass im Bereich des BGM die Fallzahlen nicht besonders groß sind. Es sind dann doch immer Personen, die in irgendeiner Weise eine psychische Beschwerde haben, um sich für eine Teilnahme zu interessieren. Das ist nicht wie bei der Schrittzähler-App, das ich da mal das ganze Unternehmen mitnehmen kann und alle machen das auf den Gesundheitstagen und freuen sich. Es ist eher ein Nischenthema. Zudem sind unsere Interventionen relativ intensiv und kein kleines Tool. Dementsprechend haben wir keine großen Fallzahlen. Damit es sich irgendwie lohnt, müssen wir alles etwas breiter aufziehen, und dafür ist eine Krankenkasse ein guter Einstieg. Oder man braucht große Unternehmen. BGM ist auch für Unternehmen außerhalb des digitalen Gesundheitsbereichs schwierig. Ich glaube, dass es oft so ist, dass sich Arbeitnehmer schwer tun, ein Thema wie psychische Gesundheit, das so intim ist, überhaupt mit ihrem Arbeitsplatz oder ihrem Arbeitgeber in Verbindung zu bringen. Ich glaube, es überhaupt im Kopf in Verbindung zu bringen ist schon schwierig. Unsere Trainings führt man zu Hause aus, gar nicht am Arbeitsplatz. Der Arbeitgeber bekommt es somit auch gar nicht mit, ob man das nutzt oder nicht. Aber ich glaube der Gedanke „Arbeit ist Arbeit und Privates ist Privates" ist stark verankert bei den Menschen und Menschen verorten psychische Gesundheit als privat. Deswegen ist das ein schwieriges Thema und man muss über die Breite gehen. Und wenn man mit einem großen Unternehmen zusammenarbeitet ist es ganz wichtig, dass man das gut vorbereitet, schon lange vorher mit dem Unternehmen spricht und eine richtige Aktion daraus macht, sonst hat das keinen Erfolg. Man muss mehrere Gesundheitstage und andere Aktionen zu dem Thema im Bereich BGM durchführen, die in dem Unternehmen daran andocken. Meinetwegen Face-to-Face-Veranstaltungen, woraus dann das Onlinetraining erfolgt. Also man muss das richtig eingliedern. Das Thema muss auch in der Unternehmenskultur gelebt sein, sonst hat man ganz schlechte Karten, dass sich Arbeitnehmer finden lassen, die ein Training für psychische Gesundheit absolvieren.

I   Unsere weiteren Fragen würden auch an die Thematik anschließen. Aber habe ich Sie richtig verstanden, Sie setzen im Rahmen von BGM vor allem Trainings zur Prävention ein, Akutinterventionen oder Wiedereingliederungsmaßnahmen sind eher für den kleineren Kreis an Arbeitnehmern gedacht?

HH   Genau, Unternehmen nutzen auch Trainings zur Akutintervention oder zur Wiedereingliederung. Aber wenn wir über die Breite an die Unternehmen rangehen, dann geht es da eher um Prävention oder indizierte Prävention. Wir nähern uns dem Arbeitgeber nicht über das Thema psychische Krankheit. Diese Thematik sprechen wir auf andere Art und Weise an. Wenn ein ganzes Unternehmen sagt, z. B. wir als Scheffler oder wir als Lufthansa wollen jetzt GET.ON einsetzten, geht es da tatsächlich eher um indizierte Prävention, Gesundheitsförderung und weniger um psychische Störungen.

I Finden nach Ihren Erfahrungen neuere Technologien, wie eben Ihre Onlinetrainings, eine hohe Akzeptanz im Kontext der Arbeits- und Organisationspsychologie bzw. bei Arbeitgebern?

HH Ja, immer mehr. Generell werden immer mehr BGM-Maßnahmen digital unterstützt und Unternehmen nutzen digitale Technologien zur Erleichterung der Arbeit. Deswegen ist es auch nicht verwunderlich für den Arbeitgeber, wenn er sich dem Thema Gesundheit darüber nähert. Die Akzeptanz ist somit immer mehr da. Was jedoch schwierig ist, ist das es sich bei unserem Angebot um keine kleinen Tools handelt, sondern um richtige Interventionen. Da sind Arbeitgeber schon manchmal skeptisch, ob die Arbeitnehmer das brauchen oder dadurch erst auf die Idee kommen, ein Burnout zu entwickeln und sich krankschreiben zu lassen. Man begegnet manchmal der Angst, durch das Sensibilisieren die Arbeitnehmer aufzuschrecken. Das meinte ich aber vorhin mit der Unternehmenskultur. Es ist wichtig, dass überhaupt ein Bewusstsein für psychische Gesundheit oder für psychische Krankheit da ist – dass es ok ist, betroffen zu sein, dass viele darunter leiden und dass man dagegen etwas tun kann. Das muss vom Unternehmen gelebt und kommuniziert werden, sonst hat man es schwer.

I Eine weitere Frage wäre gewesen, was Sie als Risikofaktoren oder Implementierungsschwierigkeiten nennen würden, die Arbeitgeber eher zur Nutzung von klassischen Methoden bewegen. Also würden Sie dann sagen, dass es vor allem die Unternehmenskultur ist?

HH Ja, unter anderem die Unternehmenskultur und die Vorerfahrung der Unternehmen. Die Frage ist schwer zu beantworten, denn was ist denn eine „klassische Methode"? Das, was wir machen, gibt es gar nicht als klassische Methode. Die klassische Methode wäre bei uns irgendwie ein Stressseminar, das einmalig für zwei Stunden stattfindet. Aber das ist ja gar nicht das, was wir anbieten. Wir bieten etwas Intensiveres an und das ist genau das, worüber Sorge herrscht – dass man die Arbeitnehmer zu sehr aufmischt. Die Fragen zum Datenschutz sind ein anderer Faktor, ebenfalls die Frage nach den Kosten. Natürlich ist es teurer, allen Arbeitnehmern ein intensives Training anzubieten als wenn man einmal für alle ein Stressseminar ausrichtet und einen Trainer einkauft.

I Aber wenn ich es richtig gelesen habe, haben Sie auch einige Studien zur Kosten-effizienz Ihrer Trainings durchgeführt?

HH Ja, das hilft auf jeden Fall. Wenn man z. B. beim Schlaftraining auch aus Arbeitnehmerperspektive sagen kann: „Für jeden investierten Euro erhältst du drei zurück". Das ist natürlich super und hilft ungemein, aber das muss man ganz oft erzählen und es dauert noch eine Weile, bis das so richtig ankommt. Aber man kann sagen, dass immer mehr Arbeitnehmer aufgeschlossen sind.

I Sie haben in der vorletzten Frage das Thema Datenschutz und Datensicherheit angesprochen. Das ist gerade in Verbindung mit neueren Technologien ein sehr sensibles und auch großes Thema. Wie gehen Sie damit speziell im Unternehmenskontext um? Werden z. B. unter gewissen Bedingungen Daten von Arbeitnehmern an Führungskräfte weitergegeben?

HH Nein, das auf keinen Fall. Das Einzige, was wir Arbeitgebern weiterleiten, sind, ab einer bestimmten Menge von Daten, Mittelwerte. Zum Beispiel wären das die Mittelwerte des Belastungsniveaus vor und nach dem Training. Aber das machen wir auch nicht, wenn nur zwei Personen an dem Training teilgenommen haben, sondern wenn es genug Personen sind, sodass der Arbeitgeber die Zahlen nicht auf Einzelne zurückführen könnte. Die Daten sind erstens anonymisiert und zweitens fertigen wir solche Datenauswertungen erst ab einer ausreichenden Zahl an Mitarbeitern an.

I Habe ich es richtig verstanden, dass die Trainings nie im Unternehmen selbst durchgeführt werden, sondern immer zu Hause?

HH Genau, das Onlinetraining ist eine Maßnahme, die sich an die einzelne Person richtet. Zudem geht es in den Trainings auch nicht nur um die Arbeit. Es kann ja auch sein, dass man auf der Arbeit aufgrund von privaten Problemen belastet ist. Man kann auch das ganze Training mit Themen ausfüllen und bearbeiten, die erstmal gar nichts mit der Arbeit zu tun haben, aber natürlich betreffen sie wiederum mein Ich und meine Leistung und mein Dasein auf der Arbeit. Insofern ist es schon etwas Privates, was sie nicht in der Arbeitszeit machen sollen. Wir empfehlen es auch nicht. Selbst wenn der Arbeitgeber den Personen erlauben würde, jeden Tag zwei Stunden etwas anderes zu machen, würden wir eher dazu raten, das in Ruhe zu Hause zu machen.

I Im Folgenden haben wir eine Frage, die sich im Verlauf des Interviews schon mehr oder minder beantwortet hat. Sie arbeiten mit verschiedenen Unternehmen zusammen. Wie ist Ihr Unternehmensnetzwerk entstanden und wie kommen Unternehmen auf Sie zu?

HH Es gibt auch Unternehmen, die selbst auf uns zukommen und sagen, dass sie etwas im BGM-Bereich (Betriebliches Gesundheitsmanagement) buchen wollen. Meistens kontaktieren wir Unternehmen über eine Krankenkasse. Aber es gibt beides, d. h. dass wir auch selbst Akquise betreiben oder Vertrieb machen. Das lohnt sich allerdings eher bei großen Unternehmen.

I Vielleicht nochmal ganz global, welches Interesse haben Unternehmen, mit Ihnen zusammenzuarbeiten?

HH Die haben die Themen Absentismus („Krankfeiern", Abwesenheit am Arbeitsplatz aufgrund motivationaler Aspekte wie z. B. emotional belastete Beziehungen zu Arbeitskollegen), teilweise auch Präsentismus (das Erscheinen am Arbeitsplatz trotz dem Vorliegen einer Krankheit führt u. a. zu Produktivitätsverlusten aufgrund eingeschränkter Leistungsfähigkeit) – jedoch eher selten – schon auf dem Schirm. Gerade größere Unternehmen, die Personal haben, die Arbeitsunfähigkeitstage, Krankschreibungen, Leistungsdaten etc. im Unternehmen analysieren, sehen natürlich an bestimmten Zeitpunkten, dass es wichtig wäre, die Mitarbeiter zu unterstützen, um letztendlich so Fehltage zu verhindern oder zu reduzieren. Da liegt es natürlich nahe, auch digitale Angebote zu nutzen. Zumal mit klassischen Maßnahmen gar nicht alle Mitarbeiter erreicht werden können oder der Zweck von Gesundheitstagen und einzelnen Stressseminaren in Bezug auf den nachhaltigen Effekt fraglich ist. Wenn Unternehmen sich informieren, welche Möglichkeiten es gibt, stoßen sie teilweise auf uns. Zum einen, um Fehltage reduzieren zu können, aber auch Mitarbeiterzufriedenheit und Bindung zu stärken. Man sagt: „Wir tun als Unternehmen was für unsere Mitarbeiter, wir haben GET.ON." Das ist auch etwas, was vielleicht den Arbeitgeber für den Arbeitnehmer attraktiv macht.

I   Nun würden wir auch Fragen in die Richtung des klinischen Bereichs stellen. Wie bereits des Öfteren angesprochen, werden manche Ihrer Trainings von Krankenkassen bezuschusst. Diese sind dann als Medizinprodukte oder als Primärintervention zugelassen. Sehen Sie die Zukunft Ihres Unternehmens eher im Bereich der Arbeits- und Organisationspsychologie oder eher als Dienstleister im klinischen Bereich? Können Sie sich da einordnen?

HH   Zurzeit würden wir uns perspektivisch eher im klinischen Bereich sehen. Das liegt daran, dass die meisten unserer Interventionen auch recht klinisch und intensiv sind. Sie zielen meist darauf ab, psychische Beschwerden zu reduzieren. Ein weiterer Grund ist, dass man im ganzen klinischen Bereich auch höhere Nutzungszahlen und mehr Personen hat, die überhaupt motiviert sind, an solchen Trainings teilzunehmen. Also es ist schwer zu sagen. Wir werden auch immer im A&O-Feld etwas anbieten. Aber im klinischen Bereich ist es für uns zurzeit vielversprechender, da wir sehr intensive Trainings, oft mit Begleitung eines E-Coachs, einem Psychologen, der die Klienten betreut, anbieten.

I   Wenn wir bei der klinischen Perspektive bleiben. Auf Ihrer Website steht, dass Sie als Ziel haben, zur Integration von Onlinetrainings in die Gesundheitsversorgung beizutragen. Wie genau stellen Sie sich die Zusammenarbeit mit Kliniken und Therapeuten vor?

HH   Es gibt zurzeit Modellprojekte, z. B. arbeiten wir mit Kliniken zusammen, die Trainings als Nachsorgeinterventionen einsetzten. Perspektivisch sollte es Abrechnungsmöglichkeiten geben. So sollte beispielsweise ein Psychotherapeut sagen können, dass er GET.ON nutzt, um seine Arbeit zu erleichtern. Dass er die Trainings Patienten anbietet, die bei ihm auf der Warteliste stehen und die er gar nicht behandeln kann oder er es zusätzlich zu seiner Therapie anbietet und dafür manche Patienten anstatt einmal in der Woche alle zwei Wochen sieht. Das könnte ein Therapeut prinzipiell jetzt schon machen, aber wer zahlt das? Was hat er finanziell davon? Das heißt, es bräuchte Abrechnungsmöglichkeiten. Dass sozusagen Patienten GET.ON nutzen und gleichzeitig der Therapeut das in irgendeiner Form selbst abrechnen kann bzw. ganz genau klar ist, wer für das GET.ON bezahlt und was der Therapeut davon hat. Und das ist, was fehlt, was wir uns aber zukünftig vorstellen. Dass man somit eine Onlinetherapie für den einzelnen Patienten bei den Krankenkassen beantragen kann und die Krankenkasse das dann auch zahlt. Das sollte nichts sein, was der einzelne Mensch zahlt, es sollte auch nichts sein, wofür eine Klinik schauen muss, wie sie es bezahlt bekommt. Es gibt bestimmte Privatkliniken, die überlegen, so etwas für die Nachsorge anzubieten und sich damit im Klinik-markt von anderen Kliniken abzuheben. Das wäre aber dann die Klinik selbst, die das einkaufen würde. Perspektivisch stellen wir uns das aber so vor – und da stehen auch die Chancen glaube ich nicht so schlecht –, dass es einfach Abrechnungsmöglichkeiten geben wird. Man muss schauen, wie das genau aussehen könnte und ich glaube, dass dazu auch gerade ganz viel politische Arbeit läuft.

I   Treten Sie aktuell in Kontakt mit Therapeuten? Also arbeiten Sie schon mit Therapeuten zusammen?

HH   Mit einzelnen Therapeuten wenig, aber wir haben z. B. Kontakt mit der Bundespsychotherapeutenkammer. Wir schauen, dass wir mit Organisationen in Verbindung stehen und darüber die Zukunft mitbeeinflussen. Wir werden z. B. mit der Kammer in Bayern möglicherweise ein Projekt starten, in dem es darum geht, Psychotherapeuten zu unterstützen. Genau das, was ich gerade sagte, Trainings begleitend zur Therapie, nach der Therapie zur Nachsorge, aber auch als Präventionsmaßnahme für die, die gar keine Therapie bekommen können oder brauchen. Darüber versuchen wir, die Kammer und einzelne Psychotherapeuten anzubinden. Das ist aber auch ein Modellprojekt. Also erstmal schauen.

I   Welche Reichweite oder Chance schreiben Sie Ihren Produkten zu? Sie sprachen gerade von der Präventionsmaßnahme und der Rückfallprophylaxe. Würden Sie auch sagen, dass Ihre Trainings irgendwann eine klassische Face-to-Face-Therapie komplett ersetzten können?

HH   Das kommt drauf an. Wir sind nicht daran interessiert, die Face-to-Face-Therapie abzuschaffen oder zu ersetzen. Es gibt einfach ganz viele Lücken in der Versorgung, wo das Ganze sinnvoll ist und Psychotherapeuten auch die Möglichkeit haben, die Trainings selbst einzusetzen. Aber für einen einzelnen Patienten ist es auch jetzt schon manchmal ein möglicher Ersatz. Wir sehen in unseren Wirksamkeitsstudien, dass Menschen von unserem Programm, wenn sie sich denn dafür entscheiden, in gleichem Ausmaß wie von einer klassischen Psychotherapie profitieren können, teilweise sogar darüber hinaus. Es kommt darauf an, dass ein einzelner Mensch sagt: „Ja, ich möchte das machen, ich möchte so etwas online machen, ich entscheide mich bewusst dafür." Wenn er das macht, kann es durchaus sein, dass danach keine Therapie notwendig ist oder dass er von seinen Symptomen im beträchtlichen Ausmaß befreit ist. Das ist keine Zukunftsfrage, das ist jetzt schon möglich. In Anbetracht der Power haben die Trainings auf jeden Fall die Möglichkeit dazu. Es geht eher darum, dass ein Mensch sich das vorstellen kann oder dafür entscheidet. Wenn das nicht so ist, kann auch die Wirksamkeit nicht da sein.

I   Aus der psychologischen Perspektive ergeben sich vor allem wichtige Fragen bezüglich der Sorgfaltspflicht. Wie gehen Sie z. B. mit Fragen bezüglich adäquater Diagnostik, Grenzen asynchroner Kommunikation bei akuten Krisensituationen und den allgemeinen Risiken, die eine Therapie mit sich bringt, um?

HH   Das Risiko, in einer akuten Krisensituation nicht angemessen reagieren zu können, gibt es in der klassischen Therapie natürlich genauso. Der Psychotherapeut ist auch in dem Moment, in dem sich der Mensch etwas antun möchte, nicht da oder nicht erreichbar. Das ist immer schwierig. Dieses Risiko hätte ich nur in der geschlossenen Psychiatrie nicht. Natürlich birgt asynchrone Kommunikation Risiken. Deswegen lassen wir in den Trainings, die sich direkt an Menschen mit psychischen Störungen richten, wie z. B. die Akutintervention für Depression, ein Monitoring mitlaufen (z. B., den Patient Health Questionnaire (PRQ-9), welches ein Diagnose-Instrument zur Erfassung von Depressivität ist). Dieses sollen sie wöchentlich ausfüllen. Das heißt, wir versuchen, Symptomverschlechterung sehr früh zu registrieren. Das sind auch Trainings, die sich nicht ohne einen E-Coach erwerben lassen. Diese kann ich nur mit voller Begleitung erwerben. Das heißt, es schaut sich ein Psychologe alles an, was ich schreibe, natürlich nicht genau in dem Augenblick, aber es wird auf jeden Fall angeschaut. Das ist zum einen das, was wir tun, zum anderen raten wir direkt am Anfang – und lassen das auch so in den Nutzungsbedingungen und AGBs bestätigen –, dass Klienten bei schwereren psychischen Problemen auf jeden Fall einen Psychotherapeuten oder Psychiater hinzuziehen sollten. Neben dem Monitoring sorgen wir dafür, dass Menschen eine Infrastruktur haben, an wen sie sich in Krisensituationen wenden können. Dass z. B. Telefonseelsorgenummern klar kommuniziert sind oder eine gute Verbindung zum Coach besteht, ist sehr wichtig für uns.

I   Sie haben gerade gesagt, dass sie es monitoren, ob sich die Symptome verschlechtern. Welche Maßnahmen leiten sie ein, wenn Sie beispielsweise merken, dass ein Patient einen starken Negativtrend in seiner Symptomatik zeigt?

HH   Es gibt bestimmte Leitfäden, die bestimmen, wie sich ein Coach zu verhalten hat. Das ist quasi alles geregelt. Da gibt es ein Qualitätsmanagement dazu, was wir in diesem Fall machen müssen oder machen wollen. Es gibt dann bestimmte Nachrichten, die der Coach dem Klienten schreibt. In diesen sind auch z. B. Telefonnummern, Informationen, weiterführende Hilfen enthalten. Diese nehmen vor allem auf die Fragen Bezug, an wen sich z. B. der Klient wenden kann, um einen Platz in einer Klinik zu erhalten. Im Prinzip sind das Schritte, die auch ein Psychotherapeut einleiten würde. Also jemanden darauf vorbereiten, dass er in einer akuten Krise selbstständig weiß, was er tun kann, wen er anrufen kann etc. Das ist, was vorbereitet wird, wenn wir eine deutliche Symptomverschlechterung sehen.

I   Sie bieten Ihren Kunden Unterstützung durch E-Coaches an. Wie funktioniert die Begleitung genau?

HH   Wir haben oft ein telefonisches Erstgespräch, in dem sich Coach und Klient kennenlernen und in dem der Coach auch technische Fragen mit dem Klienten bespricht, wie z. B. ein Training abläuft oder worauf der Klient achten muss. Diese Gespräche basieren meist auf Fragebögen, die vorher schon ausgefüllt wurden, sodass der Coach einschätzen kann, wie es um die psychischen Beschwerden des Klienten steht. Dann wird oft das richtige Training gemeinsam ausgewählt. Denn bei manchen Projekten ist es noch gar nicht klar, für welches Training sich jemand entscheidet. Und dann erfolgt die Begleitung oft so, dass nach jeder Trainingslektion, die man durchlaufen hat, ein Coach auf das Geschriebene mit einem Feedback antwortet. Motivierendes, validierendes Feedback, in dem auch auf Fragen des Klienten eingegangen wird. In dem aber auch gezeigt wird, was man gut gemacht hat, was man schon für Ressourcen hat. Das ist das wichtigste an dem Feedback – Ressourcenorientierung. Vielleicht auch noch der Hinweis darauf, wie man in der nächsten Woche mehr davon profitieren kann, welche Übungen man wie einsetzten soll. Als letztes gibt es einen Abschlusskontakt. Aber es kommt sehr auf den Vertrag und den Kunden an. Bei der SVLFG betreut der Coach z. B. die Klienten noch über ein ganzes Jahr nach dem Training weiter und bietet die Möglichkeit zu monatlichen Telefonaten an. Also das ist alles, was wir leisten können. Es kommt eben drauf an, was die Kasse – das ist bei uns ja oft der Fall – sich wünscht.

I   Sie bieten auch Trainings an, die man ohne E-Coach erwerben kann. Würden Sie auf der Grundlage Ihrer Wirksamkeitsstudien einem Kunden einen E-Coach generell empfehlen?

HH   Wir würden eigentlich immer einen E-Coach empfehlen. In den Studien war das zwar so, dass die Trainings auch ohne einen E-Coach wirksam waren und die Personen auch mitgemacht haben. Aber da gab es auch viel anderen Kontakt rund um das Training, wie z. B. die Erinnerung daran, die Fragebögen auszufüllen. Jedoch fällt dieser Kontakt weg, wenn ich keine Studie durchführe. Das heißt, dass wir ganz deutlich sehen, dass menschlicher Kontakt wichtig ist und auch gebraucht wird, damit Klienten sich nicht nur „irgendwo reinklicken", sondern wirklich mitmachen und dranbleiben. Und deswegen empfehlen wir eigentlich fast immer die Trainings in Begleitung eines E-Coach durchzuführen und verkaufen das ungern ohne. Es stellt einfach große Ansprüche an die Selbstdisziplin und die Aufgeklärtheit von den Klienten und diese ist nicht immer unbedingt gegeben.

I   Die Intensität der Begleitung ist abgestuft. Wir genau kann ich mir das vorstellen?

HH   Es ist abgestuft in dem Sinne, dass ich auch ein Coaching buchen kann, in dem der Coach nur für die Beantwortung von Fragen zuständig ist und nicht nach jeder Lektion ein Feedback erteilt. Er steht vielleicht zudem für ein Erstgespräch zur Verfügung, ist danach aber nur noch auf Abruf da und wird nicht von sich aus aktiv. In der intensiven Variante schreibt der Coach auch ohne Anfrage nach jeder Lektion ein Feedback usw. Das ist eigentlich die Version, die wir empfehlen.

I   Wenn wir auf die Seite der Therapeuten schauen, die für Sie als E-Coach arbeiten. Können sie frei wählen wie viele Patienten sie betreuen und wie viel Zeit sie unter der Woche in die Beschäftigung reininvestieren möchte?

HH   Ja genau, sie sagen ihr Pensum, wie viel sie arbeiten wollen, und dann versuchen wir das so zuzuteilen, dass es passt.

I   Vielen Dank für das Interview.

Usability und User Experience

Nida ul Habib Bajwa, Markus Langer und Cornelius J. König

Inhaltsverzeichnis

Ergänzende Information Die elektronische Version dieses Kapitels enthält Zusatzmaterial, auf das über folgenden Link zugegriffen werden kann (▶ https://doi.org/10.1007/978-3-658-30838-4_6). Die Videos lassen sich durch Anklicken des DOI Links in der Legende einer entsprechenden Abbildung abspielen, oder indem Sie diesen Link mit der SN More Media App scannen.

Erinnern Sie sich, wann es das letzte Mal war, dass Sie die Bedienungsanleitung bei einem Gerät in der Verpackung gelesen haben? Früher führten Bedienungsanleitungen dazu, dass sich aufgrund deren Länge und Umfang die Verpackungsgröße eines technischen Gerätes auch mal verdoppelte. Das war der Fall, weil erst eine ausführliche Bedienungsanleitung ermöglichte, dass Laien verstehen konnten, wie ein solches Gerät zu bedienen war. Heutzutage spielen Bedienungsanleitungen eine immer kleinere Rolle. Gerade die Smartphone-Revolution, ausgelöst durch Apples erstes iPhone 2007, hat die Erwartung an intuitiv benutzbare Technik in den letzten Jahren immer weiter hochgeschraubt. War es zu Zeiten von Windows 98 noch vollkommen akzeptiert, sich länger damit auseinanderzusetzen, wo welche Funktion in einer Software versteckt ist, oder ganz normal, erst nach 15 Klicks zu einer häufig verwendeten Funktion zu kommen, so würde es einem heute unmittelbar nach der Inbetriebnahme einer Software negativ aufstoßen, wenn man länger damit beschäftigt wäre, herauszufinden, wie die Software funktioniert. Man würde heute sogar an vielen Stellen als Kund*in die Erwartung haben, dass auch Oma und Opa intuitiv mit technischen Neuheiten umgehen können. Diese intuitive Verwendbarkeit von Produkten ist dabei nicht das Ergebnis von Zufällen, sondern wird im Rahmen der Schlagworte Usability und User Experience systematisch erforscht.

Ziel der Arbeit im Bereich Usability und User Experience ist es, Nutzer*innen eines Systems oder Produkts eine hürdenfreie Nutzung desselbigen zu ermöglichen. Das heißt unter anderem, dass sich die Struktur, das Design und der Inhalt von Produkten oder Systemen primär an den Erwartungen von Endnutzer*innen orientieren sollen und nicht an technisch versierten Expert*innen. Gerade der Bereich User Experience Design hat zudem das Ziel, dass Endnutzer*innen Freude, also positive Emotionen, bei der Nutzung von Produkten empfinden. Neben zumeist wirtschaftlichen Gründen für die starke Nutzerorientierung (beispielsweise erhöht eine längere Verwendung einer Smartphone-App die Wahrscheinlichkeit, dass man auf eingeblendete Werbung klickt), spielen auch Sicherheitsaspekte eine große Rolle. Bis heute ist die E-Mail als digitale Kommunikationsform der Standard. Für Sicherheitsexpert*innen ist das jedoch ein absoluter Albtraum, da ohne Verschlüsselung der Emails theoretisch jeder mitlesen kann. Die sichersten technischen Lösungen, um E-Mails zu verschlüsseln und somit die Privatsphäre zu wahren, sind jedoch so umständlich zu verwenden, dass Endnutzer*innen nicht bereit sind, an ihrem digitalen Kommunikationsverhalten etwas zu ändern. Emotionen, Erwartungen, Intuition, Veränderungsbereitschaft: klingt alles sehr psychologisch, oder?

Tatsächlich spielt Psychologie eine zentrale Rolle bei der Erforschung von Nutzerverhalten und eine Vielzahl von Werkzeugen aus dem psychologischen Methodenkoffer (z. B. Verhaltensbeobachtungen, Fragebögen, Interviews) werden im Arbeitsbereich von Usability und User Experience eingesetzt, um zu erfahren, wie man möglichst gut auf die Erwartungen der Kunden beim Produktdesign eingehen kann. Dabei bedient sich Usability nicht ausschließlich arbeits- und organisationspsychologischen Wissens, sondern profitiert auch stark von allgemein- und kognitionspsychologischem Wissen, da es dort häufig um grundlegende Wahrnehmungs- und Verarbeitungsprozesse geht. Es bleibt zu erwähnen, dass der Bedarf an Usability Experten weltweit stetig steigt – leider werden in der Psychologie bis jetzt nur selten dezidierte Veranstaltungen und Seminare zu diesem Thema angeboten.

Im folgenden Kapitel wird Annika Wenzel von SAP ihre Arbeit als User-Experience-Designerin und Usability-Expertin darstellen und dabei erläutern, auf welche psychologischen Inhalte es für Psychologiestudierende ankommt, die sich für den Bereich User Experience interessieren und wie sie selbst in diesem Bereich gelandet ist.

6.1 Interview mit Annika Wenzel, SAP

Das Interview mit Annika Wenzel (AW) führten Veronika Lazar und Theresa Zimmer (Interviewerinnen, I) durch.

Interviewer (I) Guten Tag Frau Wenzel. Wir möchten uns bei Ihnen dafür bedanken, dass Sie sich für dieses Interview Zeit genommen haben. Wir möchten das Interview gerne damit beginnen, den Lesern einen groben Einblick in das Unternehmen SAP zu geben. Als Student hat man bereits häufig den Firmennamen SAP gehört. Könnten Sie uns jedoch bitte das Unternehmen SAP ganz allgemein vorstellen?

Annika Wenzel (AW) Die SAP ist ein deutsches Softwareunternehmen, das 1972 gegründet wurde. Unser Hauptsitz ist in Walldorf in Baden-Württemberg. Mittlerweile arbeiten bei uns über 90.000 Mitarbeiter weltweit. Wir stellen Unternehmenssoftware her und wickeln damit Geschäftsprozesse jeglicher Art ab.

I Um einen ersten kurzen Überblick zu Ihrer Person und Ihrer Arbeit bei SAP zu bekommen, würden wir Sie gerne darum bitten, sich kurz vorzustellen und Ihre Arbeit ganz grob zu umzeichnen.

AW Ich arbeite seit März 2015 als User-Experience-Designer bei der SAP und habe inzwischen einen guten Überblick über die vielfältigen Aufgabenbereiche dieses Berufs erhalten. Davor war ich bereits ein Jahr lang als Werkstudentin bei der SAP tätig, wobei ich mich allerdings mit dem Thema Gamification beschäftigt hatte. Über diese Schiene bin ich dann mit meinem jetzigen Arbeitsbereich in Berührung gekommen, den ich von Anfang an sehr spannend fand, und so war für mich schnell klar, in welche Richtung es nach dem Studium gehen sollte.

I Obwohl Ihr jetziger Tätigkeitsbereich sehr innovativ ist, haben Sie ganz klassisch das Studium der Psychologie absolviert. Können Sie uns bitte einen Überblick über Ihren beruflichen Werdegang geben?

AW Ich habe an der Universität des Saarlandes das Bachelor- und Masterstudium der Psychologie absolviert, wobei meine Schwerpunkte in der Arbeits- und Organisationspsychologie sowie in der klinischen und pädagogischen Psychologie lagen. Die therapeutische Laufbahn konnte ich mir von Anfang an eher weniger vorstellen, da ich mich vielmehr für den Bereich der Personalentwicklung interessierte. Einige Dozenten haben uns damals empfohlen, uns auch in der BWL ein wenig weiterzubilden, da es in diesem Bereich viele Konkurrenten auf dem Arbeitsmarkt gäbe. So wollte ich mich dann in der BWL informieren, welche Vorlesungen angeboten würden, die ich parallel als Nebenfach belegen könnte. Davon wurde mir allerdings abgeraten mit der Begründung, dass dies sehr schwer und umfangreich und deshalb auch kaum zu schaffen wäre. Mir wurde dann nahegelegt, mal bei der Hochschule für Technik und Wirtschaft (HTW) in Saarbrücken nachzufragen, da es dort einfacher wäre. Dort sagte man mir dann, dass sie es eher nicht kennen, dass jemand von der Uni kommt und parallel auch an der HTW eingeschrieben ist, um Vorlesungen zu hören und Prüfungen abzulegen.

Man wollte der Sache aber eine Chance geben und sie waren mit der Immatrikulation einverstanden – jedenfalls unter der Voraussetzung, dass ich nicht nur punktuell für mich interessante Vorlesungen besuche, sondern alle Lehrveranstaltungen des Bachelorstudiengangs Betriebswirtschaft belege. Ich hatte mir dann vorgenommen, einfach mal ein oder zwei Semester ein paar Fächer zu belegen und notfalls aufzuhören, falls es mir zu viel würde. Nach einer Weile zeigte sich allerdings, dass ich die Psychologie und die BWL doch ganz gut unter einen Hut bringen konnte, sodass ich einfach einige Semester weitergemacht habe. Irgendwann kam dann der Punkt, an dem ich mir gesagt habe, dass es nun auch keinen Sinn mehr macht, aufzuhören und so habe ich dann auch den Bachelor in BWL parallel abgeschlossen.

Während des Psychologiestudiums waren einige Pflichtpraktika vorgeschrieben, die ich im HR-Bereich in verschiedenen Unternehmen gemacht habe. Dort musste ich leider feststellen, dass dieser Bereich nicht ganz meinen ursprünglichen Vorstellungen entsprach und sich als weniger interessant darstellte als erhofft. Nun war es aber so, dass ich im BWL-Studium neben dem Schwerpunkt Personalmanagement aus Interesse auch Wirtschaftsinformatik belegt hatte und über diese Schiene mit einem meiner Kurse die Gelegenheit bekam, am University Info Day der SAP in St. Ingbert teilzunehmen.

Dort habe ich unter anderem einen Vortrag über das Thema Gamification gehört, den ich extrem spannend fand. Es war sogar eine Werkstudentenstelle frei, auf die ich mich natürlich direkt bewerben musste und auch glücklicherweise eine Zusage bekam. Dadurch bin ich mit den User-Experience-Designern in St. Ingbert in Kontakt gekommen und konnte mich somit ausführlich über diesen Beruf informieren und bereits erste Einblicke in die verschiedenen Tätigkeitsbereiche gewinnen. Als gegen Ende meines Studiums eine Stelle als User-Experience(UX)-Designer frei wurde, habe ich mich sofort darauf beworben und auch dort eine Zusage bekommen. Eigentlich war es eine Serie glücklicher Zufälle, dass ich bei der SAP gelandet bin.

I Würden Sie sagen, dass ein Studium der Psychologie alleine für die Tätigkeit in Ihrem jetzigen Arbeitsfeld genügt, oder bedarf es auf jeden Fall noch weiterer, fachfremder Qualifikationen?

AW Also ich würde schon sagen, dass das klassische Psychologiestudium ausreicht. Wir haben noch eine weitere Psychologin im Team, aber auch unter anderem einen kognitiven Neurowissenschaftler und einen Kognitionswissenschaftler. Zusätzliches technisches Hintergrundwissen kann natürlich nicht schaden, ist aber keine zwingende Voraussetzung. Damit fällt einem der Einstieg wahrscheinlich bloß etwas leichter.

I   Uns würde in diesem Kontext noch sehr die Zusammensetzung der Teams in diesem Arbeitsbereich interessieren. Welche Fachrichtungen sind vertreten und wie stark sind Psychologen vertreten?

AW   Mein Team besteht etwa zur Hälfte aus User-Experience(UX)-Designern und User-Interface (UI)-Entwicklern. Die elf Designer haben, wie schon kurz erwähnt, entweder einen eher psychologischen Hintergrund oder Informatik studiert; einige haben auch ganz klassisch Design studiert. Mittlerweile gibt es aber immer mehr Studiengänge wie Digitale Medien oder Medieninformatik, die stark auf den Bereich User-Experience-Design ausgelegt sind. Aus diesem Bereich haben wir auch einige Leute im Team, wir sind also bunt gemischt.

I   Wir möchten nun mehr über Ihre konkreten Tätigkeiten sprechen. Wie sieht ein typischer Arbeitstag von Ihnen aus?

AW   Also das ist ganz unterschiedlich. Die Aufgaben eines UX-Designers sind sehr breit gefächert und hängen immer davon ab, in welchem Projekt bzw. in welcher Projektphase man gerade unterwegs ist und welche Form von UX-Unterstützung in einem Projekt überhaupt benötigt wird. In frühen Projektphasen ist es wichtig, Anforderungen zunächst zu verstehen und strukturiert zu sammeln. Sobald wir ein ausreichend detailliertes Verständnis von den Inhalten und Funktionen der neuen Software haben, geht es darum, sich zu überlegen, was davon wie und in welchem Screen abgedeckt werden soll, wo man als User welche Informationen und Funktionen finden wird, wie man von einem Screen zum nächsten gelangen und generell mit dem System interagieren wird. Solche Dinge visualisieren wir mithilfe von speziellen Design-Tools, mit denen man in unterschiedlichen Detailgraden die Struktur und die Inhalte als Diskussionsgrundlage erstellt, ohne auch nur eine Zeile Code entwickeln zu müssen. Dieses Konzept, das wir auch Interaction Design nennen, besprechen wir immer wieder teamintern und mit dem Kunden sowie den Nutzern und passen es iterativ an, bis sichergestellt ist, dass auch wirklich alle Anforderungen erfüllt sind. Erst danach beschäftigen wir uns mit dem sogenannten Visual Design, wo es um weitere Details wie Farben, Schriftarten, Schriftgrößen, Icons etc. geht und wir arbeiten pixelgenau aus, wie die fertige Software am Ende aussehen wird. Erst danach gehen unsere Entwürfe in die Entwicklung und werden von den Programmierern umgesetzt.

Zu diesen ganzen Designaufgaben kommt hinzu, dass viele Designer bei uns auch als Design-Thinking-Coaches ausgebildet sind. Damit führen wir vor allem in frühen Projektphasen Workshops bei Kunden durch und unterstützen mithilfe von speziellen Methoden eine offene, kreative und innovative Arbeitsweise und tragen somit dazu bei, gemeinsam mit dem Kunden und auch Endnutzern die Anforderungen an die Software zu ermitteln. Unser Ziel ist dabei, dem Kunden den größtmöglichen Nutzen zu bieten und den Nutzern mit einer möglichst anwenderfreundlichen, intuitiv nutzbaren und auch optisch ansprechenden Software den Arbeitsalltag zu erleichtern.

I   Und wie sieht spezielle Projektarbeit im Gegensatz zu einem typischen Arbeitstag bei Ihnen aus?

AW Die Projektarbeit macht schon einen großen Teil unseres Arbeitsalltags aus und die eben beschriebene Designarbeit ist wiederum ein wesentlicher Teil der Projektarbeit. Aber da wir grundsätzlich in interdisziplinären Teams mit vielen verschiedenen Rollen, wie beispielsweise Entwicklern, Product Ownern, Architekten, Projektleitern, Beratern oder auch anderen Designern zusammenarbeiten, fällt natürlich auch einiges an Abstimmungsaufwänden an. Außerdem sind wir relativ häufig direkt beim Kunden vor Ort und haben dementsprechend auch immer mal wieder Reisetätigkeiten.

I Wie hoch würden Sie den Anteil dieser projektbezogenen Arbeit an Ihrer Gesamttätigkeit einstufen?

AW Ich würde ungefähr 80 Prozent sagen. Der Rest sind administrative Tätigkeiten oder aber Teammeetings, Meetings mit dem Manager und natürlich auch Weiterbildungen und Trainings.

I Können Sie uns beispielhaft schildern, welche Prozesse oder Aufgaben in einem Projekt Ihre Anwesenheit vor Ort erfordern und dadurch eine hohe Reisebereitschaft erfordern?

AW Idealerweise sind wir schon sehr früh bei den Kunden vor Ort, bevor der Vertrag für das eigentliche Projekt überhaupt unterschrieben wurde. Hier geht es darum, das erste grobe Verständnis der Anforderungen und des Zielprozesses zu bekommen und die Nutzergruppen kennenzulernen. Häufig setzen wir dazu Methoden aus dem Design Thinking ein. Außerdem stellen wir unsere Arbeitsweise vor und schaffen somit die Grundlage für das nachfolgende Entwicklungsprojekt. Im eigentlichen Projekt sind wir dann auch immer wieder beim Kunden, um die Nutzer in den Designprozess einzubinden und Designkonzepte mit den Nutzern und dem Kunden zu validieren.

I Sehen Sie die vielen Geschäftsreisen als positiven oder negativen Aspekt Ihrer Arbeit? Wie sieht es da zum Beispiel mit der Vereinbarkeit mit dem Privatleben aus?

AW Ich persönlich sehe das als positiven Aspekt, denn ich reise sehr gerne. Aktuell bin ich privat auch noch sehr flexibel, da macht mir das überhaupt nichts aus. Ich habe bei meinem Manager sogar den Wunsch geäußert, mich gerne im Hinterkopf zu behalten, für den Fall, dass es Projektanfragen im Ausland gibt. Andere Leute sind bei uns nicht ganz so flexibel, die können sich dann auf Projekte fokussieren, bei denen die Kunden etwas näher sitzen. Reisetätigkeiten kann man natürlich nie ganz ausschließen, weil das irgendwie doch zum Job dazugehört. Aber wir haben auch genügend Projekte in Deutschland oder im europäischen Ausland. Da ist es mit dem Reisen nicht so kritisch, denn man ist ja relativ schnell überall. Etwas Mitspracherecht hat man schon auch und es wird nach Möglichkeit geschaut, dass wir Projekte zugewiesen bekommen, die sich individuell gut mit dem Privatleben vereinbaren lassen.

I Gibt es denn bedeutsame kulturelle Unterschiede zwischen den verschiedenen Ländern?

AW Ja, die gibt es. Den größten Unterschied habe ich persönlich bislang in Indien erlebt.

I Wie geht man mit diesen kulturellen Differenzen um? Muss man da Rücksicht nehmen? Welche Kompetenzen benötigt man für den Umgang mit den verschiedenen Kulturen?

AW In vielen Projekten ist die Sprache natürlich Englisch. Das klappt aber eigentlich immer recht gut. Bis jetzt habe ich es noch nicht erlebt, dass es da auf irgendeiner Seite sprachliche Barrieren gab. Aber die kulturellen Unterschiede sind teilweise schon merklich. In Indien zum Beispiel ist es für eine junge Frau eher schwierig, vor allem in meiner Position. Als Designer arbeite ich häufig pixelgenau und lege sehr viel Wert auf kleinste Details. In Indien beispielsweise legt man aber kulturell bedingt eher darauf Wert, dass das Große und Ganze funktioniert. Aber die vielen Details wie Farben, Abstände, Schriften usw., die am Ende auf dem User Interface (UI) doch ins Auge fallen, werden eher als nebensächlich erachtet. Da gibt es dann manchmal Differenzen oder Meinungsverschiedenheiten und ich muss hin und wieder etwas Überzeugungsarbeit leisten. Was ich als „Feinschliff" auf dem UI ansehe, wird in diesen Entwicklungsteams manchmal als übergenaues Arbeiten aufgefasst oder einfach nicht wirklich wahrgenommen. Aber da wächst man rein und hat auch irgendwann ein Gespür dafür, wie man damit umgehen muss. Es gibt auch kulturelle Trainings, mit denen man sich genau auf solche Situationen vorbereiten kann.

I Nun arbeiten Sie bereits eine Weile in Ihrem Beruf. Wenn Sie auf Ihren Werdegang bei SAP zurückblicken, gibt es spezielle Fähigkeiten, die besonders relevant für Ihren persönlichen Berufserfolg waren oder sind?

AW Also wichtig sind auf jeden Fall die Sprachkenntnisse, aber da wächst man mit der Zeit zum Teil auch automatisch rein. Ein besonders ausgeprägtes technisches Wissen ist nicht unbedingt erforderlich. Dafür braucht man umso mehr ein gewisses Mindset. Als UX-Designer müssen wir uns in die Nutzer unserer Software hineinversetzen können, um zu verstehen, wie und unter welchen Bedingungen sie arbeiten und welche Softwareunterstützung sie dafür brauchen. Oft ist es so, dass der Kunde zu uns kommt und zunächst einmal einen gewissen Prozess mit unserer Software abbilden möchte. Dem Kunden selbst ist dabei aber häufig gar nicht im Detail bewusst, wie der Prozess oder vor allem das System tatsächlich gestaltet sein muss, um die Arbeit der Nutzer mit dem System optimal zu unterstützen. Deshalb nehmen wir bei unserer Arbeit grundsätzlich die Perspektive der Nutzer ein und lassen diese in unsere Designarbeit einfließen. Dazu müssen wir genau zuhören können und brauchen eine gute Auffassungsgabe, um die Arbeitsweise der User so genau wie möglich zu verstehen. Generell sollte man in diesem Beruf ein Auge fürs Detail sowie Spaß am kreativen Lösen komplexer Probleme haben und sich auch für innovative Technologien interessieren.

I Bei einem solch diversen Arbeitsfeld stellt sich für angehende Psychologen die Frage, welche Ihrer Aufgabenbereiche Sie klar als „psychologische" Arbeit bezeichnen würden. Wo erkennen Sie Zusammenhänge zu Methoden oder Erkenntnissen aus der Psychologie?

6

AW Die Zusammenhänge zur Psychologie gibt es auf jeden Fall. Das fängt damit an, dass wir zu Endnutzern fahren und schauen, wie und unter welchen Bedingungen diese arbeiten, welche Hilfsmittel sie dazu nutzen usw. Dazu braucht man ganz viel Empathie und Auffassungsvermögen, um zu sehen, was sie gerade tun und was ihnen dabei leicht bzw. weniger leicht fällt, über welche Hürden sie möglicherweise stolpern und wie man ihre Interaktion mit der Software zukünftig nutzerfreundlicher gestalten könnte. Wir erstellen dazu Fragebögen, setzen Interviewtechniken ein, schauen den Nutzern über die Schulter, machen viele Notizen, Fotos oder Videos und halten möglichst viele unserer Eindrücke fest. Daraus erarbeiten wir im Nachgang erste Konzepte oder Prototypen, die wir dann wiederum unseren Nutzern vorstellen und mit ihnen testen und validieren. Dazu bitten wir sie, genau definierte Aufgaben im Rahmen eines festgelegten Prozessabschnitts mit einem sogenannten Clickdummy durchzuspielen. Dadurch möchten wir herausfinden, ob diese Konzepte intuitiv nutzbar und verständlich sind, ob sich die Nutzer schnell zurechtfinden und wo es möglicherweise hakt. Wichtig ist hierbei, dass man das Feedback der User objektiv aufnimmt und ihnen nicht nur zuhört, während sie laut denken, sondern auch genau hinschaut. Wenn man sie nach ihrer Meinung fragt, finden sie meistens alles gut und scheuen sich, Kritik zu äußern. Wenn man dann aber genau hinschaut und merkt, dass jemand zum Beispiel einen Button nicht findet, obwohl die Rückmeldung vorher war, das wäre alles total einfach, dann passt das nicht. Und genau dafür ein Auge zu haben ist ganz wichtig. Außerdem müssen diese Testsessions natürlich unter gleichen Bedingungen erfolgen und objektiv ausgewertet werden. Ich würde sagen, dass man vieles von dem, was man in der Testpsychologie und Methodenlehre lernt, in den Bereichen User Research, User Validation oder Usability Testing wiederverwenden kann.

Aber auch bei der eigentlichen Designarbeit sind gewisse psychologische Grundkenntnisse hilfreich. Viele Designprinzipien basieren beispielsweise auf den Gestaltprinzipien und beschäftigen sich damit, wie Elemente auf einem Screen angeordnet werden müssen, damit es für die User Sinn ergibt und diese verstehen, was da gerade passiert. Farben sind auch immer ein wichtiges Thema, wenn man bedenkt, dass Personen mit einer Farbsehschwäche beim Nutzen der Software nicht eingeschränkt sein dürfen. Und es ist auch wichtig, dass man die Leute nicht mit übermäßig vielen Informationen und Funktionen auf einem Screen überflutet, die sie am Ende für ihre Arbeit gar nicht brauchen. Unter SAP stellt man sich oft ein einzelnes, riesiges Programm vor, das alles kann, aber schwer zu bedienen ist. Das Problem ist: Es kann viel, aber es hat sich zumindest anfangs niemand bemüht, sich kurzzufassen und nur die Funktionen anzubieten, die eine bestimmte Nutzergruppe braucht. Das heißt, die Nutzer wurden lange mit einem riesigen Funktionsumfang und völlig überladenen Screens konfrontiert, obwohl sie davon nur einen Bruchteil gebraucht hätten – und dann verbringt man viel Zeit mit Suchen. Das Gespür dafür zu haben, was die Nutzer wirklich brauchen und die Software auf die jeweiligen Bedürfnisse anzupassen sowie Empathie und analytisches Denken, das ist in diesem Beruf das A und O.

I Jetzt die andere Seite, bei welchen Aspekten Ihrer Arbeit sagen Sie ganz klar, dass Sie in diesen Bereichen über den Tellerrand der Psychologie hinausschauen?

AW Ich würde sagen, dass der größte Teil dieser Arbeit in irgendeiner Form mit Psychologie zu tun hat, denn man hat ständig mit interdisziplinären Teams zu tun und versucht, Probleme zu verstehen und Lösungen dafür zu entwickeln. Außerdem hat man jederzeit den Nutzer im Hinterkopf, denn am Ende möchte man Software bauen, mit der die Nutzer zufrieden sind und mit der sie gerne arbeiten. Was daneben an administrativen Tätigkeiten anfällt, hat damit natürlich wenig zu tun.

I Können Sie unseren Lesern, die noch keinerlei Kontakt mit dem Begriff User Experience hatten, einen kurzen Einblick geben, was hinter diesem Begriff steht?

AW User Experience ist ganz allgemein das Erlebnis oder die Erfahrung, die die Nutzer machen, während sie, in unserem speziellen Fall mit unserer Software, interagieren. Der Begriff kann aber auch auf alle anderen Bereiche, Produkte und Services übertragen werden. Wenn ich mit dem Auto unterwegs bin, habe ich dabei auch ein gewisses Nutzererlebnis. Immer wenn man irgendwelche Produkte oder Services nutzt, hat man ein gewisses Erlebnis und auch eine gewisse Emotion dabei. Und beim User-Experience-Design geht es darum, dafür zu sorgen, dass diese Emotion positiv ist und dass man sich gut fühlt und Freude an dem Produkt hat. Bei Businesssoftware ist es so, dass die Nutzer nicht unbedingt freiwillig eine bestimmte Software nutzen, sondern diese benötigen, um ihre Arbeit zu erledigen. Unsere Aufgabe als User-Experience-Designer ist es, die Arbeit der Nutzer im Rahmen von definierten Prozessen optimal zu unterstützen. Sie sollen ohne lange Einarbeitungszeiten effizient und reibungslos arbeiten können, wenig Fehler machen und nicht durch nutzerunfreundliche Software frustriert und demotiviert werden, sondern im besten Fall Spaß bei der Arbeit haben.

I Von Berufstätigen, die auf der Arbeit häufig mit SAP zu tun haben, hörte man in der Vergangenheit, dass SAP eher nicht zu den nutzerfreundlichsten Programmen gehörte. Nun scheint es hier ja eine Veränderung zu geben, wenn Sie sich so detailliert mit der Nutzerfreundlichkeit auseinandersetzen. Wissen Sie, seit wann sich das Unternehmen SAP vermehrt mit Fragen der UX beschäftigt hat? Gab es spezielle Meilensteine in der Unternehmensgeschichte hinsichtlich UX? Zum Beispiel die Einführung eines konkreten Produktes oder die Gründung neuer Arbeitsgruppen im Unternehmen?

AW Das stimmt leider, SAP war sehr lange nicht gerade für übersichtliche und nutzerfreundliche User Interfaces bekannt. Aber um dem entgegenzuwirken, wurde im Jahr 2013 SAP Fiori veröffentlicht. Dabei handelt es sich um ein Designkonzept, das eine einheitliche User Experience für alle unsere Anwendungen schafft und die Nutzerfreundlichkeit unserer Softwarelösungen stark verbessert.

I Was sind Ihrer Meinung nach die Gründe dafür, dass auch in einem Unternehmen wie SAP das Bewusstsein gestärkt wurde, neben einer guten Software auch auf die gute Bedienbarkeit zu achten?

AW Früher hat man eher versucht, möglichst viel Funktionalität in eine Anwendung zu packen. Deshalb waren viele unserer UIs vor der Einführung von Fiori stark überladen und unübersichtlich. Das hat dazu geführt, dass die Nutzer lange

Einarbeitungszeiten brauchten, um die Software einigermaßen sicher bedienen zu können und es gab auch ein hohes Risiko, Fehler zu machen. Besonders effizient konnte man mit solchen Oberflächen natürlich nicht arbeiten. Dann kam nach und nach das Bewusstsein, dass es nicht mehr reicht, die Nutzer mit möglichst vielen, häufig sogar nicht benötigten Funktionen zu überschütten. Es geht nun vielmehr darum, die Nutzer bei ihren täglichen Arbeitsabläufen mithilfe von Software so gut wie möglich zu unterstützen und ihnen dabei zu helfen, effizient arbeiten zu können. Große Unternehmen wie Apple und Google machen es uns vor und wenn man da nicht mitzieht, ist man einfach nicht wettbewerbsfähig.

I Sind die Anwender anspruchsvoller geworden? Oder vielleicht verwöhnter von der Omnipräsenz sehr ansprechender und intuitiver Apps auf Smartphones und Tablets?

AW Ich denke, dass man sich früher eher mit dem zufriedengegeben hat, was zur Verfügung stand und dass man sich auch mit weniger nutzerfreundlichen Anwendungen arrangiert hat. Heute hat man ein größeres Bewusstsein dafür, was technisch überhaupt möglich ist und wenn man einmal damit angefangen hat, mit übersichtlichen und auch optisch ansprechenden UIs zu arbeiten, dann hebt das natürlich die Ansprüche und die User werden sich eher weniger noch einmal mit Rückschritten zufriedengeben.

I Ich habe bei der Vorbereitung auf das Interview zum Beispiel auch gelesen, dass manche Studien aufzeigen, dass sich die Aufmerksamkeitsspanne von Anwendern innerhalb von nur 15 Jahren von 12 auf 8 Sekunden reduziert hat. Sehen Sie hier die Gefahr eines noch weiter zunehmenden Trends, der das UX-Design noch stärker herausfordern wird?

AW Es macht generell Sinn, die Interaktion der Nutzer mit den Softwarelösungen so einfach wie möglich zu halten. Ein gängiger Spruch lautet: „Das beste UI ist gar kein UI". Im Idealfall muss der User also gar nichts tun, weil das System automatisch arbeitet. In der Praxis geht das natürlich nicht, weil es immer Prozesse gibt, bei denen die User an bestimmten Stellen eingreifen müssen. Aber man sollte zumindest versuchen, den Nutzern wirklich nur die Funktionen anzubieten, die sie für ihre Arbeit auch tatsächlich brauchen, und zwar in einer Form, die schnell und übersichtlich ist, ohne zu verwirren und abzulenken. Dann wird die Aufmerksamkeit der Nutzer ganz von selbst nicht zu stark beansprucht.

I Welche Herausforderungen sehen Sie für das UX-Design vor allem in der zunehmenden Kluft zwischen den Befürwortern technologischer Innovationen einerseits und den Personen mit starken Abneigungen gegenüber technologischen Neuerungen andererseits?

AW Beim UX-Design geht es darum, sich speziell mit den Nutzergruppen bestimmter Zielprozesse zu beschäftigen und dabei insbesondere die Bedürfnisse und Herausforderungen dieser sogenannten Personas zu verstehen. Unser Ziel ist es, die Arbeitsabläufe unserer Zielgruppen mithilfe von Softwareunterstützung zu optimieren. Wenn bei einem Kunden beispielsweise ein Altsystem durch eine neue, moderne Lösung ersetzt wird, dann sind die User in der Regel sehr offen, weil sie mit der mangelhaften Nutzerfreundlichkeit der älteren Anwendungen unzufrieden sind. Aber es gibt auch immer Leute, die sich so an die bekannten Systeme gewöhnt haben und so detailliert damit vertraut sind, dass sie sich davor scheuen, etwas Neues auszuprobieren und sich umgewöhnen zu müssen, selbst wenn sich ihre Arbeit dadurch deutlich erleichtern würde. In solchen Fällen nehmen wir den Nutzen ihre Bedenken mithilfe unseres agilen und iterativen Vorgehens. Wir befragen die User zu ihren aktuellen Arbeitsbedingungen, erstellen Konzepte für die neue Software, validieren diese mit den Usern und passen sie entsprechend der Nutzerbedürfnisse an. Auf diese Weise stellen wir sicher, dass das neue System den Anforderungen der Nutzer gerecht wird. Diese Einbindung der Nutzer in den Designprozess schafft Akzeptanz und nimmt ihnen die Bedenken, sodass die beschriebene Kluft meiner Meinung nach eher geringer werden sollte.

I Wir haben jetzt schon über Benutzerfreundlichkeit gesprochen, doch noch gar nicht geklärt, wie Sie diese überhaupt ermitteln. Wie gelangen Sie in der Praxis an die Erkenntnisse, was intuitiv oder nützlich ist? Setzen Sie, wie es die universitäre Forschung oft macht, auf Befragungen mittels Fragebogen?

AW Als UX-Designer kommen wir mit den unterschiedlichsten Branchen und Prozessen in Kontakt. Dabei fehlt uns in der Regel das Detailwissen und jeder Prozess sieht bei verschiedenen Kunden ohnehin noch einmal ganz anders aus. Deshalb fahren wir schon in sehr frühen Projektphasen zu den Nutzern, um uns ein Bild von ihren Arbeitsbedingungen zu machen und die Prozesse im Detail zu verstehen. Wir gehen Fragebögen durch und führen Interviews, schauen den Usern bei ihrer Arbeit über die Schulter und lassen uns die einzelnen Schritte erklären. Wir interessieren uns aber nicht nur für die Dinge, die aktuell schon gut funktionieren, sondern vor allem auch dafür, mit welchen Hürden und Herausforderungen die User möglicherweise zu kämpfen haben und wo Verbesserungsbedarf besteht. Diese emotionale Komponente ist ausschlaggebend für die Akzeptanz der User gegenüber der Software und die Motivation, damit zu arbeiten. Basierend auf unseren Erkenntnissen erstellen wir ein Designkonzept, das zwar noch nicht perfekt ist, aber schon einmal eine gute Diskussionsgrundlage darstellt. Das sind in der Regel schwarz-weiße Entwürfe, die die grobe Struktur und die Interaktion des neuen Systems veranschaulichen. Diese können wir dann mit den Nutzern am PC validieren, indem wir sie bitten, sich in eine realistische Arbeitssituation hineinzuversetzen und anhand der Screens vorgegebene Aufgaben zu erfüllen. Dann beobachten wir die User, nehmen das laut gedachte Feedback auf und achten auch darauf, ob ihre Rückmeldungen tatsächlich zu ihrer Interaktion mit dem Prototypen passen. Wenn sich herausstellt, dass die Nutzer mit dem Konzept nicht zurechtkommen, wenn wichtige Informationen oder Funktionen fehlen oder nicht gefunden werden, wenn es überflüssige Informationen oder Funktionen gibt, wenn falsche Begriffe verwendet wurden etc., dann passen wir die Entwürfe entsprechend an und verfeinern sie, bis das finale Konzept steht, mit dem die Nutzer zufrieden sind. Erst damit gehen wir dann in die Entwicklung.

I Welche Methoden der Ermittlung würden Sie sich als UX-Designer gerne für die Zukunft wünschen, wenn Sie nicht auf technische Umsetzbarkeit oder Kosten achten müssten?

AW Fragebögen sind schon ein gutes Hilfsmittel, denn leider dürfen wir nicht immer Fotos oder Videos machen und dann müssen wir so gut wie möglich mitschreiben und unsere Eindrücke festhalten, weil der Rest sonst verlorengeht. Oft führt eine Person die Interviews und eine weitere schreibt zusätzlich mit, damit wir mehr Details dokumentieren können. Es wäre sehr interessant, auch mit Eye-Trackern zu arbeiten. Damit könnte man Interaktion der Nutzer mit den Konzepten und Systemen detaillierter und auch objektiver analysieren. Außerdem wäre es hilfreich, mit mehr Nutzern arbeiten zu können. Pro Projekt sind das ungefähr drei bis sechs Personen. Das sind nicht wirklich viele, aber die Vorbereitung und Auswertung solcher Sessions sind schon sehr zeitintensiv. Leider haben wir auch keine Möglichkeit, Kontrollgruppen einzubeziehen. Wir können nur mit den Nutzern arbeiten, die uns der Kunde zur Verfügung stellt.

I Bei den Vorbereitungen auf das Interview sind wir wiederholt auf die Begriffe „Rapid Prototyping" oder auch „agile Softwareentwicklung" gestoßen. Können Sie uns einen Einblick in diese Begriffe insbesondere im Rahmen der UX geben?

AW Früher hat man Software nach dem sogenannten Wasserfallprinzip entwickelt. Das heißt, man hat am Anfang des Projektes zuerst einmal eine riesige Spezifikation geschrieben, die bis ins letzte Detail ausgearbeitet war. Da stand drin, was die Software alles beinhalten sollte, wie sie umgesetzt werden sollte etc., und genau so hat man dann angefangen, zu entwickeln. In der Regel hat man dann aber schnell festgestellt hat, dass sich manche Anforderungen nicht wie geplant entwickeln ließen, weil es beispielsweise Abhängigkeiten oder sonstige Probleme gab. In solchen Fällen war man früher überhaupt nicht flexibel. Es war entweder unglaublich teuer, mit unvorhersehbaren Schwierigkeiten umzugehen, oder der Zeitrahmen konnte nicht eingehalten werden. Oder es ist irgendetwas an Funktionalität verlorengegangen oder man musste bei der Qualität der Software sparen.

Heute machen wir agile Softwareentwicklung. Sobald wir ein ausreichend detailliertes Verständnis der zu entwickelnden Software gewonnen haben, kategorisieren wir alle gesammelten Anforderungen gemeinsam mit dem Kunden nach gewissen Kriterien. Dabei schauen wir, wie viel Mehrwert eine Anforderung generell aus geschäftlicher Sicht für den Kunden stiftet, wie wichtig sie aus Nutzerperspektive ist, wie viel Entwicklungsaufwand sie ganz grob bedeutet und wie groß in etwa das technische Risiko dahinter ist. Unter Berücksichtigung dieser Einstufung legen wir fest, welche dieser Anforderungen in den ersten zwei oder drei Entwicklungsphasen dieses Projekts betrachtet werden können. So eine Phase dauert etwa zwei bis vier Wochen und nur diese ausgewählten Anforderungen werden dann wirklich bis ins letzte Detail ausgearbeitet und gehen in die Entwicklung. Alles, was darüber hinausgeht, wird erst zu einem späteren Zeitpunkt wieder betrachtet und erst dann weiter ausdetailliert, wenn die jeweilige Phase bevorsteht. Sollte sich dabei herausstellen, dass es innerhalb einer Phase ungeplante Komplikationen gibt, kann man ohne größere Probleme eine Umpriorisierung innerhalb der nächsten bevorstehenden Phasen vornehmen, eine Anforderung mit Klärungsbedarf notfalls nach hinten schieben und dafür ein anderes Thema vorziehen. Auf diese Weise stellen wir sicher, dass wir flexibel und ohne großen Zeitverlust oder zusätzliche Kosten auf Probleme in der Entwicklung reagieren können. Ein weiterer Vorteil ist, dass wir die Software in den einzelnen Phasen in überschaubaren und möglichst unabhängigen Teilen entwickeln. Dadurch entstehen nach jeder Phase sichtbare Ergebnisse in Form von lauffähigen Softwareteilen, die bereits gewisse Funktionen bieten und auch schon getestet werden können. In der Regel gehen wir zu Beginn die Themen an, die für den Kunden am wichtigsten sind und den größten Nutzen stiften. Es geht sozusagen zuerst um den Kern der Software. So wird die neue Software im Laufe des Projekts wie ein Puzzle Stück für Stück zusammengesetzt.

Agile Softwareentwicklung bezieht sich also auf das Große und Ganze, Rapid Prototyping ist dabei nur ein ganz kleiner Aspekt. Beim Wasserfallprinzip ist man mit der initialen Spezifikation in die Entwicklung gegangen und nicht selten hat sich erst sehr spät im Entwicklungsprozess herausgestellt, dass die Anforderungen des Kunden nicht nach dessen Vorstellungen umgesetzt wurden oder dass die Bedürfnisse der Nutzer nicht angemessen berücksichtigt wurden. Das führte oft zu großer Unzufriedenheit auf Kundenseite und es hat viel Zeit und Budget gekostet, um entsprechende Anpassungen vorzunehmen. Heute ist es ein fester Bestandteil unserer Arbeit als Designer, zu wissen, dass wir mit unseren ersten Ideen und Entwürfen noch gar nicht zu 100 Prozent ins Schwarze treffen können. In jedem Projekt haben wir mit neuen Branchen und Prozessen zu tun, in die wir uns neu einarbeiten müssen. Sobald wir ein ausreichend tiefes Verständnis haben, erstellen wir erste Konzepte. Das können Skizzen auf Papier oder auch Mock-ups in unterschiedlichen Detaillierungsgraden sein, die wir mit speziellen Designtools anfertigen. Anfangs arbeiten wir mit schwarz-weißen Entwürfen, die nicht hübsch aussehen, sondern nur die grobe Struktur und die Inhalte eines Screens sowie die Zusammenhänge verschiedener Screens, das Interaktionsdesign also, wiedergeben sollen. Diese Konzepte validieren wir mit den Nutzern und passen sie an. Dazu nutzen wir beispielsweise klickbare Prototypen, also einfach Bilder, die hintereinander gelagert sind. Wenn man auf eine bestimmte Stelle in einem Bild klickt und das nächste Bild kommt, dann sieht das so aus, als hätte man in einem echten Screen auf ein Element geklickt und es wäre etwas passiert. Wenn man ganz viele solcher Bilder hintereinanderlegt, dann kann man einen bestimmten Screenflow abdecken und das sieht dann so aus, als hätte man ein System, das schon gewisse Funktionen bietet. Dabei sind es einfach nur Bilder, wie bei einem Daumenkino. Und dann kann man zum User sagen: „Stell dir mal bitte vor, du bist in der Situation XYZ und sollst folgende Aufgabe umsetzen." Dann klickt der User sich da durch und wenn es hakt und er nicht weiterkommt, dann wissen wir, dass das Konzept nicht geeignet ist. Dann passen wir es an, notfalls werfen wir es weg und fangen ganz von vorne an. Das ist alles Teil unseres Prozesses, denn solche Entwürfe lassen sich mit geringem Aufwand erstellen und entsprechend der Anforderungen des Kunden und der Nutzer abändern. Man geht dabei immer mehr ins Detail und arbeitet schließlich auch das visuelle Design mit allen Details wie Farben, Icons etc. heraus. Das sind dann im Endeffekt pixelgenaue Bilder, die wie die echte Software aussehen, aber noch keinerlei Funktionalität bieten. Diese übergeben wir als Design-Spezifikation an die Entwickler, nachdem sie vom Kunden und den Nutzern akzeptiert wurden und auch die technische Umsetzbarkeit abgeklärt wurde. Rapid Prototyping findet also schon in sehr frühen Projektphasen statt und soll dafür sorgen, dass man von vornherein mit dem richtigen Konzept in die Entwicklung geht, sodass im fortgeschrittenen Entwicklungsprozess keine kostspieligen Änderungen mehr vorgenommen werden müssen.

I Wo sehen Sie Schwierigkeiten bzw. Nachteile der Nutzung dieser agilen Techniken?

AW Manche Kunden, die vorher nie agil gearbeitet haben, sind gegenüber diesen Techniken anfangs etwas skeptisch und befürchten, dass bei all der Flexibilität am Ende wichtige Anforderungen vernachlässigt werden könnten. Es ist einfach eine ganz andere Herangehensweise. Wenn man feststellt, dass sich eine hoch priorisierte Anforderung momentan nicht umsetzen lässt und man stattdessen ein anderes Thema vorzieht, bis die technischen Schwierigkeiten geklärt sind, dann gehen die Kunden unter Umständen direkt vom Worst Case aus und denken, dass diese Anforderung ganz wegfällt und wichtige Teile der Software am Ende auf der Strecke bleiben. Aber es geht ja gar nicht darum, Anforderungen unter den Tisch fallen zu lassen, sondern es wird lediglich umpriorisiert und die Anforderungen mit einem technischen Risiko werden nach hinten geschoben. Wir wollen dann keine Zeit verlieren und uns stattdessen auf Themen konzentrieren, bei denen es keine Unklarheiten gibt. Dieses Missverständnis muss man dann einfach aufklären und den Kunden die Bedenken nehmen. Sobald sie sich dann aber an die agile Vorgehensweise gewöhnt und Vertrauen aufgebaut haben, wissen sie die Vorteile in der Regel zu schätzen.

Um die Kunden von vornherein etwas besser abzuholen und ihnen von Anfang an die Bedenken zu nehmen, starten wir vor einem Projekt häufig eine Art Vorphase, die etwa sechs bis acht Wochen dauert. In dieser Phase wählen wir einen kleinen Prozess mit einer Zielgruppe von Nutzern aus und zeigen dem Kunden beispielhaft auf, wie wir arbeiten. Dann fahren wir auch schon zu den Nutzern, reden mit ihnen, erstellen erste Designentwürfe, validieren diese, verfeinern sie iterativ und so weiter, wie es im richtigen Projekt später auch ablaufen würde. Das hat den Vorteil, dass man sich gegenseitig schon kennenlernt und sich als Team intern und extern schon ein wenig einspielt. Außerdem kann der Kunde die agilen Methoden schon in der Praxis ausprobieren, und wenn er überzeugt ist und das Projekt mit uns machen möchte, kann er die ganzen Erkenntnisse und Ergebnisse aus der Projektvorphase in dem eigentlichen Projekt direkt weiterverwenden. Für die Kunden ist das eine gute Möglichkeit, ihre Bedenken loszuwerden, Vertrauen in die Methodik zu gewinnen und zu sehen, was sie erwartet. Im Normalfall sind sie dann auch gerne bereit, so ein Projekt mit uns zu machen.

I Wir möchten zum Ende unseres Gespräches noch abgrenzen, wo die Arbeit des Psychologen aufhört und wo die Arbeit von Softwareentwicklern beginnt. Bis zu welchem Schritt im Prozess der Implementierung sind Sie als Psychologin eingebunden? Welche Aufgaben werden ausschließlich von Softwareentwicklern/Programmierern durchgeführt?

AW Um mit einer Softwarelösung den größtmöglichen Nutzen für einen Kunden zu generieren, betrachten wir die Anwendung über den ganzen Entwicklungsprozess hinweg aus drei Perspektiven. Der Product Owner vertritt die Businesssicht und stellt sicher, dass die Geschäftsprozesse des Kunden mit der neuen Software optimiert werden und somit am Ende ein Mehrwert für den Kunden entsteht. Die UX-Designer nehmen die Nutzersicht ein und beschäftigen sich im Detail mit deren Anforderungen an das System in den jeweiligen Prozessen. Entwickler und Architekten decken die technische Perspektive ab und sorgen dafür, dass die Konzepte der Designer mit vertretbarem Aufwand technisch umsetzbar sind. Wir arbeiten also grundsätzlich in interdisziplinären Teams und die Arbeit der Designer beginnt idealerweise bereits in sehr frühen Projektphasen, wenn es zunächst darum geht, die Anforderungen zu verstehen und aufzunehmen. Danach erarbeiten wir in ständiger Abstimmung mit dem Team unsere Konzepte und Prototypen. Sobald diese mit Endnutzern und Kunden validiert und auch aus technischer Sicht abgenommen wurden, geht das Ganze in die Entwicklung. Ab diesem Zeitpunkt nimmt unsere Einbindung als Designer in der Regel ab, denn die Entwicklung steht nun im Vordergrund und wir selbst programmieren als Designer ja nicht. Wir stehen den Entwicklern aber beispielsweise beratend zur Seite und nehmen kleinere Anpassungen im Design vor, falls sich herausstellt, dass es bei der Umsetzung doch Schwierigkeiten gibt. Gegen Ende eines Projekts testen wir manchmal sogar die Software gemeinsam mit den Entwicklern, um eine hohe Qualität sicherzustellen.

I   Im Rahmen des Buches, welches hauptsächlich an Studierende der Psychologie adressiert ist, interessiert uns noch folgende Einschätzung Ihrerseits. Was würden Sie aktuellen Studierenden der Psychologie empfehlen, wenn sie sich für Ihren Tätigkeitsbereich interessieren? Worauf sollten sie sich im Studium konzentrieren und was sollten sie neben dem Studium der Psychologie auf jeden Fall machen?

AW   Als ich mich selbst noch im Psychologiestudium befand, gab es leider nur sehr wenige Veranstaltungen im Bereich UX. Mir fallen da ein paar Seminare zum Thema Usability ein; heute hat sich das wahrscheinlich schon ein wenig geändert. Ich würde versuchen, möglichst viele der Veranstaltungen in diesem Themengebiet zu belegen und mich auch außerhalb der Psychologie ein wenig umschauen. Das nicht psychologische Nebenfach könnte man beispielsweise in der Informatik oder Medieninformatik belegen und auch die Pflichtpraktika würde ich entsprechend ausrichten. Neben einer gewissen Technologieaffinität und dem Spaß am kreativen Lösen komplexer Probleme ist es aber am allerwichtigsten, das passende Mindset mitzubringen und die Fähigkeit, sich in jedem Projekt erneut in die Nutzer hineinzuversetzen und aus deren Perspektive innovative Lösungen erarbeiten, die am Ende für Begeisterung sorgen.

I   Zum Abschluss des Gespräches noch eine letzte Frage an Sie. In unserem Studium der Psychologie sind wir erst bei den Vorbereitungen auf dieses Interview mit dem Thema UX in Berührung gekommen. Sind Sie der Auffassung, dass UX in Zukunft ein Bestandteil des Faches sein sollte, da es einen bedeutenden Bestandteil des Digitalisierungsprozesses ausmacht? Oder sehen Sie Ihren Tätigkeitsbereich eher als spezielle Randkategorie, in dem in Zukunft nur vereinzelt Psychologen eingesetzt werden?

AW   Ich denke, dass User-Experience-Design künftig immer bedeutsamer wird und in jedem Fall auch im Rahmen des Psychologiestudiums stärker betrachtet werden sollte. Viele Unternehmen haben in den letzten Jahren erkannt, dass es nicht mehr ausreicht, digitale Produkte und Services ohne eine gute User Experience zu entwickeln. Wer auch im digitalen Wandel langfristig wettbewerbsfähig bleiben möchte, ist gezwungen, eine intuitive und effiziente Arbeitsweise der Nutzer zu unterstützen und damit eine positive emotionale Bindung der Nutzer mit den Anwendungen zu fördern. Mittlerweile gibt es immer mehr Studiengänge, die genau darauf ausgelegt sind. Und selbst im Bereich User Experience gibt es viele innovative Themen und digitale Trends wie Augmented Reality, Virtual Reality oder Artificial Intelligence, die künftig viele interessante Möglichkeiten bieten.

I   Dann sind wir am Ende unseres Interviews angelangt. Wir bedanken uns ganz herzlich für Ihre offenen und anregenden Antworten. Sie haben mit Sicherheit vielen Lesern ein ganz neues Tätigkeitsfeld und bisher unbekannte Berufsmöglichkeiten aufgezeigt. Wir freuen uns, dass wir der nächsten Generation an Psychologen durch Ihren Beitrag fundierte Empfehlungen bezüglich Zusatzqualifikationen und Karriereschritten an die Hand geben können!

Video des Interviews (siehe ◘ Abb. 6.1):

◘ **Abb. 6.1**   Video 6.1 (▸ https://doi.org/10.1007/000-0sj)

Die Zukunft der Arbeits- und Organisationspsychologie ist Data Science!(?)

Nida ul Habib Bajwa, Markus Langer und Cornelius J. König

Inhaltsverzeichnis

Ergänzende Information Die elektronische Version dieses Kapitels enthält Zusatzmaterial, auf das über folgenden Link zugegriffen werden kann (▶ https://doi.org/10.1007/978-3-658-30838-4_7). Die Videos lassen sich durch Anklicken des DOI Links in der Legende einer entsprechenden Abbildung abspielen, oder indem Sie diesen Link mit der SN More Media App scannen.

Die letzte Dekade ist gekennzeichnet von einem sprunghaften Anstieg an Datenspeicherungs- und Verarbeitungsmöglichkeiten. Sei es im Internet auf Social-Media-Plattformen oder innerhalb von Unternehmen: In digitalisierten Ländern sind massenhaft Daten über den Einzelnen und über die Gesellschaft vorhanden und diese Daten werden für Geschäftszwecke genutzt – das Zeitalter der „Big Data" scheint gekommen. Im Zuge des Hypes um Big Data entwickelten sich neue Berufsgruppen, wie z. B. die des „Data Scientists". Analysiert man zudem beispielsweise die Beiträge auf der größten internationalen Konferenz der Arbeits- und Organisationspsychologie (der Konferenz der Society for Industrial and Organizational Psychology, SIOP), so sieht man, dass Data Science ein Verkaufsschlager innerhalb der Arbeits- und Organisationspsychologie ist. War das Thema 2015 noch eine Randerscheinung, so entwickelte es sich bei der Konferenz 2019 zum Fokusthema und vereinte alle klassischen arbeits- und organisationspsychologischen Themen. Personalauswahl und Data Science, Training und Data Science, Stress und Data Science … es scheint, als gäbe es kein Problem der Arbeits- und Organisationspsychologie, das nicht von Data Science profitieren kann. Dementsprechend wird Arbeits- und Organisationspsychologen, die sich Expertise im Bereich Data Science angeeignet haben oder aneignen, eine rosige berufliche Zukunft prognostiziert. Im Vergleich zu klassischen Statistikern, aber auch Informatikern, die sich im Bereich Data Science spezialisieren, vereinen Arbeits- und Organisationspsychologen, die sich in Data Science weiterbilden, idealerweise verschiedene Kompetenzen: Sie haben Geschick im Umgang mit großen Datenmengen; sie wissen, wie man die Qualität von Daten schon bei der Erhebung der Daten sicherstellen kann; sie verstehen, Theorien, Konstrukte und Erfassungsmöglichkeiten (wie z. B. Arbeitszufriedenheit oder Arbeitsleistung) miteinander zu verbinden; und sie haben einen pragmatischen, aber auch gesellschaftlich und ethisch informierten Blick auf Herausforderungen in Unternehmen.

Die nächsten 4 Interviews behandeln das Thema Data Science und Arbeits- und Organisationspsychologie aus verschiedenen Blickwinkeln und sollen die Potenziale dieser Kombination sowie die nötigen Anforderungen an interessierte Arbeits- und Organisationspsychologen darstellen, die sich in den Bereich Data Science einbringen wollen. Die Interviews erstrecken sich von klar umgrenzten Anwendungsfeldern der Data Science (Analyse von Interviews zur Personalauswahl, HireVue; Analyse von Sprache für Personalentwicklungszwecke, Precire) über Meta-Ideen zur Nutzung von Big Data in Unternehmen (Kienbaum) bis hin zu forschungsgestützten Empfehlungen und Reflexionen zum Thema datengetriebenes Human-Resource-Management (Prof. Biemann, Universität Mannheim).

Das amerikanische Unternehmen HireVue ist der größte Anbieter von Videointerview-Software zu Personalauswahlzwecken und ist inzwischen auch mit einer Niederlassung in Europa angekommen. In der am weitesten verbreiteten Version der Videointerviews von HireVue bekommen Bewerber Fragen präsentiert und sollen ein Video von sich selbst aufnehmen, in dem sie die jeweilige Frage beantworten. Diese Interviewaufnahmen werden dann entweder händisch oder mittels algorithmusbasierter Unterstützung ausgewertet. Die algorithmusbasierte Entscheidungshilfe erfordert viele Daten, aus denen die Algorithmen lernen können, was gute von weniger guten Bewerbern unterscheidet, viel Forschung und noch viel mehr Wissen zum Thema Data Science, um beispielsweise automatisch gelernte Vorurteile erkennen und eventuell unterbinden zu können. Für das Interview stellte sich Dr. Nathan Mondragon, Chief Industrial and Organizational Psychologist von HireVue, zur Verfügung.

Das deutsche Unternehmen Precire entstand aus der Idee, aus Sprache automatische Erkenntnisse über Menschen zu generieren. Neben automatisierten Telefoninterviews, die für Personalauswahl und weitere Assessmentzwecke genutzt werden können (beispielsweise zur Erkennung von Führungspotenzial von Mitarbeitern), bietet Precire eine algorithmusbasierte Analyse von geschriebener Sprache an. Wie auch der Ansatz von HireVue basiert der Ansatz von Precire darauf, Algorithmen durch viele menschgenerierte Daten anzulernen, um damit automatisch Erkenntnisse über Menschen zu bekommen, die ihre Daten für die jeweiligen Prozesse zur Verfügung stellen. Für das Interview stand Philipp Grochowski, Head of HR Solutions von Precire, freundlicherweise zur Verfügung.

Kienbaum zählt zu den Top-3-Unternehmensberatungen in Deutschland. Als große Unternehmensberatung ist Kienbaum entsprechend breit aufgestellt und vertreibt neuerdings auch Data-Science-getriebene Angebote. Für Unternehmen, die sich aus ihren vorliegenden Daten neue Einsichten über die Belegschaft oder Prognosen für die Zukunft erhoffen, arbeitet Kienbaum an Produkten, die diese Einsichten zu generieren versuchen. Für das Interview stand uns Senior Consultant Dr. Falko Brenner zur Verfügung.

Prof. Dr. Torsten Biemann ist der Lehrstuhlinhaber für Allgemeine Betriebswissenschaft, Personalmanagement und Führung an der Universität Mannheim und hat sowohl Psychologie als auch BWL studiert. Er ist der Interviewpartner zum Thema evidenzbasierte Ansätze für Human-Resource-Management-Praktiken. In seiner Forschung und Lehre versucht er, Human-Resource-Management als ein datengetriebenes Feld in der Praxis zu etablieren, statt „Bauchgefühl" als Entscheidungsgrundlage für HR-Prozesse zu akzeptieren.

Diese 4 Interviews bieten Lesern Einblicke in das spannende Gebiet der Data Science als ein aussichtsreiches Zukunftsfeld der Arbeits- und Organisationspsychologie. Die in den Interviews dargestellten Ansätze sind nur ein kleiner Ausschnitt an angewandten Themen, die derzeit mittels Data Science bearbeitet werden, sollten aber die generelle Idee hinter Data Science für HR-Praktiken verdeutlichen und einen Einblick in Anforderungen an Bewerber für Tätigkeiten in solchen Positionen herauskristallisieren.

7.1 Interview mit Dr. Nathan Mondragon, HireVue

Das Interview mit Dr. Nathan Mondragon (NM) und die Transkription führten Jaqueline Naughton und Nicole Pieprzyca (Interviewerinnen, I) durch.

Interviewer (I) Wir freuen uns, heute mit Ihnen zu sprechen. Sie sind seit 2015 als leitender Arbeits- und Organisationspsychologe bei HireVue tätig. HireVue ist ein amerikanisches Unternehmen, das sich auf die Personalauswahl, basierend auf künstlicher Intelligenz, spezialisiert hat. Dr. Mondragon, vielen Dank, dass Sie sich die Zeit für dieses Interview genommen haben.

Dr. Nathan Mondragon (NM) Es ist mir ein Vergnügen. Schön Sie kennenzulernen.

I   Sie sind nun seit rund 3 Jahren als leitender A&O-Psychologe bei HireVue tätig. Was sind für Sie wichtige arbeitsbezogene Meilensteine auf dem Weg zu Ihrem jetzigen Beruf?

NM   Ja, gute Frage. Ich bin seit über 20 Jahren A&O-Psychologe und ich hatte eine Vielzahl von Positionen. Die meisten von diesen Positionen waren in einer A&O-Psychologie-Beratungsfirma oder auch in einem Technologieunternehmen, das A&O-Psychologie-Lösungen innerhalb von technologiebasierten Arbeitsprozessen anbietet. Das waren meine letzten 15 Jahre, in denen ich meine Karriere auf diesen Bereich ausgerichtet habe. Wichtig war mir die Verschmelzung der A&O-Psychologieprinzipien mit den neuen Technologien. Bei HireVue war es ein großer Schritt, künstliche Intelligenz oder KI bei Assessments einzusetzen und im Wesentlichen neue Wege der Assessments zu schaffen. Das ist es, was wir seit 3 oder 4 Jahren bei HireVue tun.

I   Sie haben uns bereits Ihren Lebenslauf geschickt und man kann sehen, wie Sie uns bereits gesagt haben, dass Ihre Expertise in den Bereichen Technologie und A&O-Psychologie sowie Talentmanagement liegt. Warum haben Sie sich auf diese Bereiche spezialisiert?

NM   Im Jahr 1994, hatte ich gerade die Graduate School beendet und arbeitete mit einem Unternehmen zusammen, das Bewertungslösungen anbietet. Damals war alles ziemlich papierbasiert. Wir haben eigentlich alles auf Papier geschrieben und die Testsitzungen sahen so aus: Man bringt Leute in einen Raum, sperrt sie dort ein, macht eine Testsitzung und benutzt sie für eine Validierungsstudie für Mitarbeiter. Wir begannen, mit verschiedenen Technologien herumzuspielen und sagten: „Wir sollten in der Lage sein, das effizienter zu machen." Wir waren also kein wirklich gutes Technologieunternehmen, aber durch Trial-and-Error haben wir herausgefunden, dass es einen Weg gibt, „fax-backed" Scoring durchzuführen. Das bedeutet, dass Sie Leute haben, die Dinge auf einem Prüfungsbogen beantworten, und dann faxen Sie diese Prüfungsbogen an eine zentrale Nummer. Das Gerät stellt dann einen Bewertungsschlüssel zur Verfügung und erzeugt ein Berichtsfax, um es zurückzusenden. Ich meine, es ist nach heutigem Stand der Technik immer noch ziemlich archaisch, aber anstelle von Handkorrekturen senden Sie diese gescannten Blätter an einen Dienst, der sie dann bewertet, und anschließend Sie erhalten dann die Ergebnisse zurück. Das war ziemlich schnell und ziemlich effizient. Ich begann zu erkennen, dass es einen Weg geben wird, Technologie und Talentmanagement zusammenzubringen. Und dann nahm ich ein paar Jobs an, kam aus dem Assessment-Geschäfts raus und arbeitete dann schließlich im reinen Talentmanagement. Also Führungskräfteentwicklung, Mitarbeiterbefragungen, Nachfolgeprogramme, interne Mobilität etc. Aus meiner Sicht waren technologische Lösungen für alle diese Bereiche perfekt geeignet. Sie können ein Assessment-System erstellen und diese auch für eine Mitarbeiterbefragung verwenden. Für mich ist Talentmanagement fantastisch und es ist das, was wir als A&O-Psychologen im Allgemeinen auch tun, aber da wir nun auch in der Lage sind, diese Prozesse mit Technologie zu lösen, können wir die Dinge wirklich verändern. Gerade wurde mir klar, dass es einige Einschränkungen gab, die mich dorthin gebracht haben, wo ich jetzt bin, aber wir werden wahrscheinlich später darüber sprechen.

I Sie haben bereits erwähnt, dass Sie Technologien im Talentmanagement eingesetzt haben. Könnten Sie uns sagen, welche Rolle der Einsatz von Technologie im Talentmanagement in einer Zeit des Fachkräftemangels spielt?

NM Ja, das ist eine wirklich gute Frage. Denken Sie an die Personaleinstellung – also auf der Seite der Talentakquise im Talentmanagement. Es gibt einen Mangel an qualifizierten Bewerbern, aber meiner Meinung nach gibt es keinen Mangel an Bewerbern, die den Mindestanforderungen entsprechen, die einige Unternehmen haben. Ich arbeite mit vielen Callcentern, Gastronomie- und Einzelhandelsunternehmen und sogar mit professionellen Hochschulabsolventen zusammen. Es gibt immer Mindestanforderungen an die Qualifikationen die ein Unternehmen hat. Und wenn Sie sich diese ansehen, können Sie sich fragen, warum Bewerber zwei Jahre Erfahrung in einem Job im Kundendienst haben müssen, um eine Callcenterfunktion zu übernehmen oder um Kassierer in einem Handelsunternehmen zu sein? Man wird ihnen sowieso alles beibringen, was Sie wissen sollen, wie z. B. die Art zu verkaufen und mit Kunden umzugehen. Ob Sie also eine solche einzigartige Erfahrung haben oder nicht, sollte keine Rolle spielen. Nach dieser Art der Methodik gibt es wahrscheinlich keinen Mangel an qualifizierten Mitarbeitern für einige dieser Einstiegsjobs. Sie sollten Ihr Netzwerk erweitern, von dem Sie tatsächlich rekrutieren und Bewerber beziehen können. Denn man erhält viel bessere Einstellungen, wenn man keine 2-jährige Erfahrung oder eine andere Art von Anforderung verlangt, die möglicherweise nicht praktisch einsetzbar ist. Man muss umdenken. Mit Technologie können Sie auf größere Pools zurückgreifen, Sie können Menschen schneller auswählen und Sie können das Screening bedarfsgerechter gestalten als das, was einige Personalvermittler für angemessen halten, wie z. B. 2 Jahre Erfahrung.

Man kann das auf ein professionelles Niveau bringen; nehmen Sie z. B. Krankenschwestern. Ich bin sicher, dass es so ziemlich überall auf der Welt so ist, und auch in den USA gibt es diesen großen Mangel an qualifizierten Krankenschwestern. Aber in Wirklichkeit laufen viele Krankenschwestern herum. Nehmen wir an, diese Krankenschwestern arbeiten seit 12 Jahren als Geburtshelferin, aber waren z. B. nicht in der Onkologie oder Pädiatrie. Sie arbeiten seit 12 Jahren als Hebamme und haben somit einiges an Wissen angesammelt aber als Krankenschwester ist man eine intelligente Person, weil man typischerweise einen Bachelor-Abschluss im Wissenschaftsbereich hat, um arbeiten zu können. Ein Krankenhaus sollte sich 2 oder 3 Monate Zeit nehmen und einer solchen Krankenschwester alles lehren, was in der Onkologie oder Pädiatrie neu ist. Sie alle haben diesen großartigen Hintergrund als Krankenschwester. Sie haben das Einfühlungsvermögen, die Persönlichkeitsseite und den notwendigen Denkstil. Nur weil sie keine 3-jährige Erfahrung als Kinderkrankenschwester haben, bedeutet das nicht, dass Sie keine gute Kinderkrankenschwester sein werden. Man kann Ihnen dieses Wissen beibringen. So spielt es keine Rolle, auf welchem Level man arbeitet, es gibt viele Leute, die nach Dingen filtern, die unangemessen sind.

Sie können mit der Technologie spielen, um den Trichter oder die Sourcing-Pools für Unternehmen zu erweitern, wenn Sie Ihre Mindestanforderungen für Arbeitsplätze überdenken. Jeder sollte meiner Meinung nach eine faire Chance auf einen Job haben, wenn er die sinnvollen Mindestanforderungen erfüllt. Also für eine Krankenschwester gilt, dass sie einen Krankenpflegeabschluss als Mindestanforderung hat richtig? Sie sollte sich mit Anatomie usw. auskennen, aber ob Sie Krankenschwester in der Kinderheilkunde oder in der Geburtshilfe waren, sollte nicht wirklich einen großen Unterschied machen. Nochmals, das ist meine Meinung, aber ich denke, das zeigt, was heute in der Talentakquise falsch läuft.

Auch in anderen Bereichen, auf der Mitarbeiterseite: Training, Entwicklung, interne Mobilität – Technologie hilft uns in vielerlei Hinsicht, auch in solchen Bereichen, an die wir noch nie gedacht haben. Stellen Sie sich zum Beispiel vor Sie versuchen Manager der mittleren Führungsebene auszubilden, um sich auf eine Führungsrolle vorzubereiten. Sie wollen, dass diese eine Reihe von Kursen besuchen, Sie schicken sie zu einem Harvard-Managementprogramm, zu welchem Thema auch immer, und das war das Ende des Trainings wie es sich die Leute ausgedacht haben. Erst in den letzten 15 oder 20 Jahren kamen die Leute auf die Idee: „Weißt du was? Wir sollten sie in bestimmte Berufe einweisen, weil sie in 2 verschiedenen Berufen bessere Erfahrungen machen und mehr Verantwortung übernehmen werden, als sie durch 2 verschiedene Trainingsprogramme erhalten werden." Das ist erfahrungsbasiertes Lernen. Das kann man schon mit mancher Software im Wesentlichen durchführen. Wenn Sie 200 mittlere Manager haben, bei denen Sie herausfinden wollen, wer die nächste Führungskraft sein könnte, dann führen Sie einige Bewertungen über diese Personen durch, erstellen von ihnen individuelle Profile, finden so ihre Stärken und Schwächen heraus und beginnen dann, interne Karrierepfade zu entwerfen, um zu identifizieren, wer für die nächste Führungsrolle geeignet sein könnte. Um ein Beispiel zu nennen: Wir haben das bei Dell Computer getan, als ich dort als Talent-Management-Professional gearbeitet habe. Wir hatten die mittleren Führungskräfte, die im Vertrieb im Bereich der ganzen USA arbeiteten, wo sich auch die Zentrale befindet, und jeder von ihnen leitete eine Vertriebsgruppe. Zum Beispiel waren einige Leute nur für den Verkauf von Laptops an Schulbezirke verantwortlich. Also für den Bildungsverkauf. Das ist eine tolle Erfahrung, denn sie kennen die Besonderheiten des Bildungssystems und wissen, was aus technologischer Sicht für die Studenten usw. angemessen ist. Damit sie jedoch irgendwann z. B. der Leiter des Vertriebs in Nordamerika sein können, müssen sie sich auch in allen anderen Produktlinien auskennen, die das Unternehmen verkauft. Und so haben wir zuerst solche Vertriebsleute identifiziert, die die richtigen Kompetenzen hatten und haben dann zu ihnen gesagt: „Weißt du, wenn du diese nächste Position willst, müssen wir dich nach Europa oder China schicken, damit du den Verkauf mit mehr Produktlinien und breiteren Teams erlernen kannst." Wenn sie sich dafür entschieden, dann wurden sie zu einem Marktführer in diesem Land. In diesem Einsatz im Ausland, sollen die Leute, anstatt dass sie eine einzige Produktlinie in der Tiefe kennen, ein breites Spektrum an Erfahrungen machen. Jetzt decken sie ein Bündel von Produktlinien ab und verkaufen nicht nur im Bildungssektor, sondern auch im Gesundheitswesen, anderen Unternehmen, vielleicht sogar an Verbraucher. Sie lernen die verschiedenen Produktlinien kennen und wie sie in all diese verschiedenen Branchen, in verschiedenen Industrien, in verschiedenen Zielmärkten verkauft werden. Anstatt sich nur tief mit dem Bildungsverkauf zu befassen, lernen sie viel über alle anderen Bereiche. Und dann bringst du sie zurück in die USA und sagst: „Jetzt haben Sie die Möglichkeit, in allen Produktlinien zu arbeiten. Jetzt können wir diesen Leuten ein paar andere Produktlinien in der Tiefe zeigen und dann in weiteren 3 Jahren werden sie bereit sein, Direktor für den nordamerikanischen Vertrieb oder ähnliches zu sein." Es gibt also Jobs, bei denen man einfach die Leute rotieren kann und ohne Technologie ist es schwierig, aus den 2000 Personen herauszufinden, die man in Betracht zieht, welche von ihnen wo waren, wer was getan hat, was ihre Profile sind, was ihre Fähigkeiten sind, was ihre Bedürfnisse sind und wen man wo einsetzt. Die Technologie hilft dabei, das ganze zu planen, während man früher das ganze auf Postkarten und einer Wand darstellen musste. Früher ging man in einen Konferenzraum mit 3 x 5 Karten von Bildern und Profilen jeder Person, und brachte sie in einer Hierarchie an einer Wand an. Es war eine unerträgliche Art von Prozess. Sehr visuell und es funktioniert auch, aber jetzt können Sie es mit einer Software machen, die viel einfacher ist und man kann so Menschen besser in ihrem beruflichen Werdegang verfolgen.

I Vielen Dank für diese Einblicke. Zusammenfassend scheint es, dass die Technologie für viele Bereiche wie die Akquisition oder die Entscheidung, wer die richtige Person für die nächste Position ist, von großem Nutzen ist. HireVue ist auch auf technologiegestützte Lösungen für die Personalauswahl spezialisiert. Welche Produkte und Dienstleistungen bietet HireVue seinen Kunden an?

NM HireVue ist eindeutig eine Personalauswahl und Rekrutingfirma. Das ist unser Kernstück. Wir beginnen, in die Personalentwicklung einzusteigen, aber 90 % unseres Geschäfts ist es, eine Technologielösung zu bieten, die den Interview- und Einstellungsprozess unterstützt. Wir können über die von uns geschaffene KI sprechen, die hilft, eine Bewertung von Bewerbern zu erstellen. Aber historisch gesehen wurde HireVue vor 14 Jahren von Mark Newman gegründet. Er bewarb sich, frisch von der Universität, für Jobs und wollte zu Goldman Sachs gehen. Aber er kam aus Salt Lake City, Utah, und sie berücksichtigten niemanden von seiner Universität bei ihrer Suche. Sie gingen nur zu Stanford, Harvard und den führenden Universitäten auf der ganzen Welt, um zu rekrutieren. So kamen sie nicht zu seiner Universität, obwohl das zweitgrößte nordamerikanische Büro von Goldman Sachs etwa 3 Blocks von seiner Universität in Salt Lake City entfernt lag. Aber sie wollten nicht von seiner Universität rekrutieren. So konnte er kaum in den Bewerbungsprozess einsteigen, und sicherlich wäre er nach seinem Eintritt in den Bewerbungsprozess nicht mehr berücksichtigt worden. So kam er auf die Idee, ein Videointerview als bessere Methode zur Einstellung zu verwenden und schrieb eine Arbeit darüber für einen seiner Kurse. Unabhängig davon, ob es sich um ein Live-Interview handelt oder ob Sie Ihre Antworten in einem eigens durchgeführten Interview festhalten, können Sie die Webcam nutzen, um Personen von irgendwo und überall zu rekrutieren.

Oftmals gehen Goldman Sachs und andere große Unternehmen nur zu den großen Campussen, weil sie sich das leisten können. Es ist kostspielig, Personalbeschaffer an 50 Universitäten auf der ganzen Welt zu schicken, von denen Sie rekrutieren können. Unser Gründer sagt, dass Sie anstelle dessen, von jedem Campus aus rekrutieren können, vorausgesetzt, die Studenten haben eine Webcam, und sie können sich für den Job per Fernzugriff von ihrem Laptop oder Telefon aus bewerben. Sie zeichnen das Interview auf und dann können die Leute es sich ansehen und entscheiden: „Ja, das ist jemand, mit dem wir reden wollen, bringen wir ihn vor Ort." Oder Sie können ein Live-Interview mit unserer Software führen und müssen nicht einmal herumreisen. Es ist also eine große Kosten- und Zeitersparnis, die Sie mit Video-Interviews haben. Das war die Idee und das war die Prämisse seiner Kursarbeit. Dann sagte er sich: „Nun gut, ich werde also keinen Job bei Goldman Sachs bekommen. Vielleicht sollte ich eine Firma gründen." Und er begann im Keller seiner Eltern. Klassische Start-up-Geschichte.

Vor 14 Jahren waren Webcams noch nicht wirklich verbreitet, man hatte sie nicht auf jedem Laptop. Und so haben sie sich dazu entschieden die Kameras selbst raus-zuschicken. Ich habe tatsächlich einen hier, es ist irgendwie lustig, ich kann sie Ih-nen zeigen. Es war eine Kamera wie diese, die sie ausliefern wollten. Sie gingen zu BestBuy, kauften einen Haufen Webcams und lieferten sie dann an die Studenten aus und erklärten ihnen „Behalte sie Sie gehört dir. Mach das Interview und behalte die Webcam. Es ist billiger die Webcam zu versenden und nicht dafür zu bezahlen, dass sie wieder zurückkommt. Also behalte sie einfach." Und jetzt haben die meisten Technologien diese Idee aufgegriffen und es gibt Webcams auf allen Geräten, von Ihrem Laptop bis zu Ihrem Handy. Die Art der Geschichte ist wichtig. Die Idee hin-ter HireVue war: Jeder sollte eine Chance auf einen Job haben. Die Universität, auf die Sie gehen, die Erfahrung, die Sie vielleicht haben oder nicht haben, Ihre Ethnie, Ihre Hautfarbe, Ihre Religion, Ihr Alter, nichts davon sollte Ihnen im Weg stehen, eine Chance auf einen Job zu haben. Alle sollten gleichbehandelt werden und eine faire Chance für einen Job haben, vorausgesetzt, sie haben die grundlegenden Min-destanforderungen für den Job wie einen Studiengang im Bereich der Krankenpflege für eine Krankenschwester oder einen medizinischen Abschluss für einen Arzt. Das war Marks Idee und ist noch heute die Prämisse hinter HireVue.

Jetzt nach 14 Jahre, mit einer Menge Videodaten, dachten wir, wir könnten Leute wahrscheinlich anhand ihrer Videoantworten bewerten und es in ein Assess-ment umwandeln. Darüber sprechen wir später. Das ist die Prämisse hinter HireVue. Eine rekrutierende Video-Interview-Firma, die sich in eine echte Assessment-Profi-ling-Firma mit KI verwandelt hat, aber viele unserer Kunden nutzen uns heute im-mer noch nur für Video-Interviews. Sie haben gute Manager, gute Leute, die die Vi-deos überprüfen und eine persönliche Bewertung durchführen: „Diese Person ist jemand, mit dem wir reden sollten. Das ist jemand, den wir vielleicht an eine an-dere Stelle in unserem Unternehmen schicken und sich dort bewerben lassen soll-ten." Das ist einer der Mehrwerte, die das Videointerview hat. Einen Lebenslauf be-trachten und eine Entscheidung treffen im Vergleich zu einem 20-minütigen Video-antwortformat bei dem man ein Gefühl dafür bekommen kann, wer diese Person ist.

I Sie haben bereits erwähnt, dass HireVue ursprünglich nur eine Video-Inter-view-Plattform war. Aber seit 2013 hat sie dabei eine KI implementiert. Warum hat sich HireVue für diesen Schritt entschieden?

NM Vor 5 Jahren hatten wir wahrscheinlich 3 oder 4 Millionen Menschen, die sich um einen Job beworben und das Videointerview durchlaufen haben. Das wurde alles aufgezeichnet und gespeichert, es sei denn, das Unternehmen möchte, dass diese Daten gelöscht werden. Somit hatten wir zu diesem Zeitpunkt Millionen von Videos in der Datenbank gespeichert. Wir begannen sie anzusehen und dachten: „Wir haben eine gute Vorgehensweise. Wir sparen viel Zeit und Energie. Unterneh-men müssen keine Studenten oder Kandidaten für ein 30-minütiges Vorstellungsge-spräch einfliegen lassen und feststellen, dass sie nicht geeignet sind (dies wäre eine große Zeitverschwendung für sie und ist nicht wirklich bewerberfreundlich). Und dann haben wir uns gefragt: Wie können wir es besser machen, indem wir Techno-logien nutzen, die die Videoantworten bewerten und damit den Leuten helfen?"

Als wir die Videointerviews an größere Unternehmen, wie z. B. Hilton Hotels, ver-kauften und diese die Videointerviews mehr benutzten, bekamen sie mehrere tausend

Videos und Leute, die sich für den gleichen Job bewarben. Es gab beispielsweise 2000 Bewerber für 10 Stellen. Sie haben da also ein Verhältnis von 10 zu 1 oder 1000 zu 1. Was dann passierte, war, dass die Manager oder die Personalvermittler alle diese Videos durchgehen mussten, um zu sagen: „Er ist gut, sie ist gut. Nein, diese Antworten waren nicht allzu gut." Also führen sie diesen Prozess weiter, wählten aus, selektieren aus, sieben aus, etc. Das war zeitintensiv. Also begannen die Kunden uns zu fragen: „Gibt es eine Möglichkeit, den Bewertungsprozess der Videointerviews zu optimieren?" Zu diesem Zeitpunkt sagte unser CTO: „Mal sehen, ob wir die Videos mithilfe der Technologie analysieren können", und sie begannen sich unter anderem Dinge anzuschauen, die als „natürliche Sprachverarbeitung" bezeichnet wird. U stellte er einen Data-Scientist ein und experimentierte mit den Daten. Die Data-Scientists fanden Wege, das Video in alles, was die Person sagt, den Klang der Stimme und die Bewegung des Gesichts aufzuteilen. Bei dem gesprochenen Text analysiert man alles, was Bewerber sagen, mit Natural Language Processing oder NLP. Bei dem Ton gibt es eine semantische Analyse: also die Tonalität der Stimme, wie Bewerber die Botschaft präsentieren. Und mit den Videos begannen sie zu untersuchen, worüber Paul Ekman vor vielen Jahren bei Gesichtsbewegungen geforscht hatte und was es aus einer emotionalen Perspektive bedeutet. Zum Beispiel gibt es ein echtes Lächeln und ein falsches Lächeln, Stirnrunzeln und all diese verschiedenen Dinge, die verschiedene Emotionen darstellen. So hat HireVue herausgefunden, dass wir all diese Dinge erfassen und speichern können. Auf diese Weise können wir jedes Wort, den Klang der Stimme, jedes Standbild des Videos, die Gesichtsbewegung und die Emotion, die das Bild darstellt etc. erfassen. Und haben wir uns folgendes überlegt „Wir haben all diese Daten, aber was bedeutet das?" Wie können wir diese Daten dazu nutzen, um eine Bewertung der Person zu erstellen, die aussagt, ob sie gute oder schlechte Reaktionen gezeigt hat? Wie ziehen wir diese Bedeutung aus diesen Daten heraus?" Ungefähr zu dieser Zeit kam ich vor 4 Jahren zu HireVue. Ich erinnere mich, dass ich mich mit Loren Larsen, unserem CTO, hingesetzt habe und er sagte im Grunde genommen: „Wir können all diese Daten mit unserer KI erfassen, indem wir die Videodaten aufschlüsseln. Sollen wir es dir zeigen?" Ich war so: Heiliges Kanonenrohr! Erstens, wenn man einen Arbeitspsychologen hat, der die Fragen des Videointerviews entwirft, werden diese so konzipiert sein, dass man damit Kompetenzen messen kann, die erforderlich sind, um in einem bestimmten Job erfolgreich zu sein. Wenn man sich also um diesen Teil gekümmert hat, und sich dann eine Möglichkeit einfallen lässt, die Videoanalyse mit der KI datenbankgestützt zu erstellen, dann hat man im Wesentlichen einen großen langen Test entwickelt. Die Idee war: Wir nehmen die Videodaten, die in einem 15-minütigen Videointerview entstehen und die Datenwissenschaftler können daraus etwa 500.000 Datenpunkte extrahieren. Jedes Wort ist ein Datenpunkt, z. B. durch Binärcodierung abgebildet etc. So erhalten Sie eine halbe Million Datenpunkte. Es ist in etwa so als würde man 500.000 Fragen in einem Multiple-Choice-Test stellen, aber man weiß nicht, ob man etwas Verwertbares hat bis man es statistisch analysiert und validiert. So haben wir vor dreieinhalb Jahren damit begonnen, diese Validierungsarbeiten durchzuführen und konnten mit unserer KI-basierten Methodik Algorithmen entwickeln, die wirklich vorhersagend für den Erfolg am Arbeitsplatz sind.

So wurde es also zu einem Assessmenttool. Die kurze Geschichte ist: Mit der KI können Sie alle diese Videodaten aufschlüsseln und in Assessment umwandeln, wenn Sie diese Daten statistisch mit den Leistungsdaten des Jobs verknüpfen. Wenn wir uns also Jobs im Verkauf ansehen, wer mehr verkauft, wer weniger verkauft

und Sie diese statistische Verknüpfung herstellen, können Sie bestimmte Wortver-
wendungen, Gesichtsausdrücke sowie die Tonalität der Stimme nutzen um die Ver-
kaufsperformance eines Verkäufers einzuschätzen. Diese leistungsbasierte Modellierung ist das, was ein Unternehmen will. Sie wollen mehr Bewerber einstellen, die
dem Profil von Menschen entsprechen, die mehr verkaufen werden, und sie wollen
keine Menschen einstellen, die weniger verkaufen werden. Das ist es, was die Testvalidierung bewirkt. Ich weiß nicht, ob Sie bereits darüber unterrichtet sind, aber das
ist die Grundlage für die Testvalidierung. Mithilfe der Psychometrie verknüpfen wir
die KI-basierte Bewertung von den Videodaten statistisch mit der Vorhersage eines
Ergebnisses. In diesem Fall prognostizieren wir den Erfolg am Arbeitsplatz oder das
Scheitern am Arbeitsplatz, je nachdem, welche der beide Seiten man betrachtet. So
bringt man also die KI in die Videos, man nutzt sie zur Bewertung und macht dadurch die Videodaten prädiktiv für etwas, das am Arbeitsplatz erfolgreich ist, seien
es Leistungsdaten, Managerbewertungen, Umsatzdaten oder was auch immer.

I   Nach meinem Verständnis ist eine Ihrer Aufgaben bei HireVue die Testvalidierung. Welche weiteren Aufgaben gibt es als Chief-A&O-Psychologe bei HireVue?

NM   Der größte Teil ist die Leitung des Teams. Wir haben das A&O-Psycho-
logie-Team in 3 Teile gegliedert, in denen alle A&O-Psychologen in allen 3 Bereichen arbeiten: Forschung & Entwicklung (F&E), Thought & Content Leadership
und strategische Beratung. Für den F&E-Bereich sind wir alle sehr eng mit dem Data-Science-Team verbunden, das die KI-Forschung durchführt. Wir arbeiten Hand
in Hand mit diesen Leuten und sind sehr eng mit den Softwareentwicklern und
den Produktleuten verbunden. Das andere Drittel ist Thought & Content Leadership – also der Fachexperte auf diesem Gebiet zu sein. Stellen Sie sich zum Beispiel
vor ein Verkäufer dort draußen versucht, Videointerviews zu verkaufen, beziehungsweise versucht ein Assessment zu verkaufen, das um das Videointerview konstruiert
ist. Dabei muss er nicht unbedingt verstehen, wie die Validierung funktioniert. Die
Verkäufer sollten die Video-Interview-Software und die Verträge verstehen, aber sie
müssen nicht beschreiben können, wie genau der Inhalt des Videointerviews gestaltet
ist und wie daraus dann ein KI-basiertes Assessment entsteht. Die Verkäufer müssen eine Beziehung herstellen können, eine gute Gelegenheit erkennen und Verträge
abschließen. Das ist erstmal ihre Aufgabe und dann holen sie jemanden aus dem
A&O-Psychologie-Team, wenn es an der Zeit ist, über Wissenschaft und die Validie-
rungsprozesse zu sprechen und wie man diese formt, macht und durchführt.
    Das andere Drittel unserer Arbeit ist die Strategieberatung und die Umsetzung
der Projekte. Als berufsständischer Berater erstellen Sie die Arbeitsplatzanalyse, entwerfen die Fragen, entwerfen die Validierungsstudie und die Datenerhebung. Sie
machen im Wesentlichen die Psychometrie und die Modellierung und das Laun-
ching des Assessments, und machen all das in Zusammenarbeit mit dem Data-Science-Team. Es ist also eine Art F&E, Vertriebsunterstützung und Beratung, was mich
fasziniert, weil man von allem ein wenig mitbekommt. Sie können Ihren Forschungs-
hut aufsetzen, einige Forschungsstudien entwerfen und mit der Softwareentwick-
lungsgruppe zusammenarbeiten, um zu klären, wie man die Software entwickeln
soll. Wir haben uns in Salt Lake City an ein Whiteboard gesetzt und das aufge-
schrieben, was wir in den nächsten 3–5 Jahren entwickeln wollen und wie wir das,
was wir jetzt schon tun in 3–5 Jahren noch besser machen. Darin sind Arbeitspsy-

chologen gut. Und schließlich setzt man das, was man entwickelt hat um und berät Unternehmen darin, wie sie ihre Auswahlprozesse optimieren können.

Es ist ziemlich aufregend eine solche Gruppe zu führen, weil man kluge Leute einstellt und sie ihr Ding machen lässt. Meine Aufgabe ist es, sie managen und sicherzustellen, dass ich ihnen aus dem Weg gehe und sie das tun lasse, was sie tun müssen, und ich muss sie über Dinge informieren, die sie lernen müssen. Zum Beispiel haben wir einige Junior-AO-Psychologen, die gerade ihr Doktorandenprogramm beendet haben und nicht über viel Vertriebserfahrung verfügen. Ich werde sie zu mir nehmen und der Fachexperte sein und sie können dann lernen, wie man auf der Verkaufsseite interagiert. Sie müssen lernen, wie man sagt: „Nein, das können wir nicht tun, hier ist der Grund dafür, und haben Sie über eine andere Möglichkeit nachgedacht, Ihr Ziel zu erreichen?" Dies kann für einen neuen AO Consultant, der mit sehr guten Software-Vertriebsprofis arbeitet, schwer zu erlernen sein.

I Es klingt, als wäre das ein sehr abwechslungsreicher und spannender Job, bei dem man viele verschiedene Dinge tun kann. Sie haben bereits erwähnt, dass Hire-Vue hauptsächlich Personalauswahl betreibt und unter anderem asynchrone Interviews anbietet. Könnten Sie uns in einer kurzen Zusammenfassung sagen, wie das Bewerbungsverfahren funktioniert?

NM Wir haben 2 Interviewtypen. Es gibt das one-way oder asynchrone und dann das Live-Interview. Live ist so etwas wie das, was wir jetzt tun, und das asynchrone wird im System vom Personalbeschaffer oder dem A&O-Psychologie-Team entworfen. Es wird entworfen, dann wird es eingerichtet und dann gibt es dort viel zu tun. Wenn sich jemand um eine Stelle bewirbt, muss er im System zurückverfolgt werden und dann muss jemand entscheiden: „Ja, das ist jemand, mit dem wir das Interview durchführen sollten." So ähnlich wie man vorher Telefon-Screeninginterviews gemacht hat. Anstatt alle anzurufen, schicken wir ihnen jetzt einen Link und sagen: „Warum nehmen Sie nicht mal an diesem Videointerview teil? Notieren Sie Ihre Antworten, wir schauen sie uns an und melden uns dann bei Ihnen. Man kann es machen, wann immer man will. Sie müssen sich keine Zeit nehmen, um mit uns zu sprechen. Mach es am Freitagabend oder Samstagmorgen, was auch immer für dich funktioniert. Sobald du fertig bist, erhalten wir eine Nachricht und sehen sie uns an." Die Bewerber erhalten dann diesen Link, sie öffnen ihn und es gibt dann Fragen, die sie durchlaufen. Erstens: „Funktioniert dein System? Lass uns deine Kamera überprüfen. Lass uns dein Video, deinen Ton überprüfen. Stell sicher, dass alles funktioniert." Dann bekommen die Bewerber eine Aufwärmfrage. Zum Beispiel: „Der Prozess geht wie folgt: Wir werden eine Frage stellen, du wirst deine Antwort aufzeichnen. Warum probierst du es nicht bei dieser Musterfrage aus?" Die Bewerber können sich selbst ansehen und hören, beziehungsweise sich das Video ansehen und sagen: „Oh, weißt du, ich würde das gerne ändern." Lass sie einfach üben, damit sie sich damit wohlfühlen, bis sie den Knopf drücken und loslegen. Sie können so viel üben, wie sie wollen. Dann aktivieren sie das eigentliche Interview und es gibt in der Regel eine Aufwärmfrage, die wir „Eisbrecher" nennen: „Hey, du hast dich für einen Job bei Hilton oder für einen Job bei Joes' Crab Shack beworben. Warum sagst du uns nicht, warum du gerne hier arbeitest? Warum möchtest du bei diesem Job Kellner werden? Warum möchtest du Krankenschwester in diesem Krankenhaus sein?" Und die Bewerber sprechen erstmal nur darüber, wonach sie suchen, warum sie denken, dass es gut passt etc. Dann fühlen sie sich auch wohl dabei, über sich selbst zu sprechen.

Dann beginnen die Fragen, um in das tatsächliche Assessment einzusteigen, die entweder verhaltensbasierte Interviewfragen sind: „Erzählen Sie mir von einer Zeit, in der Sie etwas getan haben …" oder situative Fragen, die wir erstellen, um die Art der Situationen darzustellen die relevant für die Arbeit sind. So wird eine Krankenschwester in einem Krankenhaus mit wütenden Patienten interagieren müssen, oder mit sterbenden Patienten auf der Onkologie-Station, sie muss sich mit Kindern und Patienten beschäftigen, die nicht mehr lange leben. Was auch immer die Situation ist, wir schaffen Situationen, die realistisch für den Job sind, und sagen: „Hier ist eine Situation. Nun, wie würdest du in dieser Situation reagieren, wenn du bei der Arbeit wärst?" Und die Bewerber sagen, wie ihre Antwort lauten würde. Dann können wir eine andere Situation schaffen, die sagt: „In Ordnung, das ist eine gute Antwort. Nehmen wir an, der Kunde oder Patient kommt zurück und sagt das. Nun, wie würdest du dann reagieren?" Zusätzlich zu den Videofragen bieten wir auch spielbasierte Fragen an. So gibt es 2- bis 3-minütige Spiele, die auf das Messen von numerischen Fähigkeiten, Risikobereitschaft, Arbeitsgedächtnis, Entscheidungsfindung etc. abzielen. Eine weitere Idee, um eine für den Arbeitsplatz relevante Situation zu erzeugen, ist ein Chat-Fenster, das die Antworten eines Kunden und der Person enthält. Jetzt wird man als Bewerber gefragt: „Ok, jetzt sag uns, was deiner Meinung nach in diesem Chat vor sich geht. Wie würdest du auf diesen Kunden reagieren, wenn er dich anruft?" Oder man gibt seine Antwort im Spiel ein. Es ist also eine Kombination von Video-Interview-Fragen wie verhaltensbasierten Fragen, situativen Urteilsfragen, die für den Job realistisch sind, und Gameplay-Verhalten, das Denkstile und kognitive Fähigkeiten betrachtet. Haben die Bewerber die nötigen kognitiven Fähigkeiten, um am Arbeitsplatz erfolgreich zu sein? Wie Sie wahrscheinlich in der Universität lernen, gibt es bestimmte kognitive Fähigkeiten, die in bestimmten Positionen benötigt werden. Das kognitive Leistungsniveau eines Raketenwissenschaftlers ist weitaus anders als das eines Callcenter-Mitarbeiters. Das bedeutet nicht, dass sie nicht ineinander übergehen können, aber man muss eine gewisse kognitive Fähigkeit haben, um auf diese nächste Ebene zu gelangen. Die Spiele helfen uns dabei. Unsere Assessments können also eine Kombination von Dingen sein.

Die Fragen, die gestellt werden, bestehen nicht immer aus Text. Es können auch Videos, Tabellen und Diagramme sein. Zum Beispiel zeigen wir ein Bild von etwas, das in der Arbeitsumgebung passiert, und dann fragen wir die Bewerber: „Was glaubst du, was hier passiert? Erzähl uns, was du siehst." Vielleicht ist es ein Typ auf der Leiter und es geht um einen Lagerjob. Hierbei soll man erkennen, dass der Typ keine Sicherheitsausrüstung trägt. Es gibt immer wieder Sicherheitsverletzungen, die auftreten, und diese sollte man aufgreifen insbesondere bei einem Lagerjob, bei dem die Sicherheit ein großer Teil des Jobs ist. So entwirft man Fragen, die realistisch und relevant für den Job sein könnten. Es sind in der Regel 15–25 Minuten Videofragen und spielbasierte Fragen. Es ist also ein schneller Prozess für den Antragsstellenden, 15 oder 25 Minuten und alles ist erledigt. Und in vielen Fällen, wenn die KI all diese Daten analysiert, geht man zum nächsten Schritt über zu einem Live-Interview und einem Jobangebot. Nach dem asynchronen Teil gibt es einen Live-Teil und dann typischerweise ein Jobangebot. Der nächste Schritt könnte also sein, dass Sie als Assistent ein Live-Interview und ein Panel durchführen. Ihr zwei könnt an verschiedenen Orten auf der ganzen Welt sein, Panel-Interviews mit mir führen oder es könnten drei oder vier von euch sein und ihr könntet auf der Seite chatten, das System machen und Assessments durchführen usw.

I   Soweit ich also aus der Beschreibung der Website weiß, erhält der zuständige Personalvermittler die Videos der Kandidaten und zusätzlich eine Empfehlung der KI zur Eignung eines Bewerbers für die Stelle. Wenn ich es richtig verstehe, basiert keine Entscheidung ausschließlich auf der KI.

NM   Das ist richtig. Wir wollen den menschlichen Gutachter nicht ersetzen, wir wollen ihm helfen und seine Entscheidung erleichtern. So werden die Ergebnisse des Assessments im System präsentiert und können genutzt werden, um die Kandidaten noch einmal durchzusehen. Jeder Kunde, den ich kenne, überprüft zumindest Stichproben der Videos und sagt: „In Ordnung, das System sagt, dass diese Person großartig ist. Sie erreichte 99 von 100 Punkten. Lass uns reingehen und Nicole beobachten." Und sie schauen sich vielleicht eine der 6 Fragen an. Es gibt eine Frage, die ihnen wirklich gefällt, sie beobachten Nicole bei dieser Frage und sagen: „Ja, Nicole hat eine tolle Antwort gegeben, sie ist gut. Ich kann verstehen, warum das System sie so gut bewertet hat. Natürlich bringen wir sie gleich ins Live-Interview." Oder das System sagt: „Du hast sehr schlecht abgeschnitten", und sie schauen sich die gleiche Frage an und sagen: „Ja, das ist keine gute Antwort, da stimme ich zu. Schicken wir ihr eine „Danke/Nein danke" E-Mail oder machen einen Telefonanruf." Es gibt in der Regel eine durch einen Menschen durchgeführte Überprüfung bei der Qualitätsprüfung der Punktzahl und dann eine Begründung für die nächste Entscheidung. Jetzt hat das System die Möglichkeit, die richtige Bewertung und Filterung durchzuführen. Sobald es genügend Beweise dafür gibt, dass die KI funktioniert, gibt es eine grün-gelb-rote Punktzahl, die vergeben wird. Grün ist eine gute Passform, Gelb ist eine Warnung und Rot bedeutet wahrscheinlich keine gute Passform. Was Sie tun werden, ist, dass Sie sagen: „90% an grünen Punktzahlen sind erfolgreich, es gibt eine gute Passform". So werden Sie nicht alle Grünen überprüfen, denn das sind die Kandidaten, die sie wirklich schnell bekommen wollen, bevor sie woanders hingehen und einen anderen Job annehmen. Sie senden sofort eine Auto-E-Mail an die grünen Leute, die sagt: „Wir haben Ihre Informationen bekommen, wir haben sie uns angesehen und sie sehen fantastisch aus. Wir möchten, dass Sie sich für den nächsten Schritt des Prozesses vorbereiten und einplanen dann Zeit zu haben. Und das kann ein internes Assessment, ein Assessment-Center-Tag, ein Live-Interview etc. sein. Sie planen sich selbstständig dafür ein und machen dann mit diesem Schritt weiter".

Auf diese Weise erhalten eine Reihe von Kunden wie Unilever, Hilton und andere einen sehr schnellen Einstellungsprozess. Von der Zeit, in der sich die Person bewirbt, bis zu der Zeit, in der sie das Stellenangebot erhält, kann es 5–10 Tage dauern. Da die KI funktioniert, filtert sie und erlaubt es Ihnen, diese hochscorenden Individuen zu nehmen und sie direkt zum nächsten Schritt zu führen, ohne viel Überprüfung durch einen Menschen durchzuführen. Jetzt sind die anderen Leute dran, die gelben und roten, die Personaler schauen sich die Videos an und geben ihr Urteil: „In Ordnung, diese gelbe Person ist gut genug. Lasst uns bei ihr zum nächsten Schritt übergehen. Oder ich denke, der Computer hat bei dieser roten Person einen eigentlich geeigneten Kandidaten verpasst. Lassen Sie uns diese Person zum Live-Interview einladen Ich denke, sie ist besser, als sie es im Interview gezeigt hat." Die Punktzahl ist nur eine Erleichterung bei der Entscheidung. Sie ersetzt sie nicht.

Wir kennen auch die Leute, die Sie einstellen, die grün, gelb und rot sind, und wie ihre Punktzahl war, und erhalten wir dann auch ein Jahr später die Daten, wie erfolgreich die Person in ihrem Job bislang war. Es ist also eine Gruppe von Personen, nicht nur eine Person, die wir dann erheben. Wir aus den Daten schließen: „Von den Roten, die Sie eingestellt haben, haben 90 % in den ersten 90 Tagen das Unternehmen wieder verlassen. Du solltest wahrscheinlich mehr Aufmerksamkeit auf die Punktzahl in diesem Szenario richten. Oder vielleicht gibt es eine Menge Gelbe, die erfolgreich waren, also lassen Sie uns den Algorithmus neu konfigurieren, um ihn prädiktiver zu machen. Wir wollen die Gelben, die eigentlich grün sein sollten, und die Gelben, die eigentlich rot sein sollten, besser differenzieren." Es ist eine kontinuierliche Validierung und Verfeinerung der Algorithmen, da sie Daten über erfolgreiche und erfolglose Einstellungen liefern, sie zurückbringen und wir diesen Prozess weiter verfeinern.

I   Dies ist auch eine gute Zusammenfassung für eine weitere unserer Fragen, und zwar wie Sie die Validität bewerten. Sie haben bereits erwähnt, dass Sie mit einem Verkäufer zusammen arbeiten, um diese Art von Interview zu verkaufen und dann einen A&O-Psychologen beauftragen und bei der Umsetzung für die jeweilige offene Position helfen. Nach meinem Verständnis passen Sie das Interview an die jeweilige Position an. Könnten Sie den Prozess vom ersten Kontakt mit einem neuen Unternehmen, das Ihre Dienste bei der Entwicklung eines Interviews in Anspruch nehmen möchte, beschreiben?

NM   Es ist der typische Prozess der Arbeitsplatzanalyse. In der Arbeitsplatzanalyse möchten Sie die Jobs analysieren, um so die richtigen Personen für diesen Job einzustellen. In diesem Prozess will man verstehen: Was machen diese Personen täglich an ihrem Arbeitsplatz? Was sind die Aufgaben und Aktivitäten, die sie durchlaufen? Was braucht es, um erfolgreich zu sein? Welche Mindestanforderungen müssen sie haben? Ist es ein Hochschulabschluss, der erforderlich ist? Wenn man sich diese Informationen ansieht und sollte man folgende Punkte festlegen: Was ist eine sinnvoll zu verwendende Anforderung, was ist eine Anforderung, die weniger wichtig ist? Zum Beispiel: 2 Jahre Erfahrung im Kundenservice. Wir sehen das so: Was unterscheidet einen wirklich guten von einem schlechten Mitarbeiter? Das ist ein großer Teil unseres Interviewprozesses. Nicole ist großartig und Joe hier drüben ist nicht so großartig. Was unterscheidet die beiden in ihrer täglichen Arbeit? Wir sammeln dann diese Art von situationsbezogenen Informationen.

Darüber hinaus gibt es kritische Situationen im Job, die wir erfassen: Welche sind die wesentlichen Fähigkeiten, Fertigkeiten und Kompetenzen, die jemand benötigt, um erfolgreich zu sein? So erhalten wir Situationen, in denen wir genau das identifizieren und unterscheiden können. Also sagen wir mal: „Problemlösen als Fähigkeit ist ein gutes Beispiel. Wir sprechen dann über eine Situation, in der Nicole gezeigt hat, dass sie bei dem Lösen von Problemen außergewöhnlich gut war. Was bedeutet das? Wie war die Situation? Was hat sie getan? Wie hat sie das Problem gelöst etc. Und was war anders als das, was Joe gemacht hat, der nicht so gut war? Dann nehmen wir diese Informationen, um situative Fragen für das Interview zu erstellen. Lassen Sie uns dieses Beispiel einer Situation, in der die Problemlösefähigkeit eine Rolle spielt, nutzen und daraus eine Situation schaffen, die wir in das Interview einbringen, um zu schauen, wie die Kandidaten in einer solchen Situation reagieren würden. Dies wird als Critical Incident Interviewing bezeichnet. Es gibt auch eine Kombination von Interviews, die wir mit Fachexperten führen, sei es der Mitarbeiter oder der Manager der Mitarbeiter. Darüber hinaus gibt es auch einige Umfragen, um festzustellen, welche Kompetenzen, Fertigkeiten und Fähigkeiten erforderlich sind. Man nimmt all diese Informationen, fasst sie zusammen und entwickelt das, was wir einen „Erfolgsrahmen" nennen. Was braucht es, um in diesem Bereich erfolgreich zu sein? Es sind X, Y und Z. Und das ist ein Rahmen, auf dem Sie das Interview oder die Bewertung aufbauen".

I Sie haben bereits erwähnt, dass Sie für den Auswahlprozess einen maschinellen Lernalgorithmus verwenden. Könnten Sie uns beschreiben, was genau der Begriff bedeutet?

NM Maschinelles Lernen ist eine Möglichkeit, viele Daten zu analysieren. Man kann eine Maschine trainieren, um alle möglichen Dinge zu lernen. Siri auf Ihrem Handy, Amazon's Alexa; das sind alles maschinelle Lernalgorithmen. Wenn Sie fragen: „Wie ist das Wetter da draußen?", hat Alexa bereits gelernt, wer Sie sind, woher Sie kommen und wo Sie heute sind, um Ihnen das lokale Wetter zu geben. Das ist maschinelles Lernen. Der Lernalgorithmus versteht, dass es ein bestimmtes Bild von etwas gibt, und es kann dieses Bild einstufen als: das ist ein Mann oder das ist eine Frau. Es wird in allen Chats verwendet, Siri, Alexa usw. und es wird in Buchhaltungssoftwares oder auch medizinischer Software verwendet.

Ein weiteres Beispiel sind Drohnen im Militär. Diese Drohnen können Personen finden. Ein kurzes Beispiel: Das US-Militär sucht jemanden, den es als Terroristen eingestuft hat, der in irgendeinem Land sitzt. Und Sie können Drohnen auf Bilder dieser Person programmieren, die Sie suchen und anfangen, Gesichter an verschiedenen Orten zu analysieren, während sie herumfliegen. Sie können Gesichter analysieren und diese Gesichtsanalyse wird mit dem terroristischen Gesicht abgeglichen, das einprogrammiert wurde. Das ist ein Anwendungsbeispiel für maschinelles Lernen. Ein weiteres wirklich gutes Beispiel für Drohnen, das irgendwie faszinierend ist, wird als „Schwärmende Drohnen" bezeichnet. Sie nehmen 100 Drohnen und 90 von ihnen werden weiß gestrichen, 10 sind rot. Und die roten sind böse, die weißen sind die guten Drohnen, die versuchen, die roten zu fangen. Sie lassen die weißen in 10er-Teams einteilen. Es sind also 9 Mannschaften von 10 weißen Drohnen, die hinter den 10 roten Drohnen her sind. Sie gaben ihnen ein Programm, das besagt: „Sie arbeiten innerhalb Ihrer 10er-Einheit und wollen die roten Drohnen verfolgen." Das ist im Prinzip, was maschinelles Lernen bedeutet. Und wenn man das Verhalten der Drohnen verfolgt, kann man feststellen, dass sich die Drohnen in einem selbstlernenden Modus befinden. Sie beginnen Daten aufzunehmen, sie live zu analysieren und sich selbst beizubringen, ihre Taktik zu ändern, wie sie die roten Drohnen verfolgen So beginnen die Drohnen, von Team 1 zu wechseln, indem sie beginnen mit Team 2 und Team 3 zu kommunizieren. Und diese 90 Drohnen in 9 separaten Teams beginnen zusammenzuarbeiten, um ein großes Team von 90 Drohnen zu werden, das die zehn roten Drohnen verfolgt. Sie beginnen sich selbst solche Dinge beizubringen und zu arbeiten. Das ist ein Beispiel von maschinellem Lernen. Wenn das ganze auf einem noch höheren Level passiert, nennt man das „Deep-Learning-Anwendungen". Es ist ein faszinierendes Thema, denn die Maschine beginnt, sich aus den Daten, die in sie eingegeben wurde zu lernen.

I   Diese Art des Lernens wird auch für die asynchronen Interviews genutzt. Sie haben auch schon erwähnt, dass es sich um semantische Cues oder emotionale Cues wie Ton oder Sprache handelt. Wie entwickelt HireVue diese Algorithmen?

NM   Bei HireVue analysieren wir Text, Audio und Videos: Was die Leute sagen, wie sie es sagen und auch wie sie ihre Botschaft präsentieren, können wir mit einer Analyse des Ausdrucks feststellen. Wir erhalten alle diese Datenpunkte und verknüpfen diese statistisch mit den Leistungsdaten. Nehmen wir an, es gibt einen Verkaufsauftrag und wir wollen die Erreichung der Verkaufsquote betrachten. Wer hat seine Quote zu 120 % erreicht und wer war wirklich gut? Wer hat sie zu 90 oder 100 % erreicht und wer war Durchschnitt? Wer hat Probleme und erreicht nur eine Quote von unter 80 %? Dann wollen Sie in Ihren großen Daten, Ihren Text-, Audio- und Videodaten finden, welche Aspekte dieser Datendatei statistisch vorhersagen kann, welche Personen mehr verkaufen.

Ein weiteres Beispiel: ein Transportauftrag. Welche Fahrer zeigen mehr Sicherheitsverletzungen oder andere schlechte Verhaltensweisen? Nimm ein Transportunternehmen, das dich irgendwo hinfährt. Es gibt Probleme damit, dass die Fahrer den Fahrgästen gegenüber aggressiv sind. Man kann anfangen, dieses schlechte Verhalten festzulegen und zu sagen: „Ok, hier sind 200 Fahrer, die aggressive Verhaltensweisen zeigen Hier ist ein weiterer Satz von 200 Fahrern, die außergewöhnlich gut abschneiden. Sie bekommen Top-Quoten. Lassen Sie uns nun einige Fragen entwerfen, ein Videointerview durchführen, um Antworten zu erhalten, die sich mit aggressivem Verhalten, riskantem Verhalten, kundendienstorientiertem Verhalten, Sicherheitsorientierung usw. befassen, und dann diese KI-basierten Daten aus dem Video auf die erfassten guten und schlechten Verhaltensweisen abbilden und sehen, was sich zeigt". Wir haben das tatsächlich getan und festgestellt, dass z. B. die aggressiveren Fahrer aggressivere Wörter in ihren Antworten verwendeten. Es gab also einen klaren statistischen Zusammenhang zwischen dem, was sie sagten, und der Art und Weise, wie aggressiv sie sich am Arbeitsplatz verhalten haben. Dies ist ein Beispiel dafür, wie man beginnen kann, die Wissenschaft und die Psychologie dazu zu nutzen, Erfolg am Arbeitsplatz vorherzusagen.

I   Sie haben bereits erwähnt, dass diese Art des maschinellen Lernens Daten benötigt, aus denen sie lernen kann, welche Vorhersagen sie treffen sollte. Auf welcher Personengruppe basiert das Training des Algorithmus für das Interview?

NM   Wenn wir einen Algorithmus für einen Kunden individuell entwickeln, wird das erste Modell typischerweise seine Mitarbeiter nutzen, um die Algorithmen zu trainieren. Das ist die einfachste Datenprobe, die verfügbar ist. Angenommen, Sie wollen Hochschulabsolventen für Unilever einstellen. Wir erhalten dann die Video-Interview-Daten von Personen, die in den letzten 3 Jahren in diesen Jobs waren. Dann nehmen Sie Hochschulabsolventen aus den letzten 3 Zyklen, Jahr 1, Jahr 2, Jahr 3, und lassen sie das Videointerview durchlaufen und ihre Antworten geben. Dann erhalten wir Leistungsdaten über dieselben Personen und entwickeln den Algorithmus zur Vorhersage der Arbeitsleistung. Dann verwenden Sie den Algorithmus für Studenten des 1. Jahres, die sich um diese Stelle bewerben, um ihren Erfolg in der Stelle vorherzusagen. Dann, nachdem sie eingestellt wurden und ein Jahr lang im Einsatz sind, nehmen Sie sich die Leistungsdaten von ihnen, und trainieren den Algorithmus. Jedes Jahr erhalten Sie mehr Leistungs- und Erfolgsdaten über die Personen, die eingestellt wurden, und Sie überarbeiten den Algorithmus, um ihn prädiktiver zu machen und zu verfeinern. Typischerweise, und das ist eine sogenannte „concurrent criterion validation study" (gleichzeitige Kriteriumsvalidierungsstudie), verwenden Sie aktuelle Mitarbeiter.

Es gibt auch eine prädiktive Validierungsstudie, was bedeutet, dass Sie erst den Test durchgeführt haben, die Unternehmen dann die Menschen einstellen, und wir letztendlich die Daten darüber erhalten, wen sie eingestellt haben, warum sie sie eingestellt haben, wen sie nicht eingestellt haben und warum. Und dann fragt man sich bei den Leuten, die sie eingestellt haben: Wer ist erfolgreich? Wer verlässt das Unternehmen wieder? Sind sie noch erwerbstätig? Was ist ihre Arbeitsleistung? All diese verschiedenen Metriken. Wir bringen das wieder ein und bauen dann den Algorithmus. Das bedeutet, dass man den Algorithmus nicht benutzt hat, um jemanden einzustellen, sondern man benutzt nur das Videointerview, um jemanden einzustellen. Schließlich erstellt man dann aber einen Algorithmus, um vorherzusagen, wen sie eingestellt haben und wer erfolgreich ist.

I   Wenn Sie einen Algorithmus mit den Mitarbeitern als Datenbank aufbauen, sehen Sie ein Risiko, dass sich die Mitarbeiter eines Unternehmens immer ähnlicher werden? Wenn Sie z. B. überwiegend männliche Männer mittleren Alters haben, die in dieser Position arbeiten, wird Ihr Algorithmus versehentlich Männer in dieser Art von Position bevorzugen?

NM   Das ist ein sehr großes Problem, das es zu beachten und zu lösen gilt. Es gibt 2 Möglichkeiten, damit umzugehen. Eine davon ist, dass wenn Sie Ihre KI entwerfen, Sie Ihre KI und Ihre nachfolgenden Algorithmen mit diesen Dingen im Hinterkopf gestalten wollen. Wir wissen, z. B. für die Sprechgeschwindigkeit, dass es bestimmte Merkmale in den Daten gibt, bei denen sich Männer und Frauen unterscheiden, oder dass es auch bestimmte Unterschiede zwischen Kulturen gibt. Männer verwenden in ihren Antworten aggressivere Formulierungen als Frauen. Ein Mann sagt beispielsweise folgendes: „Wir greifen unsere Konkurrenten an und haben das Projekt gewonnen" und für eine Frau wäre es beispielsweise „Nun, wir haben als Team gearbeitet und haben das Projekt erhalten." Das ist ein ganz anderer Stil. Wir wissen das, weil wir jetzt 8, fast 9 Mio. Videos in unserer Datenbank haben und die Daten ständig analysieren, um nach Geschlecht, Alter und Unterschiede zwischen verschiedenen Ethnien zu suchen. Das muss man im Voraus wissen und man darf nicht blind in den Entwicklungsprozess gehen. Man muss das alles wissen, um zu sagen: „Wir wissen, dass Männer und Frauen unterschiedlich abschneiden werden, wenn diese Wortverwendung wichtig ist", als Beispiel.

Der zweite Teil ist: Wenn Sie Ihren Algorithmus entwickeln, können Sie nicht einfach ein sogenanntes „Trainingsset" verwenden, in diesem Fall Ihre Mitarbeiterzahl. Sie möchten auch andere Personen über dieses Trainingsset hinaus nutzen. Unsere Gesichtsanalyse, die wir verwenden, wenn wir die Emotionen und die Kategorisierung dieser Emotionen aufschlüsseln, basiert auf etwa 16 Millionen Menschen in 80 Ländern. Daher ist es sehr interkulturell und mit vielen Leuten in der Datenbank. Es ist interkulturell sensibel, sodass es nicht nur auf weißen Männern basiert. Es ist auf jedem aufgebaut. Die KI-Wissenschaft muss sicherstellen, dass es ein robuster Datensatz ist. Dann kommen Sie zu Ihren Trainingsdaten für diesen Algorithmus, den Sie aufbauen werden, und wenn Sie diesen auf weiße Männer trainieren, werden Sie eine weiße männliche Verzerrung in diesem Algorithmus erhalten und Sie müssen das wissen, wenn Sie in ihn einsteigen.

In einer aktuellen Studie wollte ein großes Technologieunternehmen eine KI entwickeln, die Lebensläufe bewertet, um bessere Einstellungen vorherzusagen. Also nahmen sie alle ihre Lebensläufe von Leuten, die sich um einen Job beworben haben und die sie eingestellt haben, und bauten ein KI-Modell auf, das auf die Frage ausgerichtet war, wer erfolgreich eingestellt wurde. Nun, die meisten ihrer Einstellungen waren weiße Männer, also wird der Algorithmus natürlich weiße Männer vorhersagen. Aber das wussten sie nicht. Wir haben das vor 5 Jahren gelernt. Wir wussten, wenn Ihr Trainingsset repräsentativ für etwas ist, werden Sie diese Darstellung übernehmen und direkt in Ihren Algorithmus einbetten.

Wenn in Ihren Trainingsdaten nur weiße Männer enthalten sind, werden Sie hauptsächlich weiße Männer vorhersagen. Denn die Maschine weiß nicht, wie eine hispanische Frau aussieht – nicht physisch, sondern was sie als Einstellung suchen soll. Sie möchten so viele verschiedene Personen wie möglich in Ihrer Datenbank haben. Wenn nicht, müssen Sie wissen, nach welchen Daten Sie suchen müssen, um sie aus dem Algorithmus zu entfernen. Zum Beispiel aggressive Formulierungen. Besonders in einem Lebenslauf ist das Resume Bleaching heutzutage ein Prozess. Sie bleichen den Lebenslauf aus, um Informationen herauszunehmen, die beispielsweise auf Geschlecht oder Ethnie hinweisen. Das gleiche Beispiel funktioniert für aggressive Formulierungen. Männer haben aggressivere Worte in ihrem Lebenslauf als Frauen. Wenn Sie das nicht wissen und Sie nicht wissen, wie man danach sucht, kategorisieren Sie diese Wörter und entfernen Sie sie dann aus dem Algorithmus, werden Sie eine Verzerrung gegen Frauen in Ihrer Lebenslaufvorhersage haben. Das Problem war, dass sie nur Datenwissenschaftler hatten, sie hatten keine A&O-Psychologen. Sie hatten nicht, dass Sie und ich mit ihnen zusammenarbeiteten, um zu sagen: „Weißt du, du solltest wahrscheinlich nach Geschlechterunterschieden suchen, du solltest nach Unterschieden in der Ethnie suchen, du solltest nach negativen Auswirkungen auf dies analysieren, um sicherzustellen, dass du keine Vorurteile hast." Und es sollte eine kontinuierliche Analyse sein, da sie den Algorithmus aufbauen, sie sollten ständig nach Geschlechterunterschieden suchen. Du kommst nicht bis zum Ende und sagst: „Oh, wir haben geschlechtsspezifische Unterschiede. Was machen wir jetzt?" Du solltest es dir die ganze Zeit ansehen, damit, wenn du zum Ende kommst, die Geschlechterdifferenz, die du vielleicht hast, minimiert wird.

Wir haben die Fortsetzungsvorhersage gemacht und festgestellt, dass sie nicht so voraussagend für den Erfolg im Vergleich zu den Videodaten ist, die wir erhalten. In einer Studie, die wir durchgeführt haben, hatten wir einen Validitätskoeffizienten von .38 mit einem 20-minütigen Videointerview und der Lebenslauf brachte uns auf .40. Es handelt sich um eine inkrementelle Validität von .02, die der Lebenslauf hinzugefügt hat, die nicht signifikant war. Es hat also keine wertvollen Informationen hinzugefügt. Der Lebenslauf allein war wie eine .15-Vorhersage, was normal ist und eine Verzerrung hatte. Sie werden das mit dem Algorithmus allein erreichen, und er hatte z. B. eine geschlechtsspezifische Ausrichtung. Lebensläufe sind nicht gut dafür und sie bringen nicht viel Wert. Sie müssen sich der Verzerrung bewusst sein, und wenn Sie sie finden, gibt es einige Dinge, die Sie tun können, um sie zu beseitigen. Wie ich bereits sagte, stellen Sie sicher, dass Sie keine Dinge in Ihrem Algorithmus haben, die zunächst einen Geschlechtsunterschied haben werden, wenn Sie ein Geschlechterproblem vorwegnehmen.

I Zusammenfassend: Um Maschinenverzerrungen zu minimieren, die auftreten, wenn der Algorithmus auf der Grundlage der für das Training verwendeten Daten Annahmen trifft, die bestimmte Personengruppen systematisch benachteiligen könnten, wäre es gut, eine repräsentative Datenbank zu haben und wenn es nicht möglich ist, zumindest einige Merkmale zu entfernen, die mit z. B. Geschlechts- oder Kulturmerkmalen verbunden sind.

NM Ja, genau das ist eine gute Zusammenfassung. Speziell für eine globale Anwendung. Wenn Sie an etwas denken, das nur innerhalb Deutschlands oder nur innerhalb der Vereinigten Staaten oder nur innerhalb Frankreichs liegt, werden Sie Leute nur innerhalb Frankreichs bekommen, und das ist okay. Es wird gut gehen. Dann müssen Sie nach den männlichen/weiblichen und Aspekten des Alters suchen, aber wenn Sie nach einem globalen Algorithmus suchen, werden Sie sicherstellen wollen, dass Sie Leute aus verschiedenen Regionen und Ländern in der Datenbank haben, auf die Sie ihn anwenden werden. Denn wenn Sie Ihren Algorithmus in den USA entwickeln und dann versuchen, ihn in Deutschland anzuwenden, werden Sie ein Problem haben, weil ein Akzent auftritt, auch wenn er ganz auf Englisch ist, gibt es immer noch einen Akzentunterschied. Es wird einige Tonalitäten oder Sprachunterschiede und Videounterschiede geben, die existieren könnten. Sie wollen sicherstellen, dass die Maschine nicht in diese Richtung ausgerichtet ist. Die Maschine weiß nicht, was sie nicht weiß.

I Mit 5 Standorten auf 3 Kontinenten ist HireVue auch international tätig. Welche Erfahrungen haben Sie mit der Gestaltung des Auswahlverfahrens in verschiedenen Ländern gemacht?

NM Es ist machbar. Ich habe Unilever bereits erwähnt. 54 Länder, Einstellung von Hochschulabsolventen, jeder ging es auf Englisch durch, aber wir hatten Leute aus den 54 verschiedenen Ländern in den Trainingsdaten, die wir durchlaufen mussten. Wir haben alle kulturellen Unterschiede und Akzente berücksichtigt. Das wurde im Entwicklungsprozess berücksichtigt, denn du hattest Leute mit diesen Hintergründen. Als wir nachsahen und sagten: „Es war buchstäblich weniger als die Hälfte der Menschen, die Englisch als Muttersprache hatten. Englisch war wahrscheinlich ihre 2. oder 3. Sprache an vielen Orten, aber sie gingen es auf Englisch durch." Wir haben einen Check gemacht und gesagt: „Gibt es Länderunterschiede oder regionale Unterschiede?" Aber es gab keine. Wir gingen auch hin und fragten: „Haben Menschen mit Englisch als Muttersprache im Vergleich zu Menschen, die Englisch als Zweit- oder Drittsprache hatten, anders abgeschnitten?" Und das taten sie nicht. Auf einer 100-Punkte-Skala gab es eine 4-Punkte-Differenz zwischen ihnen. Erstens, das ist statistisch nicht signifikant, und zweitens, die Menschen mit Englisch als Zweit- oder Drittsprache erzielten 4 Punkte mehr.

Es wurde bestätigt, dass, wenn man Leute aus den verschiedenen Hintergründen und Bereichen und Ländern, Kulturen und Sprachkenntnissen hat, die Maschine nicht dagegen voreingenommen ist, weil sie diese Daten hat, die in diesen Prozess integriert werden können. Im Gegensatz zu einem menschlichen Gutachter, der sich gegen all diese Informationen wehren wird. Wenn du 2 Kandidaten vor dir hast und sie alle gleich sind, aber einer spielt Fußball und ich spiele Fußball und ich denke: Wow, sie könnte unserer gemeinsamen Fußballmannschaft beitreten oder so. Ich stelle sie ein und nicht ihn. Weil er Lacrosse spielt und mir Lacrosse egal ist. Es ist die menschliche Natur, es ist das, was wir tun.

Oder Sie haben einen Akzent. Sie sind Spanier und haben einen Akzent und ich verstehe Sie nicht so gut, und so stelle ich die andere Person ein. Es ist das, was wir die ganze Zeit tun. Aber wenn man die Maschine richtig trainiert, ist es der Maschine egal, was die wahre Schönheit dahinter ist. Denn genau diese Aufgabe hat HireVue, nämlich, dass jeder der für den Job qualifiziert ist eine faire Chance bekommt den Job auch zu erhalten.

Jeder sollte eine faire Chance auf einen Job haben, unabhängig davon, wer er ist und welche unvorhersehbaren Dinge er an den Tisch bringt. Es sollte keine Rolle spielen, ob man männlich, weiblich oder aus einem anderen Land stammt oder älter oder jünger ist. Sie sollten eine faire Chance haben.

I Dies scheint ein großer Vorteil des maschinellen Lernens zu sein, wenn es richtig gemacht wird. HireVue hat nun auch eine Tochtergesellschaft in Europa. Im Vergleich zu den USA gibt es dort unterschiedliche Datenschutzbestimmungen. Wie wirkt sich die unterschiedliche Regulierung auf die Dienstleistungen von HireVue aus?

NM Ja, die Allgemeine Datenschutzverordnung (DGSVO), richtig? Wir sind uns der GDPR sehr wohl bewusst. Wir sind uns dessen schon seit einigen Jahren bewusst. Wir sind dem eigentlich voraus. Wir wussten, dass es kommen würde; wir modifizierten unser System, um es zu berücksichtigen. Wenn Sie ein GDPR-Kunde sind und das bedeutet nicht, dass Sie nur in Europa sein müssen. Sie können in Australien sein und ein GDPR-konformes Unternehmen sein. Es gibt einen Text, der am Anfang des Systems angezeigt wird, der besagt: „Als Bewerber oder als Person, die das Videointerview durchläuft, haben Sie das Recht auf einige Optionen wie: Abmeldung, eine Kopie der Informationen, die Ihnen zugesandt werden, Entfernung Ihrer individuellen Identifikationsinformationen usw." Und Sie entscheiden sich dafür. Ich habe keine konkrete Zahl im Kopf, aber wir haben nicht gesehen, dass mehr Menschen den Prozess verlassen, wenn sie zusätzlich Informationen anfordern.

Eines der Dinge, die wir tun, um dabei zu helfen, hat buchstäblich gerade erst gestartet, und es wird im Februar mit dem Relaunch besser werden; es sind die Berichtsmerkmale. Hier ist also Ihr Kandidat, Sie sind in Deutschland, Teil von GDPR und möchten Informationen darüber, wie Sie es gemacht haben, wir senden Ihnen einen Bericht, der ein Profil davon enthält, wie Sie im Wesentlichen abgeschnitten haben und wie Sie die verschiedenen Kompetenzen bewertet haben, wenn eine Bewertung damit verbunden ist. Wenn keine Bewertung beigefügt ist, senden wir Ihnen Informationen zu: „Sie haben das Interview abgeschlossen und wir sind nur die Datenverarbeiter, nicht der Handelnde. Das Unternehmen kümmert sich darum und trifft die Entscheidungen."

Wir sind uns der Datenschutzfragen sehr bewusst, und es kommen noch weitere hinzu. Ich meine, die EU ist eins, Australien und Neuseeland stellen ihre eigenen her, während wir sprechen, und Kalifornien in den USA hat eine Regelung in Arbeit. Man kann nicht die persönlichen Identifikationsinformationen (PI) von jemandem nehmen und damit etwas Schlechtes machen. Sie müssen in der Lage sein, es zu entfernen, wenn die Kandidaten es wünschen, und wenn sie es wünschen, löschen wir es. Wir nehmen dann die Daten heraus.

l Es ist eine große Erleichterung zu hören, dass Sie die Informationen auf Wunsch löschen und dass die Antragsteller nach dem Lesen der Verwendung ihrer Daten nicht wesentlich zurücktreten. Wie reagieren Bewerber im Allgemeinen auf die Interviewansätze von HireVue?

NM Wirklich gut. Wir haben einen „Net Promoter Score" (NPS). Sind Sie damit vertraut? Alle Technologieunternehmen nutzen dies, so z. B. Google, Amazon, Apple. Sie sammeln alle Net Promoter Scores und es ist eine negative 100- bis eine positive 100-Skala. „Negativ" ist schlecht, aber eine Null ist im Wesentlichen neutral. „Positiv" wird als ein gutes Kundenerlebnis angesehen. Für den NPS ist die Frage so etwas wie: Wenn Sie zu Apple gehen ein iPhone kaufen, würden sie Ihnen eine Umfrage schicken, die besagt: „Würdest du ein anderes Apple-Produkt kaufen oder einem Freund ein iPhone empfehlen"? Das sind 2 wichtige Fragen, die den NPS antreiben. Wenn Sie nicht wieder dort kaufen würden oder Ihren Freunden nicht sagen würden, dass sie bei Apple kaufen sollen, ist das negativ für ihren NPS.

Wir haben das gleiche Szenario. Nach dem Vorstellungsgespräch erhält eine Stichprobe von Bewerbern eine Umfrage, und es gibt dort ca. 6 Fragen, die nach ihrer Erfahrung fragen, was sie davon halten und ob sie ihren Freunden empfehlen würden, sich auf diese Weise zu bewerben. Wir haben festgestellt, dass unsere NPS-Sortimente davon abhängen, wie der Kunde das Videointerview einrichtet. Einige Kunden haben sie schlecht aufgestellt, und Sie sehen, dass es eine klare Reflexion darüber ist, wer den NPS abschließt und was er ist. Je schlechter es eingerichtet ist, desto geringer sind diese Dinge. Die Kunden, die das Videointerview eingerichtet haben, haben wirklich gute Kandidatenerfahrungen und es spiegelt sich in ihren NPS-Scores wider, die in den 60er-, 70er- und 80er-Bereichen liegen. Gleichauf mit denen von Amazon und Apple, die bei 75 liegen. Es ist eine gute Sache, die sich zu verfolgen lohnt, denn wir wissen, dass, wenn das Videointerview schlecht gestaltet ist, der NPS niedriger sein wird. Wir können das als Maßstab nehmen: „Wir müssen Ihnen helfen, das zu verbessern. Weil es für Sie wichtig ist, Ihre Kandidaten richtig zu behandeln und ihnen eine gute Erfahrung zu geben."

Und wir haben Ideen, wie wir es besser machen können. So ist beispielsweise eines unserer Krankenhäuser, Children's Mercy in Kansas, USA, ein Kinderkrankenhaus. Sie haben Kinder, die Patienten in diesem Krankenhaus sind, die Fragen im Videointerview stellen. Wenn Sie Krankenschwester sind und sich um einen Job in der Kinderklinik bewerben, gibt es z. B. die kleine Mary, die sie aufgenommen haben und die die Frage stellt: „Hallo, ich bin Mary. Ich bin Patientin in der Pädiatrie-Abteilung von Children's Mercy und wenn du den Job bekommst, sag mir, was für eine Krankenschwester du sein würdest?" Oder es gibt einen Schulbezirk, der Lehrer und Schulleiter einstellt und die Schüler stellen die Fragen. „Hi, ich bin

Johnny, ich bin Zweitklässler an dieser Schule. Du könntest mein Lehrer sein, also wie würdest du mit mir umgehen, wenn ich jemanden in der Klasse anschreie?" Die Bewerber schauen sich das an und sagen: „Wow, das ist ein echter Schüler, der zu meiner Klasse oder Schule gehören könnte oder auch nicht, der mir eine Frage stellt." Sportmannschaften machen es auch. Sie lassen den Trainer Fragen an die Profis stellen; Wayne Rooney, als er bei Manchester United war, würde eine Frage an die Leute stellen, die sie einstellten, um im Stadion von Manchester United zu arbeiten. Sie bringen es mit nach Hause und machen es für den Kandidaten viel freundlicher als nur einen Text zu lesen und die Frage zu beantworten.

I Wir fanden einige Forschungsarbeiten zu Bewerbern, die an einem asynchronen Interview teilgenommen haben, diese hatten im Allgemeinen eine positive Erfahrung, bevorzugten aber persönliche Interviews. Einer der Gründe war, dass das Interview als unpersönlich wahrgenommen wurde. Bieten Sie dem Unternehmen eine Einführung und geben dem Bewerber einen Einblick, wie die tägliche Arbeit der Stelle aussehen würde?

NM Das ist richtig. Wenn ich Leute in meinem Team einstelle, wie beispielsweise die letzte Person, die ich eingestellt habe, die ist jetzt in Rom, aber sie war in London, da ließ ich den internationalen General Manager das Videointerview einleiten und er sagte: „Hi, ich bin Darren. Weißt du, wenn du diesen Job bekommst, wirst du mit meinem Team zusammenarbeiten." Er ist etwa 90 % der Zeit in Europa. Und dann ließ ich unseren CTO (Chief Technology Officer) die 1. Frage stellen und er sagte: „Hi, ich bin der CTO. Ich bin ein Teil der F&E-Organisation. Ich werde der Chef deines Chefs sein. Hier ist mein Weltbild von HireVue und wie du da reinpassen würdest." Und dann ließ ich jeden A&O-Psychologen im Team eine Frage stellen. Sie trafen alle Mitarbeiter des gesamten organisatorischen Standortteams visuell, bevor sie tatsächlich ein Live-Interview führten. Und das ist ein langer Weg.

Diese Forschung stammt aus dem Jahr 2014, wenn ich mich recht erinnere. Sie haben es in Ihre Notizen geschrieben und ich habe es mir angesehen. Es ist eine gute Forschungsarbeit, aber es vergleicht ein Live- mit einem Videointerview und wer würde ein Liveinterview nicht lieber als ein aufgezeichnetes bevorzugen? Sie denken, Sie haben eine bessere Chance. Aber wenn Sie anfangen, Videointerviews im gesamten Prozess zu betrachten, zieht jeder es vor, ein Videointerview zu machen, anstatt einen Test zu machen, ein Assessmentcenter zu durchlaufen oder einfach nur seinen Lebenslauf einzureichen, weil er seine persönliche Geschichte erzählen kann. Sie wissen in der Regel, dass ein Live-Interview folgen wird. Oder es werden letztendlich jemanden persönlich treffen, aber es können Ihre Geschichte zuerst erzählen. Die Forschung, die wir durchgeführt haben, hat immer wieder gezeigt, dass es sehr positiv ist, aber wenn es falsch gemacht wird, wie wir darüber gesprochen haben, hat es negative Auswirkungen auf den Prozess.

I Wir haben bereits über die Akzeptanz der Bewerber bei dieser Art von Interview gesprochen. Welche Art von Feedback erhalten Sie von Unternehmen, die diese Methode anwenden?

NM Sie lieben es, weil sie gute Renditen erzielen. Von den Kunden, die ich bereits erwähnt habe, ging einer von einem 6-wöchigen Einstellungsprozess zu einem 4,5-Tage-Prozess über. Von der Bewerbung im Bewerber-Tracking-System bis zum Erhalt eines mündlichen Stellenangebots im Live-Interview vergingen 4,5 Tage und es waren vorher 6 Wochen. Natürlich sparen Sie Geld, indem Sie keine Menschen herumfliegen müssen. Sie stellen fest, dass sich auch die Qualität verbessert und das ist der eigentliche Trick. Es ist großartig, wenn man den Prozess beschleunigt, aber wenn man den Prozess beschleunigt, um schlechtere Leute schneller einzustellen, ist es keine gute Lösung, man macht es nur schlimmer. Gute Leute schneller einzustellen, ist das ultimative Ziel und sie finden dort viele Renditen. Die Personalfluktuation ist rückläufig, die Leistung steigt, und die Einstellungszeit beträgt 4,5 Tage.

Es gibt viele unserer Kunden, die Volumenjobs eingestellt haben, z. B. Callcenter-Jobs. Und alle 3 Monate machen sie einen Rekrutierungskurs. Sie bringen 30, 40 Menschen mit und müssen eine 2-monatige Ausbildung absolvieren. Dann bekommen sie den Job im Callcenter und beginnen zu arbeiten. Zu diesem Zeitpunkt hat die Hälfte der Menschen bereits einen anderen Job angenommen – eine hohe Fluktuationsrate. Sie hatten 60 offene Jobs, Sie bekamen 30 Leute in Ihre Klasse und diese 30 Leute traten in das Unternehmen ein, aber im Callcenter haben einige Leute bereits wieder aufgehört. So haben sie jetzt noch 60 offene Stellen. Obwohl sie 30 füllten, haben sie 60 Vakanzen. Es ist eine Art Teufelskreis. Mit unserem Prozess finden Sie heraus, dass die Beschäftigungsdauer steigt, die Menschen weniger kündigen und ihre Leistung steigt. So machen Sie jetzt nur noch 1 oder 2 Einstellungsklassen statt 4 pro Jahr, weil Sie nicht mehr die freien Plätze zu besetzen haben.

Ein großes Ziel des Unilever-Programms für Hochschulabsolventen ist es, dass sie etwas Geld sparen würden und mit dem Programm haben sie 1 Mio. € gespart. Ein weiteres großes Ziel war es, ihre Vielfalt bei der Einstellung zu verbessern. Auf mehr Campusse zu gehen und eine vielfältigere Studentenpopulation zu bekommen, die sich bewirbt, ihre Vielfalt bei der Einstellung zu erhöhen und wenn diese Menschen im Unternehmen wachsen, verbessert sich die Vielfalt in der gesamten Organisation. Sie dokumentierten eine 16-prozentige Verbesserung der diversen Angestellten, die sie im 1. Jahr mit unserem Einstellungsprozess vorgenommen haben.

I Nach Ihrer Erfahrung sind sowohl die Bewerber als auch die Unternehmen mit dieser Art von Methode zufrieden. Wie viele Unternehmen wenden diese Methode bereits bei der Personalauswahl an?

NM Ich kann nur für HireVue sprechen, wir haben über 700 Kunden, die die Video-Interview-Plattform nutzen. Eine kleine Anzahl von ihnen verwendet die KI im Backend, da es sich um einen Custom-Building-Prozess handelt. Rund 100 Kunden nutzen das KI-basierte Assessment für das Videointerview im Backend. Sie wächst täglich, während wir sprechen, denn wir haben jetzt handelsübliche Algorithmen, die wir identifiziert und gebaut haben. Wir verwenden diese vorgefertigten Algorithmen, um innerhalb von Wochen ein Assessment für unsere Kunden durchzuführen.

I Das ist eine ganze Menge.

NM Ja, wir sind die größte Video-Interview-Firma. Wir sind die einzigen, die die KI wirklich auf sie anwenden, und das Ausmaß, in dem wir sie durchführen, ist ziemlich groß. Wir haben angefangen und alle anderen versuchen zu folgen, und sie lernen aus den Fehler, die wir vor 4 Jahren gemacht haben, aber das sind schwierige Lektionen, aber man muss es tun. Sie müssen erkennen: „Oh, das funktioniert nicht. Ich dachte, dass das funktionieren würde, aber das tut es nicht." Oder: „Nun, das ist großartig. Oh, warte. Das verursacht einen Unterschied zwischen Mann und Frau. Das kann ich nicht gebrauchen." Es gibt viele Lernschritte.

I Auch, weil es sich sehr stark auf das Leben der Bewerber und auch auf das Unternehmen selbst auswirkt.

NM Ja, da stimme ich zu. Wir arbeiten zum Beispiel auch mit Behindertengruppen. Wir haben Forschungsprojekte mit vielen Universitäten und Interessengruppen wie Behindertenorganisationen. Die ganze Idee ist: Menschen diskriminieren im Allgemeinen ohne es zu wollen. Sie diskriminieren aufgrund der Attraktivität, sie diskriminieren aufgrund einer Behinderung, aufgrund was auch immer. Wir wollen es nicht, aber wir machen es. Und wir bei HireVue versuchen, all das so weit wie möglich zu entfernen, damit jeder eine faire Chance hat. Und Behinderungen machen einen großen Teil davon aus. Das ist die nächste Forschung, die wir wirklich versuchen zu betreiben. Das ist ein großes und ein schwieriges Ansinnen.

I Zu den Bewerbern mit Behinderungen. Gibt es für sie bereits Zugangsmöglichkeiten?

NM Die USA haben den American Disability Act (ADA). Darin müssen Sie eine Anpassung geben, wenn Sie es wünschen, das ist alles Teil des Systems. Von Anfang an können Sie eine Anpassung des Prozesses beantragen, was bedeutet, dass Sie jeden Schritt, den Sie benötigen, umgehen können, oder Ihnen mehr Zeit gegeben wird, Ihre Antworten zu geben, was auch immer es ist. Wir haben auch den sogenannten „Schwellenwiderstand". Mit KI im Backend: Passen die Antworten von jemandem nicht zur Normalverteilung? Wenn es etwas gibt, das wirklich nicht synchron ist, schaut sich jemand das Video an. Vielleicht haben Sie eine Sprachbehinderung oder hatten einen Schlaganfall und Ihr Gesicht bewegt sich nicht einheitlich oder die Stimme ist nicht richtig, sodass die Wörter nicht richtig transkribiert werden, aber Sie befinden sich dann außerhalb dieser Schwelle und wir wollen Sie nicht negativ beeinflussen, indem wir ihnen eine niedrige Punktzahl geben.

Wir wollen dem Unternehmen sagen: „Du musst dir das Video ansehen und entscheiden, was hier zu tun ist." Es geht im Wesentlichen darum, diese Anpassung als Beispiel zu nennen. Das ist es, was wir heute tun, es gibt alle möglichen anderen Dinge, die wir zu tun versuchen und wir beginnen bestimmte Behinderungen, Sprachfehler, was auch immer es sein mag, zu kennzeichnen, die ihre Ergebnisse beeinträchtigen würden. Wir fangen an, das zu markieren, damit wir genau sagen können, dass das Gerät erkannt hat, dass hier etwas mit dem Vokabelnutzung nicht stimmt. Du musst es dir wirklich ansehen. Jetzt kann zwar eine menschliche Verzerrung potenziell entstehen, aber es ist besser, als von einem Menschen oder einer Maschine automatisch aussortiert zu werden. Wir müssen das Bewusstsein schärfen. Die Sensibilisierung für die menschlichen Vorurteile hilft den Menschen, die

Verzerrung aus ihrer Bewertung zu entfernen. Wie: „Ok, ich verstehe schon. Lass mich versuchen, das in meiner Bewertung herauszufiltern."

I   Dies sind einige interessante Einblicke in Ihre Arbeit bei HireVue sowie in die Datenwissenschaft und das maschinelle Lernen. Lassen Sie uns abschließend einen Ausblick auf den Bereich der A&O-Psychologie und Datenwissenschaft geben. Wie wird sich Ihrer Meinung nach, die Arbeit im Bereich des Personalmanagements in Zukunft verändern?

NM   Der Bedarf an A&O-Psychologen ist groß. Sie zwei beginnen jetzt Ihre Karriere in der Universität und bekommen Ihre Abschlüsse, es wird keinen Mangel an Arbeit für Sie geben. Es wird eine Mischung aus den A&O-Psychologen und den Datenwissenschaftlern geben, wie wir es bei HireVue haben. Einige Unternehmen versuchen, die A&O-Psychologen zu nehmen und zu sagen: „Oh, weißt du was? Sie haben auch am College einen maschinellen Lernkurs besucht, sie kennen R, also nennen wir Sie Datenwissenschaftler." Nun, das sind Sie nicht. Es sind A&O-Psychologen, die eine gute statistische Ausbildung haben, aber keine Datenwissenschaftler. Unser Team von Datenwissenschaftlern sind Chemiker, Physiker, Informatiker, Linguisten unter anderem, Sie nehmen dieses Wissen und wenden es auf die Erforschung von Anwendungen der künstlichen Intelligenz an. Datenwissenschaftler verbringen die Hälfte ihrer Zeit mit der Erforschung neuer Methoden der Textanalyse, Audioanalyse und Expressionsanalyse. Sie finden viele Möglichkeiten heraus, dies zu tun, im Vergleich zu einem A&O-Psychologen, der ein maschinelles Lernprogramm zur Ausführung von Statistiken entwickelt hat. Das bedeutet nicht, dass A&O-Psychologen keine Datenwissenschaftler werden können, aber es braucht mehr als ein paar Statistiken und Programmierkurse.

Der Punkt ist: Es besteht ein großer Bedarf an der Zusammenarbeit und Teamfähigkeit der A&O-Psychologen und Datenwissenschaftler. Ich will kein Datenwissenschaftler sein und alle Datenwissenschaftler in unserem Team wollen keine A&O-Psychologen sein. Aber wir nehmen das Beste aus beiden Rollen und bringen sie zu einem Team zusammen. Das werden Sie sehen, ob Sie ein Praktikant in einem Unternehmen, in einem Beratungsunternehmen oder Technologieunternehmen sind. Sie werden mit Datenwissenschaftlern zusammenarbeiten und haben mehr Wissen darüber als ich, weil Sie es in der Universität lernen. Ich habe das Ganze nicht in der Universität gelernt, aber Sie lernen es. Sie haben mehr Wissen, entwickeln es weiter und werden besser, aber Sie werden nicht durch eine Maschine oder ähnliches ersetzt werden.

I   Wie ich das höre, scheint es, dass die Datenwissenschaft ein Bereich ist, in dem es verschiedene Fächer gibt. Wie wichtig ist es Ihrer Meinung nach, Erfahrungen in der Arbeit in interdisziplinären Teams zu sammeln?

NM   Ich denke, es ist sehr wichtig, denn man muss verstehen, dass die Menschen über die Dinge anders denken. Als ich z. B. mit der Data Science Group bei HireVue zu arbeiten begann, begannen sie über „k-Faltung" zu sprechen und erklärten es: „Nun, wir haben erst ein Trainingssatz gemacht und dann haben wir einen K-Faltprozess gemacht und dies und das." Und ich dachte mir: „Ich verstehe nicht, was du sagst. Ich habe keine Ahnung, wovon du redest." Dann stellten sie mir eine Frage und ich fing an, darüber zu reden: „Du hast deinen Prädiktoren-satz und deinen Kriteriensatz und machst eine Validierungsstudie. Sie wollen eine Holdout-Stichprobe und eine Kreuz-Validierungsstichprobe verwenden." Und als wir darüber sprachen, wurde uns allen gleichzeitig klar: „K-Faltung ist Kreuz-Va-lidierung." Es ist nur eine andere Methodik, aber es ist derselbe Prozess. Ihr Trai-ningsset ist ihr Validierungsdatensatz für Studien. Sie haben einen Validierungs-datensatz und nehmen einen Teil davon heraus und trainieren ihr Modell. Dann kommt man zurück und nimmt einen weiteren Teil davon heraus, trainiert das Mo-dell erneut und das macht man 60-mal. Man macht ein Holdout-Sample 60-mal auf seinen Daten und das ist K-Faltung. Als A&O-Psychologen machen wir es 1- oder 2-mal, wir verwenden nur 2 Holdout-Samples und führen sie aus. Wir wür-den es nicht 60-mal machen. Aber es ist die gleiche Methodik, nur ein wenig anders. Und es dauerte einen Monat, um das herauszufinden. Es waren mehrere Gespräche mit den Datenwissenschaftlern, in denen wir uns gegenseitig verwirrten und wütend wurden: „Nein, du verstehst mich nicht. Wir müssen es auf diese Weise machen. Du verstehst mich nicht, wir machen es so." Und als wir es herausgefunden haben, ha-ben wir es genauso gemacht; sie machen es einfach besser. Oder sie haben es falsch gemacht.

Es ist auch gut, dass sich der A&O-Psychologe und der Datenwissenschaftler ge-genseitig überprüfen und ausbalancieren. Zum Beispiel, in einem unserer ersten Mo-delle sagte der Datenwissenschaftler: „Die Modellvorhersage sagt, dass wir einen Wert von xy und einen Cutoff-Wert bei z haben sollten." Und ich sah es mir an und sagte: „Du kannst keinen Cutoff Score beim 90. Perzentil haben. Das bedeutet, dass 90 % der Gruppe nicht bestehen. Nehmen wir an, Sie haben 1000 Bewerber für 100 Jobs; wenn nur 10 % bestehen oder Sie 90 % der 1000 im 1. Schritt des Prozesses aussor-tieren, werden Sie niemanden einstellen, wenn Sie am Ende sind. In diesem Beispiel betrachteten die Datenwissenschaftler das Modell nur aus einer reinen Datenperspek-tive, während die A&O-Psychologen die Modellierung aus der Praxis betrachteten. Das ist der Wert des Lernens von und der Arbeit mit multidisziplinären Teams.

Man lernt diese Lektionen und man weiß, dass man, wenn man in ein multidis-ziplinäres Team geht, aufpassen muss, weil man genug davon verstehen muss, wo-rüber die anderen reden. Wenn sie zu einem kommen und sagen: „Wir brauchen das.", muss man die richtigen Fragen haben, um zu sehen, ob das wirklich der Fall ist oder nicht. Dann lernt man, ihnen die Dinge auf eine sinnvolle Weise zu be-schreiben. Man muss den Fachjargon beiseitelassen und alles auf eine Weise erklä-ren, die für einen normalen Menschen verständlich ist, und dann versteht der an-dere: „Oh, du beschreibst K-Faltung." Man findet einen Mittelweg zwischen den Erklärungen heraus, entfernt den ganzen Fachjargon, dann kann man leichter einen gemeinsamen Weg finden. Sie lernen all diese Lektionen, indem Sie in multidiszipli-nären Teams arbeiten, was gut ist.

I   Welche Weiterbildung könnte also für einen Psychologen, der in einem solchen Bereich arbeiten möchte, von Vorteil sein?

NM   Wenn Sie die Möglichkeit haben, nehmen Sie natürlich an einem maschinellen Lernkurs teil. Ich meine, das ist der Vorläufer für alles, was mit der KI passiert. Wenn Sie ein Interesse an KI haben, was sie tun kann und wie Sie sie vielleicht bei dem, was Sie als A&O-Psychologe tun, angewendet werden kann, nehmen Sie an einem maschinellen Lernkurs teil und lernen Sie die Grundlagen. Dort muss man anfangen zu lernen, was die Grundlagen bedeuten und worauf man achten muss.

Es gibt viele Fehler in der Art und Weise, wie Maschinen Informationen klassifizieren. Es gibt eine Studie, die von einem Datenwissenschaftler durchgeführt wurde, und ich erinnere mich, als ich den Artikel las, war ich völlig ratlos. Ich hatte keine Ahnung, worüber die Autoren sprachen. Es war so tiefgründige Mathematik und maschinelle Lernanwendungen, dass ich dachte: „Ich bin verloren." Aber wozu ich in der Lage war, war eine Studie aus dem Artikel herauszuholen, indem sie dem Computer beibrachten, zwischen Huskys und Wölfe zu klassifizieren. Sie trainierten die Maschine und sagten: „Das ist ein Wolf. Das ist ein Husky." Und die Maschine lernte und erhielt eine Genauigkeit von 90+%. Wenn man ein anderes Bild mit der Frage „Ist es ein Wolf oder ein Husky?" aufstellt, war es mit einer Genauigkeit von 90+% meist korrekt. Aber sie gingen hin und sahen sich die Daten an und fragten: „Worauf basiert die Klassifikation?" Sie dachten, dass es die Schnauze, die Augen, der Körper etc. waren, also alle Informationen, die sie verarbeiten würden, wenn sie die Klassifizierung der Hunde durchführen würden. Sie stellten fest, dass es sich um alle Hintergrundinformationen handelte und vor allem, ob Schnee im Bild war oder nicht. Die Huskies hatten keinen Schnee im Hintergrund, Wölfe in der Wildnis hatten alle Schnee im Hintergrund, während die Huskies Gras hatten. Es gab ein Haus hinter ihnen, während die Wölfe in freier Wildbahn waren. Es ging nicht darum, mit Hilfe der Merkmale der Hunde die Klassifikation durchzuführen, sondern um Hintergrunddaten. So zeigten die Forscher, wie wichtig es ist, die Daten aufzuschlüsseln, damit wir wissen, welche tatsächlichen Datenpunkte für die Klassifizierung oder Bewertung verwendet werden.

Für mich war das eine neue Erkenntnis und ich dachte: „Wow, wir müssen das Gleiche tun, wenn wir uns die Geschlechterverzerrung ansehen." Und wir gingen zurück und schauten uns diese Merkmale, anhand derer die Klassifizierung stattgefunden hat, an und sagen: „Gibt es da drin etwas, das mit dem Geschlecht zu tun hat? Und wenn ja, können wir es entfernen und damit unsere Geschlechterverzerrung im Algorithmus reduzieren?" Unterschiedliche Analogien. Es sind keine Wölfe und Huskies, aber es ist die gleiche Vorstellung von Männern und Frauen und wie man sich die Daten ansieht, um die Verzerrung zu bestimmen. Nehmen Sie an einem maschinellen Lernkurs teil und beginnen Sie, diese Dinge zu verstehen und wenden Sie das dort Gelernte in der A&O-Psychologie an.

I Vielen Dank für dieses Beispiel. Wir wären am Ende unseres Interviews, aber wir möchten noch eine letzte Frage stellen: Zusammenfassend, glauben Sie, dass es Themen gibt, die Sie für relevant halten? Gibt es etwas, das Sie hinzufügen möchten?

NM Vielleicht nicht, um etwas zu ergänzen, aber auf eine Sache, auf die ich mich freue, aufmerksam zu machen. Ich denke wirklich, dass es einige große Veränderungen in der Welt des Assessments und Interviews geben muss; im Wesentlichen haben sie sich seit 100 Jahren nicht verändert. Die kognitiven Fähigkeitstests, Intelligenztests, die Persönlichkeitstests, die vor 50, 60, 70 Jahren erstellt wurden, sind wirklich diejenigen, die heute in unterschiedlichen Formen und Ansätzen verwendet werden. Sie sind vielleicht besser und kürzer, aber sie sind immer noch Multiple-Choice-Tests, die online eingesetzt werden. Wir haben einen neuen Akzent gesetzt. Unterschiedliche Lieferungsmodalitäten, bevor sie auf Papier gescreent haben, dann war es auf einem Telefon-Touchpad, dann ging es online und wir machen verschiedene Lieferungen online mit computerangepassten Tests, aber es ist der gleiche Test. Du beantwortest immer noch Multiple-Choice-Fragen. Jetzt mit KI erhalten wir diese Persönlichkeitsergebnisse durch eine 20-minütige Analyse eines Videointerviews und es gibt keinen Test, es gibt keinen 150-Fragen-Persönlichkeitstest, der durchgeführt werden muss. Das ist eine große Veränderung, und das ist eine große Veränderung in der psychometrischen Welt. Und man kann anfangen, zusätzlich Gameplay-Verhalten und andere Tracking-Dinge zu verwenden.

Athleten verwenden Tracker, dieser überwacht z. B. einen Fußballspieler, wo er sich auf einem Feld bewegt, wie viel er sich bewegt, wie viel er läuft, wie viel er dabei spaziert, joggt oder sprintet und wie viel Sprints sie machen und warum und wann und wo. Alle diese verfolgbaren Informationen können genutzt werden, um Sie zu einem besseren Fußballspieler zu machen.

Das Gleiche kann für Menschen bei der Arbeit getan werden. Ich plädiere „nicht" dafür, Menschen bei der Arbeit zu überwachen, aber die Leute werden es tun, und sie werden sagen: „Woher kommt die produktivste Arbeit? Sind Sie allein an Ihrem Schreibtisch oder sind Sie in einem Konferenzzentrum oder sind Sie an einer Kaffeemaschine, reden mit jemandem und kommen dann zurück und werden wirklich produktiv? Was geschah dann bei der Diskussion an die Kaffeemaschine, das Sie dazu antrieb, produktiv zu werden?"

Das ist eine ganz neue Welt der Forschung, das ist etwas anderes als das, was ich in der Universität gelernt habe und wahrscheinlich sehr viel anders als das, was Sie in der Universität lernen und die Technologie wird es vorantreiben. Und wie baut man ein Assessment dieses Materials auf, um Dinge vorherzusagen, um den Entwicklungsbedarf von jemandem zu identifizieren? Wie helfen wir jemandem, besser zu werden als das, was er ist? Diese interaktiven Simulationen werden eine große Verbesserung darstellen.

Also Virtual Reality, damit spielen wir jetzt herum, wir haben ein exemplarisches Assessment, bei dem wir Virtual Reality verwenden können. Es ist ein Videointerview, Sie zeichnen Ihre Antworten auf, aber es ist interaktiver als die Fragen auf dem Bildschirm zu lesen und zu beantworten, weil Sie einen Avatar haben, eine andere Person in der VR-Umgebung, die die Fragen stellt, und dann gibt es Verzweigungen in verschiedene weitere Fragen, je nachdem, was die Person sagt. Die Real-Life-Analyse mit KI meiner Antwort verzweigt sich also in verschiedene Fragen. Das bedeutet ein echtes interaktives Live-Interview, aber es ist VR, da es die KI im Hintergrund nutzt, um es zu steuern. Das ist ein Beispiel, wo die Assessment- und Trainingswelten hingehen, das ist ziemlich aufregend, und Sie befinden sich in einer Umgebung, in der Sie anfangen können, es zu lernen und einen Weg finden, es zu erstellen und zu erforschen. Sie sind diejenigen, die es wirklich sehen werden. Es wird Spaß machen. Es ist meiner Meinung nach, eine ganz neue Welt für die A&O-Psychologen. Und Sie sind an einem perfekten Ort, um es anzunehmen und zu begleiten.

I Es scheint eine recht spannende Zukunft für A&O-Psychologen zu sein, auf die wir uns freuen sollten.

NM Ich glaube schon. Ich habe viel mit anderen A&O-Psychologen über diese Dinge gesprochen und viele von ihnen sagten: „Du wirst mich arbeitslos machen". Meine Antwort ist, dass die KI helfen wird, einige der langweiligen Dinge unserer Jobs zu automatisieren, wie z. B. die Arbeitsplatzanalyse, aber es werden noch viele weitere Möglichkeiten entstehen, neue KI-Ansätze und -Lösungen zu entwickeln und zu testen. Das ist jedenfalls meine Meinung.

I Vielen Dank für das Gespräch, Dr. Mondragon.

NM Es war mir ein Vergnügen.

Video des Interviews (siehe ◘ Abb. 7.1):

◘ **Abb. 7.1**   Video 7.1 (▶ https://doi.org/10.1007/000-0sn)

7.2 Interview mit Philipp Grochowski, PRECIRE Technologies GmbH, Aachen

Das Interview mit Philipp Grochowski (PG) und die Transkription führten Sandra Wilhelmine Bell und Nathalie Zetzmann (Interviewerinnen, I) durch.

Interviewer (I)   Guten Tag Herr Grochowski, wir freuen uns sehr, dass Sie sich die Zeit für dieses Interview genommen haben. Sie sind Consultant bei der Firma PRE-CIRE in Aachen und Entwickler der gleichnamigen, automatisierten Sprachanalysesoftware PRECIRE. Zuallererst möchten wir Sie gerne darum bitten, uns einen kurzen Überblick darüber zu geben, womit sich das Unternehmen PRECIRE beschäftigt.

M. Sc. Philipp Grochowski (PG)   Die Idee von PRECIRE ist, das tatsächlich messbar zu machen, was an Psychologie in Sprache steckt und sich manifestiert, und Psychologie als Konstrukt in all seinen mannigfaltigen Facetten in der Sprache zu erkennen.

I   Sie selbst sind, wie eingangs schon erwähnt, Consultant bei PRECIRE. Beschreiben Sie doch einmal, welche Stationen Sie in Ihrer beruflichen Karriere durchlaufen haben, bis Sie zu dieser Position gelangt sind.

PG   Ich habe ganz klassisch Psychologie studiert, erst in Bremen den Bachelor und dann in Göttingen den Master gemacht und bin nach meinem Studium dann ins Key-Account-Management eines großen Personaldienstleisters gegangen. Nach einem knappen Jahr, nachdem ich immer mal wieder von PRECIRE gelesen hatte, habe ich mich dann initiativ bei PRECIRE beworben. Ich hatte das große Glück – das kann ich heute mit der Kenntnis, die ich über die Jahre hinweg hier erlangt habe, sagen – mich zu einem wirklich sehr guten Zeitpunkt zu der Bewerbung entschlossen zu haben. Denn damals war gerade diese Vakanz bei PRECIRE zu besetzen. Da ich mir gut vorstellen konnte zu wechseln, bin ich dann tatsächlich – und das, finde ich, beschreibt ganz gut mein persönliches Engagement und meine Begeisterung für PRECIRE – aus Berlin nach Aachen gegangen, um hier zu arbeiten. Das war im Mai 2016.

I   Also kam der Wechsel in den Bereich der künstlichen Intelligenz und somit zu PRECIRE durch Ihr eigenes Engagement zustande. Und wieso hatten Sie sich im direkten Anschluss an ihr Studium entschieden, zunächst im Key-Account-Management zu beginnen?

PG   Es war so, dass mein Fokus während des Studiums im Bachelor klassischerweise auf der klinischen Psychologie lag, ich mich auch immer schon mit Neuropsychologie beschäftigt hatte und mir quasi den Weg zum Psychotherapeuten offenhalten wollte. Es bedurfte damals einer ganz bestimmten Belegung von Fächern, um sich diesen Weg nicht zu verbauen. Ich habe dann durch Praktika, allgemein durch praktische Erfahrung und auch durch Gespräche mit Personen, die als psychologischer Psychotherapeut arbeiten (ich habe auch meine Praktika im Rahmen des Studiums alle im klinischen Bereich gemacht), für mich herausgefunden, dass es ein extrem interessanter Bereich ist – aber nicht genau das, was ich direkt nach meinem Studium machen wollte. Vor allem, weil ich mich nicht damit anfreunden konnte, im direkten Anschluss an dieses lange Studium nochmal eine lange und schlecht bezahlte psychotherapeutische Ausbildung zu machen. Also habe ich überlegt, was ich sonst noch machen könnte. Das habe ich aber glücklicherweise schon im Laufe meines Masterstudiums für mich erkannt und hatte dann das große Glück, dass zu dem Zeitpunkt in Göttingen ein extrem interessanter neuer Lehrstuhl – die „Biologische Persönlichkeitspsychologie" – gegründet wurde. Dort haben wir uns umfassend mit den evolutionären Grundlagen für Verhalten und Präferenzen beschäftigt und eben auch – darauf habe ich mich in meiner Masterarbeit hauptsächlich fokussiert – mit präziser Persönlichkeitseinschätzung von Menschen auf Grundlage von kurzen und knappen Verhaltensausschnitten. Zusammengefasst also: Wie gut kann ich jemanden einschätzen, wenn ich ihn gar nicht kenne? Das hat mich sehr fasziniert und interessiert. Dazu kam dann nach meinem Studium noch der Hinweis einer guten Freundin, die Medizin studiert hat. Sie sagte: „Philipp, du musst irgendetwas verkaufen!" Das hat sie wirklich ganz plakativ und offen so gesagt. Und dann habe ich gedacht: „Mensch, was könnte ich denn machen?" Wie gesagt, ich war durch meinen Pfad im Studium sehr interessiert an vielen verschiedenen Bereichen der Psychologie, wollte aber irgendwie ganz gerne in den direkten Kunden- oder Menschenkontakt. An der Uni zu bleiben, war nie eine Option für mich. Ich wollte in die „echte" Wirtschaftswelt und Kundenkontakt haben. Ich habe dann einen Freund gefragt, der mit mir zusammen in Göttingen studiert hat und bei diesem besagten Personaldienstleister zu arbeiten begann. Dieser riet mir, ich solle doch einfach mal meinen CV dorthin schicken. Dann ging alles ganz schnell: Ich bekam ein Telefoninterview und mir wurde gesagt, ich könne anfangen, wo ich möchte. Meine damalige Freundin lebte zu der Zeit in Berlin und hat mich ermutigt, den Job anzunehmen, da ich Vertriebserfahrung sammeln wollte. Und das tat ich dann auch.

I   So war der erste Grundstein für Ihren beruflichen Werdegang gelegt, und dann kam es irgendwann zu dem Wechsel zu PRECIRE, was ja auch im Hinblick auf Ihr Interesse an Persönlichkeitspsychologie sehr gut passte?

PG   Absolut. Hinzu kam, dass auch der Fokus in meiner Tätigkeit als Personaldienstleister oder als Account-Manager auf der IT lag. Ich habe Freiberufler in Projekte vermittelt und diese Freiberufler waren alle IT-Freelancer oder -Experten, sodass es da auch schon eine technische Affinität gab, die mir natürlich jetzt bei PRECIRE zugutekommt.

I   Sie waren bei PRECIRE zunächst als „Psychologist" tätig. Was waren in dieser Position Ihre Aufgaben? Wie konnten Sie Ihre Expertise in das Unternehmen einbringen?

PG   Meine Expertise als Psychologe konnte ich deswegen gut einbringen, weil es darum ging und auch weiterhin darum geht, die grundlegend wissenschaftliche Theorie und somit auch die Grundlage von PRECIRE weiterzuentwickeln und weiter zu fundieren. Das kann ganz klassisch durch die Konzeption von Studiendesigns erfolgen, aber auch im direkten Kundenkontakt bei Kundenterminen, bei denen ich eingangs eher ergänzend anwesend war – immer aus meiner Rolle als Psychologe heraus, der die wissenschaftliche und theoretische Grundlage hinter der Technologie als solche erklärt hat, oder eben auch für theoretische Fragen Ansprechpartner war. So ging es beispielsweise darum, zu erklären, wie PRECIRE zu den gemachten Aussagen kommt, welche Idee dahintersteckt und wie all das mit wissenschaftlichen Erkenntnissen und Gütekriterien zu vereinbaren ist. Das heißt die „Psychologist"-Rolle fokussiert eher auf die Grundlage hinter der Technologie.

I   Seit etwas mehr als einem Jahr arbeiten Sie nun zwar weiterhin bei PRECIRE, allerdings nicht länger als Psychologist, sondern als Consultant. Was waren die Gründe für diesen internen Wechsel? Die beiden unterschiedlichen Berufsbezeichnungen lassen vermuten, dass es sicherlich auch ganz wesentliche Änderungen in Ihrem Aufgabengebiet gab?

PG   Das stimmt. Ich glaube, man kann es gewissermaßen als eine Erweiterung meiner Tätigkeit und leichte Verschiebung des Fokus bezeichnen. Ich bin ja nach wie vor Psychologe und werde in dieser Rolle auch immer noch angesprochen und wahrgenommen. Jedoch habe ich meinen Tätigkeitsbereich dahin gehend erweitert, als dass ich jetzt viel mehr im direkten Kundenkontakt tätig bin: als Projektverantwortlicher für Kundenprojekte, aber auch tatsächlich – und das freut mich sehr – im Sales, also in der direkten Akquise oder Kundenprojektanbahnung. Das Schöne daran ist, dass ich mir durch meine Kenntnis der theoretischen Grundlagen nicht ergänzend noch jemanden dazu holen muss, sondern diese Rolle holistisch ausfüllen kann – immer dann, wenn es darum geht, dem Kunden nicht nur etwas zu verkaufen oder zu erklären, Bedürfnisse zu wecken oder festzustellen, wo man hier vielleicht weiterhelfen kann, sondern auch WIE es funktioniert und was dahintersteckt.

I   Das heißt in Ihrem Arbeitsalltag beschäftigen Sie sich also trotzdem weiterhin mit der wissenschaftlichen Fundierung von PRECIRE?

PG   Genau. Ich teile mir das Büro mit der Leiterin unserer psychologischen Abteilung, die die Konzeption und Theorie hinter PRECIRE grundlegend mit aufgebaut hat. Sie war immer schon mit dabei; ist quasi die Mitarbeiterin Nummer eins neben den Gründern. Mit ihr das Büro zu teilen ist deswegen sehr hilfreich, da wir uns, was unsere spezifischen Aufgabenfelder oder -bereiche angeht, gut ergänzen. Und weil wir nur einen Meter voneinander entfernt sitzen, kommen wir gar nicht umhin mitzubekommen, was der andere so macht.

I   Würden Sie im Hinblick auf Ihre Tätigkeit als Consultant sagen, dass diese ein typisches Arbeitsfeld für Psychologen ist oder sein kann?

PG   Sein kann auf jeden Fall – für mich ist die Tätigkeit als Consultant eher eine Weiterentwicklung in die Breite. Man kann natürlich auch weiterhin im psychologischen Bereich arbeiten und diesen immer mehr vertiefen. Bei mir ging es eher darum, aus der vielfältigen psychologischen Grundausbildung und auch aus einer grundlegenden allgemeinen Interessiertheit an verschiedenen Disziplinen heraus – die als Psychologe, glaube ich, auch vorhanden sein sollte – die beratungsspezifischen Aufgaben eines Consultants in meinen Arbeitsalltag zu integrieren. Das heißt, dass ich mich nicht mehr zu vertieft mit einer ganz speziellen Thematik beschäftige, sondern ich mich, wie ich es gerade möchte oder wie es das Projekt bedarf, mit verschiedenen Themen grundlegend auseinandersetzen kann. Ich glaube das kommt meiner Persönlichkeitsneigung, verschiedene Themen interessant zu finden, eher entgegen, als nur in einem ganz speziellen Bereich vertieft weiterzuarbeiten.

I   Wenn wir nun schon einmal thematisch bei beruflichen Perspektiven von Psychologen angekommen sind: Was sind denn aus Ihrer Sicht die Kernkompetenzen, die Psychologieabsolvierende mitbringen sollten, die eine Tätigkeit in einem so weitläufigem Arbeitsfeld wie dem der künstlichen Intelligenz, um die es ja auch bei PRECIRE geht, anstreben?

PG   Ich glaube, dass jemand mit Interesse an einer Tätigkeit in diesem Bereich grundlegende kognitive Fähigkeiten mitbringen sollte, eine gewisse Grundflexibilität. Ich glaube auch, dass man offen sein sollte für andere Disziplinen und andere Aufgabenfelder, und dafür, inwieweit diese mit dem eigenen Tätigkeitsbereich synergetisch zusammen funktionieren könnten. Damit einhergehend denke ich auch,

Die Zukunft der Arbeits- und Organisationspsychologie …

dass man eine Grundaufgeschlossenheit gegenüber Neuem haben sollte. Eine stabile methodische Grundausbildung ist ebenfalls wichtig – tatsächlich auch noch für meine heutige Tätigkeit. Und – das kommt immer ein bisschen darauf an, was genau der Aufgabenbereich umfasst – kommunikative Kompetenz würde ich auch zu den Kernkompetenzen zählen. Je vielfältiger das Aufgabenspektrum sich gestaltet, je mehr Zusammenarbeit mit verschiedenen Disziplinen erforderlich ist und je mehr Kundenkontakt besteht, desto besser ist es, wenn man kommunikativ flexibel auf verschiedene Situationen reagieren kann und nicht nur auf eine festgefahrenen Art und Weise mit dem Gegenüber kommuniziert.

I   Demnach schätzen Unternehmen wie PRECIRE die methodische Grundausbildung sehr, die Psychologen im Rahmen ihres Studiums erfahren?

PG   Absolut. Ich hätte es mir nie träumen lassen, aber ich habe täglich mit Statistik zu tun. Natürlich nicht im Detail, wie die Kollegen, die ausschließlich im psychologischen Bereich arbeiten. Aber es gibt doch zumindest immer mal wieder Schnittmengen, und das wirklich jeden Tag.

I   Sie sprachen eben schon von Kommunikationsfähigkeiten. Wie und wo können Kompetenzen, die man nicht im Studium erlernt hat, erworben werden? Wie können Studenten hier Expertise erwerben?

PG   Allgemein geschieht das durch praktische Erfahrung. Also durch Kundenkontakt, durch Praktika, durch Projekte, durch Berufserfahrung. Ich kann jetzt, wo ich es am eigenen Leib erfahre, immer mehr verstehen, warum Unternehmen so häufig den Fokus auf ein gewisses Maß an praktischer Erfahrung legen und eben sagen: „Ja, du kommst von der Uni, und das ist schön und gut, aber die echte Welt funktioniert noch ein bisschen anders." Und deswegen kann ich nur empfehlen: Wer die Möglichkeit hat, Praktika zu machen, der sollte sie auf jeden Fall nutzen. Das ist eine Sache, die ich z. B. ein bisschen bereue. Ich habe immer die Pflichtpraktika gemacht, aber darüber hinaus hätte ich die Praxis im Nachhinein wohl noch etwas mehr fokussiert, hätte ich damals schon dieses Wissen gehabt, das ich über die Jahre hinweg erworben habe. Praktische Erfahrungen sind durch nichts aufzuwiegen.

I   Das wäre dann also auch Ihr Tipp an die Studenten?

PG   Absolut. Macht nebenbei noch etwas, selbst wenn es nur ein Tag in der Woche ist. Macht Praktika, macht etwas aus der Studententätigkeit heraus – eine Werkstudententätigkeit, was auch immer für Möglichkeiten bestehen.

I   Würden Sie denn sagen, Unternehmen wie PRECIRE, die sich mit innovativer Technik beschäftigen, bieten Praktikantenstellen an? Wie ist das aus Ihrer Erfahrung?

PG   Ich weiß, dass wir immer mal wieder Praktikanten haben – ich glaube sogar im Januar fängt wieder ein Praktikant für 3 Monate bei uns an. Das machen wir also auch ab und an. Es kommt natürlich immer darauf an, wie so die Projektlage ist – klassischerweise ist es bei kleineren innovativeren Unternehmen ja so, dass die

Standards oder die Ressourcenplanung nicht so fest ist wie bei großen, etablierten Konzernen. Dafür hat man natürlich in einem Unternehmen wie PRECIRE auch als Praktikant eine größere Flexibilität. Aber ja, die Möglichkeit besteht.

I Das ist gut zu wissen. Stichwort kleinere, innovativere Unternehmen: Zum Entwickeln und Implementieren einer Software wie PRECIRE braucht es sicher entsprechend vielseitige Expertise. Auf der Website des Unternehmens ist von mehr als 1400 Milliarden Neuronen im PRECIRE-Team die Rede. Was bedeutet diese Zahl in Mitarbeitenden?

PG Das ist eine Zahl, die der Feder unseres CTOs/Head of Data Science, entsprungen ist. Ich hatte jetzt leider keine Möglichkeit mehr, nachzuforschen, mit wie vielen Mitarbeitenden er da gerechnet hat, aber da ich ganz pragmatisch veranlagt bin, habe ich einfach mal kurz „Anzahl der Neuronen im menschlichen Gehirn" gegoogelt. Zum Zeitpunkt dieser Information, die auf die Website gegangen ist, waren es 16 Mitarbeiter, jetzt sind es glaube ich 20. Also wären es demnach wahrscheinlich jetzt etwa 1800 Milliarden Neuronen.

I Mit welchen Berufsgruppen arbeiten Sie denn zusammen?

PG Klassischerweise sind bei uns auch noch andere Psychologen beschäftigt, aber wir haben – und das macht wirklich einen Großteil von uns aus – Data Scientists, Linguisten und, ganz klassisch, Ökonomen, also Betriebswirtschaftler, denn irgendjemand muss ja das Geld verdienen.

I Wie gestaltet sich die Zusammenarbeit zwischen den unterschiedlichen Berufsgruppen?

PG Es gibt natürlich Meetings, und in mehr oder weniger regelmäßigen Abständen stellen im Rahmen solcher Meetings die verschiedenen Unternehmensbereiche den anderen vor, was sie gerade machen und wie die Weiterentwicklung aussieht. Im Augenblick ist es so, dass wir in der Endphase unserer großen englischen Validierung sind. Daran sind verschiedene Kollegen maßgeblich beteiligt: Zur Konzeption und Durchführung der Studie, sowie der anschließenden Auswertung der Daten. Und im Rahmen dessen finden regelmäßig Meetings statt, um sich gegenseitig den aktuellen Stand vorzustellen.

Insgesamt ist die Zusammenarbeit meines Empfindens nach sehr interessant und fruchtbar. Ich glaube, das ist eine Grundlage für die Arbeit in einem Unternehmen wie PRECIRE: dass du nicht zu versteift auf deine Disziplin bist und arbeitest, sondern auch ein Interesse daran hast, wie das, was du kannst und gelernt hast mit anderen Disziplinen zusammenpasst, wo es Schnittmengen gibt und wo du vielleicht auch etwas lernen kannst. Das ist auch meine innere Motivation gewesen, meine Rolle dahin gehend zu erweitern, dass ich nicht mehr nur als Psychologe arbeite, sondern eher holistisch als Consultant, wodurch ich jeden Tag ganz viel aus dem betriebswirtschaftlichen Kontext mitnehme und lerne.

I Kommen wir nun zu PRECIRE selbst. Es handelt sich hierbei ja um ein Programm, das aus menschlicher Sprache automatisch Informationen dekodiert, getreu Ihrem Motto „Kommunikation rein, Psychologie raus". Was steckt denn eigentlich theoretisch hinter diesem Ansatz, der Sprache als Ausgangspunkt nimmt und mittels künstlicher Intelligenz auswertet? Wie ist die Idee zu PRECIRE entstanden?

PG Die Idee von PRECIRE ist entstanden, indem sich unsere 3 Gründer in der ehemaligen Unternehmensberatung unseres heutigen Geschäftsführers kennengelernt haben. Hierbei wurde ganzheitliche Unternehmensberatung angeboten, das heißt Beratung für Teams und Unternehmen, aber auch für Führungskräfte, beispielsweise im Rahmen von Führungskräftecoachings. Ergänzend hierzu waren sie noch im Coaching und in der Motivationspsychologie von Sportteams, Mannschaften und Einzelsportlern tätig. Durch diese Tätigkeit haben er und zunehmend auch die beiden Co-Founder von PRECIRE Technologies immer deutlicher die Empfindung gehabt, dass über Sprache noch viel mehr zu steuern und zu erkennen ist. Dass die Ansprachen zwischen Individuen und auch zwischen Teilen der Mannschaften oder der Führungsteams beispielsweise unterschiedlich gestaltet sein müssen, um unterschiedliche oder eben gleiche Effekte bei verschiedenen Individuen erzeugen zu können. Aus dieser Vermutung heraus wollten sie dann einen konkreten, messbaren Ansatz entwickeln. Hieraus entstand die Idee, einen Ansatz, der aus den 1980ern stammt, nämlich den der formal-quantitativen Sprachanalyse von James Pennebaker, mit den heutigen Möglichkeiten des Machine Learnings zu erweitern und einfach zu schauen: Welche Psychologie, oder konkreter, welche Aussagen über die Wirkung einer Person, über den aktuellen Zustand, aber auch über grundlegende Eigenschaften einer Person kann ich aus deren Sprache ableiten? Und das nicht nur über das Zählen einzelner Wörter und das Rechnen einfacher Korrelationen, sondern zunehmend in einem so komplexen Maße, dass PRECIRE jetzt über eine halbe Millionen Datenpunkte pro Sprachprobe erfasst, diese in Korrelation zueinander setzt und über Machine-Learning-Verfahren neuronale Netze mit Zusammenhängen zwischen psychologischen Ergebnissen und sprachlichen Eigenarten und Strukturen errechnet.

I Von dieser ersten Grundidee bis zu der künstlichen Intelligenz, die PRECIRE heute darstellt – wie kann man sich denn den Entwicklungsprozess von PRECIRE vorstellen? Welche Stationen mussten hierbei durchlaufen werden?

PG Also grundlegend erst einmal eine Validierung an dem, was es schon gibt. Zunächst war unsere Herausforderung zu zeigen, dass der PRECIRE-Ansatz mit dem vergleichbar ist, was als Goldstandard akzeptiert ist. Was wir gemacht haben ist Folgendes: Wir haben psychologische Profile auf Grundlage von gängigen konservativen und tradierten psychologischen Messverfahren – also Selbstauskunftsfragebögen, Motivationstests, aber auch Teilen von Assessmentcentern, in denen Probanden fremdgeratet wurden – erhoben, sodass wir ein nach traditionellen Vorstellungen objektives Persönlichkeitsprofil von Probanden erhoben haben und dieses dann in Verbindung mit deren Sprache setzen konnten. Das heißt wir haben unter standardisierten Voraussetzungen Sprache von Menschen erfasst und uns angeschaut:

Gibt es in irgendeiner Weise – egal in welcher Kleinteiligkeit, egal in welcher Feinheit – messbare Hinweise in Sprache, die sich in Verbindung mit psychologischen klassischen Konstrukten bringen lassen? Spricht also beispielsweise jemand, der grundlegend dominant ist, oder jemand, der eher neurotisch veranlagt ist, anders als jemand, der eine gegenteilige Ausprägung hat? Diesen Ansatz haben wir grundlegend und umfangreich validiert. Das Ganze war nach wie vor klassisch aus der Unternehmensberatung gewachsen und hieraus eher auf den HR-Kontext fokussiert. Im weiteren Verlauf haben wir unseren Ansatz erweitert, da wir zeigen konnten, dass PRECIRE auch gemessen an klassischen psychologischen Gütekriterien funktioniert. So ist es uns mittlerweile möglich, den Rahmen von HR auf verschiedene andere Bereiche auszuweiten.

I   Sie sagten zuvor, dass über eine halbe Mio. Datenpunkte analysiert werden können. Welche Art psychologischer Informationen lassen sich denn mithilfe von PRECIRE aus Sprache extrahieren?

PG   Allgemein und perspektivisch gesprochen alle, die sich tatsächlich stabil und valide in Sprache manifestieren. Welche das sind, das wissen wir zurzeit auch noch nicht. Wir haben einen sehr weitreichenden Pool an psychologischen Ergebnissen, die wir ableiten können, aber prinzipiell ist es natürlich so, und das ist eben das spannende an Machine Learning: Was am Ende in den Daten steckt, das weißt du vorher nicht. Das ist eben auch das, was dem klassischen Ansatz der hypothesengesteuerten Forschung in der klassischen Psychologie ein wenig entgegensteht. Du stellst nicht vorher eine Hypothese auf und überprüfst sie in den Daten, sondern du gibst der Maschine Daten und schaust, was für Zusammenhänge es gibt. Es ist daher nicht möglich, die Frage nach den psychologischen Informationen grundlegend und erschöpfend zu beantworten, und das ist ja auch das Spannende dabei. Aber dazu kommen wir sicher noch.

I   Genau, auf Machine Learning werden wir im weiteren Verlauf des Interviews noch zu sprechen kommen. Sie sprachen eben von der Ausweitung des Fokus vom Bereich HR auf verschiedene andere Bereiche. In welchen konkreten Bereichen bietet PRECIRE denn überhaupt psychologische Dienstleistungen und Prozessoptimierungen an?

PG   Wir haben mittlerweile 4 Bereiche: Ganz klassisch den „People"-Bereich; das ist das, was man unter HR verstehen würde. Dann haben wir den Bereich „Relations". Hierzu zählt all das, was kommunikativ auf der Beziehungsebene passiert, also wenn es z. B. darum geht, die Kommunikation zwischen einem Servicemitarbeiter oder einem Chatbot und einem Kunden zu verbessern. Außerdem gibt es noch den Bereich der „Communications". Dieser umfasst, wie Kommunikation nach außen wirkt, also wenn es um Markenidentitäten geht oder darum, welche Werte in der Unternehmenskommunikation vermittelt werden sollen, oder welche im Augenblick vielleicht vermittelt werden. Wenn ich mir auf die Fahne schreibe, dass mein Unternehmen kompetent, menschenbezogen und positiv sein soll, jedoch alle Standardschreiben, die ich rausschicke, eher konservativ, pessimistisch und ein bisschen distanziert sind, dann gibt es da eine gewisse Diskrepanz zwischen dem, was ich ausstrahlen möchte, und dem, was ich ausstrahle. Wir können das messbar machen und verstehen, wie es angepasst werden kann. Den letzten Bereich nennen wir ganz vielsagend „Create". Dieser stellt einen neuen Unternehmensbereich von PRECIRE dar, wir haben uns vom HR- und Lösungsanbieter hin zu einem Technologieanbieter entwickelt, und zwar insofern, als dass wir das, was PRECIRE kann, unseren Kunden auch einfach so zur Verfügung stellen, ohne daran ein Produkt zu binden. Wir sagen also nicht nur: „Wir haben hier ein Produkt, das Sie kaufen können, und damit können Sie lernen, besser zu kommunizieren", sondern wir sagen, „wir stellen Ihnen die Ergebnisse, die PRECIRE aus Sprache abbilden kann, zur Verfügung und Sie bauen selber daraus, was Sie wollen." Über eine sogenannte API (Anwendungsprogrammierschnittstelle) stellen wir also quasi den PRECIRE-Kern zur Verfügung und unsere Kunden können selber Textdokumente oder Sprache analysieren und mit den Ergebnissen ihre eigenen Produkte erstellen. Das sind die 4 Bereiche: „People", „Communications", „Relations" und „Create".

I   Waren die Anwendungsbereiche für PRECIRE von Beginn an so vielfältig? Zunächst einmal startete PRECIRE ja im Bereich HR. Was war der Grund dafür, dass die Anwendungsbereiche so massiv ausgeweitet wurden?

PG   Der Grund war folgender: Wenn du – das fällt mir auch immer noch auf – als Ansatz Psychologie aus Sprache hast, was erst einmal alles und nichts bedeuten kann, dann merkst du auch, wenn du darüber sprichst oder dir konkret Gedanken dazu machst, dass immer mehr Ideen für Anwendungsbereiche aufkommen. All diese potenziellen Anwendungsbereiche beschränken sich eben nicht nur auf HR, obwohl wir klassischerweise aus diesem Bereich kommen. Und das war eben einer der Gründe, warum wir irgendwann gesagt haben, wir wollen jetzt keine Produkte mehr selbst anbieten, sondern eher Kunden/Firmen befähigen, selber Lösungen zu bauen – weil wir gemerkt haben, dass jedes Projekt individuell ist. Das führt dazu, dass wir eben nicht nur Standardlösungen verkaufen, sondern sehr viel Arbeit und Zeit in die Individualisierung von Projekten oder Produkten investieren. Es gibt aber einfach so viele Abzweigungen, die sich aus der Möglichkeit ergeben, was man aus Sprache messen kann und was der Kunde damit macht. Dementsprechend haben wir uns entschlossen, 4 Bereiche zu etablieren und es dem Kunden prinzipiell selbst zu überlassen, zu überlegen, was genau er machen möchte. Die Entwicklung in diese Richtung ist also quasi aus der Erfahrung heraus erwachsen. Denkt man an „Psychologie aus Sprache", dann kommt einem zunächst erst einmal der HR-Kontext in den Sinn, aber durch Entwicklung beispielsweise verschiedener Bereiche in der Wirtschaft lassen sich immer noch ganz neue Ansätze erdenken.

I   Und wie ist die Nachfrage bezogen auf die verschiedenen Bereiche, gerade auch im Hinblick auf die Einführung der Schnittstellenlösung im Bereich „Create"?

PG   Meiner Erfahrung nach ist der Hauptaufschlagpunkt nach wie vor HR. Ich glaube das liegt daran, dass die Fantasie noch ein bisschen wachsen muss. Es kommt immer darauf an, mit welchen Unternehmen oder mit welchen Ansprechpartnern wir sprechen, ob es ein klassisch-konservatives Unternehmen mit einem klassisch-konservativen Ansprechpartner ist oder nicht. Über uns wird in den Medien auch nach wie vor hauptsächlich im HR-Kontext berichtet. Das heißt Aufschlagpunkt ist häufig HR, aber es gibt auch Unternehmen oder Ansprechpartner aus anderen Abteilungen, als wir sie klassischerweise in der Vergangenheit hatten, die sofort eine Idee davon haben, was sie machen könnten. Zum Beispiel so etwas wie eine Chatbot-Optimierung, oder ein Projekt zur Optimierung von E-Mails. Es gibt da ganz unterschiedliche Ansätze, aber ich glaube, das ist etwas, was sich entwickeln muss und wird. Das dauert einfach.

I   Was sind denn aus Ihrer Sicht Bereiche mit besonderem Potenzial in der Zukunft? Würden Sie sagen, dass es sich irgendwann auf einen dieser 4 Bereiche konzentrieren wird?

PG   Ich glaube, dass der „Create"-Bereich am größten werden wird, denn hierbei braucht der Kunde nichts weiter als eine Idee davon, was er gerne mit PRECIRE machen möchte und welche Datengrundlage er hat. Das ist ja das Spannende, was so viel Fantasie bei PRECIRE anregt: Sprache als solches ist in jedem Unternehmen in Hülle und Fülle vorhanden. Die Frage ist nur: Welche Informationen stecken in dieser Sprache und wie kann man diese sinnvoll und mehrwertbringend verarbeiten? Wenn der Kunde eine Idee davon hat, was er gerne machen möchte und dies in seinem eigenen Design darstellen möchte, dann ist es ein Leichtes, einen eigenen oder externen Web-Developer zu beauftragen und zu sagen: „Schau mal hier, du bekommst Daten von PRECIRE, stell die einfach mal so dar, wie ich das möchte. Benutze ein lila Kreisdiagramm oder ein grünes Balkendiagramm, und… ." Ich denke, dass das der Ansatz mit dem größten Potenzial ist.

I   Wird der Kunde denn auch dahin gehend beraten, diese Daten so zu nutzen, dass sinnvolle Ergebnisse daraus resultieren?

PG   Absolut. Wir haben, gerade was die API angeht, eine sehr umfangreiche und gute Dokumentation und stehen natürlich als Beratungs- und Technologieanbieter mit diesem Beratungsansatz auch immer zur Verfügung.

I   Wir sprachen eben darüber, dass bei Berichterstattungen über PRECIRE der HR-Kontext immer noch sehr stark fokussiert wird. Können Sie exemplarisch schildern, was einen Bewerber erwartet, der sich bei einem Unternehmen bewirbt, welches PRECIRE nutzt?

PG   Das kommt immer ganz darauf an, wie das Unternehmen PRECIRE einsetzt. In der Regel ist es so, dass PRECIRE an irgendeinem Punkt des Auswahlprozesses dazu geschaltet wird. Es kann sein, dass ein erster Selektionsprozess stattgefunden hat, beispielsweise über CVs. In diesem wurden beispielsweise von insgesamt 5000 Bewerbern die 100 passendsten herausgesucht, und für diese 100 soll ein tiefgreifenderes Screening stattfinden, um festzustellen, ob sie von ihrer Veranlagung, Person und Wirkung her zum Unternehmen passen oder zu dem, was das Unternehmen sinnvollerweise von ihnen erwartet. In diesem Fall kann es sein, dass PRECIRE vor oder nach einem persönlichen Gespräch geschaltet wird, je nachdem, wie oder an welcher Stelle der Kunde die Software gerne einbinden möchte. Das ist etwas, was wir nicht vorgeben; das kann der Kunde selbst entscheiden. Die Bewerber bekommen in der Regel – und das ist jetzt ein Standardprozess – erst einmal die Frage, ob sie eine Sprachprobe zu eben genanntem Zwecke abgeben möchten. Es wird also immer darauf hingewiesen, was ausgewertet und analysiert wird und zu welchem Zweck. Dann bekommen die Teilnehmer, wenn Sie denn möchten, eine E-Mail, mit der sie sich registrieren können. Man registriert sich dann mit seinen persönlichen Daten und willigt ein, dass diese Daten genau zu diesem definierten Zweck verarbeitet werden dürfen und zu keinem anderen. Sobald man sich registriert hat, bekommt man eine Telefonnummer und eine PIN. Und dann wird das standardisierte Telefoninterview durchgeführt, das heißt man ruft diese Nummer an und gibt seine PIN ein. Daraufhin startet ein automatisierter Standardprozess, der ein Interview beinhaltet, das konzipiert wurde, um Sprache anzuregen. Das heißt, es enthält banale, alltägliche Fragen, die jeder gut beantworten kann. Sie zielen nicht darauf ab eine bestimmte Emotion auszulösen, sondern sollen einer möglichst breiten Masse die Möglichkeit geben, irgendetwas zu erzählen, denn wir brauchen Sprache. Das Interview ist von einem männlichen Sprecher eingesprochen; es ist also eine menschliche Stimme, die Fragen stellt wie beispielsweise „Wie läuft ein typischer Sonntag ab?", „Auf was freust du dich in nächster Zeit?", „Wie ist dein beruflicher Werdegang?", also Fragen, zu denen jeder irgendetwas sagen kann. Wenn ein Bewerber zu einer bestimmten Frage nichts sagen möchte, kann diese übersprungen werden. Sie kann auch wiederholt werden – ganz so, wie der jeweilige Bewerber möchte. Nachdem PRECIRE ungefähr 15 Minuten Sprachmaterial gesammelt hat, wird das Interview beendet und die automatische Verarbeitung startet. Sobald diese Verarbeitung abgeschlossen ist, bekommt der Auftraggeber eine Meldung darüber, dass die Ergebnisse für den Teilnehmer vorliegen. Ob Teilnehmer ihre Ergebnisse sehen oder nicht, ist dem Unternehmen überlassen. Das wird mal so und mal so gehandhabt. Das ist auch etwas, was individuell besprochen werden muss. Aber der Ablauf als solcher untergliedert sich grundsätzlich in Registrierung, Sprachprobenabgabe, automatisierte Analyse und Ergebnisbereitstellung für das Unternehmen.

I   Da dies ja gerade im Moment ständig in der Diskussion ist: Wie wird denn der Datenschutz sichergestellt?

PG   Erst einmal werden alle Daten in einem Rechenzentrum verarbeitet, das den höchsten Datenschutzanforderungen genügt. Und damit wir immer auf dem neuesten Stand bezüglich der Datenschutzgrundverordnung sind, haben wir einen internen sowie zusätzlich auch noch einen externen Datenschutzbeauftragten, der uns diesbezüglich berät.

I   Wir hatten eben schon einmal kurz über Machine Learning gesprochen und darüber, dass man am Anfang mitunter gar nicht so richtig weiß, was dabei alles herauskommen kann. Wie kann sichergestellt werden, dass mithilfe von PRECIRE die richtigen Bewerber ausgewählt oder die richtigen Daten erfasst werden?

PG   Das kommt immer darauf an, womit verglichen wird, oder was der Anspruch des Unternehmens ist. Zunächst einmal ist es natürlich so, dass dem Ganzen eine aussagekräftige Datengrundlage zugrunde liegen muss. Das heißt, dass der Referenzdatensatz, mit dem verglichen wird, fair und aussagekräftig sein muss. Wenn wir also mit dem Durchschnitt vergleichen, dann muss jedem, der das Ergebnis bewertet, bewusst sein, dass hier mit dem Durchschnitt verglichen wird, und nicht mit einer speziellen Referenz. Wird hingegen mit einer speziellen Referenz verglichen, dann muss jedem, der das Ergebnis interpretiert – und dafür sorgen wir durch Zertifizierung und Schulung unserer Kunden – bewusst sein, dass das ein Vergleich mit einer ganz speziellen Referenz ist. Wenn beispielsweise ein individuelles Profil oder ein individuelles Soll-Profil für Bewerber definiert werden soll, oder wenn es in Personalentwicklungsprojekten darum geht, dass sich jemand in eine gewisse Richtung entwickeln soll – also wenn es ein definiertes Optimum gibt – dann setzen wir uns mit unseren Kunden in Workshops zusammen und überlegen, was PRECIRE misst, und was das bedeutet. Nicht nur bezogen auf die Benennung der Skala, sondern auch darauf, was dahinterliegt, denn da entstehen häufig Missverständnisse. Wenn man beispielsweise Kontaktfreude oder Extraversion nennt, ist immer noch die Frage, was genau das bedeutet. Was bedeutet es, wenn es hoch ausgeprägt ist, was bedeutet es, wenn es normal ausgeprägt ist und was bedeutet es, wenn es niedrig ausgeprägt ist? Und dann überlegen wir gemeinsam mit dem Kunden, was für den jeweiligen Teilnehmer oder Mitarbeiter optimal erscheint, der sich entwickeln soll. Und so können wir ein Soll-Profil festlegen. Dieses können wir dann natürlich immer noch empirisch gegentesten. Wenn der Kunde beispielsweise sagt, dass er 50 Leute beschäftigt, die seit vielen Jahren erfolgreich in dem Job arbeiten, für den Stellen ausgeschrieben werden sollen, können wir diese natürlich auch gerne noch einmal screenen, ein aggregiertes Profil erstellen und dieses mit dem Soll-Profil abgleichen, das wir uns gerade normativ erdacht haben. Und so nähern wir uns dem realistischen Optimum an, und auch dieses wird gematched. An diesem wird letztlich auch gemessen.

I   Ist es denn auch möglich, dass sich im Zuge dieses Prozesses unerwünschte Algorithmen bilden? Aufgrund der Automatisierung, mit der die Analyse vonstattengeht, könnte man ja derartige Bedenken durchaus entwickeln.

PG   Absolut. Da gibt es ja gerade ein aktuelles Beispiel mit Amazon und deren Recruiting. Dort entstand der unerwünschte Algorithmus dadurch, dass der Datensatz nicht fair und nicht unbiased gewesen ist. Es kommt also immer darauf an, auf was die Maschine lernt: Es gibt immer den Trainingsdatensatz und den Lerndatensatz. PRECIRE baut nur Modelle, wenn sich Zusammenhänge in beiden Datensätzen zeigen, das heißt die Modelle basieren nicht auf Zufällen. Und das Wichtigste ist, dass die Datengrundlage als solche fair und repräsentativ ist. Das heißt, wenn es z. B. – wie in dem Fall von Amazon – so ist, dass Techniker rekrutiert werden sollten, hat die Maschine auf Basis schon erfolgreicher Techniker gelernt. Das Dumme daran war nun, dass die meisten Techniker Männer sind, also hat die Maschine gelernt, dass ein guter Techniker wohl ein Mann sein muss. Folglich hat der Algorithmus geschlechterspezifisch diskriminiert. Dem beugen wir vor, indem wir mithilfe von Marktforschungsinstituten möglichst repräsentative Stichproben und Referenzen aufbauen. Unsere Grundreferenz ist repräsentativ für Deutschland, mit einem Schnitt durch alle Altersgruppen, durch alle sozialen Gruppen, durch alle Bildungsschichten und genau ausgewogen zwischen Männern und Frauen. Darauf kommt es an.

I   Direkt überwacht werden kann das System also nicht, sondern nur, indem man darauf achtet, welche Daten man hineinsteckt?

PG Auf die Datengrundlage achten muss man auf jeden Fall. Das System kann aber natürlich auch dahin gehend überwacht werden. Wir haben z. B. jetzt gerade einen zweiten Algorithmus geschrieben, der die Ergebnisse des ersten teilweise überwacht und daraus lernt. Außerdem gibt es natürlich immer die Möglichkeit, zu schauen, was die Vorhersagen der Maschine sind und wie diese mit den Ergebnissen in der echten Welt überlappen. Wenn wir z. B. sagen, dass wir Leute suchen, die optimistisch wirken, oder Leute dahin gehend entwickeln, dass sie positiver und zuversichtlicher kommunizieren, oder Vertriebler suchen, die besser verkaufen, dann gibt es natürlich immer noch die Möglichkeit, zu messen, ob die allgemeine Empfindung in dem Team der Leute, die offensichtlich optimistisch sein sollen, wirklich positiver ist, oder ob die Leute, die mit PRECIRE zu dem Zweck eingestellt wurden, mehr zu verkaufen, auch tatsächlich mehr verkaufen. Das sind Möglichkeiten, die Vorhersagen oder den Algorithmus als solchen über KPIs (Leistungskennzahlen) zu überprüfen. Und dann gibt es eben noch die Möglichkeit, die ich gerade schon angedeutet habe – da es offensichtlich auch eine technische Komponente des Ganzen gibt – dass ein weiterer Algorithmus den ersten überwacht und checkt.

I Ist es dennoch möglich, das System zu überlisten?

PG Das kommt immer darauf an, was Sinn und Zweck des Ganzen ist. Prinzipiell ist es wie folgt: Das System als solches in der Tiefe zu überlisten, das geht nicht – einfach schon angesichts der rohen Datenmenge, die verarbeitet wird. Das heißt selbst wenn jemand versucht, anders zu sprechen und zu kommunizieren, dann wird das immer nur ein Kräuseln an der Oberfläche im Gesamtbild dieser über eine halbe Mio. Datenpunkte bleiben. Und der 2. Punkt ist: In welche Richtung soll das System manipuliert werden beziehungsweise zu welchem Zweck? Niemand weiß, in welche Richtung die sprachlichen Messpunkte mit dem Gesamtkonstrukt zusammenhängen – also ob es jetzt so ist, dass jemand, der dominanter ist, wirklich häufiger „ich" sagt, oder mit einer festeren Stimme spricht oder eben nicht; oder ob jemand, der neurotischer ist, häufiger seine Zweifel ausdrückt oder negative Emotionalität in seiner Sprache hat. Man hat vielleicht ein intuitives Gefühl, wie sich diese psychologischen Konstrukte in Sprache manifestieren. Ob sie sich aber wirklich so manifestieren und ob die manipulierte Variable ein Bestandteil der Berechnung der Vorhersage in Bezug auf diese psychologischen Komponenten ist, der in irgendeiner Weise auch nur einen kleinen Ausschlag macht, das kann ich gar nicht beantworten. Das heißt die Frage ist immer: Was ist mit „überlisten" gemeint? Und darauf ist die Antwort: Oberflächlich-situativ lässt sich messen, ob jemand situativ anders kommuniziert. Grundlegend in Bezug auf komplexe psychologische Ergebnisse und Konstrukte lässt sich das System jedoch nicht überlisten, da die Zusammenhänge einfach zu komplex sind. Das kann man sich so vorstellen, als habe man einen Fischschwarm mit 10.000 Fischen und 3 davon schwämmen in die andere Richtung; das heißt man bemüht sich, langsamer zu sprechen, mehr Pausen zu machen und vielleicht 1 oder 2 positive Emotionswörter mehr zu sagen. Dann sind das die 3 Fische, die in eine andere Richtung schwimmen, als sie es sonst tun würden, aber auf den Gesamtschwarm hat das keinen Einfluss. Und der 3. Punkt ist die Frage, was der Grund für eine Manipulation wäre, da man ja gar nicht wüsste, ob die 3 Fische für das Gesamtergebnis in die richtige Richtung schwimmen oder nicht.

I   Das heißt, um es noch einmal an einem praktischen Beispiel zu verdeutlichen: Wenn man sich jetzt irgendwo bewirbt, wo PRECIRE genutzt wird, und man eines dieser Telefoninterviews hat und mehrmals anrufen könnte. Dann wäre es also nicht möglich, dass ein unterschiedliches Ergebnis für ein und dieselbe Person herauskommt, je nachdem, wie sie spricht oder wie unterschiedlich sie spricht?

PG   Das ist natürlich Teil der grundlegenden Validierung, in der wir bewiesen haben, dass PRECIRE nicht manipulierbar ist. In der Vergangenheit hatten wir tatsächlich schon Tests von besonders cleveren Teilnehmern, die das versucht haben. Dabei ist jedoch genau das Gleiche herausgekommen. Das heißt im rekrutierungsrelevanten Kontext lässt sich das grundlegende Ergebnis diesbezüglich nicht manipulieren, nein.

I   Glauben Sie, dass irgendwann durch einen solchen Ansatz, wie PRECIRE ihn bietet, klassische Methoden der Personalauswahl komplett ersetzt werden könnten?

PG   Ersetzt werden glaube ich nicht. Ich glaube, dass es immer ein Ansatz zur Ergänzung sein sollte, denn jeder kennt das: Wenn ein langjährig erfahrener Recruiter einen bestimmten Eindruck hat, dann ist dieser Eindruck in gewisser Weise sicherlich auch begründet, aber auch der Recruiter kann sich nicht von seinem subjektiven Eindruck freimachen. Und ich glaube, dass es einfach sinnvoll ist, mit den Möglichkeiten, die das Machine Learning – oder ganz konkret PRECIRE – in diesem Falle bietet, diesen subjektiven Eindruck zu ergänzen. Zu schauen, ob es etwas gibt, das ich so nicht erkannt habe, oder wo ich vielleicht nochmal nachfragen oder genauer hinschauen könnte. Ich glaube, es ist einfach eine tolle Möglichkeit, gängige Verfahren effizienter zu gestalten und fairer zu machen.

I   Können Sie uns etwas darüber sagen, ob es bei den Bewerbern Bedenken im Hinblick auf das Verfahren gibt? Sie erwähnten zwar, dass diese vorher ohnehin in die Teilnahme einwilligen müssen, aber wie ist denn da erfahrungsgemäß die Resonanz?

PG   Das kommt aus meiner Erfahrung immer ganz darauf an, wie vorher informiert wurde. Wenn also beschrieben wurde, was PRECIRE macht und zu welchem Zweck, und was die Vorteile davon sind, also auch die Vorteile, die der Teilnehmer davon hat – z. B. eine faire Bewertung – dann ist die Resonanz, so meine Erfahrung, gut. Aber es ist natürlich so, dass man immer auch auf Menschen trifft, die generell sowieso alles blöd finden, oder alles Neue irgendwie skeptisch sehen. Ich persönlich habe die Erfahrung gemacht, und ich denke, da spreche ich auch für PRECIRE allgemein: Je mehr offengelegt wurde, was Sinn und Zweck von PRECIRE, den konzeptionellen Hintergrund und den Nutzen sowohl für den Teilnehmer als auch für das Unternehmen angeht, desto höher die Akzeptanz. Denn Teilnehmer haben schließlich ebenso Vorteile: nicht nur eine faire Bewertung, sondern auch die flexible Durchführung der Interviews, wann immer und von wo aus man möchte. Man muss dafür nicht durch halb Deutschland reisen, sondern kann seine Sprachprobe auch einfach nachmittags oder am Abend mit einem Glas Wein im Sessel abgeben.

I   Das heißt Sie würden sagen, Bedenken, dass man durch solche Analysesoftware zum gläsernen Menschen werden könnte, sind überflüssig?

PG   Na ja, was heißt gläserner Mensch? Wenn ich ohnehin überall eingeschätzt und bewertet werde, dann doch lieber richtig. Ehe mir jemand irgendetwas unterstellt, was nicht zutrifft, möchte ich doch lieber korrekt und richtig eingeschätzt werden. Ich meine, dass mehr Informationen über mich verarbeitet und bekannt werden, ist eine Entwicklung, die ich akzeptieren muss. Es ist ja hierbei vielmehr die Frage: Was ist die Idee dahinter? Was sind der Grund und die Intention dahinter? Ich finde, wenn diese technische Entwicklung in einem Rahmen stattfindet, der durch Normen und durch Moral geprägt ist, durch Gesetzgebung, durch – wie gesagt – verantwortungsvollen Umgang mit den Möglichkeiten, dann ist das eine große Chance. Jedoch kommt es wie immer darauf an, wofür die Technologie verwendet wird, und in welchem Rahmen. Prinzipiell finde ich es aber wie gesagt schön, wenn es einen multidimensionalen Ansatz gibt, also eine möglichst holistische Betrachtungsweise des Themenbereichs oder eben der Person, und sich die unterschiedlichen Dimensionen nach Möglichkeit ergänzen. Das finde ich besser, als wenn es nur von einer Seite kommt und diese für sich beansprucht alles abzudecken.

I   Es gibt ja auch noch andere fortschrittliche Methoden der Personalauswahl und -entwicklung, z. B. spielbasierte Ansätze. Glauben Sie, dass diese PRECIRE Konkurrenz machen könnten?

PG   Da ist es ähnlich zu dem, was ich vorhin meinte. Ich finde, es ist eine schöne, willkommene Ergänzung dessen was wir machen. Wir schreiben uns ja auch nicht auf die Fahne, alles zu können und alles zu machen, sondern in einem bestimmten Bereich bestmöglich zu arbeiten. Und wenn es andere Verfahren gibt, dann können diese ergänzend hinzugezogen werden. So handhaben wir es z. B. auch in Projekten mit Videoanbietern oder mit Plattformanbietern. Denn PRECIRE als solches beschränkt sich natürlich auf die Sprache als solches. Das heißt Gestik, Habitus und Mimik spielen keine Rolle für uns. Es ist auf der einen Seite der Fokus und auch die große Fähigkeit von PRECIRE, im Bereich Sprache wirklich objektiv und fair zu sein und deswegen auch so etwas zu leisten wie die Textoptimierung. Auf der anderen Seite ist es aber natürlich auch Rahmen und Begrenzung von PRECIRE, weil es darüber nicht hinausgeht. Und wenn es die Möglichkeit der sinnvollen Ergänzung gibt, beispielsweise wenn über ein persönliches Kennenlernen oder eine Videokonferenz oder vielleicht später dann eben auch so etwas wie eine Mimik-Erkennung hinaus noch eine Sprachanalyse stattfindet, ist das sehr gut. Das ergibt wieder ein ganzheitlicheres Bild im Sinne des multimethodalen Ansatzes.

I   Ist es wahrscheinlich, dass PRECIRE in Zukunft auch noch mit anderen Unternehmen zusammenarbeiten und gemeinsame Projekte machen wird, um mit unterschiedlichen Ansätzen auch verschiedene Personalauswahlbereiche abdecken zu können?

PG   Absolut. Solche Kooperationen gibt es auch jetzt schon. Gerade die Zusammenarbeit mit Videoplattformanbietern haben wir schon wirklich weit vorangetrieben. Hier bieten wir ergänzend zu dem Interview – ganz gleich, ob es jetzt live stattfindet oder zeitversetzt aufgezeichnet wird – die Möglichkeit, das Gesagte auch rein objektiv und strukturell zu analysieren.

I Was sind denn, um nochmal allgemeiner zu werden, die Vorteile sprachanalytischer Prozesse gegenüber herkömmlichen Methoden der Personalauswahl?

PG Erst einmal ist es extrem effizient: 15 Minuten Interview ergeben eine vollständige Persönlichkeitsanalyse, wenn man so will. Das ist schon einmal konkurrenzlos. Des Weiteren ist der Ansatz natürlich ein anderer: Es geht nicht nur um die Selbsteinschätzung, sondern es entsteht eine objektive Einschätzung. Die Maschine ist fair. Der Maschine ist es egal, was ich selbst von mir halte oder ob dem Rater passt, welche Farbe mein Anzug hat, welches Parfum ich trage oder auf welcher Seite ich den Scheitel trage. Die Maschine bewertet objektiv. Das sind schon einmal die grundlegenden Vorteile. Zudem passiert das Ganze auf einer viel größeren und stetig wachsenden Datengrundlage: Wir sprechen beispielsweise in unserer englischen Studie nicht mehr über 2000 Probanden und 80.000 Ratings, sondern wir sprechen aktuell von über 24 Millionen Ratings, weil wir durch das Internet die Möglichkeit haben, Sprache und Kommunikation von viel mehr Menschen bewerten zu lassen. Und so haben wir eine viel weitreichendere, repräsentativere und genauere Möglichkeit der Abbildung von Psychologie in Sprache als mit gängigen psychometrischen Messverfahren.

I Sie haben schon mehrfach von dieser Validierungsstudie gesprochen. Können Sie beschreiben, worum es bei dieser geht?

PG Für unsere grundlegende Studie, in der es erst einmal darum ging, welche Psychologie sich in Sprache abbildet, haben wir ein Studienkonzept entwickelt. Dieses haben wir über Marktforschungsinstitute im angloamerikanischen Raum validieren lassen. Das heißt zunächst haben wir den gängigen psychologischen Ansatz, was sich an Psychologie in Sprache manifestiert, dahin gehend erweitert, dass wir uns in unseren Literaturrecherchen und Erfahrungen gefragt haben: Wie kann Sprache als solches überhaupt wirken? Was kann Sprache bei mir bewirken und wie kann meine Sprache auf jemand anderen wirken? Hierfür haben wir uns überlegt, was es alles für Effekte gibt, die Sprache erzielen kann, und was für Gefühle durch Sprache vermittelt werden können. Diese haben wir dann in einen großen Fragebogen integriert. Das heißt wir haben selber einen Fragebogen mit 33 Konstrukten mit jeweils 6 Items entwickelt, also einen langen Fragebogen mit insgesamt über 200 Items. Diesen haben wir dann noch mit gängigen psychometrischen Messverfahren kombiniert, da wir – wenn wir schon einmal dabei sind – von den Probanden natürlich noch weitere Daten erheben können. Mittels Faktorenanalyse haben wir dann aus diesen Fragebögen 29 psychologische Ergebnisse identifizieren können, die in Sprache stecken. Das bedeutet, dass unser Ansatz bezüglich der Psychologie, die in Sprache steckt, ganzheitlich ist, weil wir wirklich gemessen haben, welche Möglichkeiten der Manifestation von Psychologie in Sprache es überhaupt gibt. Was wir jetzt machen oder gemacht haben ist, dass wir Sprache, Sprachteile, Satzteile, Satzfragmente und Absätze in englischer Sprache online gestellt haben, und zwar in riesiger Zahl und zufällig gewählt, also aus dem Internet gecrawlt. Das können wissenschaftliche Artikel sein, LinkedIn-Beiträge, Jahresabschlussberichte und so weiter. Daraus haben wir dann Chunks aus Sprache gebildet – das können mal 3 Wörter bzw. Tweets sein, das kann mal ein Satz sein, das kann mal ein Absatz oder auch ein kurzer Artikel sein. Diese haben wir im Hinblick auf verschiedene von uns vorher extrahierte psychologische Wirkungsweisen bewerten lassen. Diese Studie haben wir jetzt – daher kommt die Zahl der über 24 Millionen Ratings – über viele Wochen und Monate laufen lassen, und erhalten auf diese Art und Weise Hinweise darauf, welche Wirkung durch welche Strukturen in Sprache vermittelt wird. Was sich ergibt, ist ein ganzheitliches, faires Bild davon, wie sich Psychologie in Sprache rein strukturell deutlich macht.

I Kann man die Ergebnisse der Studie einsehen?

PG Es gibt ein wissenschaftliches Manual sowie bald eine vollständige Dissertation zu dieser Thematik und Studie, ja.

I Nun haben wir bis zu diesem Punkt sehr ausgiebig über HR gesprochen, wir haben aber eben schon von Ihnen erfahren, dass dies nicht der einzige Bereich ist, in dem PRECIRE Lösungen anbietet. Können Sie anhand eines weiteren Beispiels aus einem der anderen Bereiche beschreiben, womit sich PRECIRE außerdem beschäftigt?

PG Gerne. Ich kann noch etwas zu dem E-Mail-Projekt sagen, welches ich vorhin schon einmal angerissen habe. Das ist relativ aktuell. Bei dem E-Mail-Case ging es darum, dass der Kunde gesagt hat: „Wir möchten gerne unsere Standardschreiben, unsere Kundenanschreiben und unsere Verkaufsschreiben optimieren, gerade jetzt zur Weihnachtszeit – und zwar in eine ganz bestimmte Richtung. Wir möchten motivierender wirken, wir möchten gelassener wirken und wir möchten positiver wirken." Daraufhin wurde mit PRECIRE eine Optimierung dieser E-Mails in genau die entsprechende Richtung vorgenommen. Was gemessen wurde, was also für den Kunden besonders interessant war, waren 3 Faktoren: die Response Rate, die Sales per Mail Rate und die Conversion Rate. Es ist dann natürlich immer besonders interessant zu schauen: Auf welche E-Mails – entweder auf die ursprünglichen oder auf die PRECIRE-optimierten – wird eher geantwortet? Bei welchen verkaufen wir mehr und aus welchen entsteht wirklich ein Kundenkontakt, also auch wirklich ein Mehrgeschäft? Und da haben wir extrem überzeugende Ergebnisse. Es gibt sehr interessante Korrelationen zwischen bestimmten Wirkungsweisen, die in den optimierten E-Mails stärker fokussiert wurden, und den Standard-E-Mails. Zum Beispiel gab es einen starken Zusammenhang zwischen Response Rate, also der Antwortrate, der Sales Rate und der motivierenden Wirkung in Sprache und Kommunikation. Das ist ein gutes Beispiel, an dem man sieht, wie PRECIRE eingesetzt werden kann: Ein bestimmtes Ziel, wie Kommunikation wirken soll, wird vorgegeben, dann wird es durch PRECIRE methodisch messbar angepasst. Es werden zweieinhalb Mio. normale E-Mails und zweieinhalb Mio. optimierte E-Mails versendet und dann die Unterschiede betrachtet: Gibt es eine Verbesserung? Gibt es eine Optimierung? Und das ist durch dieses Projekt sehr erfolgreich nachgewiesen worden.

I Und bei dieser methodischen Anpassung läuft das Programm dann sozusagen einfach über den Text und dieser wird automatisch abgeändert?

PG Automatisiert erfolgt das Ganze (noch) nicht. Das ist etwas, das zukünftig sicher kommen kann und wird. Im Augenblick ist es so, dass bestimmte Satzteile oder Fragmente, die entweder einer bestimmten Wirkung zuträglich oder eben abträglich sind, als solche markiert und Vorschläge aus ähnlichen Wortkategorien gegeben werden. Das heißt, wenn der Text z. B. optimistischer wirken soll, und es wird darin von Risiken und von Hindernissen gesprochen, dann wird PRECIRE diesen Teil rot markieren und als Vorschläge z. B. anstatt Risiko etwas vorgeben wie Chance oder Möglichkeit, und anstatt Hindernis so etwas wie Herausforderung. So kann dann der Marketingmitarbeiter mithilfe von PRECIRE etwas anpassen. Sobald diese Anpassung erfolgt ist, kann das Ganze nochmals hinsichtlich der vorgegebenen psychologischen Wirkungsweisen gescreent werden, und wenn ein höherer Wert erzielt wird, also wenn eine Optimierung nach PRECIRE stattgefunden hat, dann wird der Text verwendet und rausgeschickt. Das ist ein aktueller Case, an dem deutlich wird, wie Kommunikationsoptimierung funktioniert.

I Worin besteht denn Ihrer Meinung nach das Erfolgsgeheimnis von PRECIRE?

PG Ich glaube allgemein – und das sage ich aus persönlicher Erfahrung – in der Faszination, mehr über etwas so Alltägliches wie Sprache und Kommunikation zu erfahren, bei dem uns vielleicht gar nicht so bewusst ist, was noch alles dahintersteckt – was noch mehr darin ist, als ich oberflächlich sehen kann. Das ist ja auch die Idee, aus der PRECIRE als Unternehmen gewachsen ist. Daraus, dieses Gefühl, diese Intuition, dass da noch mehr ist – und es vor allem noch komplexer ist, als das, was wir jetzt offensichtlich erkennen – messbar machen zu wollen. Und darüber hinaus auch aus dem Ansatz des Selbsterkennens, dieser menschlichen Erfahrung, der Kommunikation als solches, die uns ja tagtäglich umgibt. Unser Geschäftsführer zitiert gerne: „Der Regelfall der Kommunikation ist das Missverständnis." Es wird, auf Grundlage ganz vieler Faktoren, so viel vermittelt oder eben auch verstanden, das vielleicht gar nicht so vermittelt werden soll. Ich habe das selbst schon erlebt. Ich führe viele Feedback- und Auswertungsgespräche. Durch diesen annähernd immer gleichen Prozess habe ich mir in meiner Rhetorik angewöhnt, häufig „ja" zu sagen, aber eher als Orientierung für mich selbst, und habe diesbezüglich mal ein sehr wertschätzendes, aber offenes Feedback bekommen: Mir wurde am Telefon gesagt, dass das ein bisschen arrogant wirken könnte. Daraufhin habe ich entgegnet, dass das überhaupt gar nicht meine Intention gewesen sei, und ich so gar nicht wirken möchte; aber so wurde es mir eben zurückgespiegelt, und das war ein gutes Beispiel für mich zu merken, was so etwas beim Gegenüber auslösen kann. Meiner Meinung nach ist genau das der spannendste Ansatz: Anstatt das Glück zu haben, so etwas punktuell von einem offenen Feedbackgeber gesagt zu bekommen, ganz objektiv das eigene kommunikative Profil in all seiner Vielfalt zu erkennen, um dann eventuell Rückschlüsse darauf zu ziehen, wie man sich bestmöglich situativ anpasst.

I Was würden Sie denn sagen, was PRECIRE von anderen Unternehmen, die ähnliche Dienstleistungen anbieten, unterscheidet?

PG PRECIRE hat einen sehr ganzheitlichen Ansatz in Bezug auf die Psychologie in Sprache und arbeitet grundlegend methodisch und wissenschaftlich sehr korrekt. Außerdem glaube ich, dass Kommunikation deswegen der interessanteste

Hebel oder die interessanteste Grundlage ist, weil sie am ehesten den Menschen als solchen ausdrückt oder widerspiegelt: All das, was im inneren Monolog und in der Gedankenstruktur passiert, manifestiert sich in Sprache – in welcher Weise, in welcher kleinen Facette auch immer – und ich glaube, deswegen ist es so spannend – weil so, wie ich spreche, so bin ich. Robert Musil sagte nicht grundlos: „Eine Persönlichkeit ist der Ausgangspunkt und Fluchtpunkt alles dessen, was gesagt wird, und dessen, wie es gesagt wird."

I   Bevor wir im Folgenden zu einer Auseinandersetzung mit der Arbeits- und Organisationspsychologie im 21. Jahrhundert übergehen, noch eine letzte Frage, die vielleicht etwas losgelöst vom Rest wirkt: Ist PRECIRE eigentlich patentiert?

PG   Das ist eine sehr gute und interessante Frage. Soweit ich weiß, und das sage ich jetzt ohne den Anspruch auf Richtigkeit, kann man Software in Deutschland nicht patentieren lassen. Wir sind in Amerika patentiert, dort aber – soweit ich weiß – nur mit dem Prozess als solchem. Also, ich glaube, den Ansatz und die Überlegung gab es immer, aber Software als solche patentieren zu lassen, das geht in Deutschland nicht. Das ist der Grund.

I   Was glauben Sie als Mitarbeiter eines sehr fortschrittlichen Unternehmens, wie sich die Arbeits- und Organisationspsychologie in Zukunft verändern wird?

PG   Prinzipiell – das hatte ich vorhin schon einmal angedeutet – wird im besten Falle alles objektiver, schneller, fairer und in der Kombination auch besser. Ich glaube auch – und das ist gerade auf Grundlage dessen, was wir in den letzten Jahren und Jahrzehnten erlebt haben, schwierig zu prognostizieren – dass es Ansätze und Tools und Services geben wird, die man sich jetzt noch gar nicht vorstellen kann. Deswegen: Im Optimalfall wird es einfach besser.

I   Die Firma PRECIRE hat ja bereits ihre Nische in der Arbeits- und Organisationspsychologie der Zukunft gefunden. Wie sehen Sie die langfristigen Perspektiven für Wirtschaftspsychologen oder generell für Psychologen?

PG   Da ist immer die Frage, wen man vor sich hat. Jemand, der die Kriterien, die ich eingangs schon erwähnt hatte, erfüllt – also Offenheit, eine grundlegende Bereitschaft sich anzupassen, Neugierde, kognitive Fähigkeiten – der wird immer gute Chancen haben, und zwar in allen Bereichen; vor allem aber in einem Bereich, der sich so schnell und grundlegend verändern wird wie die Arbeits- und Organisationspsychologie. Das heißt: Wer bereit ist, seine gute Grundausbildung – das ist auch immer wieder der Punkt – auf neue Erkenntnisse und die Zusammenarbeit mit anderen Disziplinen anzuwenden, der wird immer gute Chancen haben.

I   Glauben Sie, dass es den klassischen Wirtschaftspsychologen in 5 Jahren noch geben wird?

PG   Das finde ich ganz interessant. Das sieht man ja auch gut an dem, was ich aktuell mache. Ich glaube, es wird einfach eine Weiterentwicklung geben und eine Veränderung der Rollendefinition; es werden neue Bereiche hinzukommen, es wird sich vielleicht etwas verschieben und es wird sich, glaube ich, auch alles ein bisschen erweitern. Die Instrumente und die Methodik werden sich ebenfalls entsprechend anpassen. Aber den Wirtschaftspsychologen als solchen wird es sicherlich noch geben.

I   Sie hatten ja bereits erwähnt, dass eine gute methodische Grundausbildung sehr wichtig ist. Finden Sie allgemein, dass Psychologen noch gut genug ausgebildet sind für das, was in Zukunft auf dem Arbeitsmarkt von ihnen erwartet wird?

PG   Da muss ich ganz ehrlich sagen, dass ich es im Vergleich zu anderen Disziplinen nicht genau weiß. Aber davon ausgehend, was ich so mitbekomme, sind wir Psychologen schon gut ausgebildet – gerade auch im Vergleich zu dem, was ich aus anderen Studiengängen und -disziplinen kenne. Ich glaube aber, dass es wichtig ist, sich auch im Studium noch mehr auf Veränderungen und Entwicklungen zu fokussieren und nicht nur ausschließlich all das Gängige und Tradierte zu lernen, zumindest nicht mit einem solchen Fokus.

I   Das heißt schon während des Studiums sollte man den Fokus mehr auf fortschrittliche Methoden legen?

PG   Genau. Gerade Psychologie – und das war auch der Grund dafür, warum ich es damals studieren wollte – ist ein sehr breites Feld. Darauf aufbauend kann man sich anschauen, wo es Schnittmengen zu anderen Disziplinen gibt. Psychologen arbeiten in allen Bereichen; in jedem Unternehmen ab einer bestimmten Größe arbeitet mit Sicherheit auch ein Psychologe, in welchem Bereich auch immer. Da es diese Breite hinsichtlich der Arbeitsfelder von Psychologen gibt, wäre es schön, wenn mehr über die Möglichkeiten und Innovationen in diesen verschiedenen Bereichen der Psychologie vermittelt würde.

I   Wenn Sie die Möglichkeit hätten, vorschlagen zu können, wie sich die universitäre Lehre an diesen Wandel anpassen könnte, was würden Sie sagen?

PG   Prinzipiell ist es toll, sich im Rahmen der Universität mit Veränderungen, Innovationen oder Unternehmen zu beschäftigen. Ansonsten sollte einfach die Möglichkeit geboten werden, sich noch ein bisschen freier mit dem beschäftigen zu können, was einen auch interessiert.

I   Also eine Lockerung im Sinne von mehr Wahlmöglichkeiten und mehr Praxisseminaren?

PG   Ja, genau. Praxisseminare wären nicht schlecht. Und – darauf wollte ich ohnehin noch eingehen – auch solche Kompetenzen, die in jedem Feld relevanter werden, wie z. B. grundlegende Programmierkenntnisse. Nicht, dass ich jetzt in großem Ausmaß welche hätte, aber ich merke auch bei uns, dass solche Kompetenzen immer mehr eine Rolle spielen werden. Gerade bei technologie- und innovationsgetriebenen Unternehmen, aber grundsätzlich in jedem Bereich.

I Stichwort: „digital becomes human": Kann das überhaupt funktionieren? Glauben Sie, dass Werte wie Humanität und Toleranz durch Maschinen abgebildet werden können?

PG Das ist ja gerade die Grundlage des Ganzen – die Verschmelzung von per Definition 2 grundlegend unterschiedlichen Ansätzen: dem technologisch-kalten und dem emotional-menschlichen Ansatz. Ich glaube, die menschliche Erfahrung in all ihren Facetten und Details künstlich abzubilden – das war ja die Frage – ist nicht möglich. Aber das ist ja auch nicht das Ziel, sondern es geht konkret bei PRECIRE vielmehr darum, die menschliche Erfahrung der Kommunikation dahin gehend zu verbessern oder zu ergänzen, als dass das Verständnis verbessert wird: Verständnis für all das, was ich bin und vermittle und all das, was mein Gegenüber empfindet und vermittelt. Es besteht immer eine Verbindung zwischen Verhalten und Erleben, die aber nicht objektiv kommuniziert werden kann. Das wird niemals in Gänze möglich sein, da währenddessen bereits kognitive Prozesse durchlaufen werden. Dies aber annähernd zu ermöglichen oder zumindest dahin gehend zu optimieren, als dass ich möglichst viel Verständnis für mein Gegenüber aufbringe und eben auch vermittle, das ist das Ziel.

I Gibt es denn aus Ihrer Sicht auch Risiken der Mensch-Maschine-Interaktion?

PG Ich glaube, diese Risiken gibt es überall. Es geht einfach darum, dass man einen Rahmen schafft, in dem sich frei bewegt werden kann. Dieser Rahmen muss aber auch – und das ist sicherlich nicht leicht – strikt genug gemacht werden, als dass kein Unfug damit betrieben werden kann und die Rechte des Einzelnen geschützt werden, aber auf der anderen Seite auch genug Raum für Ausprobieren und Innovation gelassen wird.

I Das ist eine sehr große Verantwortung.

PG Ja, es gibt tausende Beispiele sowohl für eine zu strikte Reglementierung als auch für einen zu lockeren Umgang damit.

I Und ist das auch ein Thema bei PRECIRE?

PG Absolut. Damit beschäftigen wir uns häufiger, als uns allen lieb wäre. Uns ist auch klar, dass wir natürlich eine moralische Verantwortung tragen. Jeder Fortschritt ist immer ein Risiko. Jede Weiterentwicklung birgt Risiken. Das ist auch etwas, das unserem Geschäftsführer und Hauptrepräsentanten des Unternehmens wichtig ist: Immer wieder klarzumachen, dass wir eine moralische Verantwortung empfinden und im Rahmen dieser agieren, es aber auf der anderen Seite natürlich auch die Möglichkeiten geben muss, Dinge ausprobieren und besser machen zu können, ohne von vornherein zu stark beschnitten zu werden.

I Wo liegen, Ihrer Meinung nach, die Grenzen dessen, was mittels künstlicher Intelligenz im psychologischen Sektor erreicht werden kann?

PG Das ist extrem schwer zu beantworten. Erfahrungsgemäß ist es so: Die Maschine lernt das, was man ihr beibringt oder auf Grundlage dessen, was man ihr zur Verfügung stellt. Das ist ja auch das Spannende: Was in den Daten steckt, das weiß ich nicht. Das weiß niemand. Da gab es mal eine extrem interessante Dokumentation, die ich zufällig auf Arte gesehen habe. Sie hieß „Im Rausch der Daten" und es ging darin um die Konzeption und Verabschiedung des europäischen Datenschutzgesetzes. Als Beispiel erzählte ein Vertreter der Industrie, dass er vom Bildungsministerium in den USA beauftragt wurde, in einem bestimmten Bundesstaat bei High-School-Absolventen herauszufinden, ob es im Laufe ihrer Schullaufbahn oder ihres Lebens im Vorhinein bereits Hinweise dafür gab, dass sie später einen erfolgreichen Abschluss machen würden. Dabei ist man zunächst ganz klassisch vorgegangen und hat die demografischen Daten mit Schulerfolg korreliert, was jedoch zu keinen richtig befriedigenden Ergebnissen geführt hat. Durch Machine Learning ist dann herausgekommen, dass das Belegen von kreativem Schreiben in der 9. Klasse ein ziemlich valider Prädiktor für späteren Schulerfolg war – ein Zusammenhang, den so niemand hat sehen oder hätte aufstellen können, der sich aber dadurch begründet hat, dass es einen Zusammenhang zwischen kreativem Schreiben in der 9. Klasse und dem erfolgreichen Bestehen von Algebra in der 10. Klasse gab. Und das Bestehen von Algebra ist immer ein guter Prädiktor für Schulerfolg. So steckte also in den Daten eine Erkenntnis, die so nie jemand hätte herausfinden können – die sich niemand hätte träumen lassen. Das, finde ich, ist ein gutes bildhaftes Beispiel für einen allgemeinen Ansatz, wo die Grenzen liegen. Was in Sprache steckt, wissen wir nicht. Ich glaube, dass so ziemlich alles darin steckt, was Persönlichkeit und den Menschen ausmacht. Es ist eben nur die Frage, wie genau sich das manifestiert und in welcher Situation, ob es messbar ist und welche Erkenntnisse und Schlüsse man daraus zieht.

I Die Grenze wird also durch die Sprache an sich abgesteckt?

PG Genau.

I Können Sie uns an dieser Stelle noch einen kleinen Einblick geben, welche Projekte PRECIRE in Zukunft plant?

PG Es gibt in jedem Bereich Projekte. Wir machen jetzt im „People"-Bereich beispielsweise für mehrere Konzerne aus ganz verschiedenen Segmenten Organisationsentwicklung auf Basis von Personalentwicklung. Hierbei geht es darum, über Sprache und über kommunikatives Training des Einzelnen einen breitflächigen Ansatz für eine grundlegende Organisationsentwicklung zu schaffen. Das heißt, wenn ein Unternehmen Führungskräfte hat und dem Unternehmen gewisse Werte und eine gewisse Wertevermittlung wichtig sind, dann können die Führungskräfte ihre Kommunikation grundlegend an diese Werte anpassen und entsprechend erweitern, in ihrem Alltag also sukzessive mehr davon vermitteln, wofür das Unternehmen als solches steht. Und wenn eine breitflächig angelegte Masse von Führungskräften das als solches tut, so hat dies natürlich auch eine gewisse Strahlkraft auf das Team. So entwickelt sich innerhalb des Unternehmens eine Festigung dieser Werte. Nicht nur in der Sprache, sondern später auch in Prozessen und Strukturen, da Sprache Startpunkt für das Denken ist und das Denken zu Handlung wird. Wenn Handlung dann von vielen verschiedenen Individuen ausgeführt wird, führt dies zu gesamtheitlichen Veränderungen. Das heißt der Ansatzpunkt des kommunikativen Trainings von Einzelnen in Schlüsselrollen führt über einen längeren Prozess hin zu einer Organisationsentwicklung in eine bestimmte Richtung.

Was wir gerade im „Communications"-Bereich machen, ist Unternehmenskommunikation auf Grundlage von Standards oder Websites anzupassen. Im „Relations"-Bereich beschäftigen wir uns wie gesagt aktuell damit, Chatbots zu optimieren oder Navigationssysteme mit gewissen Persönlichkeiten auszustatten – im besten Falle so, dass der Kunde beim Kauf eines Autos wählen kann, mit welcher Persönlichkeit er sprechen möchte. Oder vielleicht gibt er sogar eine Sprachprobe ab und das System passt sich ihm automatisch an. Das alles sind Möglichkeiten. Und ergänzend dazu wird der Bereich „Create", von dem ich eingangs sprach, voraussichtlich auch größer werden – das heißt die verschiedenen Kundenprojekte, bei denen wir selber auch noch nicht wissen, in welche Richtung sie dann gehen.

I Der Internetauftritt von PRECIRE scheint aktuell überarbeitet zu werden. Was sind die Gründe für diesen Umbruch?

PG Tatsächlich ist der Hauptgrund die Entwicklung hin zum Technologieanbieter. Also weg vom Produktanbieter, der sich hauptsächlich auf den HR-Bereich fokussiert hat, hin zu einem Unternehmen, das die Möglichkeiten der Analyse von Psychologie in Sprache demjenigen zur Verfügung stellt, der eine Idee hat, was er damit machen möchte. Einhergehend mit der strategischen Ausrichtung hin zum Technologieanbieter fand auch ein Rebranding im Hinblick auf die Farbgebung statt, die nun nicht mehr grün-schwarz ist. Fast jedes technische Unternehmen präsentierte sich in grün. Insgesamt ist aber die Weiterentwicklung des Unternehmens der ausschlaggebende Punkt für die Veränderung gewesen.

I Dann wird man in Zukunft sicher noch einiges mehr von PRECIRE als Technologieunternehmen hören – nicht nur im Bereich Personal, sondern auch in vielen weiteren Bereichen.

PG Davon gehe ich aus.

I Wir sind auf jeden Fall gespannt. Um am Ende noch einmal zurück zu Ihnen zu kommen: Was sind denn Ihre persönlichen beruflichen Pläne für die Zukunft?

PG Im besten Falle natürlich mit PRECIRE zu wachsen. Ich würde mich auch freuen, wenn wir in nicht allzu ferner Zukunft auch noch einen weiteren Standort eröffnen würden. Was auf jeden Fall als nächster großer Schritt passieren wird, ist die Erschließung des englischsprachigen Marktes. Das ist etwas, auf das ich mich persönlich sehr freue und zu dem ich, denke ich, auch einen maßgeblichen Anteil geleistet habe und auch weiterhin leisten werde.

I Sind abschließend für Sie noch wichtige Aspekte des Themas offengeblieben, über die Sie gerne noch sprechen würden? Möchten Sie noch etwas sagen oder ergänzen? Ihnen bleibt das letzte Wort.

PG Danke, aber nein. Ich empfand es als ein extrem cleveres Interview mit vielen guten Fragen, die sich eben nicht nur auf den gängigen klassischen konservativen Bereich bezogen, sondern das ganze Thema als solches gut umrissen haben.

I Damit sind wir am Ende angekommen. Vielen Dank für den Einblick in Ihr Unternehmen und für dieses spannende Interview!

PG Sehr gern.

Video des Interviews (siehe ◘ Abb. 7.2):

◘ **Abb. 7.2** Video 7.2 (▶ https://doi.org/10.1007/000-0sm)

7.3 Interview mit Dr. Falko Brenner, Kienbaum

Das Interview mit Dr. Falko Brenner (FB) und die Transkription führten Laura Helmin und Saskia Haase (Interviewerinnen, I) durch.

Interviewer (I) Guten Tag Herr Brenner. Wir wenden uns an Sie im Rahmen des Buchprojektes mit dem Titel „Arbeits- & Organisationspsychologie im 21. Jahrhundert", welches dazu dienen soll, angehenden Psychologen den Einblick in die Arbeit im Bereich der Arbeits- und Organisationspsychologie im 21. Jahrhundert im Zeitalter der Digitalisierung zu ermöglichen. Da sich das Berufsbild stetig ändert und Sie als Mitarbeiter einer großen Personal- und Managementberatungsfirma moderne Rekrutierungsmethoden nutzen, sind Sie daher ein interessanter Gesprächspartner für uns.

    Bevor wir in das Thema einsteigen, würde uns natürlich interessieren, warum Sie sich dazu entschieden haben, Psychologie zu studieren?

Falko Brenner (FB) Da ist im Nachhinein immer eine sehr gute Frage. Nach dem Abitur war ich mir, soweit ich mich entsinnen kann, nicht ganz sicher was ich studieren sollte. Eigentlich gab es 2 Richtungen, die ich potenziell spannend fand: zum einen überlegte ich in die wirtschaftswissenschaftliche Ausrichtung der Volkswirtschaftslehre zu gehen oder naturwissenschaftlich in Richtung Psychologie. Letztlich machte Psychologie das Rennen, da das Berufsbild und die Anwendungsbereiche sehr breit sind und ich von vornherein gesehen habe, dass es auch eine Vielzahl von praktischen Anwendungsmöglichkeiten in der Wirtschaft gibt. Ich habe also das Studium durchaus mit dem Ziel gestartet, in eine angewandte Disziplin zu gehen, obwohl ich temporär auch die wissenschaftliche Laufbahn nicht ganz ausgeschlossen hatte. Im Zuge der zentralen Vergabestelle für Studienplätze bin ich glücklicherweise in Potsdam, in einem der letzten Diplomstudiengänge, gelandet.

I Welche Inhalte haben Sie in Ihrem Studium besonders interessiert und angesprochen?

FB Von besonderem Interesse waren für mich von Beginn an 3 Dinge: Statistik, Persönlichkeits- und Sozialpsychologie, und zuletzt die Synthese in Arbeits- und Organisationspsychologie: Statistik, nicht nur weil ich mir eine gewisse Zahlenaffinität unterstelle, sondern vor allem weil es das grundlegende Instrumentarium zur Beurteilung der Wirksamkeit von Maßnahmen ermöglicht. Relevant ist dies nicht nur im klinischen Bereich, wo es darum geht, quantitativ die Therapieerfolge verschiedener Methoden nachzuweisen, sondern insgesamt komplexe Zusammenhänge in quantitative Modelle zu überführen, um letztlich praktische Probleme damit zu lösen. Zum Beispiel war ich als studentischer Mitarbeiter am Lehrstuhl für Forschungsmethoden und Statistik in Potsdam, wo ein Schwerpunkt die mathematische Modellierung kognitiver Prozesse ist. Die Grundlagen, die in diesem Kontext erforscht werden, bilden wiederum die Grundlage für Modelle die im sogenannten *Cognitive Computing,* also bei künstlicher Intelligenz, Einzug erhalten haben. Diese sollen wiederum im Personalbereich helfen, automatisiert geeignete Kandidaten zu identifizieren. Zweitens: Die theoretische Grundlage, wie Verhalten überhaupt zustande kommt, wird wiederum in der Persönlichkeits- und Sozialpsychologie erforscht. Ich vertrete die amerikanische Sichtweise der Zusammengehörigkeit beider Disziplinen, da es letztlich um die Frage geht, ob Person, Situation oder beides dazu beitragen, Verhalten zu erklären. Drittens: Die Anwendung der Grundlagenforschung aus Persönlichkeits- und Sozialpsychologie auf höchstem methodischen Niveau ist schlussendlich der Anspruch von Arbeits- und Organisationspsychologie, wie ich sie in der Praxis gerne betreiben würde.

I Und wie sah Ihr beruflicher Werdegang dann nach dem Studium aus?

FB Aus erwähnten Gründen hat mich irgendwann die praktische Anwendung fundierter Wissenschaft interessiert, was gepaart mit Innovation für Berufseinsteiger erst richtig interessant wird. Bewusst wurde mir dies während meines Fulbright Forschungsaufenthalts an der Duke University bei Mark Leary, wo unstrittig mit die weltweit beste Grundlagenforschung im Bereich Selbstregulation und der neuro- und verhaltenspsychologischen Ursprünge betrieben wird. Während dieses Aufenthaltes keimten in mir 2 so spannende, wie für meinen weiteren Werdegang wichtige, Erkenntnisse: 1) Grundlagenforschung findet teils doch sehr in einem Elfenbeinturm – wenn auch in traumhafter neo-gotischer Fassade statt. 2) Sich aus den USA auf ein Praktikum in Deutschland zu bewerben ist ein sehr steiniger Weg, wenn

Recruiter schon für ein Vorab-Telefoninterview wegen der Zeitverschiebung leicht überfordert waren. Zumindest hatte mir ein großes Beraterhaus angeboten, während der Prüfungszeit „kurz" nach Austin und wieder zurück für ein Vorgespräch zu fliegen.

Über eine Praktikumsausschreibung kam ich dann schließlich an die junge Berliner Firma viasto. Im Prinzip war viasto damals auch noch nicht viel mehr als eine PowerPoint-Firma mit erstem Prototyp einer Software die zeitversetzt Videointerviews ermöglicht und ohne die leiseste Ahnung, ob Bewerber dies überhaupt wollen. Bei viasto habe ich dann zum Thema der Bewerberakzeptanz zeitversetzter Videointerviews meine Diplomarbeit geschrieben und nach einigen sehr anstrengenden Review-Runden sogar noch als Erstautor 2016 veröffentlicht bekommen.

Während dieser Zeit sind wir bei viasto nicht untätig gewesen und haben die Firma aus dem Nichts zum deutschen Marktführer gemacht, in einer Technologie, die heute praktisch alle großen Unternehmen nutzen. Parallel war das Thema mit dem ich mich bei viasto beschäftigt habe ein von der Forschungsseite noch vollkommen unerforschtes Thema, sodass sich dadurch eine berufsbegleitende Promotion ergeben hat. Das Thema war dann zu untersuchen, ob sich das Medienformat im Einstellungsinterview auch auf die Auswahlentscheidungen signifikant auswirkt. Zum Beispiel habe ich in diesem Rahmen auch differenziert geschaut, ob es Unterschiede macht, wenn ich nur per Ton, telefonisch, oder per Video Interviews führe und ob es unterschiedliche Auswirkungen z. B. auch auf Kompetenzbewertungen hat. Wir wissen ja, dass Teamfähigkeit oder alles was interaktional ist, eigentlich ziemlich schwierig in der Vorauswahl abbildbar ist und wenn, dann eher über interaktive Methoden. Werden härtere Kriterien, wie z. B. ganz formale Qualifikationsanforderungen oder deklaratives Wissen erfasst, was man auch anders abbilden kann, ohne interaktive Verfahren wie Interview oder Assessmentcenter, dann wird geschaut, wie sich die Erhebungsstruktur auf die Wirkungsmechanismen auswirkt. Spannenderweise hat sich dann in meinen Ergebnissen gezeigt, dass wenn die Struktur hoch ist, es die intendierten Unterschiede eigentlich kaum gab.

I   Und nach viasto? Wie ist es dann weiter gegangen?

FB   Während der Zeit bei viasto hatte ich mir noch ein zweites Standbein aufgebaut, was jetzt in der Start-up-Branche weder ungewöhnlich ist noch effektiv mit dem Erfolg des Start-ups korrelieren muss, wobei die Finanzierung im Start-up-Business eigentlich immer eine relativ herausfordernde Angelegenheit darstellt. Jedenfalls hatte ich in einer kleinen, aber feinen Unternehmensberatung für digitale Unternehmenskommunikation als Statistiker (heute würde man wohl Data Scientist sagen) durch die Vermittlung einer vormaligen viasto-Praktikantin angefangen. Während dieser Zeit habe ich hauptsächlich Werbewirkungsforschung betrieben wie auch Webanalytics und erste Big-Data-Projekte. Zum Beispiel habe ich Wirkungsstudien konzipiert und durchgeführt, um herauszufinden, wie sich verschiedene Kanäle oder Werbemittel bei Internetwerbekampagnen auf vorab definierte KPIs wie Markenbekanntheit oder Weiterempfehlung auswirken. In den letzten Jahren haben wir dann die ersten Big-Data-Projekte angeschoben, in denen es z. B. darum ging, mit Clusteranalysen oder ähnlichem, aus einem Kundenstamm von ein oder mehreren Millionen oder Milliarden Sales, Kundensegmente empirisch zu extrahieren und Algorithmen zu entwickeln, die diese Zuordnung für Neukunden vornehmen.

Irgendwann wurde es aber mit 2 Jobs parallel zeitlich etwas schwierig und wenn eine berufsbegleitende Promotion und irgendwann auch Familie ins Spiel kommen zu viel. Dazu sinkt nicht unbedingt im Laufe der Zeit die Verantwortung bei parallelen Tätigkeiten. Der Punkt, an dem man sich die wirklich wichtigen Fragen stellt, wird aber jeder selbst finden, weshalb ich mir auch nicht anmaße, hier irgendwelche undifferenzierte Empfehlungen zu geben. Wenn der Punkt dann da ist, muss man einfach konstruktiv schauen, was der nächste sinnvolle Schritt ist: In meinem Fall hat Kienbaum dann zu der Zeit ein neues Digitalteam aufgebaut und explizit nach Kandidaten gesucht, die nicht nur geborene HRler sind, sondern auch HR-Tec-Start-up-Erfahrung haben plus idealerweise so neue Trends wie Data Science in der Beratung schon gemacht haben. Kurzfristig dachte ich natürlich „auf dieser Stellenanzeige steht mein Name drauf". In der Retrospektive war es die Konsolidierung meiner bisher erworbenen Fähigkeiten auf einer neuen beruflichen Ebene.

I   Was sind denn die Tätigkeitsfelder von Kienbaum?

FB   Vielleicht kennen Sie aus der Presse Rankings, wie z. B. „Beste Berater" der Brand eins, wo Kienbaum regelmäßig im HR-Bereich die Spitzenposition belegt. Dementsprechend ist auch das Leistungsspektrum und die Positionierung von Kienbaum sehr spitz auf den HR-Bereich gemünzt, deckt hier aber die komplette Wertschöpfungskette ab: Ein großer Teil bei Kienbaum betreibt traditionell Executive Search, also das Finden und Vermitteln von Führungskräften. Daneben gibt es verschiedene Beratungsbereiche, die sich mit Management-Diagnostik beschäftigen, Management-Development, Compensation & Performance-Management, wo sich die Kollegen damit auseinandersetzen, wie Vergütungssysteme, Stellenbewertungen, aber auch Laufbahnmodelle gestaltet werden können. Der Bereich, in dem ich aktuell tätig bin, heißt HR-Transformation und beschäftigt sich praktisch mit auf HR-Organisationen gemünzter Strategieberatung. Konkret beschäftigen wir uns damit, wie sich HR-Organisationen insgesamt strategisch aufstellen. Sehr populär ist hier beispielsweise das sogenannte Drei-Säulen-Modell nach Dave Ullrich, welches eine HR-Business-Partner-Säule ausdifferenziert, die sich um die HR-Belange der Führungskräfte aus dem operativen Geschäft fokussiert. Zweitens sogenannte Center of Expertise, das heißt Expertengruppen, die sich etwa um Diagnostikstandards, Vergütungs- und Benefitssystemen oder Personalentwicklungskonzepte kümmern. Drittens sind in Shared-Service-Centern die administrativen Prozesse gebündelt. Darüber hinaus gibt es sehr viele Spezialthemen. Projekte, die ich begleiten durfte, umfassten etwa die Konzeption und Implementierung einer strategischen Personalplanung einschließlich Prozessgestaltung, Schaffung einer geeigneten Datenbasis und Softwareanbindung, aber auch die Maßnahmenableitungen und Change-Begleitung. Bei Recruiting-Projekten geht es entsprechend weniger um die Durchführung von Management-Diagnostik-Verfahren wie Assessmentcentern, sondern Recruiting als Ganzes, wie die Strategie aussieht, was die Zielgruppen sind, welche zielgruppenspezifischen Kanäle am besten funktionieren, welches die richtigen Auswahlinstrumente sind und wie sich die Effizienz eines Recruiting-Systems in Kennzahlen abbilden lässt. Zudem ist ein wachsender Anteil an HR-Digitalisierung mit hohem Systembezug zu beobachten, denn wenn wir über die Digitalisierung reden, dann bezieht sich dies letztlich immer auf HR-Software, bei der Anbieterauswahl oder Implementierungsprozesse Projektthemen sein können.

I Jetzt sind wir ja schon ein bisschen im Technologiebereich angekommen, dann könnten wir jetzt zum Thema Big Data übergehen. Was verstehen Sie denn unter Big Data?

FB Es gibt seit einigen Jahren einen ziemlich großen Hype um das Thema Big Data. Der HR-Bereich ist aber allgemein, was den Reifegrad an Technologienutzung angeht, noch nicht so weit wie andere Funktionsbereiche – beispielsweise Marketing. Die Einschätzung beruht auf meiner Beobachtung, dass Entwicklungen und Technologien die bei meiner Tätigkeit als Data Scientist im Marketing üblich waren, erst Jahre später Einzug in HR erhalten hatten, etwa eine konsequente Funnel-Analyse mit entsprechendem Tracking dahinter. Echtzeit-Analysen mit riesigen Datenmengen und Anwendungen wie adaptiven Empfehlungsalgorithmen die man beispielsweise bei Amazon oder generell im E-Commerce oder Supply-Chain-Bereich hat, um Kundenverhalten zu analysieren, kann ich mir in dem Reifegrad auch in mehreren Jahren im Personalbereich noch nicht vorstellen.

Eine andere Frage ist, wie man „Big Data" eigentlich genau definiert, wenn wir davon reden? Dies ist schwierig zu fassen. In der Regel geht es darum, aus großen Datenmengen in Echtzeit Ergebnisse abzuleiten. Das Problem ist mit der Echtzeit wiederum, dass es oft daran hapert, dass Echtzeitinformationen wenig bringen, wenn Maßnahmen nicht auch sofort, also in Echtzeit, umgesetzt werden können. Das Problem gibt es natürlich auch im Marketing, wenn trotz Echtzeitanalysen sich bereits verplante und vertraglich gebundene Budgets nicht einfach in Echtzeit umschichten lassen. Im HR-Kontext ist dies noch drastischer. Selbst wenn ich riesige Dashboard-Systeme habe, die mir alle Skill-Profile und vielleicht sich auftuende Skill-Engpässe in Echtzeit abbilden, und dies auf der ganzen Welt in live, vergeht trotzdem noch eine gewisse Zeit, bis ich überhaupt Stellen genehmigt habe, bis ich Ausschreibungen getätigt habe, bis Gespräche terminiert sind oder bis Mitarbeiter weitergebildet sind. Echtzeitinformationen sind folglich wenig wertschöpfend, wenn eine große Latenzzeit zu den notwendigen Handlungen besteht – zumal es meist schon an der Datenqualität hapert.

I Wo wird Big Data in der Anwendung im HR-Bereich schon angewandt? Und speziell, wie wird das bei Kienbaum eingesetzt?

FB Wo ich aktuell den größten Nutzen sehe ist im Recruiting-Bereich. Da würde ich unter Big Data verstehen, dass man z. B. Meta-Suchmaschinen hat, die sehr große Datenströme analysieren und in die Ergebnisse in einem GUI zusammenfassen. Der Trend geht ja auch dahin, einen prozentual zunehmenden Anteil an Stellen statt über klassische Ausschreibungen über Direktansprachen in sozialen Medien zu besetzen. Zum Beispiel gibt es hier in Deutschland die Firma Talentwunder: Deren Big-Data-Anwendung nimmt von allen sozialen Netzwerken, sei das LinkedIn, Stack Overflow usw., die verschiedenen Informationen, integriert diese in einer Meta-Datenbank, aktualisiert diese regelmäßig und ermöglicht Recruitern, dann eben über eine Oberfläche direkt in den Meta-Daten nach passenden Profilen zu suchen, statt sich durch 20 verschiedene Netzwerke zu kämpfen. Das verstände ich unter einer prototypischen Big-Data-Anwendung in HR.

Etwas Ähnliches finden wir bei Stellenbörsen, wenn ich als Bewerber schauen will, welche Jobs gerade überhaupt ausgeschrieben werden, ohne mich durch alle

Stellenbörsen und Unternehmenswebsites kämpfen zu müssen. Eine solche Anwendung kommt bei Kienbaum in der NewPlacement Beratung zum Einsatz, bei der Führungskräfte, die wegen Umstrukturierungen ein Unternehmen verlassen werden, hinsichtlich ihrer beruflichen Entwicklungsmöglichkeiten beraten werden. Da hier eine transparente Marktübersicht sehr wichtig ist und dies bei vielen Stellenbörsen mit Premiumschaltungen, veralteten Anzeigen etc. oft zu wünschen übrig lässt, kostet es richtig viel Zeit wenn die spezialisierte Führungskraft nach Jobs für Geschäftsführer im Maschinenbau im Segment 500–1000 Mitarbeiter sucht. Daher hat Kienbaum mit einem Partner eine Meta-Suchmaschine entwickelt, die einen Großteil der im deutschsprachigen Netz verfügbaren Stellen zusammenfasst, bereinigt und eine Suchmaske draufsetzt, die dann sehr genau in allen Stellenbörsen nach relevanten Jobs suchen und filtern kann.

I Werden die Algorithmen von Kienbaum selbst entwickelt oder zugekauft? Wo kommen die her?

FB Kienbaum ist grundsätzlich kein Software-Haus. Wir sind ein Beratungsunternehmen. Von daher arbeiten wir in der Regel bei komplexeren Entwicklungen oft mit Partnern zusammen; zudem haben wir einen Bereich der Anwendungsentwicklung, in der wir eigens digitale Produktlösungen entwickeln. Worauf wir bei uns im Haus großen Wert legen, ist ein eigenes Data-Science-Team in der Vergütungsberatung. Vergütungsberatung heißt oft, dass Kunden Benchmarks zur Verfügung gestellt bekommen – individuell erstellt oder als Gehaltsstudie aus dem Online-Shop –, um zu beurteilen, ob die Vergütung marktgerecht ist oder eben das Vergütungssystem eventuell überarbeitet werden sollte. Zu diesem Themengebiet gehören auch Vorhersagemodelle, die prognostizieren, welche Vergütung ein Mitarbeiter in einer bestimmten Branche, Hierarchiestufe und Funktionszuordnung im Marktvergleich erwarten kann.

I Was kann Ihrer Meinung nach durch psychologisches Fachwissen zu Big Data beigetragen werden? Wie sind diese Prozesse in Verbindung mit Psychologie zu sehen?

FB Im Endeffekt reden wir ja bei den meisten Algorithmen von nichts anderem als Problemstellungen, die wir aus der Arbeits- und Organisationspsychologie kennen: Wie finde ich z. B. die besten Bewerber für eine Stelle? Eben mit einem ausgefeilten statistischen Modell dahinter, beispielsweise einem multivariaten Regressionsmodell wie dem LASSO-Algorithmus, der verschiedene Auswahltests oder auch nur Einzelitems als Prädiktoren berücksichtigt und gewichtet. Der typische Data Scientist wird gerne beschrieben als Person, die 3 Expertisebereiche kombiniert: Der erste ist das statistisch-mathematische Wissen, das Sie im Studium mitbekommen, wenn Sie sich mit weiterführenden Statistikveranstaltungen befassen. Der zweite ist der, den man sich noch weitgehend selbst beibringen muss und noch nicht in den Curricula verankert ist: IT-Kenntnisse bzw. Programmieren in Sprachen wie Python oder R, was ich mir auch im Selbststudium aneignen musste. Der dritte, und ganz wichtig, ist die inhaltliche fachliche Expertise. Wenn wir beispielsweise über Recruiting sprechen: Rein algorithmusbasierte Eignungsdiagnostik wird wenig bringen, wenn ich die Vorstellung habe, dass ich irgendwas mit irgendwas korrelieren kann, um Berufserfolg vorauszusagen. Wenn man weiß, was die Persönlichkeitsdeterminanten sind, was Intelligenz ist und was die typischen theoretischen Modelle sind, die letztlich hier Berufserfolg vorhersagen können – oder Arbeitszufriedenheit, Engagement etc. – kommt man definitiv schneller und vor allem nachhaltiger zum Erfolg.

I   Wir haben herausgefunden, dass Kienbaum sich auch mit People Analytics beschäftigt. Was versteht man genau unter People Analytics? Und wo liegt der Unterschied zu Big Data?

FB   Die 1. Teilfrage ist bereits relativ spannend, weil zur Definition von People Analytics gar kein Konsens besteht. Im Prinzip geht es darum, HR-Entscheidungen datengetrieben treffen zu können und durch Prognosemodelle Entwicklungen vorhersehen und erklären zu können, um proaktiv zu agieren. Wenn ich im Marketingbereich eine Werbekampagne fahre, ist es ganz üblich, dass ich dem Geldgeber, z. B. CMO, nachweisen muss, dass das investierte Geld einen Sinn hatte. Man muss also Ergebnisnachweise bringen, dass sich die Abverkäufe tatsächlich erhöht haben. Im HR wurde immer davon ausgegangen, dass es mit Kennzahlen ein bisschen schwierig ist und die Frage, ob eine Intervention auch etwas Messbares bewirkt, war nachrangig: Ein bisschen Coaching hier, eine systemische Beratung da und für die Führungskräfte gibt es etwas Kletterpark – überspitzt formuliert. People Analytics versucht das Wirkungsnachweisprinzip evidenzbasierten Managements in die HR-Abteilungen hinein zu bekommen. Das heißt z. B. Schulungsmaßnahmen mit Performanzindikatoren zu verknüpfen. Gleiches gilt bei Problemen zu schauen, mit welchen potenziellen Ursachen diese korrelieren, z. B. bei ungeplanter Fluktuation. Fluktuation ist generell nicht nur ein großes, sondern auch ein sehr teures Problem. Im IT-Bereich sind die Mitarbeiter ohnehin schwer zu finden, Headhunter sind ebenfalls teuer, um schnell nachzubesetzen und Vertriebsmitarbeiter, die gehen, nehmen gerne auch ihre Kontakte mit (unabhängig ob diese im CRM gut dokumentiert sind oder nicht). Die klassische Herangehensweise an das Problem wäre, dass ich als Personalverantwortlicher Austrittsgespräche führe und einfach nach dem Grund der Kündigung frage: War die Vergütung unzureichend, gab es Probleme mit der Führungskraft, passte die Kultur einfach nicht oder waren Faktoren ausschlaggebend, die man unternehmensseitig gar nicht beeinflussen kann. Der People-Analytics-Ansatz dagegen wäre, sich die Datenbank anzuschauen und zu versuchen durch Analysen herauszufinden, was die Faktoren sind, die Fluktuation beeinflussen und Regelmäßigkeiten zu erkennen: Ob es z. B. die Personen sind, die bei der Beförderung übergangen wurden oder ob das Personen sind, die einfach prinzipiell alle 3 Jahre den Job wechseln. Da kann ich als Unternehmen dann nichts machen, höchstens bei der Einstellung darauf achten, dass ich Leute einstelle, die länger in Firmen bleiben. Methodisch gesehen ist es auch wieder ein Ansatz, den sie wahrscheinlich sehr gut kennen: Fluktuation könnte man sich mit einem binär-logistischen Regressionsmodell nähern, mit den möglichen Ergebnissen „Mitarbeiter geht" = 0 oder „Mitarbeiter bleibt" = 1. Wird das Modell zudem mit selbstlernenden Prädiktorvariablen gebaut, dann könnte man dies fast schon als künstliche Intelligenz oder aber zumindest Machine Learning bezeichnen.

I   People Analytics wird auch im Bereich der Arbeitszufriedenheit angewandt. Wie kann man sich das vorstellen?

FB   Da muss man auch schauen wie die Anwendungen sind. Hier gibt es mittlerweile eine ganz Reihe an Start-ups am Markt mit neuen Apps. Im Prinzip sind die meisten Ansätze hier eine Weiterentwicklung der klassischen Mitarbeiterbefragung. Das Prinzip ist allerdings nicht mehr, dass man einmal im Jahr einen hässlichen Online-Fragebogen programmiert, diesen einmal per E-Mail rausschickt – oder für die Produktion kistenweise als Ausdruck in die Werkshalle fährt – und dann in Excel oder SPSS schaut, wie die Verteilungen sind und diese in PowerPoint kopiert. Die neuen Apps liefern in Echtzeit und kleineren Abständen PULSE-Checks, Benchmarks und ermöglichen so eine schnellere Reaktion und besseres Monitoring. Dazu kann die Technologie ermöglichen, nicht mehr einen Fragenkatalog mit 100 Fragen anwenden zu müssen, sondern punktuell weniger, dafür die mit der höchsten Validität für die relevante Fragestellung.

I   Wir haben jetzt Big Data an den Beispielen der Fluktuation und der Arbeitszufriedenheit genauer betrachtet. Wie wird Big Data im Recruiting eingesetzt?

FB   Das hatte ich vorhin schon einmal kurz angesprochen, als ich über die Firma Talentwunder geredet habe. Das ist gerade der Bereich, bei dem man am meisten algorithmusbasiert arbeitet. Im Endeffekt geht es bei den Algorithmen darum, die Suche zu verbessern und vorherzusagen, welche Stelle für wen interessant sein könnte usw. Zum Beispiel: Ein Algorithmus, der auch bei Talentwunder enthalten ist, ist einer der aus statistischen Regelmäßigkeiten oder Mustern versucht ein Modell zu finden, dass mir mit dem Hintergrund eines Online-Profils sagt, wie wahrscheinlich es ist, dass die Person im nächsten halben Jahr den Job wechseln würde, wenn ich ein gutes Angebot mache. Es gibt natürlich verschiedene Anwendungen. Wenn man beispielsweise Zeitreihen betrachtet, dann hat man in Lebensläufen verschiedene Stationen drin. Für jede Station kann man Level hinterlegen, das heißt ein Praktikant wäre z. B. das Level 0, dann der Junior ist das Level 1 und die Führungskraft ist Level 20. Dann habe ich in zeitlichen Abständen Arbeitgeberwechsel, womit ich ja sozusagen ein paar Datenpunkte habe, mit denen ich vorhersagen kann, wie typischerweise Karrierewege aussehen, wann die Zeitpunkte sind oder die Abstände, wann jemand eine neue Stufe bekommt. Wenn ich jetzt z. B. sehe, dass die Leute in der Regel von Level 1 zu Level 2 alle 2 Jahre einen Schritt machen und ich sehe das Online-Profil einer Person mit Level 1, die im 3. Jahr ist und den Sprung noch nicht gemacht hat, dann könnte ich vorhersagen, dass es sehr viel wahrscheinlicher ist, dass die Person bereit ist, einen Schritt vielleicht auch in einem anderen Unternehmen zu machen.

I   Und in Bezug auf Bewerbungsgespräche, könnte man sich da auch vorstellen, dass das vielleicht durch eine Art künstliche Intelligenz alles ersetzt wird?

FB   Die Entwicklung ist ja schon längst da. Aber eher in der Vorauswahl.

I   Und wie ist es mit Face-to-Face-Interviews, wie verhält es sich da?

FB   Da muss man unterscheiden, was eigentlich das Ziel der Auswahl ist. Bei der Vorauswahl will man aus vielen Optionen, die wenigen wahrscheinlichen Optionen erstmal herausfinden. Da haben wir ja schon Anwendungen, wie z. B. HireVue aus den USA. In Deutschland ist mit Precire ein Akteur im Markt, der mit Spracherkennung arbeitet, um Persönlichkeitsprofile zu prognostizieren, wobei das Modell nach meinem Verständnis letztlich auf einen psychometrischen Fragebogen trainiert wird. HireVue arbeitet dazu auch mit visuellen Attributen und trainiert das Modell auf die High Performer einer Organisation. Auch unser Gespräch könnte man im Endeffekt in ein strukturiertes Datenformat aus Nullen und Einsen überführen. Auch jedes Bild kann in einen RGB-Raum übersetzt werden und wenn ich dann noch eine Zeitschiene dahinter setze, habe ich alle Dimensionen abgebildet. Wenn ich daraus dann nach Mustern suche, kann ich aus visuellen Materialien Kriterien vorhersagen, z. B. Berufsleistung. Bei aller KI-Euphorie sind die Ergebnisse aus der Praxis aber zum Teil noch durchaus ernüchternd, etwa bei der Vorhersagegüte von Textmining, um Lebensläufe zu analysieren und viele Anwendungen kommen daher über die Pilotierung nicht heraus. Die Vorhersagemodelle sind von der Methodik her einfach noch nicht so gut, dass sie eine wirklich zuverlässige Aussage ermöglichen. Gerade in Bewerberarbeitsmärkten sollte man dann die wenigen Bewerber durch unzuverlässige Algorithmen nicht noch weiter einschränken, da man so Gefahr läuft geeignete Kandidaten fälschlicherweise zu verlieren.

In der Endauswahl sieht der Einsatz von KI noch ganz anders aus. Hier geht es ja nicht nur um einen rein formalen Person-Job-Fit, also ob jemand mit seiner Qualifikation die Aufgabe erfüllen könnte, sondern auch um den Person-Organisation-Fit. Da spielen im Endeffekt dann einfach die sozialen und interaktionalen Facetten eine ebenso große Rolle wie die rein fachlichen und ich kenne keine Anwendung, die hier bereits erfolgreich am Markt wäre, um finale Einstellungsentscheidungen zu treffen. Eine Ausnahme bildet höchsten der Praktikanten- oder temporäre Bereich, also wenn es um Beschäftigungen geht, die von vornherein schon mit relativ begrenzter Zeit und begrenzten Verantwortungen verknüpft sind, wo ein Stück weit darauf verzichtet wird und auch schon mal ein zeitversetztes Videointerview als Entscheidungsgrundlage gelten kann. Bei den meisten Stellen sehe ich jedoch weiterhin strukturierte Interviews und Assessmentcenter als finale Entscheidungsinstanz. Hier haben wir es eher mit Prozessdigitalisierungen zu tun. Zum Beispiel hat Kienbaum auch eine eigene App zur digitalen Durchführung von Assessmentcentern entwickelt, die Assessment Suite. Perspektivisch lassen sich sicher auch Assessmentcenter komplett virtuell oder zeitversetzt durchführen, was eventuell das Problem der vollen Terminkalender zumindest etwas entzerrt.

I   Was würden Sie sagen, was die Vor- und Nachteile von der Nutzung von People Analytics oder Big Data sind?

FB   Den Hauptvorteil sehe ich darin, dass empirisch gesehen datengestützte Entscheidungen in der Regel immer besser sind als Bauchgefühl, was zugegebenermaßen keine wirklich neue Erkenntnis ist – aber in der Praxis immer noch nicht überall angekommen zu sein scheint. Es bringt zudem auch den HRlern intern etwas, wenn sie einen Nachweis erbringen können, dass ihr Budget auch sinnvoll angelegtes Geld ist. Bei den Nachteilen stellt sich immer die Frage der Angemessenheit und Sinnhaftigkeit im Spannungsfeld zwischen Privatsphäre und berechtigtem Interesse und das eher philosophische Problem wo immer noch Menschen entscheiden sollen. Wer hierüber mehr erfahren will, sollte sich mit dem Google-Algorithmus beschäftigen, der entwickelt wurde, um Beförderungen vorherzusagen.

I Wir haben uns auch gefragt, wie man mit personenbezogenen Daten umgeht nutzt, dann gibt es ja auch eventuell Probleme mit den Datenschutzbestimmungen und wie man damit umgeht. Oder ist das eher nicht so ein Nachteil?

FB Datenschutz ist natürlich gerade aktuell durch die neueingeführte DSGVO ein sehr heißes Thema, aber hier sind wieder 2 oder 3 Dinge zu wichtig: Zum einen auf welcher Ebene von Daten man tatsächlich arbeitet, im Sinne von individuellen und personenscharfen Daten oder einer aggregierten Ebene. Bei aggregierten und anonymisierten Daten gibt es datenschutztechnisch prinzipiell kein Problem. Dazu ist auch der Zweck wichtig: Wenn versucht wird durch eine verbesserte Personalplanung, die immer auf personenbezogenen Daten beruht, schlicht weil ohne Geburtsdatum kein Planrenteneintrittsdatum ausgewiesen werden kann, um frühzeitig und proaktiv Weiterbildungsmaßnahmen anzustoßen, um Mitarbeitende von einem Bereich, der von Automatisierung betroffen ist zu einem Bereich mit Personalknappheit weiterzubilden, wird man nicht nur bei den Mitbestimmungsgremien ein anderes Feedback bekommen, als wenn man personenbezogene Daten für eine reine Leistungs- oder Anwesenheitskontrolle einsetzt.

I Sie meinten ja, personenbezogene Daten werden vor allem über die sozialen Medien bezogen oder aus einem CV. Oder woher bekommt man weitere Daten, die man dann auswertet? Gibt es da noch eine Quelle?

FB Die entscheidende Frage ist ja immer, mit welchen Daten ich welches Problem lösen bzw. Fragestellung beantworten will. Zum Beispiel ist die Personalbedarfsplanung ein Problem, in dem Daten aus sozialen Netzwerken nur einen sehr begrenzten Nutzen haben. Datengrundlage sind hier normalerweise die Personalstammdaten in dem entsprechenden HR-IT-System und diese beinhalten mit zunehmender Digitalisierung immer mehr Daten, sei es aus Talent-Management-Systemen, Bewerbermanagement-Systemen oder Kultur-Monitoring. Wichtig zu beachten ist dann, dass nur die Daten verwendet werden, die unbedingt nötig sind im Sinne der Datensparsamkeit. Im externen Recruiting ist die Sachlage ja noch eine andere: Wenn wir über soziale Netzwerke wie LinkedIn reden, dann ist dies ein Bewerberpool, wo ich nach potenziellen Bewerbern suche. Personen, die auf solchen Netzwerken sind, geben auch bewusst viel über sich preis, tun dies aber mit einem bestimmten Zweck. Das heißt, wenn ich dort 20 Skills sehr detailliert beschreibe, dann mache ich das, weil ich im Endeffekt vom Headhunter oder In-House-Recruiter gefunden werden will und hoffe, dass der mir mehr Geld, Verantwortung oder eine spannendere Aufgabe anbietet, als ich in meinem aktuellen Job bekomme. Dementsprechend sind hier Ziel, Zweck und Spielregeln recht klar.

I Dann würden wir nochmal auf Kienbaum zurückkommen. Wo sehen Sie denn das Unternehmen in 10 Jahren? Das würde uns noch interessieren.

FB Ich sehe es weiterhin da, wo es gerade ist: ganz weit vorne im Bereich HR-Consulting. Allerdings sehe ich das Unternehmen von den Tätigkeitsfeldern her sehr viel digitaler und agiler aufgestellt. Es gab ja gerade den Generationswechsel in der Unternehmensleitung, der auch einige Change-Prozesse initiiert hat, um sich mehr auf neue Themenfelder zu fokussieren. Dies ist schlicht auch der

Lauf der Dinge, da HR einfach mehr sein sollte als der klassische Verwalter, hin zum wichtigen Akteur in Veränderungs- und Innovationsprozessen. Was sind hierfür die wichtigen People-Faktoren? Wie lässt sich Innovationskultur gestalten? Welche Führung brauche ich dafür? Die Frage ist allerdings noch, ob sich HR verändert, weil es der Markt tut, oder eher die Rolle des proaktiven Gestalters einnehmen will. Bei Zukunftsfähigkeit geht es auch darum, aufzuzeigen, was die Methoden von morgen sind. Wie muss ich heute schon meine Organisation aufstellen? Und genauso auch beim Bereich Leadership und Führung. Was werden denn die relevanten Führungsprinzipien sein, die in 10 Jahren erfolgreich sein werden? Immer weniger klassische Führungskräfte werden transaktional agieren können, sondern wahrscheinlich mehr sich in Netzwerk- und geteilte Entscheidungsstrukturen integrieren müssen. Die Organisationen dahin zu bekommen ist natürlich eine große Herausforderung. Ambidextrie als Miteinander aus Bestands- und Innovationsorganisation wiederum schafft andere Herausforderungen, wie z. B. Kulturkonflikten führen, da Innovation zu Beginn bekanntlich erstmal Geld kostet. Damit wird auch weiterhin Change-Management im ganz klassischen Sinn gefragt sein. HR-Digital ist als sich fortlaufender Evolutions- und Automatisierungsprozess zu verstehen, der sich immer weiterentwickelt. Das hat ja dadurch angefangen, dass irgendwann die Personalakten ins SAP gewandert sind. Irgendwann haben sich dann die Bewerber daran gewöhnt, keine Papiermappen mehr irgendwohin schicken, sondern sind mittlerweile tendenziell beleidigt, wenn sie sich nicht mit einem Klick per LinkedIn-Profil bewerben können. In der Personalentwicklung und vielen anderen Bereichen ist digital noch sehr viel Luft nach oben, was uns sicher noch einige Jahre beschäftigen wird.

I Sie meinten ja zuvor, dass Sie es sinnvoll finden, wenn man in diesem Bereich auch Wissen der BWL hat. Was könnten Sie denn zukünftigen Psychologieabsolventen noch empfehlen, wenn sie in Ihrem Bereich Fuß fassen möchten, in der heutigen Zeit der Digitalisierung?

FB Also ich glaube die Person, mit den besten Berufschancen in der Personalberatung wird diejenige sein, die Kenntnisse aus der Psychologie und Wirtschaftsinformatik kombiniert, da es die praktisch nicht gibt aber immer gefragter ist. Denn wir reden von Prozessdigitalisierung und damit auch davon, dass Organisationen sehr viel mehr softwarelastiger werden. Zu wissen, wie die Systeme dahinter, der Mensch und die Interaktion von beiden in einem organisationalen Umfeld funktionieren, bringt unglaublich viele Vorteile.

I Und ist es dann nicht so, dass man dann eigentlich nur noch Data Scientists bräuchte und keine Psychologen mehr oder Berater?

FB Ich glaube nicht, auch weil sich Data Scientist, Berater und Psychologe zu sein in meiner Vita gar nicht ausschließt. Die Tätigkeitsfelder ändern sich vielleicht, aber die klassischen Fragestellungen von der richtigen Führung, Personalentwicklung, Recruiting, die bleiben weiterhin bestehen. Führungskräftecoaching ist ja eigentlich Thema des HR-Business-Partners, der unterstützend zur Seite stehen soll. Und auch wenn die Organisation aus 90 % Data Scientisten bestehen sollte, werden Sie Führungs-, Recruiting- und Entwicklungsfragen beantworten müssen. Führung, Arbeitszufriedenheit, alle klassischen Bereiche, die werden ja nicht weniger, die Ansprüche eventuell nur höher, was dann auch natürlich wieder höhere Ansprüche an die Betreuung durch HR abverlangt.

I Okay. Und denken Sie, dass vielleicht auch eine künstliche Intelligenz einiges übernehmen könnte? Also, dass diese wirklich Berufsbilder komplett ersetzen kann?

FB Das glaube ich auf jeden Fall. Ich sehe das allerdings weniger bei den eben erwähnten Prozessen, bei denen wir ja eigentlich die Hauptwertschöpfungsquelle von HR sind, also Business Partnering zu betreiben und die Führungskräfte zu unterstützen oder gute Kandidaten zu rekrutieren. Es gibt aber auch viele Aufgaben, die ziemlich repetitiv sind, wie z. B. 20-mal die Woche zu beantworten, wo es das Formular zur Anmeldung der Elternzeit gibt, also einer Frage, die künstliche Intelligenz in Form eines Chatbots ohne Problem beantworten könnte. Sehr viel Automatisierung erwarte ich bei allem, was wir letztlich als Sachbearbeitung kennen und eigentlich klaren Entscheidungsregeln folgen. Allerdings sind die meisten künstlichen Intelligenzen, die wir heute kennen und die auf statistischen Regelmäßigkeiten beruhen, wenn man es ganz hart ausdrückt, in gewissem Sinne dumme künstliche Intelligenzen, weil sie nur wirklich gut sind, wenn es berechenbare Probleme gibt und sich auch die Stammdaten nicht ändern. Eine Schwäche von künstlicher Intelligenz ist, dass Algorithmen noch taub sind für gesellschaftliche Veränderungen. Ein schönes Beispiel wäre, Facebook und Cambridge Analytics zu betrachten. Prinzipiell ist es möglich, aus Facebook-Profilen auf die Ausprägung bestimmter Persönlichkeitsvariablen zu schließen. Wenn ich allerdings vor 2 Jahren einen Hollywoodstar geliked habe, der über die Me-Too-Bewegung gestürzt ist, korreliert der objektiv gleiche Prädiktor eventuell ganz anders mit bestimmten Persönlichkeitsdimensionen, als es heute der Fall ist und da sich der Kontext komplett geändert hat. Hier kommt KI dann an seine Grenzen. Und deshalb ist es zumindest meine Prognose, dass es auch in Zukunft noch ausreichend Bedarf für engagierte Personaler geben wird.

I Super. Dann vielen Dank, dass Sie sich die Zeit für ein persönliches Gespräch genommen haben.

Video des Interviews (siehe ◘ Abb. 7.3):

◘ **Abb. 7.3**   Video 7.3 (▶ https://doi.org/10.1007/000-0sk)

Video des Interviews (siehe ◘ Abb. 7.4):

◘ **Abb. 7.4**   Video 7.4 (▶ https://doi.org/10.1007/000-0sp)

Video des Interviews (siehe ◘ Abb. 7.5):

◘ **Abb. 7.5**   Video 7.5 (▶ https://doi.org/10.1007/000-0sq)

7.4 Interview mit Prof. Dr. Torsten Biemann der Universität Mannheim – Lehrstuhl für Personalmanagement und Führung

Das Interview mit Prof. Dr. Torsten Biemann (TB)) und die Transkription führten Johannes Merscher und Eirini Kourmpeli (Interviewer, I) durch.

Interviewer (I)   Hallo Herr Professor Biemann, vielen Dank, dass Sie sich die Zeit für das Interview genommen haben. Sie haben sowohl einen Abschluss als Diplom-Psychologe als auch als Diplom-Kaufmann und Sie sind nun als Professor für Personalmanagement und Führung an der Universität Mannheim tätig. Können Sie uns zu Beginn etwas zu Ihrem beruflichen Werdegang berichten?

Prof. Dr. Torsten Biemann (TB)   Wie Sie schon sagten, studiert habe ich BWL und Psychologie und habe direkt danach mit der Promotion weitergemacht. Das war damals im Graduiertenkolleg in Kiel, danach bin ich in der Wissenschaft geblieben und war für zweieinhalb Jahre Postdoc an der Jacobs Universität in Bremen. Anschließend war ich 3 Jahre Juniorprofessor in Köln und bin jetzt seit 2012, also seit ungefähr 6 Jahren, hier in Mannheim.

I   Die beiden Studiengänge haben Sie größtenteils parallel absolviert. Warum haben Sie sich genau für diese Kombination entschieden?

TB   Angefangen habe ich mit Psychologie. Als ich ein Jahr Psychologie studiert hatte, habe ich mir dann überlegt, dass ich noch einen 2. Studiengang dazu nehmen möchte. Damals hatte man nach 2 Semestern schon sehr viele der Scheine zusammen, die man fürs Vordiplom brauchte, sodass eigentlich Zeit für weitere Veranstaltungen war. Eigentlich wollte ich am liebsten Physik als 2. Studiengang hinzunehmen, habe das dann aber nicht gemacht, weil mir die Kombination mit Psychologie wenig sinnvoll erschien. Die Wahl von BWL war entsprechend eher eine Vernunftsentscheidung.

I   Nach einem Studium der Psychologie und der BWL sind Sie jetzt für einen Lehrstuhl der Betriebswirtschaftslehre verantwortlich. Wie kam es genau dazu?

TB   Zunächst stellte sich mir nach dem Studium die Frage, ob es in der Psychologie oder in der BWL weitergeht. Letztlich war es eher ein Zufall, dass ich als erstes eine Zusage für eine Promotionsstelle aus der BWL bekommen hatte, nämlich am Graduiertenkolleg für lose gekoppelte Systeme an der Christian-Albrechts-Universität zu Kiel. Nach der Promotion dort hat es sozusagen den üblichen Lauf genommen. Man versucht, die eigenen Arbeiten zu publizieren und irgendwann die Chance zu bekommen, bei einem Berufungsverfahren in die Auswahl zu kommen. Hier in Mannheim hat es dann geklappt.

I   Welchen Einfluss hat Ihre psychologische Erfahrung auf Ihren jetzigen Forschungsschwerpunkt?

TB Eigentlich sehr viel, da die Forschungsschwerpunkte im Personalmanagement eine große Schnittmenge zu dem aufweisen, was in der Arbeits- und Organisationspsychologie erforscht wird. Entsprechend kooperiere ich auch mit vielen Kollegen aus der Psychologie und wir haben auch, mit kleinen Unterschieden, dieselben Zeitschriften, in denen wir publizieren möchten.

I Sie haben es eben schon angesprochen. Zu welchem Thema haben Sie genau promoviert und was ist der eigentliche Kernpunkt Ihrer aktuellen Forschung?

TB Das Thema der Promotion war Karriereverläufe internationaler Führungskräfte. Es ging mir darum, zu erforschen, was passiert, wenn Führungskräfte während ihrer Karriere mehrfach ins Ausland gehen. Was bis dahin erforscht wurde, waren einzelne Entsendungen. Es war deshalb interessant, sich Sequenzen mehrerer Entsendungen anzuschauen: Was passiert z. B. mit den Managern, die erneut ins Ausland gehen? Sind sie danach zufriedener? Und welche unterschiedlichen Karrieremuster gibt es bei diesen Managern? Meine jetzige Forschung baut noch zum kleinen Teil darauf auf, vor allem die Idee, sich ganze Karriereverläufe anzuschauen – und nicht nur einzelne Stationen. Gibt es beispielsweise sehr prototypische Karriereverläufe? Solche Fragen finde ich immer noch spannend und es ist entsprechend immer noch ein Forschungsschwerpunkt hier am Lehrstuhl. Es sind allerdings noch viele Themen dazugekommen. Die Denomination des Lehrstuhls ist Personalmanagement und Führung und wir decken mit unseren Forschungsprojekten diese Bandbreite relativ gut ab. Beispielsweise untersuchen wir die Wirkung von Personalpraktiken oder Bündeln von Personalpraktiken, die Entwicklung von HR-Systemen über die Zeit oder auch den Zusammenhang zwischen Kultur und Führungsstilen. Der Fokus ist dabei in der Regel quantitativ-empirisch. Hinzu kommen noch methodische Forschungsarbeiten.

I Sie vertreten den Ansatz eines evidenzbasierten Personalmanagements. Worin unterscheidet sich dieser vom klassischen Personalmanagement?

TB Historisch betrachtet war die Personalarbeit in Organisationen zunächst eher auf administrative Tätigkeiten beschränkt, beispielsweise die Abwicklung von Entgeltzahlungen oder auch die Bearbeitung arbeitsrechtlicher Fragestellungen. Heute sind viele Aufgaben im Personalmanagement hinzugekommen, die von fundierten empirischen Kenntnissen der HR-Manager profitieren könnten, beispielsweise bei der Ausgestaltung der verschiedenen HR-Praktiken in der Organisation. Es sollte vergleichbar sein mit der Medizin, bei der auch nur diejenigen Medikamente verwendet werden, bei denen empirisch gezeigt werden konnte, dass sie funktionieren. Im Personalmanagement sind aus meiner Sicht die meisten in der Forschung gewonnenen Erkenntnisse noch nicht in der Praxis angekommen. Es herrschen noch sehr stark Bauchgefühl und Intuition bei Entscheidungen vor. Wenn HR-Abteilungen in Unternehmen beispielsweise überlegen, welches Führungskräftetraining sie wählen sollten oder wie sie die Mitarbeiter vergüten sollten, dann werden die vielen Studien dazu kaum oder gar nicht berücksichtigt. Beim evidenzbasierten Personalmanagement oder, etwas breiter gesprochen, beim evidenzbasierten Management geht es darum, diese Evidenz zu integrieren. Man möchte die Entscheidungsqualität dadurch verbessern, dass man neben der eigenen Intuition auch interne und externe Evidenz hinzuzieht.

I Welche Motive haben eine Rolle gespielt, um diese Position zu vertreten?

TB Das ist eine Position, die sich sehr gut mit der wissenschaftlichen Herangehensweise verbinden lässt, die ich natürlich sehr nützlich finde. Außerdem finde ich die Lücke zwischen Wissenschaft und Praxis gerade im Personalmanagement sehr groß und evidenzbasiertes Personalmanagement hilft, diese Lücke zumindest teilweise zu schließen.

I In welchen Teilbereichen, wie z. B. Personalauswahl, ist heute die Anwendung eines evidenzbasierten HR-Managements am häufigsten verbreitet?

TB Sehr häufig verbreitet ist es in keinem Bereich, am häufigsten aber bei der Personalauswahl. Viele Organisationen berücksichtigen die prädiktive Validität von Auswahlverfahren bei der Entwicklung der eigenen Auswahlverfahren. Aber auch hier agieren die meisten Organisationen noch nicht evidenzbasiert. Zusammen mit dem Personalmagazin und Prof. Heiko Weckmüller habe ich beispielsweise im Sommer 2018 HR-Manager in einem HR-Wissenstest befragt. Wir haben Fragen entwickelt, von denen viele auf wissenschaftliche Evidenz abzielen – beispielsweise war eines der Statements, die von den HR-Managern beantwortet werden mussten, ob Intelligenztests in der Personalauswahl gut geeignet sind. Als Antwortoptionen standen „ja stimmt" oder „stimmt nicht" zur Verfügung. Insgesamt kam heraus, dass bei diesen Evidenzfragen das Praxiswissen sehr eingeschränkt vorhanden ist. Bei der Frage zur Eignung von Intelligenztests hatten beispielsweise über 50 % der Teilnehmer geantwortet, dass diese Tests nicht gut geeignet seien. Es gibt schon über 100 Jahre Forschung zu Personalauswahlverfahren, uns Wissenschaftlern ist es aber immer noch nicht gut gelungen, diese Erkenntnisse in die Praxis zu bringen.

I In welchen Bereichen müssen Ihrer Meinung nach noch Fortschritte gemacht werden, um den Einsatz des evidenzbasierten Personalmanagements möglich zu machen?

TB Wie schon gesagt, durchgängig Verwendung findet der Ansatz nirgendwo. Mein Ziel wäre es auch gar nicht, dass ein Manager bei jeder Entscheidung immer alle Studien zum Thema anschauen muss, das wäre natürlich sehr unrealistisch. Aber gerade, wenn strategisch diskutiert wird, welche HR-Instrumente und HR-Praktiken verwendet werden sollten, lohnt es sich eigentlich immer, näher hinzuschauen und zunächst die existierende Evidenz zu betrachten. Letztlich glaubt zwar jedes Unternehmen, dass es komplett einzigartig ist, aber die Mitarbeiter, die dort arbeiten, sind sehr vergleichbar mit Mitarbeitern, die in anderen Unternehmen arbeiten. Wenn sich in vielen Studien gezeigt hat, dass bestimmte Arten der Vergütung oder bestimmte Anreize funktionieren, ist die Wahrscheinlichkeit sehr hoch, dass es im eigenen Unternehmen auch ähnlich wirken wird.

I Big Data ist ein Schlagwort, welches aktuell in aller Munde ist. Was ist Big Data im Kontext von Unternehmen, vor allem im Bereich Personalmanagement?

TB Big Data ist kein klassisch wissenschaftlicher Begriff, zu dem es eine klare Definition gäbe. Nimmt man die Praxis-Definitionen, dann sind es meistens so unüberschaubare Datenmengen, denen man mit herkömmlichen Verfahren kaum begegnen kann. Überträgt man diese Definition auf das Personalmanagement, so gibt es dort eigentlich so gut wie nie diese Art von Big Data, da dort kaum Datenmengen vorliegen und ausgewertet werden dürfen, die so unüberschaubar sind, dass herkömmliche Verfahren nicht funktionieren und neuere Verfahren, z. B. aus dem Bereich Machine Learning, angewendet werden müssen. Die im Personal vorliegenden Datensätze sind in der Regel relativ gut strukturiert, aber auch mit diesen Daten wird in den meisten Organisationen bisher noch nichts gemacht. Insofern ist im Personalmanagement aus meiner Sicht die Frage gar nicht so sehr, wann Big Data anfängt und welche neuen Verfahren man verwenden könnte, sondern was schon jetzt mit den vorhandenen Daten gemacht werden kann. Wie gesagt, im Personalmanagement kann man auf vielen einfacheren Ebenen anfangen, nach Mustern bzw. nach Zusammenhängen zu suchen, ohne Big Data oder kompliziertere Analyseverfahren bemühen zu müssen.

I Warum ist es sinnvoll, Big Data auch im HR anzuwenden?

TB Weil sich daraus Erkenntnisse gewinnen lassen, die sich über Bauchgefühl und Ähnliches nicht gewinnen lassen. Um auf die Personalauswahl zurückzukommen, können Sie ganz schwer als für Personalauswahl verantwortlicher Mitarbeiter tatsächlich sagen, welche Leistung die Mitarbeiter später gezeigt haben, die von Ihnen ausgewählt wurden. Oder nehmen wir das Change-Management. Dort leiten Manager Projekte, es zeigt sich aber erst Jahre später, ob die Leitung erfolgreich war. Gerade bei solchen Fragestellungen ist es wichtig, sich vorhandene Evidenz anzuschauen, die entweder aus eigenen Daten oder aus Studien stammen kann, um dann zu entscheiden, was das vermutlich beste Vorgehen in einem gegebenen Setting ist.

I Welche Vorteile bestehen in einem Unternehmen bei der Nutzung von Big Data?

TB Sie können Zusammenhänge finden, die sie ansonsten nicht entdecken würden und das in allen Bereichen. Es sind in der Regel Zusammenhänge, die nicht so groß sind, dass man sie sozusagen mit bloßem Auge sieht. Sie würden auch mit Big Data nicht bei allen Mitarbeitern sagen können, wer wann aus welchen Gründen das Unternehmen verlässt. Big Data kann aber zu besseren Vorhersagen führen, als sie es mit herkömmlichen Methoden machen können. Aber wie gesagt sinnhaft ist es immer dann, wenn Daten vorliegen, die auch eine Messung des Erfolgs ermöglichen. Dann lässt sich eigentlich mit sehr einfachen Analysen schon etwas gewinnen. Das muss wie gesagt gar nicht unbedingt Big Data sein.

I Gibt es auch Einschränkungen, die Sie bei der Nutzung von Big Data für Unternehmen sehen?

TB Unternehmen haben sehr starke Einschränkungen durch den Datenschutz und die betriebliche Mitbestimmung, bei der der Betriebsrat, gerade bei personenbezogenen Daten, in der Regel sehr vorsichtig ist.

I Lässt sich die Implementierung von Big Data im Personalmanagement auf kleinere Unternehmen übertragen oder bestehen die Vorteile nur für die größeren Unternehmen?

TB Wenn Sie ein Unternehmen haben, bei dem Sie pro Jahr 5 Führungskräfte in Führungskräftetrainings schicken, dann können Sie nicht mit Big Data auswerten, ob dieses Training den gewünschten Effekt hat. Insofern können Sie als Unternehmen, wenn Sie die richtige Stichprobegröße nicht erreichen, eigentlich nichts machen. Es gibt die Möglichkeit – und einige Anbieter setzen auf solche Lösungen –, dass man über die Cloud sozusagen nicht nur die eigenen Daten auswerten kann, sondern auch die anonymisierten Daten von anderen Unternehmen. Das ist natürlich vor allem bei personenbezogenen Daten sehr schwierig, gerade in Deutschland. Aber diese Möglichkeit bestände. Ansonsten, wenn Sie eine kleine Stichprobe haben, dann können Sie höchstens ganz starke Effekte finden, aber die kleinen bleiben einfach verborgen.

I Können nur Unternehmen, die finanziell und organisatorisch gut aufgestellt sind, auf Big-Data-Verfahren zurückgreifen?

TB Das würde ich nicht sagen. Die Durchführung eines Big-Data-Projektes muss nicht sehr kostspielig sein. Wenn die Daten vorliegen, dann braucht man nur 1 Person, die sich mit den entsprechenden Analysen auskennt und die Auswertungen so interpretieren kann, dass sich daraus Handlungsempfehlungen ableiten lassen. Und wie gesagt, dazu müssen Sie nicht Terabyte an Daten haben. Oft genügt es, wenn Sie beispielsweise die Teilnahmerate an Trainings haben, also ob jemand teilgenommen hat oder nicht, und zusätzlich eine relevante Erfolgsvariable haben. Nehmen wir einfach mal ein Beispiel, das wir mit einem Mannheimer Unternehmen durchgeführt haben. Dort wurden sogenannte „shopfloor meetings" eingeführt. Mitarbeiter in der Produktion haben sich morgens eine Viertelstunde getroffen und mit der vorhergehenden Schicht besprochen, was mögliche Probleme waren und welche Fehler auftreten könnten. Das Unternehmen hat sich gefragt, ob sich diese Maßnahme überhaupt lohnt oder ob es letztlich verschwendete Zeit ist, welche die Mitarbeiter in diesen „shopfloor meetings" verbringen. Im Unternehmen lagen Zahlen zur Produktivität der ca. 60 Teams vor, sodass wir analysieren konnten, ob die Einführung dieser Maßnahme tatsächlich die Produktivität beeinflusst. Es kam heraus, dass die Quantität nach Einführung der Maßnahme nicht signifikant gestiegen war, die Qualität dagegen schon. Obwohl sowohl Analysen wie auch die Daten nicht komplex waren, konnte das Unternehmen aus den Ergebnissen wertvolle Schlüsse ziehen. So war es das 1. Mal, dass die Organisationsentwicklungsabteilung zeigen konnte, dass eine vorgeschlagene Maßnahme tatsächlich einen Effekt hat.

I Wie werden Qualität beziehungsweise Objektivität der Daten oder der Datenauswertung sichergestellt?

TB Das ist ein langwieriger Prozess, ähnlich wie in dem Forschungsprojekt auch, müssen Sie dafür Sorge tragen, dass die Daten reliabel sind. Wenn Sie sich das typische People-Analytics-Projekt anschauen, dann macht die eigentliche Analyse der Daten den geringsten Prozentsatz der Arbeit aus. Viel mehr Aufwand erfordert das

Sicherstellen einer hohen Datenqualität. Hier gilt es festzustellen, ob Sie den Daten trauen, denn es gibt verschiedene Gründe, weshalb die Daten, die Ihnen vorliegen, vielleicht gar nicht das aussagen, was Sie glauben. Wenn Sie beispielsweise im Personalmanagement eine zentrale Datenbank haben, dann ist eine erste Frage, wie motiviert die Führungskräfte der einzelnen Teams sind, diese Datenbank tatsächlich zu pflegen und zu aktualisieren. Viele Unternehmen würden beispielsweise sagen, dass die Kompetenzen der Mitarbeiter in der internen Datenbank wesentlich schlechter sind als das, was Sie über die Mitarbeiter bei LinkedIn finden könnten. Deshalb ist die Vorbereitung des Datensatzes ein ganz wichtiger Schritt, der gemacht werden muss, bevor die eigentliche Analysearbeit beginnen kann.

I   Die Personalabteilung benötigt bestimmte Fähigkeiten und Kompetenzen ihrer Mitarbeiter, um zum Teil große und komplexe Datenmengen auszuwerten. Das heißt bei den Mitarbeitern ist Wissen über fortgeschrittene statistische Analysen erforderlich. Die Analyse von Daten ist jedoch oftmals ohne die Betrachtung des Kontextes nicht sinnvoll, beispielsweise können Informationen, die aus verschiedenen Quellen stammen, ein ganz unterschiedliches Gewicht in verschiedenen Kontexten haben. Sehen Sie da ein Risiko, dass wir uns einzig auf die Algorithmen verlassen?

TB   Das Risiko zurzeit sehe ich noch nicht, weil kaum Datenanalysen durchgeführt werden. Natürlich wird irgendwann die Gefahr bestehen, wenn Algorithmen verwendet werden, die nicht mehr transparent sind, und man sich auf diese Algorithmen verlässt, sich aber inzwischen der Kontext verändert hat und der Algorithmus gar nicht mehr so gut funktioniert. Das ist natürlich gefährlich. Aber dessen sind sich, glaube ich, die Anwender bereits sehr bewusst, dass dann auch ein Update erfolgen muss und dass man die Ergebnisse auch gewissen Plausibilitätschecks unterziehen muss. Ich nenne Ihnen mal ein Beispiel von einem Unternehmen, das sich angeschaut hatte, weshalb Mitarbeiter das Unternehmen verlassen. Ein Kernergebnis war, dass diejenigen, die 360°-Feedback bekommen, das Unternehmen nicht verlassen und Mitarbeiter, die diese Feedbacks nicht bekommen hatten, haben mit viel größerer Wahrscheinlichkeit das Unternehmen verlassen. Daraus hatte man zunächst mal den Schluss gezogen, dass diese 360°-Feedback sehr geeignet sind, um die Mitarbeiter im Unternehmen zu halten, bis die Analysten gemerkt haben, dass die Daten von Mitarbeitern, die das Unternehmen verlassen haben, gelöscht werden müssen und aus dem Grund dieser Scheinzusammenhang bestand. Plausibilitätschecks sind sehr wichtig und man muss mit den entsprechenden Stellen klären, dass die Daten keine falsche Aussagekraft bekommen. Auch muss dafür Sorge getragen werden, dass die Algorithmen so transparent bleiben, dass sie noch nachvollziehbar und plausibel bleiben.

I   Wie kann man Big Data in HR-Management als Entscheidungshilfe erfolgreich integrieren?

TB   Das kommt ganz drauf an, in welchen Bereichen Sie diese verwenden möchten. Generell ist es immer dann interessant, wenn es Ihnen gelingt, Ihre Daten mit für das Unternehmen relevanten Ergebnisgrößen zu verknüpfen. Bei der Personalauswahl heißt dies z. B.: Sind wir tatsächlich in der Lage, die am besten geeigneten

Bewerber zu identifizieren und über unsere Verfahren auszuwählen? Bei Beförderungsentscheidung ist das ähnlich: Sind wir in der Lage vorherzusagen, wer tatsächlich eine gute Führungskraft ist? In beiden Fällen ist es zentral, in ersten Analysen Prädiktoren zu finden, die tatsächlich die spätere Leistung vorhersagen können. In diesen Bereichen gibt es Beispiele aus der Unternehmenspraxis. Google wird hier häufig genannt, da das People-Analytics-Team dort untersucht hat, was eine gute Führungskraft ausmacht. Es wurde aus den vorhandenen Daten ein Algorithmus entwickelt, der letztlich über 3 Prädiktoren vorhersagen sollte, wer als Führungskraft besonders geeignet ist. Unternehmen, wie Nestle beispielsweise, haben ganz ähnliche Projekte, bei denen sie auch intern analysiert haben, welche Faktoren eine gute Führungskraft ausmachen. Erstens, um bei der Führungskräfteauswahl auf diese Faktoren zu achten. Zweitens, vielleicht sogar noch wichtiger, um Führungskräfte zu schulen und sie bei deren Entwicklung zu unterstützen. Beispielsweise könnte eine Führungskraft in den Bereichen, bei denen sie nicht so gut abgeschnitten hat, Coachings erhalten.

I   Gibt es Ihrer Meinung nach bestimmte Schlüsselkompetenzen, die für die Tätigkeit im evidenzbasierten HR-Management von besonderer Bedeutung sind?

TB   Sie müssen zum einen in der Lage sein, die relevante wissenschaftliche Literatur schnell zu finden und zu verstehen. Sie können nicht alle Studien zum Thema lesen, dazu haben Sie die Zeit in der Praxis nicht, sondern dass Sie in der Lage sind, sich relativ schnell ganz guten Überblick zu verschaffen, beispielsweise über Metaanalysen. Außerdem sollte beim evidenzbasierten Management auch die interne Evidenz hinzugezogen werden, also Daten, die im Unternehmen vorliegen. Interne und externe Evidenz dient als weitere Informationsquelle im evidenzbasierten Management dazu, die Entscheidungsqualität zu verbessern.

I   Die Kompetenzen, die benötigt werden, sind mehr als ein Studium der Psychologie und BWL bieten. Verfügen aktuell in Unternehmen arbeitende HR-Manager über die notwendigen Kenntnisse für evidenzbasiertes HR-Management?

TB   Ich würde gar nicht sagen, dass die notwendigen Kompetenzen über das hinausgehen, was man sich im Studium aneignen kann. Das ist aus meiner Sicht durchaus geeignet. Was aus meiner Sicht im Studium weniger vermittelt wird, ist, wie man eine Fragestellung aus der Unternehmenspraxis in etwas übersetzt, das mit interner oder externer Evidenz beantwortet werden kann. Diese Übersetzung der Fragestellung aus dem Unternehmen in etwas, das mit Daten beantwortet werden kann, wird im Studium eher wenig thematisiert. Die nachfolgende Analyse selber und auch die Interpretation der Ergebnisse sind schon Kompetenzen, die im Studium erworben werden können. Die sich daran anschließende Rückübersetzung der Ergebnisse in Handlungsempfehlungen dagegen findet ebenfalls kaum einen Platz in den meisten Veranstaltungen.

I   Wie kann man Mitarbeiter dafür qualifizieren?

TB In Mannheim haben wir dazu eine Master-Veranstaltung HR-Analytics, bei der in verschiedenen Bereichen des Personalmanagements zunächst die relevanten Theorien und empirischen Ergebnissen besprochen werden, z. B. zu Personalauswahl, Unternehmenswechseln oder auch zur Personalplanung. Aufbauend auf diesen Erkenntnissen lassen wir die Studierenden mit Daten rechnen, beispielsweise mit einem simulierten Unternehmensdatensatz. In Kleingruppen sollen die Studierenden dann aus den Ergebnissen Handlungsempfehlungen für Unternehmen ableiten. In einigen Präsentationen haben Sie dann z. B. einen großen Datensatz vor sich und eine sehr globale Fragestellung, zu der die Gruppe Antworten liefern muss. In Seminaren gehen wir sehr ähnlich vor. Während aber im HR-Analytics-Kurs der Fokus stärker auf eigenen Datenanalysen liegt, versuchen wir in Seminaren die empirische Evidenz aus Studien stärker in den Vordergrund zu rücken. Auch hier geht es darum, aus bestehender Evidenz Handlungsempfehlungen abzuleiten, startend mit kleinen Unternehmensfällen. Unternehmen X möchte zum Beispiel die Personalauswahl neugestalten. Basierend auf dem Status quo im Unternehmen sollen dann evidenzbasiert Verbesserungsvorschläge entwickelt werden. Dazu müssen die Studierenden die bestehenden Studien bzw. die bestehende Evidenz aufarbeiten. Für mich ist es wichtig, dass Studierende diese Übersetzungsleistung in Handlungsempfehlung lernen und diese Handlungsempfehlungen nicht komplett aus der Luft gegriffen oder vollkommen unrealistisch sind. Ansonsten besteht gerade bei Studierenden die Tendenz, aufgrund eines kleinen Problems im Personalmanagement eine gesamte Neustrukturierung des HR-Managements vorzuschlagen oder Maßnahmen zu entwickeln, die in keinem Verhältnis zur Schwere des Problems stehen. Die Studierenden sollten also in der Lage sein, Handlungsempfehlungen zu entwickeln und zu präsentieren, die tatsächlich auch umsetzbar sind.

I Sie haben das Problem eben schon angerissen. Ein wichtiger Aspekt ist, wie wir Big Data richtig nutzen können. Ethische, rechtliche Datenschutz- und Sicherheitsaspekte spielen hierbei eine große Rolle. Laut der Datenschutzgrundverordnung liegen feste Regelungen zur Verarbeitung personenbezogener Daten durch private Unternehmen und öffentliche Stellen EU-weit vor. Gibt es einen Widerspruch zwischen der Erhebung von Big Data und dieser Datenschutzgrundverordnung?

TB Dies muss nicht unbedingt ein Widerspruch sein. Bei Big-Data-Analysen können Ziele verfolgt werden, die keine Analysen erfordern, bei denen Daten auf einzelne Individuen zurückgeführt werden können. Ein Beispiel könnten hier die vorhin schon erwähnten „shopfloor meetings" sein, bei denen das einzelne Individuum überhaupt keine Rolle spielt. Dieses Beispiel lässt sich auf ganz viele Bereiche übertragen, bei denen die Effektivität einer HR-Maßnahme untersucht werden soll. Die Ergebnisse dienen lediglich dazu, die Maßnahme zu bewerten, nicht jedoch, um z. B. Mitarbeiter mit schlechter Leistung zu identifizieren. Insofern können HR-Abteilungen für diese Fragestellungen mit komplett anonymisierten Daten arbeiten, was auch in der Regel konform mit der Datenschutzgrundverordnung ist. Problematischer sind Situationen, bei denen konkrete Empfehlungen für Individuen gemacht werden sollen. Was Unternehmen zurzeit in diesen Bereichen am ehesten durchführen, sind Projekte, bei denen es klare Win-win-Situationen gibt, sowohl für den Mitarbeiter als auch für das Unternehmen. Wenn es beispielsweise um Weiterbildung geht, können Algorithmen entwickelt werden, die ähnlich wie bei Amazons Kauf-vorschlägen auch für Mitarbeiter Empfehlungen für Weiterbildungen machen. Ein Mitarbeiter könnte bestimmte Skills bereits haben, basierend auf existierenden Skill-Profilen können dann Empfehlungen gemacht werden, in welche Richtung sich der Mitarbeiter am besten weiterentwickeln kann. Damit ist sowohl dem Mitarbeiter wie auch dem Unternehmen geholfen. Hierbei zwingt man Mitarbeiter nicht, irgendwelche Trainings zu machen, sondern macht Vorschläge, auf die Mitarbeiter vielleicht selber gar nicht gekommen wären. Die sehr kritischen Fälle, bei denen Unternehmen z. B. analysieren könnten, wer als nächstes entlassen werden soll, sind mir aus deutschen Unternehmen überhaupt nicht bekannt. Meine Wahrnehmung ist, dass Unternehmen schon sehr sensibel an People-Analytics-Projekte gehen, weil sie sich der Risiken bewusst sind, wenn ein solches Projekt umgesetzt würde und es an die Öffentlichkeit gelangt. Insgesamt nehme ich Unternehmen schon als sehr umsichtig bei der Auswahl dieser Projekte wahr und ich glaube auch nicht, dass hinter verschlossenen Türen irgendwelche geheimen Datensätze existieren, die sie auswerten würden, um dann heimlich zu entscheiden, wer als nächstes entlassen wird. Das passiert nicht.

I Wie wird sichergestellt, dass die Daten nicht personenbezogen sind bzw. nicht personenbezogen verwendet werden?

TB Sie können die Daten vor den Analysen anonymisieren, sodass sie nicht mehr auf einzelne Individuen zurückführbar sind. Sie können auch pseudonymisieren, indem Sie irgendwo außerhalb einen Schlüssel generieren, über den Individuen identifiziert werden können. In vielen Diskussionen hört sich dies so an als sei es ein ganz neues Problem durch das Aufkommen von Big Data, wird allerdings im Rahmen von Mitarbeiterbefragungen schon seit Jahrzehnten im Unternehmen umgesetzt. Für Datensätze aus Mitarbeiterbefragungen liegen sehr klare Prozesse vor, sodass eben nicht nachvollziehbar ist, von wem einzelne Antworten stammen. Dazu wählen Unternehmen oft einen Anbieter außerhalb des Unternehmens, der diese Mitarbeiterbefragungsdaten auswertet und der auch keine Rückmeldung in Gruppen von kleiner als 8 oder 10 Mitarbeitern erlaubt.

I Wie wird das in Zukunft aussehen? Also gibt es da irgendwie Verbesserungsmöglichkeiten oder Sachen, auf die man jetzt in Zukunft achten müsste?

TB Ich bin kein Jurist. Die mir bekannten Arbeitsrechtler würden sagen, dass klare Prozesse etabliert werden müssen, wie konkret z. B. die Datenschutzgrundverordnung umgesetzt werden kann. Es gibt seit Ende Mai 2018 die potenziellen großen Strafen bei der Datenschutzgrundverordnung. Aber keiner weiß genau, was ein Unternehmen machen muss, um dessen Genüge zu tragen. Das wäre meine Antwort. Aber wie gesagt, ich bin kein Jurist, der hier größere Fachkenntnis hätte.

I Viele der in der HR-Analytik verwendeten Daten weisen einen direkten Personenbezug auf. Dies führt dazu, dass viele Mitarbeiter Angst vor einer zu weit gehenden Transparenz bzw. vor dem „Durchschauen" haben. Was kann man machen, um das Vertrauen der Mitarbeiter zu gewinnen?

TB Personalabteilung und Management sollten transparent sein mit ihrem Einsatz von Algorithmen und Datenanalysen. Es sollten sozusagen keine geheimen Entscheidungen getroffen werden, basierend auf Algorithmen, von denen niemand sagt, wie sie funktionieren. Außerdem kann man als Unternehmen den Mitarbeitern in verschiedenen Projekten zeigen, dass Datenanalysen auch den Mitarbeitern helfen können. Google hat beispielsweise schon vor einigen Jahren angefangen, gängige Vorurteile oder Vermutungen aus dem Unternehmen aufzugreifen und mit Daten zu beantworten. Beispielsweise können viele Mitarbeiter die Wahrnehmung haben, dass Mitarbeiter aus der Zentrale eine höhere Beförderungswahrscheinlichkeit haben als Mitarbeiter aus Zweigstellen. Hierzu können einfache Daten ausgewertet werden, was zu Ergebnissen führt, die für die Mitarbeiter interessant sind, von diesen aber sicherlich nicht als gefährlich eingestuft würden. Und wie gesagt, Unternehmen sind aus meiner Sicht gerade in Deutschland weit davon entfernt, Algorithmen zu entwickeln, um Mitarbeitern „Böses" zu tun. Es gibt verschiedene Interessen innerhalb des Unternehmens und People-Analytics-Projekte komplett gegen Betriebsrat und gegen den Willen der Mitarbeiter durchzuführen, kann kaum gelingen. In der Regel werden Projekte identifiziert, die für alle Parteien interessant und gewinnbringend sind.

I Liegen Ihnen Erfahrungswerte oder wissenschaftliche Daten vor, ob Führungskräfte mehrheitlich die Bereitschaft aufbringen, Big-Data-basierte Verfahren in Unternehmen einzuführen?

TB Nein. Da müsste ich spekulieren. Generell zeigt sich aber, dass Mitarbeiter Algorithmen gegenüber eher kritisch eingestellt sind und im Zweifel eher dem menschlichen Entscheider trauen.

I Wie Sie eben schon anklingen lassen haben, kann die Anwendung von Big Data erhebliche Veränderung in einer Organisation mitbringen, beispielsweise Änderungen in den Stellenbeschreibungen oder auch im Arbeitsplatzabbau. Ist es unvermeidlich, dass es durch die Nutzung von Big Data einen gewissen Widerstand geben wird und wie kann man diesen Widerstand beheben und die Akzeptanz sowie Integration von Big Data gewährleisten?

TB Ich würde jetzt, wenn wir über die Nutzung von Big Data im HR sprechen, daraus nicht schließen, dass Mitarbeiterstellen abgebaut werden. Durch Automatisierung und Digitalisierung kann es zu einem Stellenabbau kommen, aber auch hier sind die Studienergebnisse nicht einheitlich. Speziell für HR würde ich nicht sagen, dass durch die Einführung von People-Analytics tatsächlich Stellen abgebaut werden.

I Sie haben eben gesagt, dass Ihnen keine Erfahrungswerte vorliegen, dass Führungskräfte die Bereitschaft aufbringen, Big-Data-basierte Verfahren einzuführen. Mit welchen Maßnahmen kann die Nutzung von Big Data auf Führungsebene populärer gestaltet werden?

TB Führungskräfte wehren sich tendenziell weniger stark gegen die Analyse von Big Data, weil der Trend hin zu Digitalisierung und Analytics erkannt wird und man mit dem eigenen Unternehmen hier nicht hintenanstehen möchte. Ich kenne jetzt keine Statistiken dazu, aber so wie ich die Praxis wahrnehme, gibt es kaum Manager, die sich komplett dagegen sperren. Was man nicht möchte ist, dass die Entscheidungen komplett von Algorithmen etc. abgenommen werden, dass man letztlich nicht mehr selber sagen kann, ob man diesen Kandidaten einstellen möchte oder nicht. Aber die Entscheidungsunterstützung durch Datenanalysen oder durch Big Data wird eher positiv gesehen.

I   Wie schätzen Sie die zukünftige Entwicklung von Big Data in Unternehmen ein? Wie sehr werden wir uns mit dem Thema Big Data in Zukunft beschäftigen?

TB   Daten werden in Unternehmen weiter an Bedeutung gewinnen. Betrachtet man das Feld in Deutschland so schauen wir schon seit vielen Jahren auf Big Data, nicht nur im HR. Aber Unternehmen, die tatsächlich größere Projekte in diesem Bereich durchführen, gibt es kaum. Die Anzahl dieser Projekte wird in den nächsten Jahren steigen, sollte aber auch nicht überschätzt werden. Auch in 10 Jahren, wenn mehr Datenpunkte gesammelt wurden, wird man bei weitem nicht alles wissen oder vorhersagen können. Beispielsweise gibt es eine große Zahl von Gründen, aus denen ein Mitarbeiter das Unternehmen verlässt. Die völlige Transparenz wird es da nie geben. Und das ist auch gut so.

I   Als Professor für Personalmanagement und Führung bieten Sie zahlreiche Seminare und Vorlesungen für BWL-Studierende an. Sollte das Thema evidenzbasierte Personalmanagement Ihrer Meinung nach auch für andere Universitäten mit BWL-Studiengängen relevant sein und warum?

TB   Ich halte es natürlich für relevant und baue es deshalb auch in die Lehre ein. Ob es für andere Kollegen ebenfalls wichtig ist, müssen diese letztlich selber entscheiden. Es gibt aus meiner Sicht aber durchaus auch Bereiche im HR, bei denen man kein evidenzbasiertes Personalmanagement braucht. Insofern halte ich es für einen größeren Bereich innerhalb von HR durchaus sinnvoll, Daten zu verwenden und unsere Studierenden sollen nach Studienabschluss hierzu auch in der Lage sein. Aber wie gesagt, das ist nicht das Allheilmittel oder ein Ansatz, der für alle Fragestellungen im HR die einzige Rolle spielen sollte.

I   Was möchten Sie ihren Studierenden in Ihren Seminaren über das Thema evidenzbasiertes Personalmanagement mitgeben?

TB   Letztlich, dass sie in der Lage sind, später in Unternehmen bei wichtigen Entscheidungen Evidenz hinzunehmen. Wenn man beispielsweise mit Unternehmensvertreter spricht, hört man häufig: „Das mag in einem anderen Unternehmen funktionieren, aber bei uns ist alles ganz anders." Wenn sie es dann tatsächlich testen, stellen sie häufig fest, dass die Zusammenhänge im eigenen Unternehmen doch nicht so einzigartig sind. Die Studierenden sollten objektiv und nicht nur nach Bauchgefühl urteilen, also auch externe und interne Evidenz in die Entscheidungsfindung hinzunehmen. Diese Idee ist für viele Studierende auch in der BWL noch neu und sie sind überrascht, dass tatsächlich so viele Studien zu personalwirtschaftlichen Fragen existieren.

I Sind diese Inhalte auch für Studierende der Psychologie relevant?

TB Natürlich! Die Überschneidung der Inhalte zwischen BWL und Psychologie ist hier recht groß und in den Personalabteilungen arbeiten ja auch häufig BWLer und Psychologen zusammen.

I Die Implementierung des Ansatzes eines evidenzbasierten Personalmanagements setzt eine interdisziplinäre Zusammenarbeit voraus. Wie kann man die verschiedenen Elemente in verschiedenen Studiengängen erfolgreich verbinden?

TB Das ist in Unternehmen in fast allen Bereichen so. Wenn Sie in eine HR-Abteilung gehen, finden Sie dort BWLer, Juristen, Psychologen, um nur ein paar Beispiele zu nennen. Oft sind es auch Mitarbeiter mit komplett anderem Hintergrund, die irgendwie im HR gelandet sind. Insofern ist die interdisziplinäre Zusammenarbeit nichts Neues im HR. Neu ist, dass auch Data Scientists hinzukommen, die sich sehr gut mit Datenanalysen auskennen. Diese Zusammenarbeit ist vielleicht etwas, was speziell für solche evidenzbasierte Management- oder People-Analytics-Projekte ist. Eine große Schwierigkeit ist hierbei, eine gemeinsame Sprache zu finden, denn während die Analytiker das Methodenwissen haben, brauchen sie die Hilfe von Fachexperten, um die richtigen Fragen zu identifizieren. Diese Zusammenarbeit zu meistern, mag etwas sein, das vielleicht tatsächlich neu ist.

I Welche Rolle übernimmt der A&O-Psychologe bei der Analyse von Big Data?

TB Das kommt ganz darauf an, welche Kompetenzen der A&O-Psychologe mitbringt. Was er oder sie auf jeden Fall können sollte ist, dass er das Unternehmen und das Verhalten der Mitarbeiter im Unternehmen versteht und dann die richtigen Fragen stellen kann, die dann mit den Daten beantwortet werden können. Ich hatte vorhin schon gesagt, dass man die ganz exotischen statistischen Verfahren in der Regel gar nicht braucht. Irgendwelche Algorithmen, die nach Millisekunden schon irgendetwas optimiert haben, braucht man im HR nicht. Sie haben im Personalbereich zumeist einen sehr strukturierten Datensatz, der sich, wenn Sie die Performance-Daten der Mitarbeiter nehmen, vielleicht alle paar Monate ändert. Herkömmliche Verfahren reichen hierfür zumeist schon aus. Insofern ist das Methodenwissen eines A&O-Psychologen eigentlich für die meisten Projekte schon ausreichend. Wie gesagt ist ebenfalls wichtig, dass man erstens in der Lage ist, Fragestellungen aus dem Unternehmen in etwas zu übersetzen, was man mit den Daten beantworten kann, dann aber auch diese Ergebnisse rückübersetzen kann. Es reicht nicht zu sagen, dass das Ergebnis auf einem Prozent-Niveau signifikant ist. Damit kann kein Unternehmen etwas anfangen, vielmehr müssen konkret Maßnahmen abgeleitet werden können. Etwas, was in Unternehmen häufig als sehr relevant erachtet wird, was aber in der Universität keine große Rolle spielt, ist die Visualisierung von Daten. Nicht nur die Sternchen interpretieren zu können, sondern auch das Problem sowie die Ergebnisse greifbar und anschaulich zu machen – das ist etwas, das in der universitären Lehre vielleicht noch zu kurz kommt, weil es einen stark deskriptiven Charakter hat. Dass man überhaupt visualisieren kann, wird in Unternehmen oft als wichtiger erachtet als die Analyse-Kompetenz.

I Wären Data Scientists nicht fast besser geeignet Big-Data-Prozesse in Unternehmen einzuführen, zu überwachen und auszuwerten oder gibt es darüber hinaus spezielle Fähigkeiten von A&O-Psychologen, die relevant sind?

TB A&O-Psychologen können wesentlich besser das verstehen, was zu den Fragen führt, die dann mit Big Data beantwortet werden können. Einem Data Scientist können Sie einen Datensatz vorlegen, aber er wird kaum in der Lage sein, die richtigen Fragen zu stellen und auch aus den Antworten nicht die richtigen Handlungsempfehlung ableiten. A&O-Psychologen verstehen, wenn es z. B. um Vergütung geht, welche Anreizsysteme wie wirken können. Sie verstehen auch, was man wie analysieren sollte und welche Evidenz es vielleicht auch schon gibt, auf die man zurückgreifen kann.

I Was qualifiziert Absolvierende der Psychologie im Bereich der Big Data tätig zu sein bzw. wie müssen sich Absolvierende der Psychologie in Zukunft auf Big Data vorbereiten?

TB Im Studium werden in der Regel schon Möglichkeiten angeboten, sich die Methodenkompetenzen anzueignen. Neben dem Kernstudium, wenn man sich für diesen Bereich interessiert, kann man anfangen vielleicht nicht nur mit SPSS zu arbeiten, sondern auch mit R oder Python und ähnlichen Programmen oder Programmiersprachen.

I Zum Abschluss unseres Gesprächs würde uns interessieren, welche Schwerpunktsetzungen im Studium und praktische Erfahrungen Sie universitären Absolventen empfehlen, um im Bereich der Big Data Fuß zu fassen.

TB Im Studium ist dies natürlich eine ausgeprägte Methodenkompetenz. Zusätzlich kann man sich Analyseverfahren anschauen, die außerhalb der klassischen psychologischen Verfahren liegen, beispielsweise in den Bereichen Big Data, Machine Learning oder künstliche Intelligenz. Außerhalb des Studiums sollte man mit Praktika oder eigenen Projekten wichtige Erfahrungen machen. Für mich sehr spannend war z. B. ein Hackathon, an dem wir mit meinem Lehrstuhl teilgenommen hatten. Die dort auszuwertenden Daten bezogen sich auf chemische Prozesse, also weit weg von unseren normalen Analysebereichen. Es war sehr interessant zu sehen, wie z. B. ein Chemiker mit solchen Daten umgeht oder jemand, der Maschinenbau studiert hat. Insgesamt kann ich es sehr empfehlen, dass man über den Tellerrand hinausschaut, denn gerade im Bereich Big Data gibt es viele Methoden, die in den verschiedensten Bereichen Anwendung finden können.

I Vielen Dank noch einmal, dass Sie sich die Zeit genommen haben, unsere Fragen zu beantworten.

Literatur

Guchait P, Ruetzler T, Taylor J, Toldi N (2014) Video interviewing: a potential selection tool for hospitality managers – a study to understand applicant perspective. Int J Hospital Manage 36:90–100

Arbeits- und Organisationspsychologie und IT-Forschung

Markus Langer, Nida ul Habib Bajwa und Cornelius J. König

Inhaltsverzeichnis

Ergänzende Information Die elektronische Version dieses Kapitels enthält Zusatzmaterial, auf das über folgenden Link zugegriffen werden kann (▶ https://doi.org/10.1007/978-3-658-30838-4_8). Die Videos lassen sich durch Anklicken des DOI Links in der Legende einer entsprechenden Abbildung abspielen, oder indem Sie diesen Link mit der SN More Media App scannen.

© Springer Fachmedien Wiesbaden GmbH, ein Teil von Springer Nature 2021
M. Langer et al. (Hrsg.), *Arbeits- und Organisationspsychologie im 21. Jahrhundert,*
Meet the Expert: Wissen aus erster Hand, https://doi.org/10.1007/978-3-658-30838-4_8

Wie an einigen Stellen in diesem Buch bereits angeführt, durchdringt die Digitalisierung zunehmend alle Lebensbereiche und beeinflusst dadurch menschliches Erleben und Verhalten. Überall wo dieses Erleben und Verhalten tangiert wird, interessieren sich Psychologen dafür, wie man Menschen besser verstehen kann. Im vorangegangenen Kapitel wurde Data Science als ein Kernthema der Digitalisierung behandelt und die Potenziale für Arbeits- und Organisationspsychologen im Bereich der Data Science dargestellt. Das folgende Kapitel beschäftigt sich nun mit 2 weiteren zentralen Themen der Digitalisierung: Künstliche Intelligenz (KI) und Cybersecurity, bei denen ersichtlich wird, wie zentral die interdisziplinäre Arbeit in Zukunft sein wird und warum die Relevanz der Beitrag der Psychologie zu technologisch getriebenen Themen in Zukunft steigen wird.

Intelligenz ist seit jeher ein Begriff, dem die Psychologie großen Stellenwert beimisst. Seit den Anfängen dieses Berufsstands versuchen Psychologen zu klären, was Intelligenz ist und wie man diese idealerweise messen könnte. Stellten sich zu Beginn der Intelligenzforschung noch lange grundsätzliche definitorische Fragen, so hat sich über die letzten Jahrzehnte ein recht einheitliches Verständnis unter Psychologen entwickelt, was Intelligenz ist. Vielleicht ist diese Gewissheit und diese Fundiertheit ein Grund dafür, dass Psychologen sich lange Zeit schwer getan haben zu erkennen, welchen Beitrag zur Diskussion über KI sie leisten können und dabei das Feld der KI bisher zu einem überwältigenden Teil von Informatikern besetzt ist. Aufgrund der Fortschritte in der Forschung zu KI ist mittlerweile klar, dass der Beitrag der Psychologie in der Zukunft ein entscheidendes Gewicht haben kann – so sich die Psychologie denn auch weiterhin in Richtung KI öffnet.

Denkt man an KI, so denkt manche zunächst an Roboter, aber das Feld erstreckt sich natürlich auf weitaus mehr Bereiche. Neben der Robotik und der Mensch-Maschine-Interaktion zählen zu psychologisch relevanten Themen der KI beispielsweise auch Affective Computing (das heißt wie bringt man Computern bei, adäquat auf menschliche Emotionen zu reagieren und diese auch selbst zu zeigen), Data Science (siehe vorangegangenes Kapitel) oder virtuelle und erweiterte Realitäten. In all diesen Feldern werden psychologische Grundlagen bereits für Forschungszwecke genutzt. Die Möglichkeiten des Inputs von Psychologen sind mit dieser umgrenzten Liste jedoch bei Weitem nicht ausgeschöpft.

Das Deutsche Forschungszentrum für künstliche Intelligenz (DFKI) steht bei der Forschung zur KI in Deutschland und Europa an vorderster Stelle. Auch am DFKI wurde erkannt, dass interdisziplinäre Forschung und Teams aus Informatikern und Psychologen große Potenziale für Fortschritt bieten. Für das Interview stand hierbei Johannes Tröger als Mitarbeiter im Bereich Kognitive Assistenzsysteme des DFKI zur Verfügung. Er bietet Einblicke in seine Arbeit am DFKI, seine Forschung und Praxiserfahrung zum Thema KI und Gesundheit und seine Erfahrungen mit interdisziplinären Teams.

Eine der Schattenseiten der Digitalisierung ist, dass das Internet und digitale Medien neue Angriffsflächen für Kriminelle bieten. Cybersecurity ist hierbei das Schlagwort, unter dem sich eine Vielzahl an Themen für Forschung und Praxis sammeln lassen. Beim Thema Cybersecurity ging es in der Vergangenheit vorwiegend darum, die technische Sicherheit von Systemen zu gewährleisten. Tatsächlich ist es heutzutage auch weitaus schwerer für Hacker, in Systeme einzudringen – wäre da nicht die Komponente Mensch, die als Nutzer ebenfalls für die Sicherheit von Systemen verantwortlich sein kann. Denken Sie beispielsweise an das letzte Mal, als

Ihr Smartphone oder Ihr Laptop Sie aufgefordert hat ein Systemupdate durchzuführen. Wie oft haben Sie dieses Update auf „später" verschoben? Beim Schreiben dieser Einleitung fiel beispielsweise einem der Herausgeber dieses Buchs auf, dass er ein Systemupdate seines Smartphones seit 8 Monaten aufschiebt – das sind wirklich viele Klicks auf „Später durchführen". Dringend nötige Sicherheitsupdates werden damit ebenfalls um 8 Monate verschoben und Sicherheitslücken bleiben für etwaige Angreifer geöffnet. Oder denken Sie an die allgemeine Kreativität, mit der die Menschheit Passwörter für ihre Konten beim Onlinebanking, Shopping oder bei E-Mail-Anbietern generiert. Jedes Jahr aufs Neue ist das am häufigsten genutzte Passwort entweder „passwort" oder die Aufzählung der ersten Zahlen, die man im Leben kennengelernt hat. Solche Passwörter sind dann zusätzlich oftmals noch stabiler als so manche zwischenmenschliche Beziehung. Auch die Forschung zum Thema Cybersecurity hat erkannt, dass die Unsicherheit von Systemen nicht mehr nur technische Gründe hat, sondern dass das Gesamtsystem aus Mensch und Maschine berücksichtigt werden muss.

Manche Leser denken sich nun vielleicht: „Sollen die Hacker doch meine E-Mails an Verwandte mit Links zu meinen liebsten YouTube Videos anschauen" – die Probleme, die aus dem Unsicherheitsfaktor Mensch entstehen, sind leider oftmals viel gravierender. Die Folgen reichen vom Verlust von großen Mengen von Geld bis hin zu Identitätsdiebstahl. Denkt man nun in größeren Dimensionen, so können sogenannte „Social-Engineering"-Attacken – also Cybersecurity-Attacken, die gezielt auf den Faktor Mensch abzielen – dazu führen, dass Angreifer die Wasser- oder Stromversorgung ganzer Regionen lahmlegen könnten. Darüber hinaus ist spätestens seit den Enthüllungen von Edward Snowden über die weltweite systematische Datensammlung von staatlichen Institutionen klar, dass die Gefahr für die Privatsphäre nicht nur von Cyberkriminellen ausgeht, sondern der Schutz der Daten eine gesamtgesellschaftliche Aufgabe ist. Wie bewahrt man Individuen und Organisationen vor solchen dramatischen Folgen? Wie bringt man Individuen dazu, sich mit dem Thema Cybersecurity überhaupt auseinanderzusetzen? Wie schafft man es, dass Arbeitnehmer tatsächlich Systemupdates durchführen und ihre Passwörter sicherer gestalten? Wie entwickle ich Produkte und Software, die Menschen Usable Security ermöglichen – also Sicherheitsaspekte, die nicht als lästig, sondern als nützlich wahrgenommen werden?

Das CISPA Helmholtz-Zentrum für Informationssicherheit beforscht alle angesprochenen Themen, von der rein technischen Sicherheit von IT-Systemen bis hin zum sicherheitsgefährdenden Verhalten von Nutzern. Als das führende Forschungszentrum für Cybersecurity hat das in der jetzigen Form 2019 entstandene CISPA Helmholtz-Zentrum für Informationssicherheit von Beginn an erkannt, dass Psychologen mit ihrer methodischen Ausbildung und ihrer Kenntnis von menschlichem Wahrnehmen, Denken und Handeln eine wertvolle Erweiterung der Arbeit des CISPA darstellen. Einblicke in die Arbeit beim CISPA bietet mit seinem Interview der Cybersecurity-Experte und Arbeits- und Organisationspsychologe Dr. Michael Schilling.

8.1 Interview mit Johannes Tröger, Deutsches Forschungszentrum für künstliche Intelligenz (DFKI) Saarbrücken

Das Interview mit Johannes Tröger (JT) und die Transkription führten Özge Tablacioglu und Vivien Busch (Interviewerinnen, I) durch.

Interviewer (I)   Guten Tag Herr Tröger. Vielen Dank, dass Sie sich heute Zeit genommen haben für dieses Interview. Wir möchten Sie heute gerne zu Ihrer Person, Ihrer Tätigkeit und Ihrem Arbeitsfeld am Deutschen Forschungszentrum für künstliche Intelligenz (DFKI) befragen. Zunächst würde ich Sie bitten, uns einen kurzen Einblick in Ihren universitären Werdegang zu geben.

Johannes Tröger (JT)   Ich habe in Saarbrücken im Bachelor Psychologie studiert und schon während des Bachelors 2 Forschungspraktika, eines in der allgemeinen Psychologie und eines in der Entwicklungspsychologie, absolviert. Diese beiden Erfahrungen waren wichtig für mich und wegweisend für meine weitere Laufbahn in der Forschung. Ich war auch bereits während meines Bachelorstudiums Hilfswissenschaftler am DFKI. Im Master habe ich dann Educational Technology an der Universität des Saarlandes studiert. Der Studiengang verbindet vor allem pädagogische Psychologie mit Informatik. Die Hauptmotivation für die Wahl dieses Studiengangs lag für mich in der Verbindung dieser beiden Bereiche. Während des Masters absolvierte ich verschiedene Praktika in Unternehmen des E-Learning-Bereichs. Zum Ende meines Studiums folgte ich einem Angebot früherer Kollegen am DFKI und arbeite nun seit 2015 hier.

I   Was hat Sie damals dazu bewogen, Psychologie zu studieren?

JT   Von meinen Eltern aus wurden mir Ingenieursberufe oder auch die IT-Branche ans Herz gelegt. Da ich dann aber etwas ganz anderes machen wollte, habe ich angefangen Psychologie zu studieren. Ich war allerdings nicht der klassische Psychologiestudent mit dem Ziel, Therapeut zu werden. Der klinische Fokus war für mich weniger relevant, aber die Forschung hat mir immer schon gut gefallen.

I   Sie haben ja vorhin schon angesprochen, dass Sie während Ihres Psychologiestudiums bereits Hilfswissenschaftler am DFKI waren, wie kam es dazu und was hat Sie daran interessiert?

JT   Ich wurde durch einen Kommilitonen sowie einen Aushang auf die Stelle aufmerksam, in welcher statistische Kenntnisse gefordert waren. Am DFKI beginnen viele, es bleiben jedoch wenige. In meiner Zeit dort hat sich für mich herausgestellt, dass die Arbeitsweise am DFKI sehr gut zu meiner Vorstellung passt.

I   Worin bestanden damals Ihre Aufgaben?

JT   Am Anfang war ich in einem Projekt namens AVOS. Das ist ein auditives Vokabellernprogramm für sehbehinderte Menschen. Ich arbeitete auch damals schon in der Gruppe von Dr. Alexanderson, der das Kompetenzzentrum für umgebungs-unterstütztes Leben (Ambient Assisted Living) am DFKI leitet. Dabei geht es stets darum, Menschen mit Behinderungen durch intelligente Technologien zu unterstützen. Dazu haben wir verschiedene Projekte mit Blinden gemacht, z. B. in den Bereichen Mobilität in Gebäuden oder Kommunikation mit Fahrstühlen. Der ganze Fachbereich, in dem ich damals und heute arbeite, heißt „Intelligente Benutzerschnittstellen" und als Schnittstelle wird immer die Interaktion des Nutzers (Mensch) mit Maschinen verstanden.

I Ich möchte nochmal zurückkommen auf Ihren Masterstudiengang Educational Technology, der in dieser Form der einzige seiner Art in Deutschland ist. Können Sie uns einen groben Überblick über die Inhalte des Studiums geben?

JT Educational Technology richtet sich an Studierende mit einem Hintergrund in Psychologie und Pädagogik oder Informatik und Computerwissenschaft. Diese beiden Bereiche werden mit dem Fokus zusammengebracht, Pädagogik durch Technik zu unterstützen. Es geht darum, Software gewinnbringend einzusetzen, damit Menschen etwas lernen.

I Welche zusätzlichen Arbeitsfelder eröffnet der Masterstudiengang Educational Technology Psychologen? Was unterscheidet Absolventen von denen mit einem klassischen Psychologie-Master?

JT Wer Lust hat, etwas Interdisziplinäres zu studieren sollte Educational Technology wählen. Das Studium eröffnet einem nicht zwingend neue Jobs. Es gibt aber viele Firmen, die sich mit E-Learning beschäftigen, z. B. die IMC AG in Saarbrücken. In manchen Fällen bringt man als Bildungstechnologe jedoch vielleicht eine zu spezifische Qualifizierung mit und das Unternehmen entscheidet sich für einen klassischen Psychologen. Ob nun ein interdisziplinärer Studiengang überhaupt einen Mehrwert bringt ist eher eine politische Diskussion. Viele sagen, es ist besser man macht 2 Bachelor, einen in Psychologie und einen in Informatik. Educational Technology versucht eben diese beiden Bereiche zusammenzubringen. Wenn man aus der Psychologie kommt und Educational Technology studiert, muss man programmieren lernen. Dazu gibt es 2 große Vorlesungen sowie Übungen in Kleingruppen. Es ist wichtig, die Grundlagen des Programmierens zu kennen, damit man später effektiv mit geübten Programmierern zusammenarbeiten kann. Wenn man programmieren kann, eröffnet einem das nicht direkt einen Job, aber man hat eine bessere Denkweise, um in einem solchen Umfeld zu arbeiten. Insgesamt ist der Studiengang sehr stark auf Gruppenarbeit und Projekte fokussiert, die ein klares Ergebnis haben. Dieses Ergebnis ist kein wissenschaftlicher Artikel oder eine Präsentation, sondern ein greifbares Produkt. In der Psychologie geht es eher um empirische Forschung und Theorien, wohingegen es in der Informatik eher darum geht ein konkretes Produkt, beispielsweise eine Software, zu bauen. Es ist sehr gut, beide Herangehensweisen zu beherrschen und zusammenzubringen. Empirische Forschung ist immer wichtig, denn Empirie ist eine Sprache, die jeder spricht. Werden bei uns beispielsweise neue User Interfaces designt, müssen diese zum einen gebaut, aber auch auf ihre Funktionalität überprüft werden. Dazu benötigt man zum einen Komponenten aus der Informatik und zum anderen Komponenten aus der

kognitiven Psychologie. Es gibt sehr viele Jobs, nicht nur am DFKI, sondern überall, wo kreative Köpfe mit klassischen Wissenschaftlern oder Theoretikern zusammenarbeiten. Vor allem in der Zusammenarbeit mit Informatikern ist es wichtig,
deren Denkweise zu verstehen.

I   Wo werden Bildungstechnologen in Unternehmen eingesetzt?

JT   Es kann sein, dass es im HR-Department von großen Unternehmen Mitarbeiter gibt, die interne Fortbildungsmaßnahmen erstellen. Klassische Themen zu denen E-Learnings angeboten werden, sind Arbeitsschutz oder Compliance. Aber in
der Regel beziehen Unternehmen fertige Lösungen von Dienstleisterfirmen. Wenn
man ein Präsenztraining mit einer Offline-Variante, welche von zu Hause durchführbar ist, unterstützt, dann ist das Educational Technology.

I   Nach Ihrem Studium haben Sie dann angefangen am DFKI zu arbeiten, und
zwar am Standort Saarbrücken. Können Sie uns kurz beschreiben, was das DFKI
ist?

JT   Das DFKI wurde 1988 gegründet und hat mittlerweile Standorte in Saarbrücken, Kaiserslautern, Bremen, ein Projektbüro in Berlin und Betriebsstätten in Osnabrück und St. Wendel. Saarbrücken ist noch heute der größte Standort. An all
diesen Orten wird daran gearbeitet, dass Computer Augen, Ohren und Hände bekommen. Das umfasst klassische Themen, wie z. B. Robotik in Bremen oder
Knowledge-Management in Kaiserslautern. Hier in Saarbrücken werden sehr viele
„Ohren" gemacht, z. B. Sprachdialogsysteme. Es gibt hier auch einen Forschungsbereich der sich mit maschineller Übersetzung befasst. Bei all diesen Entwicklungen spielt künstliche Intelligenz (KI) eine Rolle. Es geht darum, höhere menschliche
Funktionen abzubilden, damit Maschinen diese imitieren können. Es geht hierbei
nicht um diesen Hollywood-Gedanken, dass der Computer den Menschen entmündigt oder gar ersetzt. Es ist extrem unrealistisch, dass so etwas überhaupt passieren
wird. Die Intention besteht darin, Assistenzfunktionen für den Menschen zu realisieren. Ein Beispiel ist Industrie 4.0. Da geht es um die Frage, wie Fabriken effizienter und flexibler arbeiten können. Ab einem gewissen Zeitpunkt wird der Mensch
mit bestimmten Aufgaben überfordert sein. Deshalb baut man Optimierer, die dem
Menschen helfen, Dinge in Echtzeit umzusetzen. Künstliche Intelligenz entlässt
keine Leute, sondern unterstützt sie da, wo es Not tut.

I   Wie ist das DFKI aufgebaut?

JT   Strukturell organisiert ist unsere Arbeit in Forschungsbereiche, -gruppen und
in Kompetenzzentren. Ich arbeite im Forschungsbereich für Kognitive Assistenzsysteme unter der Leitung von Prof. Dr. Antonio Krüger. Das DFKI ist eine gemeinnützige GmbH. Wir haben keine Grundfinanzierung, sondern akquirieren Gelder
projektbezogen – teilweise aus der Industrie, aber auch durch staatliche oder europäische Fördermittel. Am DFKI selbst gibt es keine Professur, da das DFKI nicht
Teil der Universität ist. Aber es gibt Mitarbeiter, die am DFKI arbeiten und zusätzlich noch eine Professur an der Universität haben. Viele Forschungsbereichsleiter, wie z. B. Professor Krüger oder unsere neue CEO, Professor Jana Koehler,

haben gleichzeitig einen Lehrstuhl für Informatik an der Uni inne. Dadurch und durch unser Scientific Advisory Board, das den wissenschaftlichen Fortschritt unserer Projekte überprüft, wird die GmbH als Forschungsunternehmen mit universitärer Forschung in Verbindung gebracht. Über die Kooperation mit der Uni werden auch neue Mitarbeiter oder studentische Hilfskräfte rekrutiert. Insgesamt hat das DFKI knapp über 1000 Mitarbeiter an allen Standorten. Unser Auftragsvolumen von 49 Mio. €, das wir 2018 erzielt haben, wird ausschließlich durch Drittmittel finanziert, das heißt durch Projekte, die wir immer wieder neu werben. Es gibt auch Anteilseigner des DFKI, ganz wichtig sind hier die Bundesländer (Saarland, Rheinland-Pfalz und Bremen). Dadurch kommt auch die enge Zusammenarbeit mit der Universität zustande. Andere Anteilseigner sind beispielsweise Google, Intel, Volkswagen, BMW, Daimler, Bosch, Claas, John Deere oder Harting. Außerdem gibt es auch einige Spin-Offs, die die Ergebnisse des DFKI in marktfähige Produkte überführen. Durch den engen Bezug zur Industrie ist das DFKI weniger grundlagenorientiert. Das DFKI macht zwar auch Grundlagenforschung, beispielsweise wenn die Grundlagen noch nicht geschaffen sind, aber das Hauptaugenmerk liegt auf der Anwendungsforschung.

I   Sie sprachen vorhin von den Kompetenzzentren am DFKI, wie passen diese in die Struktur?

JT   Es gibt standortübergreifend verschiedene Kompetenzzentren mit Mitarbeitern aus verschiedenen Forschungsbereichen. Diese Zentren werden nach Relevanz des Themas in der europäischen Wissenschaft und in der Industrie gegründet. Unser jüngstes Kompetenzzentrum ist das für Deep Learning. Dieses Thema ist momentan von starkem politischem Interesse. Es ist wichtig, dass das DFKI nach innen und außen die Kompetenz gebündelt präsentieren kann. Das macht es uns leichter, einen Bedarf zu erfüllen, da man bei einer Anfrage aus der Wirtschaft oder Politik direkt auf diese Unterstruktur zurückgreifen kann.

I   Wie sieht die Teamzusammensetzung aus? Welche Berufsgruppen arbeiten zusammen?

JT   Hauptsächlich arbeiten im DFKI Informatiker, aber es gibt auch Mitarbeiter aus anderen akademischen Disziplinen, z. B. Psychologen wie mich. Bei uns in der Arbeitsgruppe ist es relativ heterogen. Ich arbeite z. B. in meinen Projekten mit Informatikern, Computerlinguisten oder Elektrotechnikern zusammen. Wir haben auch 2 Mitarbeiter, die biomedizinische Technik studiert haben. Verschiedene Wege führen hierher, aber der gemeinsame Nenner ist die Informatik.

I   Sie haben ja schon gesagt, dass die Arbeit am DFKI sehr stark projektbezogen ist, das heißt Sie arbeiten gleichzeitig in verschiedensten Projekten mit unterschiedlichen Kollegen. Wie kann man sich das vorstellen?

JT   Ich arbeite mit 8 Leuten in sich verändernden Zusammensetzungen zusammen. Zurzeit haben wir in unserer Gruppe 4 oder 5 Projekte. Nächstes Jahr werden es voraussichtlich wieder mehr. Ich arbeite vorrangig in 3 Projekten, da ich mir mehr zeitlich nicht leisten kann. Unter den Projekten sind auch Industrieprojekte.

Allerdings kann ich keine Projekte alleine bearbeiten, da immer auch Komponenten implementiert werden müssen. Ich bin also dazu gezwungen, mit anderen zusammenzuarbeiten. Meine Arbeit ist somit eher horizontal über die Projekte verteilt. Ich bin in vielen Projekten mal dabei, aber oft nicht von Anfang bis Ende.

I   Wie strukturieren Sie Ihren Tag? Wie gelingt Ihnen der Spagat zwischen den unterschiedlichen Projekten?

JT   Es gibt immer Aufgaben, die brennen und direkt erledigt werden müssen. Es ist allerdings nicht sonderlich effizient, ständig das Dringendste zu erledigen. Daher versuchen wir uns von dieser Arbeitsweise zu entfernen. Es ist wichtig, dass das Vorgehen geplant wird. Wir setzen uns hierzu häufig mit den Kollegen zusammen und planen den nächsten Monat oder das nächste halbe Jahr. In diesen Meetings werden dann Deadlines oder Konferenzen besprochen. Da wir sowohl Forschung als auch Anwendung machen, müssen wir verschiedene Termine im Auge behalten. Ich habe für mich selbst festgestellt, dass es mir leichter fällt, morgens das Thema des Tages festzulegen und dann bei diesem Projekt zu bleiben.

8

I   Wie entscheidet sich, wer an welchen Projekten mitwirkt?

JT   Manches ist durch die Expertise der Personen oder Vorprojekte gegeben. Verschiedene Kollegen kennen sich beispielsweise sehr gut mit Sprachinteraktion aus und haben hierzu auch schon einige Projekte durchgeführt, wie beispielsweise im Projekt „Element" (Demenzfrüherkennung durch Sprachanalyse). Vorerfahrung befähigt Mitarbeiter auch an ähnlichen Projekten mitzuwirken, wie beispielsweise in einem Projekt zur Erkennung von Stress in der Stimme. Manche Besetzungen entscheiden sich über Softwarekomponenten. Ist jemand z. B. bereits in eine bestimmte Architektur eingearbeitet, die in einer speziellen Programmiersprache gebaut wurde, ist er automatisch qualifiziert, in Projekten mitzuarbeiten, die ebenfalls diese Architektur nutzen. In manchen Projekten von uns wird viel mit Python gearbeitet und wer diese Programmiersprache nicht beherrscht, kann an den Projekten nicht mitarbeiten. Wenn wir Unterstützung mit einer anderen Expertise brauchen, dann holen wir uns Leute mit Kenntnissen anderer Programmiersprachen dazu. Da wir unsere Projektanträge selbst schreiben und unsere Projekte auch selbst akquirieren, arbeitet man natürlich selbst auch immer in den Projekten, die man akquiriert hat. Zur strategischen Planung hinsichtlich der Projekte wird, gemeinsam mit der Gruppe und der Gruppenleitung, eine Planung gemacht. Am DFKI gibt es dadurch, dass es quasi nur Mitarbeiter, Fachbereichsleiter und einen CEO gibt, sehr flache Hierarchien. Manche Personen leiten auch mehrere Projekte und haben dadurch einen weiteren Überblick. Dies sind häufig die Senior Researcher, die mehr Erfahrung haben. Diese geben auch Hinweise, welche Anträge als nächstes gestellt werden können, was dann von der ganzen Gruppe umgesetzt wird.

I   Was sind Vorteile, aber auch Nachteile dieser projektbezogenen Arbeit?

JT   Der Vorteil ist, dass man sich jederzeit verändern kann, wenn einem die bisherige Arbeit langweilig wird. Künstliche Intelligenz, Computer und Informatik sind überall, das heißt ich könnte in 2 Jahren auch etwas zu Mähdreschern machen, wenn ich das wollte. Wenn man sich verändern möchte, kann man sich jederzeit verändern. Man muss sich aber natürlich auch zwangsläufig dann verändern, wenn man für eine ursprüngliche Idee keine Finanzierung findet. Einer der Faktoren, der besonders häufig als Nachteil genannt wird, ist die Tatsache, dass das DFKI in der Regel keine unbefristeten Verträge vergibt. Das finden viele nicht so gut. Persönlich muss ich sagen, dass ein befristeter Arbeitsvertrag immerhin die Sicherheit mitbringt, dass er bis zu dem Zeitpunkt läuft, der angegeben ist. Er kann zwar vorzeitig gekündigt werden, aber das passiert meistens nicht. Man hat also bis zu dem Zeitpunkt eigentlich mehr Sicherheit als bei einem unbefristeten Vertrag, denn der kann mit einer dreimonatigen Frist gekündigt werden. Das geht bei einem befristeten Vertrag normal nicht so leicht. Man muss sich jedoch selbst darum kümmern, einen Anschlussvertrag zu bekommen. Wenn es am DFKI gut läuft, ist das in der Regel aber kein Problem und ob es gut läuft oder nicht, liegt ein Stück weit auch in deiner eigenen Hand. Auch das ist wieder ein Vorteil, denn man lernt selbstverantwortlich zu arbeiten und man lernt auch Verantwortung zu tragen. Wer flexibel bezüglich der Projektstruktur ist, sich neue Sachen aneignen kann und gerne Verantwortung übernimmt ist am DFKI richtig. Man kann mit neuen eigenen Ideen kommen und dafür arbeiten, dass sie umgesetzt werden.

I   Der Einsatz in zeitlich begrenzten, immer wechselnden Projekten erfordert sicher ein hohes Maß an Flexibilität und Wandlungsfähigkeit. Was sollten denn Ihrer Meinung nach Absolventen mitbringen, um in dieser Arbeitsform erfolgreich zu sein?

JT   Was man auf jeden Fall mitbringen muss, ist Flexibilität. Man sollte in der Lage sein, verschiedene Themengebiete bearbeiten zu können. Wenn man jedoch Informatiker ist, dann ist das nicht so wichtig. Dann kann man am DFKI auch einfach immer nur Java programmieren. Allerdings muss man sich immer an neue Use Cases gewöhnen und offen sein. Quereinsteiger, wie beispielsweise Psychologen, sind oft prädestiniert für Managementaufgaben oder Projektleitungen. Jeder, der die Geduld und das Interesse hat, sich einen ganzen Nachmittag in ein neues Thema einzulesen, bringt die richtigen Fähigkeiten mit. Kreativität ist auch wichtig, denn es geht nicht darum, dieselbe Forschungsfrage immer und immer wieder zu replizieren, sondern darum, am Ende etwas zu bauen, was auch dem Kunden gefällt. Der Kunde versteht oft weniger vom Thema als man selbst, weil er sich nicht so intensiv damit beschäftigt. Darum ist es wichtig, die Inhalte gut zu präsentieren. Am DFKI geht es sehr viel um Demonstration, denn Forschung will gut demonstriert werden. Sie will in Prototypen gegossen werden, damit man das Produkt auch sehen und „anfassen" kann. Dadurch kann man das Ergebnis im Unternehmen besser kommunizieren oder vermarkten. Außerdem sollte man dazu in der Lage sein, seine Projekte einer heterogenen Masse von Zuhörern zu präsentieren.

I   Wie gehen Sie mit der Unsicherheit um, nicht zu wissen, welche Projekte in den nächsten Jahren auf Sie zukommen?

JT   Die Unsicherheit rührt ja daher, dass man nicht weiß, ob das Projekt, für welches man einen Antrag geschrieben hat, angenommen wird. Heutzutage sind vor allem bei öffentlichen Fördergebern, sowohl national als auch international, die

Akzeptanzraten bei Anträgen sehr niedrig und liegen weit unter 10 %. Das heißt das ist eine Unsicherheit, denn ich weiß nicht, ob der Antrag, den ich geschrieben habe, auch tatsächlich bewilligt wird und ich tatsächlich das machen kann, was ich gerne machen würde. Mitunter schreibt man 10 Anträge und nur 1 davon geht durch. Wie geht man damit um? Man schreibt einfach mehr Anträge.

I   Empfinden Sie es eher als spannend oder belastend, nicht zu wissen, was Sie erwartet?

JT   Es gibt über das Jahr verteilt mehrere Antragsphasen – intern spricht man dann von Saison – da schließen wir uns alle ein und schreiben unsere Anträge. Im Sommer ist das Gröbste oft vorbei und man weiß, wie die Zukunft aussieht. Wer gute Arbeit macht, der braucht sich in der Regel keine Sorgen zu machen. Intern im Fachbereich ist die Verteilung der Projekte auch unterschiedlich, sodass Engpässe gegenseitig aufgefangen werden.

I   Das DFKI liegt an der Schnittstelle zwischen Forschung und Praxis. Welche Vor- und Nachteile bringt das mit sich?

JT   Die Herausforderung ist, dass man in beiden Bereichen gut performen muss. Die Doktoranden am DFKI neigen oft dazu, eine der beiden Richtungen zu bevorzugen. Die einen sind eher implementierungs- oder softwarefokussiert, die anderen gehen eher forschungsorientiert vor. Vom DFKI wird gefordert, dass es exzellente Forschung, aber auch gleichzeitig saubere und vorzeigbare IT-Ergebnisse hervorbringt. Wir müssen etwas bauen, was einen Bezug zur Realität hat. Am besten wird es direkt nach dem Forschungsprojekt in der Realität eingesetzt. Das ist auch ein großer Vorteil, denn man erlebt, wie Entwicklungen direkt in der Praxis umgesetzt werden. Nicht wie beispielsweise in der Psychologie, wo man manchmal Jahre auf die Publikation eines Papers wartet. Für mich persönlich ist es wichtig, dass Sachen auch umgesetzt werden und das nicht nur unter Forschern. Am DFKI lernt man, die Ergebnisse aus der Forschung in die Praxis zu transferieren.

I   Liegen Ihre persönlichen Interessen eher in der Forschung oder in der Praxis?

JT   In der Psychologie fand ich Forschung schon immer spannend. Ich denke, dass meine Projekte heute auch sehr forschungslastig sind. Bei mir ist das Verhältnis von Forschung und Praxis wahrscheinlich ca. 50:50. Viele am DFKI arbeiten hauptsächlich in Industrieprojekten, bei denen wenig Forschung gemacht wird, da es die Forschung zu den Bereichen bereits gibt. Insgesamt ist das Verhältnis von Forschung und Praxis am DFKI aber ausgeglichen. In der Psychologie würde man sagen, ich wäre sehr praxisorientiert und in der Informatik würde man sagen, ich wäre sehr forschungsorientiert. Denn die beiden Studienfächer befinden sich an 2 verschiedenen Polen. In der Psychologie kommt es sehr selten vor, dass etwas produziert wird. In der Informatik ist das ganz normal.

I   Erleichtert die Praxisnähe des DFKI den Wechsel in ein Unternehmen?

JT Ja, auf jeden Fall. Das DFKI hat sehr viele Projekte, an denen Industriepartner beteiligt sind und häufig werden Mitarbeiter durch die beteiligten Unternehmen direkt abgeworben.

I Wie üblich ist es, dass Mitarbeiter des DFKI als Experten in Unternehmen wechseln?

JT Das DFKI sieht eigentlich vor, dass der Großteil der Leute hier promoviert und dann anschließend in die Industrie geht. Entweder zu großen Unternehmen oder selbst Unternehmen gründet. Nur ein ganz kleiner Teil bleibt am DFKI und übernimmt leitende Aufgaben. Wir haben z. B. Kollegen, die viele Projekte mit Sprachinteraktion mit der Firma Nuance gemacht haben. Die wurden dann von Nuance übernommen und haben jetzt ein eigenes Lab am DFKI.

I In welchem Bereich des DFKI sind Sie beschäftigt und was sind ganz allgemein Ihre Aufgaben?

JT Der Fachbereich, in dem ich arbeite, hieß früher „Intelligente Benutzerschnittstellen" und heißt heute „Kognitive Assistenzsysteme". Daran kann man erkennen, wo es herkommt. Es kommt aus dem Bereich der Schnittstellen. In unserer Gruppe liegt der besondere Fokus auf Sprachinteraktion. Siri ist ein Beispiel für eine Benutzerschnittstelle, bei der der Mensch mit dem Computer interagieren kann, ohne irgendwelche Buttons zu drücken. Siri selbst ist bei weitem nicht nur ein Diktiergerät. Siri benachrichtigt dich beispielsweise, dass du jetzt früher zu deinem Termin losfahren musst, weil Stau auf der Straße ist. Es werden verschiedene Wissensfunktionen in die Schnittstellen eingebaut, wodurch sich aus der Schnittstelle immer mehr ein Assistenzsystem entwickelt. Deswegen heißt unser Bereich jetzt „Kognitive Assistenzsysteme". Im Fokus unserer Arbeit liegt sowohl der Mensch als auch die Maschine. Genauer gesagt die Mensch-Maschine-Interaktion. Psychologen kümmern sich klassischerweise um den Menschen. Man braucht ein valides Modell darüber, wie der Mensch funktioniert, um ihm assistieren zu können. Ganz konkret bedeutet das an vielen Stellen, dass man Theorien aus der Psychologie, z. B. zu Aufmerksamkeit oder Informationswahrnehmung, nutzt, um Schnittstellen so zu designen, dass Menschen sie gut nutzen können. Bei Studien mit echten Benutzern kommen wieder Psychologen ins Spiel, denn damit kennen sie sich aus. In unseren Projekten geht es nicht nur darum, dass der Computer zu interpretieren weiß, was der Mensch spricht. Es geht einen Schritt darüber hinaus. Der Computer wird dazu genutzt, Beeinträchtigungen in der Sprache aufzudecken. Software kann also überprüfen, ob Sprache intakt und gesund ist. Diese Information kann dann eingesetzt werden, um beispielsweise kognitive Einschränkungen vorherzusagen und zu erkennen. Um den Bogen wieder zur Psychologie zu schlagen: Wir bewegen uns viel im Bereich Neuropsychologie und klinische Psychologie. Dazu gehört Forschung zu affektiven Störungen, zu Stress oder zu klassischen Themen der Neuropsychologie wie Demenz und Alzheimer. Die Pharmaindustrie ist beispielsweise zurzeit sehr interessiert an Anwendungen von Sprachanalyse in der Forschung rund um Alzheimer.

I Sie haben erzählt, dass Sie in dem einen Projekt das User Interface gestaltet haben, in anderen Projekten führen Sie empirische Studien durch. Sind das Ihre

Hauptaufgaben, wenn man das einmal überblicksartig betrachtet? Welche anderen wichtigen Aufgaben haben Sie zusätzlich?

JT Ein Großteil meiner Arbeit besteht darin, die visuelle Erscheinung unserer Softwareprodukte zu designen. Zudem führe ich viele Anforderungsanalysen durch. Diese sind wichtig, da man immer andere Szenarien hat. Mal sind unsere Kunden Ärzte, mal gestresste Mitarbeiter im Unternehmen oder Leute aus der Pharmaindustrie. Diese Gruppen haben unterschiedliche Probleme, die die Grundlage unserer Projekte darstellen. Meine Aufgabe besteht darin, diese Leute zu interviewen und die täglichen Arbeitsabläufe zu erfragen, um die Probleme zu identifizieren. Ich schreibe dann im Anschluss Szenarien, in denen ich Problemstellungen aufbereite und sie unseren Informatikern zeige. Anhand dessen beschließen wir dann, welche Probleme wir angehen und wie wir diese umsetzen. Ansonsten verbringe ich einen Großteil meiner Zeit mit Projektmanagement und Projektakquise. Zusätzlich versuche ich auch zu publizieren, wobei es aktuell um das Thema Diagnoseunterstützung durch den Computer geht.

I An welchen Projekten des DFKI sind Sie zurzeit beteiligt? Können Sie uns diese nennen und kurz beschreiben?

JT Aktuell bin ich Teil des Projekts „Element", des Projekts „Stresslog" und des Projekts „MS-Speech". Ab nächstem Jahr kommt noch ein weiteres Projekt namens „DeepSpA" hinzu. Zudem gibt es noch andere Projekte, an denen ich kurzzeitig beteiligt bin. Mit dem Projekt „Element" ging es vor 2 Jahren los. Das Projekt haben wir damals bei einem europäischen Förderinstrument namens „European Institute of Innovation and Technology" beantragt. Dieses Institut fördert Innovationsprojekte für Mitglieder, die einen jährlichen Beitrag zahlen. In diesen Innovationsprojekten geht es immer darum, Forschung, die mehr oder weniger abgeschlossen ist, in fertige Produkte am Markt zu überführen. Das heißt es geht darum, die Lücke zwischen der Forschung und fertigen IT-Produkten zu schließen. Zum Beispiel gibt es kein richtig großes IT-Unternehmen, das aus Europa kommt. Es gibt Apple, Amazon, Microsoft, Intel und Google, die alle aus den USA kommen. Spotify ist das große Beispiel aus Europa, denn die kommen aus Schweden. Da werden wirklich Machine Learning und KI in einem Nutzerprodukt umgesetzt. Da Europa in diesem Bereich seine Präsenz erweitern möchte, wurden solche Institute gegründet. In Europa gibt es zwar Spitzenforschung, diese schafft es nur leider nicht oft genug in die Endprodukte. Das ist für Europa sehr nachteilig, da es zwar gute Forschung fördert, daraus aber keine neuen Arbeitsplätze entstehen. Im Projekt „Element" geht es darum, maschinelle Lernverfahren und automatische Entscheidungshilfen einzusetzen, um Produkte zur früheren und einfacheren Demenzdiagnostik zu bauen. Durch das Projekt „Element" haben wir angefangen, uns mit klinischen Anwendungen zu beschäftigen, was durch meinen psychologischen Hintergrund gefördert wurde. Ich bin quasi gerade wieder ein normaler Psychologe, denn ich mache auch zu kleinen Teilen wieder psychologische Grundlagenforschung. Nebenbei schreibe ich auch gerade meine Doktorarbeit am Lehrstuhl für Entwicklung von Sprache, Lernen und Handlung zu Entwicklung von kognitiven Funktionen in Sprache über das Alter. Dabei geht es natürlich auch um kognitive Störungen wie beispielsweise Alzheimer oder Demenz. In den letzten Jahren haben wir in dem

Element-Projekt viel entwickelt und publiziert und daraus sind dann die anderen Projekte gewachsen. Bei „MS-Speech" geht es um Multiple Sklerose und wie man Sprachanalyse für das Schub-Management nutzen kann und solche Schübe früh erkennen und betreuen kann. Das Projekt läuft zusammen mit Merck, einem großen Pharmaunternehmen aus Darmstadt. Das Projekt „DeepSpA" läuft gemeinsam mit Jansson Pharmazeutika, einer Tochtergesellschaft von Johnson & Johnson, die unter anderem Medikamente für Alzheimerpatienten entwickeln. Jansson Pharmazeutika führt viele klinische Studien durch, um die entwickelten Medikamente auf den Markt zu bringen und benötigt für diese Studien Alzheimerpatienten. Das Onboarding zu diesen Studien ist sehr teuer, weshalb ein Vorab-Screening am Telefon viel Geld sparen könnte. Dieses Projekt beginnt ab Januar 2019. „Stresslog" ist ein Industrieprojekt, da es keine öffentliche Förderung hat. Gemeinsam mit der IKK und dem Kompetenzzentrum Mensch, Innovation, Technik (KoMIT) entwickeln wir eine iPhone-App, welche im Rahmen des betrieblichen Gesundheitsmanagements (BGM) zur Stresserkennung eingesetzt werden soll.

I   Was sind Ihre Aufgaben in den Projekten? Wo liegen Gemeinsamkeiten und wo variieren Ihre Aufgaben?

JT   Die Gemeinsamkeit aller Projekte liegt in der Einarbeitung in die Problemstellung. Wer sich mit Sprachanalyse beschäftigt, kennt sich nicht zwangsläufig mit Alzheimer aus und umgekehrt. Deshalb muss man sich viel anlesen. Zum Beispiel auch im Themenbereich BGM. Was ist beispielsweise Burn-out und worin besteht der Unterschied zur Depression? Gibt es da vielleicht gleiche Sprachmarker, die relevant sind? Oder man liest sich in die Krankheit Multiple Sklerose ein und informiert sich über kognitive Symptome und den Stand der Forschung. Besonders relevant sind Themen, zu denen es bereits viel Forschung gibt, aber noch keine fertigen Produkte. So ist es auch in dem Projekt DeepSpA. Erst wenn man sich eingelesen hat und versteht, dass es jetzt eine neue Generation von Alzheimermedikamenten geben wird, nachdem in den letzten Jahren viele milliardenteure Versuche gescheitert sind, erkennt man den entscheidenden Punkt. In diesem Fall wäre das, dass man Alzheimer früher erkennen muss. Pharmaunternehmen können daher nicht mehr auf die klinischen Pools zurückgreifen, sondern müssen selbst Onboarding betreiben. Das heißt sie rufen beispielsweise die gesamte Population des Saarlandes im Alter von 60 + an, um sie zu screenen. Wenn man das verstanden hat, dann zeigt sich, dass sich hier aus der Forschung und Wissenschaft heraus ein ganz klarer Use Case ergibt, der vielleicht den Pharmaunternehmen selbst noch nicht klar war. Und hier können wir mit unseren Lösungen ansetzen. Außerdem geht es darum, alle Projekte auf einen Nenner zu bringen, damit man die Gemeinsamkeiten und Unterschiede der Projekte versteht. Es gibt immer verschiedene Use Cases mit verschiedenen Interfaces. Manche sind im Krankenhaus, manche sind nur zu Hause, manche sind mit Patienten, manche ohne, manche werden auf dem Smartphone genutzt, manche auf dem Tablet und was ist das Ergebnis? Wird eine Diagnose unterstützt, indem man digitalisiert? Das wird heute in neuropsychologischen Tests schon gemacht, wie z. B. bei Delta, unsere iPad-App. In dieser haben wir klassische neuropsychologische Tests zur Demenzdiagnostik digitalisiert und automatisiert. Der Therapeut muss die Antworten des Patienten nicht selbst mitschreiben und auswerten, sondern die App unterstützt mit Algorithmen die Auswertung. Diese

Architektur bedient auch andere Problemstellungen, wie z. B. die für das MS-Speech-Projekt und für DeepSpA. Bei DeepSpA geht es nicht mehr um die Unterstützung, sondern die Differenzierung zwischen Risiko- und Nichtrisiko-Gruppen für Demenz. Die Personen mit Risiko werden dann zu einem Medikamenten-Trial eingeladen. Diese Gemeinsamkeiten im Blick zu behalten, gehört zu meinen Aufgaben.

I Thematisch sind die meisten Ihrer Projekte dem Gesundheitssektor zuzuordnen, ist es üblich, immer an thematisch verwandten Projekten zu arbeiten?

JT Es wäre schön, denn dann könnte man sich spezialisieren. Für eine Doktorarbeit ist es immer sinnvoll, wenn man sich auf einen Themenbereich konzentrieren kann. Für mich ist es im Moment gerade sehr gut, thematisch ähnliche Projekte zu haben, da ich diese für meine Doktorarbeit nutzen kann. Wir haben auch andere Projekte, wie beispielsweise ein Projekt zur Ernährungsberatung, ein anderes zu Mobilität. Ich habe auch, wie bereits erwähnt, vorher Projekte zu Blinden gemacht. In der letzten Zeit hat es sich einfach so ergeben, dass wir einen ganzen Block an Projekten bekommen haben, die zu meiner Thematik passen. Die nächsten 2 Jahre werde ich sicher in dem Bereich bleiben, aber danach kann sich wieder alles ändern.

I Zunächst möchte ich näher auf das Projekt Element zur Früherkennung von Demenz eingehen. Wie entstand die Idee mithilfe von Sprachanalysetools die Diagnose von degenerativen neurologischen Erkrankungen zu unterstützen?

JT Wir hatten uns damit vorher in der Gruppe nicht auseinandergesetzt. Es gab diese wilde Idee zu dem Projekt von meinem Gruppenleiter, sicherlich motiviert von diversen Beispielen, die wir anderswo gesehen haben. Wir merkten schnell, dass der ganze Bereich der neuropsychologischen Testung extrem unterdigitalisiert ist. Die klassische Testung basiert oft auf Stift und Papier. Wenn man einen sprachbasierten Test mit Stift und Papier machen muss, ist das nicht ganz zeitgemäß. Den Test könnte theoretisch auch Siri durchführen – Siri macht das aber nicht. Wenn man Sprachinteraktion umdreht, geht es nicht mehr darum, zu erkennen, was eine Person sagen möchte, sondern wie sie es sagt. Man nutzt quasi die Sprache als Detektionsmechanismus. In dem klinischen Use Case von Delta führt ein Kliniker mit einem Patienten die klassischen neuropsychologischen Tests zur Demenzdiagnostik durch. Die einzige Ausnahme ist nun, dass diese Tests auf dem Tablet laufen. Es gibt in der Demenzdiagnostik einen sehr wichtigen Test, den Test zur semantischen Wortflüssigkeit. Der Test ist so aufgebaut, dass der Patient in 60 s möglichst viele Wörter aus einem semantischen Bereich nennen soll. Das können Werkzeuge, Automarken, Farben oder auch Tiere sein. Kliniker schreiben normalerweise alle genannten Wörter auf und werten sie aus. Das Ergebnis ist dann, wie viele Begriffe der Patient richtig oder falsch benannt hat. Das ist auch das Einzige, was Kliniker dann bei der klassischen Version des Tests bekommen. Was Delta macht, ist nichts anderes, als die Rohdaten aufzunehmen, damit sie nicht verloren sind und man sie sich immer wieder anhören kann. Zudem nutzen wir Spracherkennung, um zu erkennen, was gesagt wurde und darüber hinaus auch, zu welcher Kategorie das Wort gehört. Dazu analysiert das Programm auch, wie häufig das genannte Tier in der Sprache vorkommt, z. B. ist das Wort Chamäleon relativ selten in der deutschen Sprache und Hund sehr häufig. Wer Demenz hat, wird weniger Chamäleon und mehr Hund sagen. Außerdem wertet das Programm automatische semantische Organisationen aus, die Rückschlüsse auf die Funktionsfähigkeit des semantischen Gedächtnisses zulassen. Typischerweise zeigt sich das in der Produktion von sogenannten Gruppen. Durch die automatische Auswertung wird der Prozess beschleunigt. Innerhalb von 30 s haben Klinker sämtliche Ergebnisse und erhalten mehr Information als vorher. Mit dem System können wir unterscheiden, ob jemand eher ein Exekutivproblem oder ein Problem mit dem semantischen Gedächtnis hat.

I   Wo sehen Sie Vorteile, aber auch Risiken beim Einsatz von Sprachanalyseprogrammen?

JT   Ein klarer Vorteil ist die Arbeitserleichterung. Jeder der gerne WhatsApp-Sprachnachrichten verschickt weiß, dass Sprechen manchmal einfacher ist als schreiben. Aber Sprachverarbeitung ist, wie jedes statistische System, nicht perfekt. Denn Sprachverarbeitung an sich ist ein KI-basiertes Forschungsgebiet. Automatische Spracherkennung ist vielleicht eines der größten und ältesten KI-Gebiete überhaupt. Heutzutage wird Spracherkennung häufig mit statistischen Verfahren gemacht. Während des gesamten Prozesses können Fehler passieren. Zunächst wird die Welle des Audiosignals transformiert, diese transformiert man dann wiederum in ein phonemisches Model und dieses wird dann zu einem vollständigen Wort verbunden. Viele kritisieren bei Sprachverarbeitung die Risiken der Speicherung dieser sensiblen Daten. Diese Diskussion führe ich nicht gerne. Wenn du zum Arzt gehst und man fragt dich nach deiner Krankenkassenkarte und du fühlst dich wirklich krank, dann fängst du auch keine Diskussion über Datensicherheit an. Es geht nur darum, dass dir geholfen wird. Ich glaube solche Datenschutzdiskussionen bewegen sich häufig in einem theoretischen Raum, der völlig losgelöst ist von einem wirklichen Bedürfnis. Wenn jemand wirklich ein Bedürfnis hat, sind solche Bedenken meistens relativ egal. Außerdem haben wir in Deutschland sehr starke Regularien, die uns binden und wir halten uns sehr strikt daran. Das heißt man muss sich eigentlich nur an den klassischen State of the Art halten. In Deutschland wird Datenschutz gut diskutiert, begutachtet und reglementiert. Da kann man nicht viel falsch machen. Es ist aber natürlich dennoch wichtig, sich über Risiken zu unterhalten und zu diskutieren.

I   Im Moment läuft ein Projekt im Kontext der Stress- und Burn-out-Prävention in Kooperation mit dem KoMIT, an dem Sie beteiligt sind. Worum geht es da im Speziellen?

JT   Es geht darum, dass Mitarbeiter in mehr oder weniger burn-out- oder stressgefährdeten Rollen, in der Regel Führungskräfte, eine Art Sprachtagebuch im Stil von WhatsApp-Audionachrichten führen. Dabei sollen sie täglich abends kurz erzählen, was über den Tag hinweg passiert ist. Da es für die meisten Coaches schwierig und aufwendig ist, sich WhatsApp-Audionachrichten anzuhören und das beispielsweise von 10 verschiedenen Leuten in einer Seminargruppe, wollen wir das automatisch verarbeiten. Das Ziel ist es, am Ende ein Tool zu haben, das nur aus der kurzen Beschreibung des Tages bereits herausfinden kann, wie hoch die Belastung und der Stress waren.

I   Was sind Ihre Aufgaben in der Entwicklung dieser App?

JT Ich habe mich auch in dieses Thema zunächst eingelesen und dann ein passendes Angebot geschrieben. Die Bedürfnisse des Kunden standen dabei im Fokus und ich habe versucht, den realen Bedarf im Blick zu behalten. Außerdem habe ich auch in diesem Projekt das Interface designt. Es ist zudem wichtig, den Zusammenhang zu anderen Projekten zu erkennen, um gegebenenfalls passende Komponenten wiederverwenden zu können. Es ist auch immer von Vorteil, strategisch zu denken. Zum Beispiel hat mein Kollege Niklas Linz die Idee der App für sein MS-Projekt aufgegriffen. Das heißt, wenn die Ideen zusammenpassen, dann befruchten sich Projekte gegenseitig. Mit den Informatikern überlegen wir zusammen, wie wir die Inhalte implementieren können. Gleichzeitig läuft die Kommunikation mit den Anwendern und Coaches. Zusammen mit dem Auftraggeber, der Krankenkasse, muss man versuchen, das Business-Modell im Auge zu behalten.

I Inwieweit sind Ihre psychologischen Kenntnisse in diesem Projekt von Vorteil?

JT Dadurch, dass wir die gleiche Sprache sprechen, kann ich mit den Psychologen gut zusammenarbeiten. Da viele Begrifflichkeiten aus der Medizin und Psychologie kommen, fällt es einem als Psychologe leichter, diese zu verstehen. Es ist auch von Vorteil, wenn man diese Begriffe für Informatiker übersetzen kann.

I Welche Stressmarker werden anhand der Stimme analysiert?

JT Ganz klar ist das noch nicht. Das Ziel ist es, im Moment eine Validierungsstudie durchzuführen, um die entscheidenden Marker zu identifizieren. Diese Studie läuft mit echten Führungskräften. Mithilfe von statistischen Verfahren wollen wir aus den vorhandenen Stimmmarkern andere Stressmarker vorhersagen. Marker, die uns interessieren sind Lautstärke, Stimmlage, Tempo oder Frequenzvariationen. Teilweise bewegen sich diese Variationen auch in Bereichen, die man als Mensch nur sehr schwer oder kaum bewusst wahrnehmen kann.

I Welche Interventionen sollen auf die Auswertung der Sprachanalysen folgen?

JT Wir arbeiten in dem Projekt mit der IKK, dem Eichenberginstitut und dem Kompetenzzentrum Mensch, Innovation, Technik zusammen. Das Eichenberginstitut ist Anbieter für Coachings, die die IKK ihren Betriebskunden im Rahmen des BGM anbietet. Innerhalb des BGM leitet das Eichenberginstitut klassische Seminare zur Stressprävention. Wir versuchen aus unseren Markern Kenntnisse für grundlegende Theorien zu generieren, die dann wiederum zur Steuerung von Interventionen eingesetzt werden.

I Kommen wir nochmal zurück zum DFKI als Ganzes. In welchen Bereichen des DFKI sind Psychologen beschäftigt?

JT Vor allem werden Psychologen in der Durchführung von User-Interface-Studien eingesetzt. Es gibt aber auch Projekte, in denen psychologische Themen behandelt werden, wie z. B. in unserem Projekt zur Demenzfrüherkennung durch Sprachanalyse. In solchen Projekten können Psychologen dann auch ausschließlich inhaltlich arbeiten. Wir haben am DFKI auch eine Automotive-Gruppe, die viel zu intelligenten Schnittstellen in Autos forscht. Da dafür viele Studien durchgeführt werden müssen, braucht man auch hier traditionellerweise Psychologen.

I   Wie hat sich der Anteil an Psychologen in den letzten Jahren verändert und wie wird er sich zukünftig entwickeln?

JT   Das kann ich gar nicht einschätzen. Am Anfang war es sicher so, dass das DFKI eine Spezialisten-Gruppe von Informatikern war. Es wurde 1988 zu einer Zeit gegründet, in der künstliche Intelligenz etwas sehr Fortschrittliches war. Da gab es noch nicht einmal überall Computer. Heutzutage ist die Thematik deutlich populärwissenschaftlicher, wodurch auch der Zugang für mehr Disziplinen ermöglicht wird. Früher waren die Forschungsfragen sehr stark KI-bezogen, heute sind sie eher anwendungsbezogen. Um Anwendungen zu entwickeln, braucht man immer auch Leute, die aus der Anwendung kommen. Das heißt ich sehe da viel Potenzial für Psychologen in der Zukunft.

I   Welche Besonderheiten bringt die interdisziplinäre Zusammenarbeit von Psychologen und Informatikern am DFKI mit sich?

JT   Es schadet nicht seinen Horizont, etwas zu erweitern, vor allem wenn man aus der psychologischen Grundlagenforschung kommt. Man lernt vieles hinzu und entwickelt eine andere Denkweise. Wer interdisziplinär forscht, kann auch interdisziplinär präsentieren und vermitteln. Es ist wichtig, die eigene Arbeit auch einem Publikum vorstellen zu können, das nicht dem eigenen Fachbereich angehört. Wenn man versteht, wie Informatiksoftware gebaut wird, wie Architekturen entwickelt werden, dann denkt man auch anders. Und das hilft einem selbst, die Dinge besser zu strukturieren. Es hat einen starken Einfluss auf die eigene Arbeitsweise.

I   Kann ich mit einem reinen Psychologiestudium in anwendungsorientierten Forschungseinrichtungen, wie z. B. dem DFKI, arbeiten oder sind darüberhinausgehende Kenntnisse erforderlich, wie beispielsweise Programmiererfahrung?

JT   Ist man rein in der Studiendurchführung beschäftigt kann man auch als reiner Psychologe am DFKI anfangen. Die Arbeit ist genau wie in der kognitiven Psychologie. Man vergleicht Kondition A gegen Kondition B und schaut, was besser ist. Wenn man allerdings mehr als das machen möchte, und ich mache viel mehr als das, dann wird man sowohl die Arbeitsweisen als auch Inhalte der Informatiker verstehen müssen. Dann ist es von Vorteil, wenn man zumindest einmal versucht hat zu programmieren. Auch um einschätzen zu können, was überhaupt möglich ist und was nicht. Ich versuche beispielsweise in jedem Projekt, eine Komponente selbst zu implementieren.

I   Welche Weiterbildungsmöglichkeiten gibt es für Mitarbeiter am DFKI?

JT   Darauf liegt am DFKI nur ein kleiner Fokus, unsere Führungskräfte werden nicht systematisch weiterentwickelt. Strenggenommen haben wir auch sehr wenige Führungskräfte, die Personalverantwortung tragen. Das meiste eignet man sich nach Bedarf selbst an.

I   Welche Karrierewege sind in solchen anwendungsorientierten Forschungseinrichtungen wie dem DFKI möglich?

JT   Wir haben einmal die klassische Research-Laufbahn, an deren Ende man üblicherweise einen Doktor hat. Dann kann man auch Projekte leiten, habilitieren oder Research Fellow werden. Die klassischen TVöD-Stufen kann man auch am DFKI durchlaufen. Ansonsten ist es auch möglich, in den Bereich „Research and Development Administrator" zu gehen. Da macht man auch Projektakquise und Projektmanagement. Auch hier gibt es verschiedene Stufen, die man durchlaufen kann.

I   Wie sehen Sie die Zukunft des DFKI? Welche Forschungsfelder werden zukünftig im Fokus stehen oder auch neu hinzukommen?

JT   Zurzeit erleben wir einen enormen Boom von KI, es ist populärwissenschaftlich und wissenschaftlich in aller Munde. Egal welches fachübergreifende Magazin man aufschlägt, man wird immer etwas zu KI darin finden. Deswegen sehe ich die unmittelbare Zukunft des DFKI sehr rosig, denn wir profitieren natürlich von diesem KI-Boom. Dieser ist nicht nur hypothetisch von Interesse für Menschen, sondern liegt auch in der Realität begründet. Es gibt immer mehr Anwendungen, in denen KI wichtig ist. Und es gibt die klassischen neuen Anwendungsfelder, über die alle gerne schreiben, z. B. autonomes Fahren. Aber auch das Interesse an anderen Bereichen nimmt immer mehr zu, wie beispielsweise das Interesse am Bereich der Diagnoseunterstützung, in dem ich persönlich viel arbeite.

I   Da der Titel unseres Buches „Arbeits- und Organisationspsychologie im 21. Jahrhundert" heißt, würde mich abschließend interessieren, wo Sie zukünftige Veränderungen im Arbeitsmarkt für Psychologen sehen.

JT   Es gibt immer die klassischen, vorgefertigten Wege. Zum Beispiel, wenn man Psychologie studiert und am Ende Therapeut wird. Das ist einer dieser vorgezeichneten Wege, die relativ klar abgesteckt sind. In der Zukunft wird es immer mehr zur Entwicklung neuer Berufsfelder kommen. Wer diese neuen Arbeitsfelder besetzt, ist noch unklar. Vielleicht gibt es noch keine Ausbildung, die genau darauf zugeschnitten ist. Das öffnet das Tor weit für Quereinsteiger, und Psychologen sind eigentlich immer prädestinierte Quereinsteiger. Sie haben ein gut fundiertes Studium, sind meistens sehr intelligent und damit ideal für solche neuen Arbeitsfelder geeignet.

I   Wie kann man sich als Absolvent gezielt auf den Arbeitsmarkt der Zukunft vorbereiten?

JT   Es gibt, wie zuvor schon gesagt, die klassisch vorgefertigten Wege. Um jetzt mal ein Trivialbeispiel zu nennen, wer gerne Bäcker werden möchte, der macht eine Ausbildung zum Bäcker und ist dann perfekt vorbereitet, um Bäcker zu werden. Wer Psychologie studiert und kein Therapeut werden möchte, fängt häufig nicht mit einer klaren Jobbeschreibung an. Das heißt man sollte sich schon sehr früh darauf einstellen, auszuprobieren. Man sollte verschiedene Themenfelder, verschiedene Jobs ausprobieren, um neue Arbeitsplätze für Psychologen zu identifizieren.

Video des Interviews (◘ Abb. 8.1):

◘ **Abb. 8.1** Video 8.1 (▶ https://doi.org/10.1007/000-0ss)

8.2 Interview mit Michael Schilling, CISPA Helmholtz-Zentrum für Informationssicherheit

Das Interview und die Transkription mit Michael Schilling (MS) führten Laura Helmin und Saskia Haase (Interviewerinnen, I) durch.

Interviewer Das CISPA Helmholtz-Zentrum für Informationssicherheit beschäftigt sich mit allen Themen rund um die Informationssicherheit. Das ist etwas, was uns alle betrifft, wie man an der vermehrten Berichterstattung zu diesem Thema in den Medien in letzter Zeit gemerkt hat. Mir fällt da spontan der Skandal ein, bei dem von Politikern persönliche Daten gestohlen und veröffentlicht wurden. Dann gibt es beispielsweise noch Trojaner-Viren, mithilfe derer man Daten von Krankenhäusern verschlüsseln kann, um so Geld zu erpressen.

Können Sie uns anhand einiger Beispiele erklären, was Informationssicherheit ist und was dieser breite Bereich alles umfasst?

Michael Schilling Informationstechnologien stecken heute in eigentlich jedem Bereich unseres Lebens, die Sicherheit solcher Systeme und der entsprechenden Daten ist damit inzwischen zu einer essenziellen Voraussetzung für unsere Wirtschaft, aber auch für unser tägliches Leben geworden. Nehmen wir als Beispiel unsere Autoindustrie. Die eingesetzten Produktionsstraßen sind hochkomplexe Systeme, die nur durch vernetzte Informationstechnologie möglich sind. Wie sich jeder vorstellen kann, gibt es bei so viel Komplexität natürlich unglaublich viele Stellen, an denen etwas schief gehen kann oder an denen jemand „Sand ins Getriebe" einer solchen Anlage streuen könnte. Ein Punkt, an dem die Leute hier im CISPA daher arbeiten, ist es, solche hochkomplexen Informationssysteme von Grund auf neu zu denken und zu sichern. Um ehrlich zu sein, ist dabei eine Produktionsstraße aber eher noch ein leicht zu managendes Problem, denn heute stecken in fast jeder Internetseite mehr Codes als für den Zusammenbau eines Autos benötigt wird.

Ein anderer großer Aspekt ist natürlich die Sicherheit der Informationen, welche in IT-Systemen gespeichert und verarbeitet werden. So sollten z. B. nur die Leute an entsprechende Informationen kommen, die auch dazu berechtigt sind. Wie man aber auch an dem von Ihnen genannten Beispiel der geleakten privaten Details über deutsche Politiker sieht, ist dies allerdings nicht immer der Fall. Informationssicherheitsforschung versucht hier technische Möglichkeiten zu finden, den Zugriff und die Integrität von Informationen wirksam zu schützen. Viele dieser technischen Möglichkeiten sind ihrerseits wiederum hochkomplex, was bei der Benutzung wiederum viel Platz für folgenschwere Fehler lässt.

Das bringt uns dann auch zu dem Bereich der Informationssicherheit, der für uns Psychologen am interessantesten ist – der Bereich, in dem das menschliche Verhalten eine Rolle für die Informationssicherheit spielt. Ein gutes Beispiel ist hier Authentifizierung: Also wie kann ein System, wie z. B. eine Webseite, feststellen, dass man auch wirklich der Nutzer ist, der man angibt zu sein. Die häufigste verwendete Methode sind dabei nach wie vor Passwörter. Allerdings kann man als Nutzer bei Passwörtern relativ viel falsch machen. Inzwischen verfügt jeder über unzählige Accounts, für Onlinebanking, Social Media, verschiedene Cloud-Dienste und natürlich für die eigenen E-Mail-Adresse. Da es kaum möglich ist, sich für jeden dieser vielen Accounts ein einzigartiges Passwort zu merken, denken sich viele Leute einmal ein gutes Passwort aus und verwenden das überall. Genau das ist allerdings aus informationstechnischer Sicht nicht gerade optimal und geht mit sehr großen Gefahren einher. In diesem Bereich der Informationssicherheitsforschung suchen wir daher z. B. nach Strategien und Techniken, die es den Nutzern leichter machen, sicher zu handeln. Gerade forschen wir z. B. sehr viel zu passwortloser Authentifizierung und wie man diese gleichzeitig sicher, aber vor allem intuitiv und einfach für den Nutzer gestalten kann. Hierbei handelt es sich dann um Fragestellungen, die viele Bereiche der Psychologie tangieren.

I Jetzt haben wir schon ein bisschen angeschnitten, was beim CISPA gemacht wird und welche Aufgaben in den Bereich der Psychologen fallen. Das ist aber kein klassisches Arbeitsfeld für einen Psychologen. Wie sind Sie denn eigentlich zum CISPA gekommen? Und wie hat Sie ihr Werdegang darauf vorbereitet und dahingeführt?

MS Ich war schon immer technik- und IT-interessiert und habe nach meinem Abitur sogar erst angefangen, hier in Saarbrücken Wirtschaftsinformatik zu studieren. Nach einem Jahr bin ich dann zur Psychologie gewechselt. Das, was mich dann letztendlich an dem Fach Psychologie so begeistert hat ist, dass man lernt sich methodischen Problemen zu nähern und sie dann zu lösen. Diese Methodik lässt sich dann später im Forschungskontext, im klinischen Bereich, im A&O-Bereich oder auch ganz wo anders anwenden.

Hier ans CISPA geführt hat mich eigentlich der Zufall. Zu Beginn meiner Promotion habe ich beschlossen, dass ich meine Programmierkenntnisse gerne ausbauen wollte, gerade da diese für statistische Analysen immer wichtiger werden. Ich wollte die Methodik des Programmierens lernen. Das war grade in dem Jahr in dem Michael Backes und das CISPA den Cybersecurity Studiengang hier in Saarbrücken eingeführt haben. Da ich mich dann für irgendeinen Studiengang in der

Informatik einschreiben musste, um an der Vorlesung und Übungen teilnehmen zu können, habe ich mich dann in Cybersecurity eingeschrieben. Das war dann aber doch einfach interessanter als das reine Programmieren und ich bin quasi daran kleben geblieben. So bin ich dann auch mit einigen Mitarbeitern aus dem CISPA und ihren konkreten Forschungsprojekten in Kontakt gekommen.

I   Wie sind Sie dann letztendlich im CISPA gelandet?

MS   Bei einem der Forschungsschwerpunkte des CISPAs geht es um Usable Security, also wie man Systeme gestalten kann, die sicher und gleichzeitig benutzerfreundlich sind. Vor einiger Zeit hatte die Forschungsgruppe, die sich mit diesem Thema beschäftigt, ein paar Fragen bezüglich des Forschungsdesigns für eine Studie mit IT-Laien und ihrem Umgang mit Passwörtern. Den Forschern fehlte die Erfahrung in dem Gebiet empirischer Studien und sie haben nach jemanden gesucht der ihnen da weiterhelfen kann. Über die persönlichen Kontakte bin ich dann mit dieser Gruppe ins Gespräch gekommen und habe ihnen meine Hilfe bei dieser Art von Fragen angeboten. Diese wurde gern angenommen und ein paar weitere Monate später sind daraus eine schöne Studie und ein entsprechendes Paper entstanden.

Dann war der Weg klar: Mir macht die Arbeit in diesem interdisziplinären Kontext Spaß und denen kann ich damit weiterhelfen, also warum nicht einfach weiter zusammenarbeiten?

I   Wenn jetzt ein Psychologe nicht unbedingt Ihren Informatikhintergrund hat, ist es dann trotzdem möglich, hier zu arbeiten oder gestaltet sich das dann schwierig?

MS   Auf jeden Fall. Hier am CISPA gibt es auch bereits andere Psychologen, die hier arbeiten und gar keinen Informatik- oder Technikhintergrund haben. Wie bereits erwähnt: Das Wichtigste ist das methodische Denken; zu wissen, wie man strukturiert an neue Probleme herangeht. Wichtig ist es außerdem, offen zu sein und den Input und die Ideen von anderen Fachbereichen aufzunehmen.

Ein Informatikhintergrund hilft natürlich, wenn man versucht zu verstehen, was in den Forschungsprojekten gerade auf technischer Ebene passiert, aber das ist nicht notwendigerweise Voraussetzung, um in diesem Bereich einen wertvollen Beitrag zur Forschung zu leisten.

I   Was sind Ihre Aufgaben beim CISPA?

MS   Meine Hauptaufgabe ist es, die empirische Forschung im CISPA voran zu treiben. Empirische Studien, egal ob mit Laien oder Experten, erlangen in den letzten Jahren in der Informations-Sicherheits-Community eine immer größere Bedeutung. Das merkt man auch daran, dass der Anteil an entsprechenden Forschungsarbeiten, die auf den Top-Konferenzen vorgestellt werden, stetig ansteigt.

Ich bin daher bei vielen dieser Studien am CISPA beim Design involviert und versuche so, auch methodische Standards zu etablieren. Die Psychologie als eigenständiges Fach konnte sich über mehr als ein Jahrhundert methodische und statistische Kenntnisse zu eigen machen und dieses Wissen versuche ich, soweit mir das möglich ist, in das Feld der Informationssicherheit einzubringen. Darüber hinaus habe ich auch meine eigene Forschungsagenda.

Dabei geht es vor allem um User Education: Ich möchte Menschen für Informationssicherheits- und Privatsphäre-Problematiken sensibilisieren und helfen, in diesen Bereichen souveräner zu werden.

Eine Zielgruppe sind hier vor allem junge Menschen, z. B. Schüler, die sich oft der Problematik entsprechender Entscheidungen nicht bewusst sind. Aber auch Psychotherapeuten sind eine für mich interessante Zielgruppe, da sie, berufsbedingt, meist nicht nur ihre eigenen privaten Daten verwalten und schützen müssen, sondern auch die sehr sensiblen Daten ihrer Patienten.

I Sieht Ihr Tagesablauf so aus, wie man sich den aus einer psychologischen Forschungseinheit vorstellt oder sieht der hier anders aus?

MS Große Unterschiede gibt es da nicht. Ich denke, dass wissenschaftliche Arbeit im Allgemeinen sehr ähnlich ist, egal in welchem Forschungsbereich man tätig ist. Der größte Unterschied ist noch, dass die Ausrichtung und die Mitarbeiter im CISPA noch internationaler sind, als ich das von meiner Arbeit in der Psychologie kenne. Die Hälfte der Mitarbeiter stammt aus der ganzen Welt, das heißt natürlich auch, dass die Arbeitssprache im CISPA Englisch ist.

Der Arbeitsalltag unterscheidet sich aber nicht viel. Dem institutsinternen Austausch über die Arbeitsgruppengrenzen hinweg wird noch ein sehr großer Stellenwert beigemessen. Es werden regelmäßig gemeinsame Forschungskolloquien organisiert, in denen ein oder mehrere Forscher ihre aktuellen Projekte vor dem ganzen Institut vorstellen. Außerdem sind eigentlich dauerhaft wechselnde Forscher von anderen Universitäten und Instituten zu Gast, um den internationalen Austausch anzuregen.

I Sie haben ja bereits gesagt, dass beim CISPA auch viele Forschungsdisziplinen vertreten sind. Was ist speziell die Aufgabe oder Funktion von Psychologen in diesen interdisziplinären Teams?

MS Wie bei jeder interdisziplinären Arbeit hat jede Gruppe ihre eigenen Fähigkeiten und Skills, die sie in die Zusammenarbeit einbringen kann. Wie bereits angedeutet, sind das bei uns Psychologen unsere methodischen Kenntnisse, aber auch das Wissen über menschliches Verhalten und dessen Grundlagen, welches wir uns während unseres Studiums angeeignet haben.

I Psychologen sind in diesen Teams dann vermutlich eher in der Unterzahl im Gegensatz zu Mitarbeitern mit eher technischem Hintergrund. Wie funktioniert die Zusammenarbeit mit den anderen Disziplinen und was gibt es für Besonderheiten?

MS Um direkt mal mit den klassischen Stereotypen aufzuräumen:

Das Bild des introvertierten Informatikers, der nur vor seinem Bildschirm sitzt und Codes schreibt, gibt es hier eigentlich gar nicht. Die Zusammenarbeit ist von einer offenen Kommunikation und einem Diskurs über Forschungsfragen geprägt. Dabei versuchen Mitarbeiter unterschiedlichster Disziplinen auch aktiv den Perspektivwechsel, um Probleme ganzheitlich zu verstehen. Dieser letzte Punkt ist für interdisziplinäres Arbeiten besonders wichtig. Wenn man die Perspektive des Anderen und seine Art zu argumentieren versteht, kann man die Antwort auf Probleme finden, die ohne interdisziplinären Ansatz schlicht unlösbar sind.

Dass es dabei mal zu unterschiedlichen Sichtweisen kommen kann, ist natürlich klar. Auch kann es vorkommen, dass das Gegenüber meine Argumente und Einwände aus seiner technischen Sicht nicht nachvollziehen kann. Eine solche Situation würde ich aber nicht als problematisch bezeichnen. Ich würde eher sagen, dass Informatiker im Allgemeinen sehr offen sind, was das angeht.

Aus diesem Grund ist die Begebenheit, dass man als Psychologe in solchen Teams eher in der Minderheit ist für mich gar kein Thema.

I   Gibt es Schwierigkeiten im Dialog zwischen den doch unterschiedlichen Disziplinen?

MS   Das muss ich Ihnen jetzt wirklich einfach verneinen. Das habe ich so noch nicht festgestellt. Mir persönlich fällt das bei Fragestellungen, bei denen Entscheidungen getroffen werden müssen und es konträre Meinungen gibt, fast sogar leichter als in den rein psychologischen Kontexten.

Natürlich ist das aber in diesem Fall auch nur meine subjektive Wahrnehmung. Ich persönlich habe hier definitiv noch keine Probleme oder Schwierigkeiten empfunden.

I   Was denken Sie, was mit Projekten passieren würde, in denen Psychologen nicht mitarbeiten? Beziehungsweise sehen Sie Projekte, in denen es absolut essenziell ist, einen Psychologen dabei zu haben?

MS   Immer (lacht).

Ich würde sagen: Wir Psychologen haben auf jeden Fall ein sehr gutes Profil, was die Mitarbeit bei Studien angeht, bei denen empirisch gearbeitet wird. Ich glaube, dass wir in diesem Bereich sehr viel vorantreiben können, auch indem wir der Informationssicherheitsforschung dabei helfen, die Fehler zu vermeiden, die unser Forschungsfeld schon hinter sich hat.

Für mich ist es nicht so, dass die Informationssicherheitsforschung unbedingt Psychologen braucht, denn auch in diesem Feld gibt es sehr viele kluge Köpfe.

Ich glaube aber, dass die Disziplin stark von unserem Wissen profitieren und sich damit besser und schneller entwickeln kann. Doch umgekehrt glaube ich, dass wir als Psychologen danach streben sollten auf den Bereich Informationssicherheit, der inzwischen so entscheidend für unser Leben ist, positiv Einfluss zu nehmen.

I   Dann gehen wir ein bisschen mehr zu den technischen Themen über. Computersysteme sind meistens ziemlich ausgeklügelt. Eine große Schwachstelle ist da doch eher der Mensch, die Bedienung durch den Menschen und die Verhaltensweisen. Beispielsweise, wie Sie eben schon gesagt haben, wenn Nutzer ziemlich sorglos mit Passwörtern umgehen oder Fehler bei der Nutzung von Systemen machen. Welche Ansätze gibt es denn in dem Bereich?

MS   Es gibt auch hier eine Vielzahl von Ideen, wie man mit solchen Problemen umgehen kann.

Nehmen wir als Beispiel Updates: Den meisten Nutzern sind Updates einfach nur lästig. Man kann kurze Zeit die App oder den Computer nicht benutzen. Manchmal muss man seine Arbeit sogar unterbrechen und das Gerät neu starten. Im schlimmsten Fall sieht die App oder das Programm danach auch noch anders aus und man muss sich umgewöhnen. Aus der Sicherheitsperspektive sind Updates aber eine der wichtigsten Schutzmaßnahmen überhaupt.

Jetzt kann man diese Problematik unterschiedlich angehen:

Auf der einen Seite gibt es natürlich technische Ansätze, die den Raum für menschliche Fehlentscheidungen minimieren sollen. So hat z. B. inzwischen jedes neue Handy standardmäßig die Updatefunktion bei den Apps aktiviert. Dabei handelt es sich in erster Linie um ein Sicherheitsfeature von iOS und Android.

Auf der anderen Seite kann man die Nutzer auch erst mal über diese Problematik aufklären. Den meisten ist schlicht nicht bewusst, dass diese Unannehmlichkeiten, die sie bei Updates in Kauf nehmen, auf der anderen Seite dafür sorgen, dass ihre Daten und ihre Privatsphäre weitaus besser geschützt sind.

Eine weitere Herangehensweise ist es, entsprechende Mechanismen von vornherein stärker nutzerzentriert zu gestalten. Dem Nutzer soll die Relevanz entsprechender Sicherheitsmaßnahmen direkt vom System vermittelt werden. Beim Design solcher Mechanismen versucht man daher, immer mehr „Security as Default" umzusetzen. Das bedeutet, dass die Standardeinstellungen, die dem Nutzer angeboten werden, erst mal sicher sind. Möchte er aktiv in den Mechanismus eingreifen, und z. B. doch keine automatischen Updates, dann muss ihm vermittelt werden, welche negativen Konsequenzen dies haben kann.

Insgesamt gibt es in dem Bereich natürlich noch viel mehr Ansätze, mit denen man versuchen kann, Nutzer zu einem sicheren Verhalten zu bringen. Wie in vielen anderen Bereichen gilt aber auch hier: Eine einfache Lösung gibt es nicht; komplexe Probleme verlangen meist auch komplexe Lösungen.

Die Usable-Security-Forschung hat das inzwischen auch verstanden und legt daher immer öfters den Fokus nicht nur auf die Lösung eines konkreten Problems, sondern versucht die Umstände näher zu ergründen, die zu dem Problem geführt haben. Eine Idee ist es, die mentalen Repräsentationen, die Nutzer über Begriffe oder Prozesse haben – die Mental Models – zu untersuchen und diese mit den Modellen in den Köpfen von Softwareentwicklern abzugleichen. Oft liegen die Ursachen für sicherheitskritisches Verhalten darin begründet, dass sich die mentalen Modelle zwischen den Personen, die ein technisches System entwickeln und den Personen, die das System später nutzen, stark unterscheiden. Aus meiner Sicht können wir als Psychologen auf dieser Ebene der Problemanalyse einen entscheidenden Beitrag leisten, diese Diskrepanz zu finden und zu beseitigen.

I   Was ist die Konsequenz daraus, wenn man die Anwender besser versteht? Werden die Systeme dann dahin gehend verändert, dass sie implizit zu sicherem Verhalten bewegt werden oder wie kann man sich solche Forschung vorstellen?

MS   Im 1. Schritt geht es mal darum festzustellen, wo überhaupt dieses Problem in der Kommunikation oder wo der Unterschied in den gedanklichen Modellen zwischen den Nutzern und den entsprechenden Entwicklern dieser Systeme liegt.

Wie man dann explizit mit diesem Wissen umgeht, ist ein anderes Thema. Hier gibt es eine Vielzahl von Ansätzen. Man kann die Nutzer informieren und sensibilisieren, man kann ihnen Wahlmöglichkeiten an den psychologisch wichtigen Stellen geben oder man kann unter Umständen auch technische Systeme schaffen, die das Problem im Hintergrund lösen und von denen der Nutzer erst mal gar nichts bemerkt. Man kann aber auch die Entwickler bereits beim Entwicklungsprozess unterstützen, nutzerzentrierte Softwarelösungen zu entwickeln.

I Ein anderer Punkt in der Cybersecurity ist ja, dass Anwender immer unsicherer im Umgang mit Technik werden, einfach weil sie in den Medien immer mehr Datenskandale mitbekommen, wie bei Facebook oder Cambridge Analytica. Welche Ansätze verfolgt das CISPA in dem Punkt, um das Vertrauen der Menschen wiederherzustellen?

MS An dieser Stelle muss man klar unterscheiden: Das CISPA macht hauptsächlich Forschung im Grundlagenbereich. Bis zu den eigentlichen Produkten, welche später auf dem Markt sind, ist es dann oft noch ein weiter Weg. Das CISPA liefert hier eher die theoretischen Modelle und Mechanismen, für die nächsten 10, 20 Jahre. Was wir in der Usable Security machen, ist natürlich nochmal ein wenig näher an dem Alltag der Nutzer dran.

Wenn es um akute Problemstellungen oder konkrete Ängste der Nutzer geht, ist es unsere Hauptaufgabe, mit unserem Wissen zu helfen und zu informieren. Auf der einen Seite umfasst das, Nutzer über Gefahren und Wege damit umzugehen zu informieren. Auf der anderen Seite heißt das aber auch, den Entscheidungsträgern in der Politik unser Wissen zur Verfügung zu stellen, damit diese die entsprechenden gesetzlichen Grundlagen für Informationssicherheit im privaten und Unternehmenskontext schaffen können.

I Beim Datenklau und -verkauf können nicht nur die Systeme und die Anwender eine Schwachstelle sein. Menschen verüben auch gezielt Angriffe und es gibt Betrugskampagnen, um an Daten zu gelangen. Können Sie uns ein paar Beispiele nennen, bei denen Menschen zur Schwachstelle eines IT-Sicherheitssystems wurden und wie Angreifer versuchen, durch Menschen in diese Systeme einzudringen?

MS Inzwischen sind wir in der technischen Entwicklung an einem Punkt, an dem Systeme, wenn sie immer upgedatet und technisch auf dem neusten Stand gehalten werden, wirklich sehr schwer anzugreifen sind. Meistens ist es für den Angreifer leichter, einen Menschen dazu zu bringen, eine Handlung auszuführen, die eben diesen technischen Schutz außer Kraft setzt, als die Sicherheit des Systems selbst anzugreifen.

Im privaten Kontext hat vermutlich jeder schon Bekanntschaft mit Phishing-Mails gemacht. Angeblich schreibt dann PayPal, dass die Kontodaten aktualisiert werden müssen oder Amazon konnte angeblich eine Rechnung nicht abbuchen, für ein Produkt das man gar nicht gekauft hat. Im Unternehmenskontext sind diese Attacken aber oft viel ausgefeilter.

Vor knapp anderthalb Jahren gab es z. B. eine sehr große Kampagne, die explizit darauf abgezielt hat, Mitarbeiter von Personalabteilungen anzusprechen. Bei dieser Kampagne haben die Angreifer eine bestimmte Schadsoftware verwendet, die innerhalb einer E-Mail mitgeschickt werden konnte. Die E-Mail ist an die Personalabteilung gerichtet gewesen und enthielt auch eine erst mal sehr authentisch aussehende Bewerbung für eine Stelle, die von der Personalabteilung ausgeschrieben war. Ziel der Angreifer war es, dass in der Personalabteilung jemand diese E-Mail öffnet und den Anhang mit der entsprechenden Schadsoftware ausführt.

Aus Sicht der Mitarbeiter der attackierten Personalabteilungen gab es hier kaum eine Möglichkeit, diesen Angriff zu erkennen. Die Angreifer haben ihre Kampagne explizit an eine Fachabteilung gerichtet, deren Mitarbeiter meist nicht über das tiefer gehende technische Wissen verfügen und deren Hauptaufgabe es im Unternehmen ist, genau das Verhalten zu zeigen, das dem Angreifer am Ende in die Hände spielt – E-Mails öffnen, um Bewerbungen zu sichten.

Dieses Beispiel zeigt ganz gut, wie ausgefeilt diese Art von Attacken inzwischen ist und wie Angreifer den eigentlich guten Willen, das Pflichtbewusstsein oder die Ängste von Menschen ausnutzen. Für Unternehmen, die möchten, dass ihre Mitarbeiter effektiv ihren Hauptaufgaben nachgehen, ist es inzwischen eigentlich unmöglich, solche Angriffe auszuschließen. Hier hilft es oft nur, auf die Folgen von solchen Attacken vorbereitet zu sein und z. B. ein funktionierendes Back-up-System bereitzustellen.

8

I Wie kann man die Anwender darauf vorbereiten, wenn gezielt die Unwissenden angesprochen werden? Wie kann man sich schützen?

MS Einen absoluten Schutz gibt es in dem Fall einfach nicht. Wichtig ist es, solche Vorfälle, nachdem sie passiert sind, auf keinen Fall zu tabuisieren. Dass jemand auf eine solche Attacke reinfällt, darf keine Schande sein. Ich glaube, das ist schon mal das Erste, was man herausstellen sollte, vor allem wenn wir von einem Firmenkontext reden. Im Firmenkontext gibt es nichts Fataleres, als dass ein Mitarbeiter einen solchen Vorfall nicht der IT-Abteilung meldet, weil er oder sie Angst hat, für einen vermeintlichen Fehler abgestraft zu werden. Die Attacken sind inzwischen so ausgeklügelt, dass sie einfach nicht gänzlich zu verhindern sind. Weder sind wir dazu technisch in der Lage noch können Mitarbeiter jede E-Mail hinterfragen, wenn sie weiterhin ihre Aufgaben erledigen sollen.

Nichtsdestotrotz gibt es natürlich schon Überlegungen, die man für sich selbst treffen sollte.

Nehmen wir nochmal das E-Mail-Beispiel: Die Mitarbeiter der Personalabteilung erwarten ja E-Mails von Bewerbern, wenn das Unternehmen eine Stelle ausgeschrieben hat, dort passt also der Kontext so gut, dass es keinen Grund gibt, die Legitimität der ankommenden E-Mail zu hinterfragen. Im privaten Kontext sieht das aber oft anderes aus. Wenn man eine Rechnung oder Mahnung von einem Onlineshop oder einem Dienstleister bekommt, ohne dass man vorher dort etwas bestellt hat, dann sollten die Alarmglocken schrillen. Ist man sich nicht sicher, ob man nicht doch etwas bestellt oder eine Rechnung vergessen hat, so ist es eine gute Strategie, sich nicht über den Link in der Mail auf die entsprechende Seite leiten zu lassen, sondern lieber die Domain selbst anzusurfen und in seinem Account nach einer entsprechenden Nachricht zu suchen. Viele Phishing-Angriffe kann man mit dieser einfachen Strategie bereits umgehen.

I Können Sie uns noch ein paar konkrete Forschungsprojekte von Ihnen beschreiben?

MS Momentan liegt der Fokus darauf, Authentifizierungsmechanismen im Online-kontext sicherer und gleichzeitig einfacher zu gestalten.

Wir schauen uns dabei eine neue Form passwortloser Authentifizierung an. Normalerweise braucht man ja einen Nutzernamen und ein Passwort, um sich im Internet bei einem Dienst anzumelden. Inzwischen nutzt aber jeder von uns so viele verschiedenen Services, dass es fast unmöglich ist, sich für jeden Dienst ein starkes und einzigartiges Passwort zu merken. In Konsequenz führt das dazu, dass Nutzer schwache oder überall das gleiche Passwort verwenden.

Eine Idee, mit diesem Problem umzugehen, sind passwortlose Authentifizierungsverfahren. Dabei geht es darum, dass man sich in seinen Account einloggen kann, ohne dass man ein Passwort braucht. Eine Möglichkeit, die technisch gesehen inzwischen sehr ausgereift ist, sind Hardware-Token.

Man kann sich das vorstellen wie einen normalen Schlüssel, den man per USB an den Computer anschließt. Auf diesem Schlüssel läuft ein kryptografisches Protokoll, das die Authentifizierung übernimmt. Die großen Vorteile von dieser Art der Authentifizierung sind, dass man sich kein Passwort für jeden Account merken muss, das zugrunde liegende kryptografische Protokoll um ein Vielfaches sicherer ist als Passwörter und auch das zeitlich aufwendige Eingeben langer Passwörter entfällt. Im Vergleich zu anderen modernen Authentifizierungstechniken gefällt mir persönlich dabei auch, dass es einem Nutzer leichtfallen sollte, ein mentales Modell aufzubauen, denn so ein Token verhält sich wie ein normaler Schlüssel am Schlüsselbund. Wenn man ihn noch in der Hosentasche hat, dann weiß man, dass der Account noch sicher ist. Wenn man ihn verloren hat, dann weiß man auch, dass der Account möglicherweise nicht mehr sicher ist. Bei einem normalen Passwort ist das nicht so. Wird dieses gestohlen, kann der Account lange Zeit missbraucht werden, ohne dass der Nutzer das weiß. In einem Projekt, an dem ich arbeite, untersuchen wir gerade, ob normale Laien diese Art der Authentifizierung akzeptieren und versuchen Schwachstellen bei der Usability zu finden.

I Über Ihre Themen hinaus, welche psychologisch geprägten Themen werden sonst noch vom CISPA verfolgt?

MS Als psychologisch geprägt würde ich eigentlich alle Studien im Usable-Security Bereich bezeichnen. Das Feld ist dabei wirklich sehr breit.

Einige meiner Kollegen schauen sich z. B. an, wie man Algorithmen die von Menschen als unfair wahrgenommen werden, von der technischen Seite so gestalten kann, dass sie die Eigenschaften verlieren, die sie unfair machen. Teilweise werden die entstehenden Systeme dann eingesetzt, um vorurteilsfreiere automatische Personalauswahl zu gewährleisten.

Andere Kollegen schauen sich an, wie man die Authentifizierung bei Instant-Messengern verbessern kann. Inzwischen nutzt der größte Teil der Instant-Messenger End-to-end-Verschlüsselung, das bedeutet, die Nachrichten werden so verschlüsselt verschickt, dass nur der Sender und Empfänger die Nachricht lesen können. Selbst der Server des Anbieters, über den die Nachricht geleitet wird, hat keinen Zugriff auf den Inhalt. Für das Funktionieren dieser Verschlüsslung wird aber vorausgesetzt, dass Sender und Empfänger einmalig nachprüfen können, dass sie mit der richtigen Person kommunizieren. Diese 1. Authentifizierung des Kommunikationspartners führt aber so gut wie niemand durch, da die wenigsten überhaupt die entsprechende Funktion kennen und diese dann aus Usability-Sicht meist noch denkbar schlecht umgesetzt ist. Die Kollegen am CISPA versuchen hier nutzerzentrierte Autorisierungszeremonien zu entwickeln, die diese Probleme lösen.

Wieder andere Forscher beschäftigen sich damit, wie man im großen Maßstab Entwickler oder Webseitenbetreiber über Sicherheitsprobleme in ihren Systemen aufklären kann. Oft verwenden diese Personengruppen veraltete Software mit bekannten Sicherheitslücken und gefährden damit die Nutzer ihrer Webseiten bzw. ihrer Programme. Dabei ist es leider oft nicht leicht, die entsprechenden Personen zu erreichen und dann auch noch dazu zu bringen, eine Änderung an ihrem System durchzuführen. Die entsprechenden Forscher im CISPA haben sich als Aufgabe gesetzt, einen möglichst großen Teil dieser Personengruppen von den entsprechenden Updates zu überzeugen und so das ganze Internet sicherer zu machen.

I   Zum Ende des Interviews würde es uns noch interessieren, was Sie Absolventen eines Psychologie-Studiums empfehlen würden, die beim CISPA oder in einem ähnlichen Bereich arbeiten möchten?

MS   Das Wichtigste ist es, offen zu sein. Offen zu sein für die Argumente und die Denkweise der Anderen. Sowie den Wert der Expertise aus unserem Forschungsbereich nicht zu unterschätzen, selbst wenn man dann in einem Rahmen arbeitet, in dem man nur mit technisch-interessierten und entsprechend ausgebildeten Leute arbeitet. Ich glaube, die Informatik und die verwandten Wissenschaften können sehr von unserem Input profitieren und umgekehrt ist es genauso. Von meinen Erfahrungen hier am CISPA kann ich auch sagen, dass unser Fachwissen und unsere Expertise angenommen und wertgeschätzt werden.

Wenn ein konkretes Interesse daran besteht, im Informationssicherheitsbereich zu forschen, dann kann ich wirklich unser Institut empfehlen. Aus meiner Sicht bietet das CISPA wirklich ein sehr gutes Arbeitsumfeld. Weltweit gehört die hier durchgeführte Forschung bereits jetzt zu der absoluten Spritzenklasse in diesem Bereich und dank der Helmholtz-Förderung wird das Institut in den nächsten Jahren noch um mehr als das Dreifache wachsen. Man kann hier also nicht nur hochklassisch forschen, sondern auch einen Charme ähnlich eines aufstrebenden Start-ups erleben. Die Türen des CISPA stehen dabei Praktikanten wie auch Berufseinsteigern aus der Psychologie offen.

I   Dann noch einmal vielen Dank für Ihre Zeit und das interessante Interview.

Video des Interviews (◘ Abb. 8.2):

◘ **Abb. 8.2**   Video 8.2 (► https://doi.org/10.1007/000-0sr)

Entrepreneurial Skills: Die Grundlage der zukünftigen Arbeit von Arbeits- und Organisationspsychologen

Nida ul Habib Bajwa, Cornelius J. König und Markus Langer

Inhaltsverzeichnis

Ergänzende Information Die elektronische Version dieses Kapitels enthält Zusatzmaterial, auf das über folgenden Link zugegriffen werden kann (▶ https://doi.org/10.1007/978-3-658-30838-4_9). Die Videos lassen sich durch Anklicken des DOI Links in der Legende einer entsprechenden Abbildung abspielen, oder indem Sie diesen Link mit der SN More Media App scannen.

Forscher beschreiben mittlerweile unternehmerische Fähigkeiten („entrepreneurial skills") als eine zentrale Kompetenz für Hochschulabsolventen aller Fachrichtungen, um langfristig erfolgreich im Berufsleben zu sein. Die Ausbildung einer solchen unternehmerischen Kompetenz kann beispielsweise in Entwicklungsländern einen Beitrag zur erfolgreichen Bekämpfung der hohen Arbeitslosigkeitsquoten haben. In Industrieländern wie Deutschland ist die Ausbildung unternehmerischer Fähigkeiten nicht ausschließlich zur Gründung von Start-ups gedacht, sondern soll vielmehr bei Studierenden eine Denkweise prägen, sich flexibel auf die schnell ändernden Anforderungen der Unternehmenswelt einstellen zu können sowie eine stärkere Verantwortung für die Unternehmensergebnisse zu übernehmen (auch Intrapreneurship genannt).

Diese Forderung nach mehr Unternehmergeist bei Hochschulabsolventen wird unterstützt durch die vielen Geschichten über junge Menschen im Silicon Valley, die mit ihren Ideen die gesamte Welt umgekrempelt haben. Auch wenn Deutschland in der Vergangenheit ein exportstarkes Industrieland war, so scheinen viele globale Entwicklungen darauf hinzudeuten, dass die Wirtschaftswelt von morgen nicht nur von Sicherheit und Beständigkeit geprägt sein wird, sondern dass disruptive Geschäftsideen aufgrund der Digitalisierung sehr rasch Wirtschaftszweige verändern können. Um Deutschland für die Zukunft wettbewerbsfähig zu halten, nicht nur im Vergleich zum Silicon Valley, sondern auch im Vergleich zu China oder Indien, versuchen Entscheidungsträger und gestandene Unternehmer, neben den in der Vergangenheit erfolgsversprechenden Tugenden Fleiß, Gewissenhaftigkeit und Leistungsorientierung Veränderungsbereitschaft und Innovationswillen zu betonen. „Sei dein eigener Chef", „Gründen öffnet neue Türen" – mit solchen Slogans werben die mannigfaltig vorhandenen Unterstützungs- und Förderangebote für potenzielle Gründer und versuchen, Studierende hierzulande Gründergeist einzuimpfen.

Blickt man zur Arbeits- und Organisationspsychologie hinsichtlich der Ausbildung dieser Kompetenzen, so befindet sich das Fach hierbei eigentlich in einer komfortablen Position, lernen ihre Studierenden doch vieles über Unternehmensprozesse, Mitarbeiterführung, Motivation, Innovation, Kreativität und mittlerweile auch immer häufiger über Entrepreneurship, welches sich als Forschungsthema innerhalb der Arbeits- und Organisationspsychologie etabliert. Des Weiteren bietet das Psychologiestudium eine breite Wissensgrundlage und viele Querverweise zwischen Subdisziplinen der Psychologie und darüber hinaus (z. B. Informatik, Medizin, Bildungswissenschaft), die das Potenzial für innovative Produkte und Dienstleistungen bieten.

Dennoch scheint Gründen in der Psychologie eher weniger weit verbreitet zu sein als beispielsweise in der BWL. Nachteile des Gründens werden in der Unsicherheit der Lebensumstände gesehen, denn man weiß nie, ob ein Start-up nächstes Jahr noch besteht. Des Weiteren erfordern Start-ups viel Investment, sei es nun Zeit oder Geld – ein Investment, das abschrecken kann. Auf der anderen Seite bietet Gründen auch viele Vorteile, wie z. B. die eigene Einteilung des Arbeitstages, die Umsetzung eigener Ideen nach den eigenen Vorstellungen und eben auch steile Karrierewege und das Potenzial für schnellen Reichtum.

Das letzte Kapitel dieses Buches verschafft Einblicke in das Leben eines Gründers und soll Gründen als einen möglichen Karriereweg für (Arbeits- und Organisations-)Psychologen darstellen. Das Interview mit Dr. Nikos Green bietet einen Überblick über die Herausforderungen und Freiheiten des Lebens als Gründer und soll zeigen, dass auch nichtlineare Karrierewege große Potenziale für die zukünftige Arbeitssituation von Arbeits- und Organisationspsychologen bieten können.

9.1 Interview mit Dr. Nikos Green, Experte für Start-ups und Gründungskultur

Das Interview mit Dr. Nikos Green (NG) und die Transkription wurde von Theresa Zimmer (Interviewerin, I) durchgeführt.

Interviewer (I)   Guten Abend Herr Green. Erstmal vielen Dank, dass Sie sich heute die Zeit für unser Interview genommen haben. Damit wir einen groben Überblick über Ihre Person erhalten, könnten Sie kurz die wichtigsten Stationen in Ihrer Karriere schildern? Wie sind Sie zu dem Punkt gekommen, an dem Sie heute stehen?

Dr. Nikos Green (NG)   So wie das alles verlaufen ist, habe ich das nie geplant, also wenn wir jetzt über Start-ups sprechen und eine Karriere außerhalb der akademischen Wissenschaft. Ich habe meinen Doktor gemacht und habe mich eigentlich schon in der akademischen Welt gesehen und bin dann über einen Nachbarn, der bei Zalando gearbeitet hat und ein guter Freund von mir war, in Richtung Start-ups gekommen. Dieser Nachbar war zu dem Zeitpunkt in Bereich Data Science tätig und wir haben uns ab und zu über bestimmte Probleme fachlicher Art ausgetauscht. Dann hat er mich einmal mitgenommen. Man muss dazu sagen, dass es in Berlin schon immer eine große Szene gab, an Menschen, die sich auch außerhalb ihres Arbeitsfeldes treffen, um über solche Dinge zu sprechen. Diese Treffen nennen sich Meetups. Da hat er mich einfach mal zu ein paar mitgenommen und ich fand es sehr spannend, was die Leute da alles versuchen. Also natürlich war nicht immer alles sehr gut. Es gibt da viel Licht und viel Schatten. Aber es gab durchaus ein paar interessante Projekte und Menschen. Mit einem davon habe ich später sogar Affective Signals II gegründet. Und diese ganzen Meetups fand ich super spannend. Deswegen habe ich mir nach meinem Doktor überlegt, was es noch so alles gäbe neben einem Weg in der akademischen Welt. Ich hatte zu dem Zeitpunkt sogar schon eine Postdoc-Stelle in den USA, die ich dann aber nicht angetreten habe. Mein damaliger Doktorvater hatte mir nämlich vom sogenannten EXIST-Programm erzählt. Das habe ich mir angeschaut und habe mit einer Kollegin und ihrem Team zusammengearbeitet, die gerade ein computergestütztes Trainingsprogramm für Autisten entwickelten. Das war ein reines Forschungsprojekt. Wir haben uns dann mal zusammengesetzt und überlegt, dass man ja auch das EXIST-Programm nutzen könnte, um dieses Projekt in den Markt zu führen, da Therapeuten und auch Patienten, also in dem Falle Autisten, dieses Trainingsprogramm ganz hilfreich fanden. Meine Kollegin und ihr Team hatten damals auch schon eine Studie durchgeführt, die tatsächlich erste Evidenz für dieses Trainingsprogramm zeigte. Das heißt bei den Autisten hat sich durch das Training wirklich etwas am sozioemotionalen Verhalten, aber auch auf der kognitiven Verarbeitungsebene verändert. Da haben wir beschlossen einen Antrag für das EXIST-Programm zu schreiben und ich habe mich mit Menschen außerhalb der Uni zusammengetan, die Kompetenzen aufwiesen, über die ich nicht verfügte, Komplementärkompetenzen, wie man so schön sagt. Der eine der Kollegen war wie gesagt der Zalando-Mensch, der andere war ein

Programmierer, der gerade mit seinem Studium fertig geworden war und aus Österreich kam. Diesen zweiten Kollegen habe ich über einer Stellenausschreibung im Internet gefunden.

I   Wie lernt man denn Kollegen, mit denen man für ein Projekt zusammenarbeiten möchte durch das Internet kennen?

NG   Ich hatte mich da vorher bei Freunden und Bekannten informiert, wie man die Developer Community anspricht. Und wir brauchten einen Entwickler, der wirklich etwas Erfahrung hatte. Derjenige, den wir damals final angesprochen hatten, war zwar gerade erst mit dem Studium fertig, hatte aber vorher schon einige Praktika gemacht und so schien er mir, soweit ich das damals einschätzen konnte, ganz solide. Dann habe ich versucht, ihn zu überzeugen das Projekt mit uns zu starten, was auch eigentlich eine Art von Kunst ist, weil man ja gar nicht genau weiß, was man eigentlich machen muss.

I   Wie haben Sie damals versucht, andere von Ihrer noch unreifen Idee zu überzeugen?

NG   Wir wollten ein als Serious Game (digitales Spiel, das nicht primär oder ausschließlich der Unterhaltung dient, wohl aber derartige Elemente enthalten kann) umgesetztes, evidenzbasiertes Therapietool als Digital-Health-Produkt entwickeln. Die Idee bestand bis dahin allerdings nur in wissenschaftlicher Form. Es gab also eine solide, wissenschaftliche Grundlage. Darauf aufbauend, wollten wir mit EXIST die Möglichkeit nutzen, innerhalb der Projektförderung von einem Jahr, die Idee als erstattungsfähiges Therapeutikum auszuarbeiten. In so einer EXIST-Förderung sind z. B., mittlerweile glaube ich, 4 Stipendien für Personal enthalten, ein Büro und eine Basisausstattung.

I   Was ist zu Beginn der Gründung eines Start-ups unerlässlich?

NG   Das hängt etwas vom Thema ab. Damals hatte ich den Eindruck, dass es im Gesundheitsbereich zuerst einmal darum geht, ein Netzwerk aufzubauen. Dafür bin ich einfach zu jeder Veranstaltung gelaufen, die ansatzweise etwas mit unserem Bereich zu tun hatte, um herauszufinden, welche Veranstaltungen gut sind und wo man interessante und relevante Leute treffen kann. Und auf einer Veranstaltung habe ich dann M. kennengelernt. Das ist einer der Digital-Health-Päpste in Deutschland. Den habe ich dann einfach durch eine direkte Ansprache zu uns an die Uni eingeladen, um ihm unser Projekt vorzustellen. Glücklicherweise war er gleich so begeistert von der Idee, dass er sofort mit einsteigen wollte. Und so hatten wir unseren 1. Unterstützer, Mentor und Business Angel.

I   Wie hat sich das Projekt dann weiterentwickelt, als Sie schließlich ein gutes Team zusammen hatten?

NG   Wir haben versucht, sofort anzufangen und unsere Idee umzusetzen. Auf der anderen Seite haben wir auch schon viel mit anderen Anbietern gesprochen, aber auch mit Patienten und Therapeuten. Unsere Idee war es damals, eine Art Therapie auf Rezept in den Gesundheitsmarkt zu bringen.

I   Eine Therapie für Autisten?

NG   Genau, im 1. Schritt besonders für hochfunktionale Autisten. Natürlich könnten im weiteren Verlauf auch noch andere Patientengruppen mit einbezogen werden. Aber das wollten wir Schritt für Schritt umsetzen. Andere Anwendungsfelder wären z. B. in der Therapie von Angststörungen.

I   Was genau konnte man denn durch dieses Trainingsprogramm trainieren?

NG   Das Trainingsprogramm hieß SCOTT, also „Social Cognition Training Tool". Das ist auch heute noch verfügbar über die Humboldt Universität, allerdings frei verfügbar, denn als Geschäftsidee hat sich das Programm leider nicht durchgesetzt. Ziel war es, dass dem Nutzer geholfen wird, Emotionen, die vom Menschen verschieden ausgedrückt werden, zu verstehen und zu lernen, damit umzugehen. Weil das ja im Autismus eines der Defizite ist. Hochfunktionale Autisten sind kognitiv vergleichbar mit Nichtautisten, aber sie haben Schwierigkeiten, Emotionen zu deuten oder damit umzugehen. Das Trainingsprogramm sollte also einerseits die Emotionserkennung und andererseits den Umgang mit Emotionen trainieren. Hierfür haben wir uns auch mit betroffenen Autisten unterhalten. Manche hatten bspw. einen richtig guten Studien- oder Berufsabschluss, aber eben im beruflichen Feld keinen Erfolg, weil sie im Hinblick auf die soziale Ebene eingeschränkt waren.

I   Wie haben Sie getestet, ob das Programm auch tatsächlich funktioniert?

NG   Das wissenschaftliche Team hinter dem Projekt hat dafür Studien durchgeführt mit relevanten Probandengruppen. Auch wurde das Programm von einer Spezialeinheit der Bundespolizei, die bei Geiselnahmen verhandelt, getestet. Solche Menschen müssen ja auf subtile Signale besonders stark achten, um Entscheidungen zu treffen. Diese Spezialeinheit hat mit dem Tool über einen längeren Zeitraum trainiert und sie fanden es ziemlich gut.

I   Wie kann man sich das vorstellen, wie so ein Feldexperiment abläuft?

NG   Für das Trainingsmaterial wurden in einem Fernsehstudio mit Schauspielern Emotionen aufgenommen. Schauspieler sind ja sehr gut darin, Emotionen auf Anweisungen wiederzugeben. Und das Ganze wurde dann als Computerspiel mit Videos und Bildern verpackt. Die Aufgabe des Spielers war es dann, Emotionen zuzuordnen, zu erkennen, zu deuten oder eine Antwort für eine richtige Reaktion auf eine Emotion zu finden. All dies passierte sowohl auf visueller als auch sprachlicher Ebene.

I   Das klingt ja eigentlich nach einem ziemlich guten Programm. Warum hat sich die Idee schlussendlich nicht als gute Geschäftsidee erwiesen?

NG Nun ja, wir haben dann angefangen, mit den Krankenkassen zu sprechen. Die fanden die Idee anfangs auch ziemlich gut, weil wir tatsächlich erste, überzeugende Evidenz für das Programm hatten, was im Rahmen von Digital-Health-Apps bis dahin eher selten der Fall war. Allerdings stellt Autismus als Erkrankung, aus der Sicht der Krankenkassen, kein „großes wirtschaftliches Problem" dar. Das wurde uns dann so direkt mitgeteilt. Ein weiteres Problem war, dass noch nicht so viele Therapeuten darin ausgebildet waren, Autismus zu diagnostizieren. Autismus ist immer noch eine unterdiagnostizierte Erkrankung. Das heißt man hat uns dann zu verstehen gegeben, dass man die Idee ganz gut fände, sie aber nicht finanzieren werde bzw. dass der Bedarf für ein solches Trainingsprogramm im Moment nicht so groß sei. Die sogenannten Volkskrankheiten Depression, Burn-out usw. sind im Vergleich dazu ja viel erheblichere Kostenverursacher.

I Das heißt die 1. Idee eines Start-ups ist nicht zu einem erfolgreichen Geschäft geworden. Was haben Sie in der Zeit während der Entwicklung trotzdem gelernt?

NG Ich habe extrem viel gelernt. Zum Beispiel vieles was mit Geschäft(modell)entwicklung und Strategie zu tun hat. Damit hatte ich ja zuvor eigentlich nichts zu tun. Mir war aber auch während der Entwicklung schon bewusst, dass die Idee, die wir hatten, erst der Anfang sein konnte. Wir mussten sie sozusagen weiterentwickeln. Mit diesen Gedanken im Hinterkopf bin ich auf eine Arbeit aus dem Themenbereich Computational Psychiatry von einem Bekannten aus Berlin gestoßen. Mit diesem Thema hatte ich mich auch schon während meiner akademischen Karriere beschäftigt.

I Um was geht es bei diesem Thema der Computational Psychiatry?

NG Es geht darum, mathematische Modelle psychiatrischer Erkrankungen zu entwickeln. Das wird u. a. durch eine Initiative der Max-Planck-Gesellschaft und des University College London verfolgt. In einigen der damit assoziierten Arbeiten versucht man zunächst, Methoden zu entwickeln, mit denen man emotionale Signale auf unterschiedlichen Ebenen erfassen und im Anschluss quantifizieren kann. In der Arbeit von dem Bekannten aus Berlin ging es beispielsweise darum, sich interaktive Szenarien wie Speeddatings anzuschauen. Also beispielsweise 2 Leute, die miteinander sprechen. Man fragt sich dann, was für verbale und nonverbale Signale diese Probanden erzeugen und wie sie sich beeinflussen. Woran kann man den Erfolg einer Kommunikation quantitativ ablesen? Diese Idee der Quantifizierung von Emotionen passte sehr gut zu unserem Projekt mit den Autisten. So habe ich den Bekannten gleich mal angesprochen und ihn gefragt, ob wir nicht zusammen ein Projekt starten wollen. Daraufhin haben wir verschiedene Konzepte entwickelt. Zum Beispiel, dass User in einer solchen Kommunikationssituation objektives Feedback bekommen könnten. Und da bei dem Trainingsprogramm für Autisten schon innerhalb des von EXIST geförderten Zeitraums nach einem halben Jahr etwa klar war, dass aus der SCOTT-Idee wohl kein großes Geschäft wird, haben wir überlegt, wie wir das restliche geförderte halbe Jahr am besten nutzen könnten. Nun ging die Arbeit mit dem 2. Ansatz weiter, sozusagen Affective Signals II. Wir haben uns zusammengesetzt und erstmal technisch konzipiert, was überhaupt möglich ist und wo die Idee ein Problem lösen würde. Das Thema Gesundheit wäre auch hier wieder interessant gewesen, weil man z. B. den Schweregrad von Depression durch solche Signale hätte abschätzen können. Aber diesen Bereich haben wir dann erstmal außen vor gelassen. Im Gespräch mit vielen verschiedenen Personen hatten wir nämlich festgestellt, dass es auch ein interessantes Problem im Bereich Human Resources gibt, das durch einen solchen Ansatz verbessert werden könnte.

I   Inwiefern haben Sie ein Defizit im Bereich Human Resources gefunden?

NG   Nun ja, viele Trainings oder Coachings finden heute teilweise online statt. Man bekommt dafür einen Link geschickt und klickt sich im Anschluss nur stumpf durch verschiedene Videos durch. Auf diese Art und Weise lernt man jedoch sehr wenig aus dem Onlinetraining. Bei diesen Trainings sind wir schließlich auf den Bereich Verhandlungen gestoßen. In Verhandlungen sind subtile Signale ja extrem wichtig. Man kann aus solchen Signalen bestimmte Dinge ableiten und seine Strategie anpassen. Das war dann der Grundstock für unser 2. Konzept, ein Online-Verhandlungstraining zu entwickeln.

I   Wie kann man sich dieses Verhandlungstraining denn vorstellen und wo kommt die Emotionserkennung zum Einsatz?

NG   Stellen Sie sich vor, dass dieses Verhandlungstraining wie Skype funktioniert. Unser Programm könnte dann das aufgezeichnete Verhalten im Rahmen eines Modelles und seiner Annahmen, dass wir dem Programm zugrunde gelegt haben, objektiv bewerten. Im Anschluss könnte es automatisch ein Feedback generieren. Vorher hat man sich ja immer nur durch die Videos geklickt, aber nie direkt Feedback für Verhalten erhalten. Auch in einem normalen Kurs kann man als Trainer nur vielleicht einem oder maximal 2 Teilnehmern richtig gutes Feedback geben. Es gibt natürlich auch Trainings für Einzelpersonen. Die sind dann allerdings gleich ziemlich teuer, also kosten mehrere tausend Euro. Das können sich also nur wenige leisten. Und gerade bei Verhandlungstrainings geht es ja fast ausschließlich um das Feedback, wenn man sein Verhalten verbessern möchte.

I   Das heißt Sie haben nach einem halben geförderten Jahr mit einer komplett neuen Idee weitergearbeitet. Wie stand es um das Team? Haben da noch alle mitgemacht?

NG   Nun, wir haben das Projekt SCOTT gut im Rahmen der Förderung zu Ende gebracht und dann eine Neuausrichtung vorgenommen. Das mit dem Team war schon schwierig. Der Data Scientist ist ausgestiegen und hat einen Job bei einem großen IT-Unternehmen angenommen. Der Entwickler fand das Thema für sich nicht so spannend und ist dann zu einem IT-Start-up gegangen. Das heißt ich musste mir im Grunde wieder ein neues Team zusammensuchen. Da bin ich auf eine ehemalige Studienkollegin zugegangen, die auch gerade im Postdoc war und nicht genau wusste, was und wie sie weitermachen sollte. Sie ist eine geniale Data Scientistin. Zusätzlich mit M., einem sehr guten Entwickler, den ich damals ja durch die Meetups kennengelernt hatte, haben wir uns dann zusammengesetzt und beschlossen, dass wir das einfach zusammen machen und haben den Prototypen für Affective Signals, wie wir das Projekt nannten, begonnen zu bauen.

I War das dann immer noch innerhalb des von EXIST geförderten Jahres?

NG Ja und nein, allerdings war das eigentlich ein fließender Übergang. Das geförderte Jahr war schon fast zu Ende. Das neue Team hatte nichts mehr mit der EXIST-Förderung zu tun. Wir hatten dann noch einen Kollegen als Gesellschafter mit ins Boot geholt und haben erstmal den Prototypen als Cloud-Lösung gebaut und hoch und runter mit großen Konzernen und Unternehmensberatungen Tests gemacht. Das lief auch eigentlich ganz gut. Allerdings war der Human-Resources-Trainingsmarkt damals noch nicht so digital aufgestellt. Wir hätten also mit unserer Idee einfach ein bisschen warten müssen. Wir wurden damals schlussendlich mit vielen Alltagsproblemen konfrontiert. Beispielsweise hat einmal ein Abteilungschef beschlossen, dass er ein Verhandlungstraining für sein Team durchführen möchte, aber weder die IT noch die Teilnehmer waren informiert. Ein anderer potenzieller Kandidat aus einem deutschen Konzern hatte einen zu langsamen Internetanschluss im Büro, so konnte man also schlecht Videokonferenzen durchführen. Solche Probleme haben unsere Zeit zu Beginn sehr in Anspruch genommen. Auch die Magie und die Vision, die man am Anfang von einem eigenen Projekt hat, geht im Laufe der Zeit ein bisschen verloren, wenn man mit solchen Problemen hauptsächlich zu tun hat. Aber das gehört einfach dazu. Es war einfach anstrengend, die Verhandlungstrainings einfach nur zu organisieren.

I Das heißt auch die 2. Start-up-Idee hat sich nicht als großes Geschäft entwickelt. Wie ging es dann weiter mit Affective Signals?

NG Ja, leider. Glücklicherweise hatte ich während des ganzen Projekts immer mit 2 Bekannten aus dem Gesundheitsbereich Kontakt gehalten, denn dieser interessiert mich besonders. Ich denke, digitale Anwendungen können hier viele Probleme verbessern. Wie gesagt, für diese beiden habe ich immer wieder mal Recherchen betrieben. In den Gesprächen kam immer wieder heraus, dass es einen großen Bedarf gibt im Bereich Versorgung von mentalen Erkrankungen und dass man hier natürlich auch digitale Technologien nutzen könnte. Und dann hatten die gerade so eine Art Förderprogramm mitgestaltet bzw. die Förderung erhalten. In diesem Projekt ging es darum, als Inkubator selbst Start-ups zu fördern. Also eine Firma, die anderen Firmen hilft, sich zu entwickeln.

I Können Sie hier ein Beispiel für eine Arbeit geben mit denen sich das Team befasst hat?

NG Wir sind dann wieder zum Thema Gesundheit übergeschwenkt und weg vom HR-Markt, weil wir eigentlich die wirklich schweren Probleme lösen wollten. Also sind wir zurück in den Gesundheitsmarkt und haben uns gesagt, dass wir eine Lösung bauen wollen, mit der wir z. B. so eine Art Triage unterstützen könnten. Das heißt wir messen z. B. Therapeuten- oder Arzt-Patienten-Interaktionen und sagen dann vorher, wie sich die Erkrankung entwickelt. Also in unserem Ansatz immer mentale Krankheiten. Depression, Angststörungen, PTBS usw. Dafür hätten wir dann beispielsweise ein großes Projekt mit dem Max-Planck-Institut für Psychiatrie in München machen können. Also haben wir wieder viel mit Investoren gesprochen. Die fanden unser Team auch immer überzeugend. Aber die Geschäftsidee hinter unserem Projekt war ihnen noch nicht so ganz klar. Also wer zahlt dafür, wenn man so eine Art digital gestützte quantitative Diagnostik macht? Und wir wussten zwar, dass wir einen ziemlich guten Diagnostikansatz hatten, wussten aber nicht, wie dieser dann die Therapie beeinflussen könnte. Und das wäre natürlich ziemlich wichtig gewesen, weil die Therapie quasi der Kostentreiber ist. Aber über diesen Einfluss zwischen innovativer Diagnostik auf die Therapie gibt es nur wenig Evidenz, da es schwer ist, dies gut zu berechnen. Insgesamt hatten wir uns für dieses Projekt ursprünglich ein halbes Jahr Zeit genommen, um Marktrecherche zu betreiben und Investoren zu gewinnen. Und wenn wir es bis zum Ende des halben Jahres nicht schaffen, haben wir uns vorgenommen, auch weiterzuziehen. Zumal wir auch immer wieder Angebote an unser Team von großen IT-Unternehmen auf dem Tisch hatten und man sich entscheiden musste, wie man persönlich weiterarbeiten möchte. Während dieser Zeit haben wir natürlich alle im Sinne unseres Unternehmens mit einem sehr niedrigen Gehalt und nur mit Unterstützung der Business Angels gearbeitet, sodass das auch kein langfristiger Zustand war. Leider haben wir es am Ende innerhalb unseres selbst gesetzten Zeithorizonts nicht hinbekommen. Während dieser Zeit lief auch immer noch unsere Affective-Signals-Idee für den HR-Bereich mit. Das heißt wir haben weiter pilotiert und einige Unternehmen hatten auch schon für ein Training bezahlt. Schlussendlich war am Ende dann, weil nichts als Geschäftsmodell voll funktioniert hat, die Luft raus und wir haben uns entschlossen, das Unternehmen zu liquidieren. Das heißt jeder ist so seiner Wege gegangen.

I Wie ging es dann beruflich für Sie weiter?

NG Ich bin dann zu Flying Health übergesiedelt, ein Beratungsunternehmen, das 2 Bekannte von mir gegründet hatten und habe mit einer Kollegin zusammen im Science Lab gearbeitet. Flying Health hatte sich einer Idee verschrieben, die nennt sich Digital Drugs. Das heißt sie wollen rein digitale Therapieprodukte entwickeln. Dafür schauen sie sich wissenschaftliche Publikationen an, aber auch neue Unternehmensausgründungen, Patentanmeldungen und junge Firmen. Dafür wurde dann ein Prozess etabliert, wie man neue wissenschaftliche Erkenntnisse oder Patente evaluieren kann. Das heißt was haben sie für Marktpotenzial, welche Leute braucht man, um den ganzen Prozess der Entwicklung eines Start-ups aufzusetzen, damit man am Schluss die Entscheidung treffen kann, Geld in die Hand zu nehmen, eine Firma zu gründen und die Idee als Produkt umzusetzen.

I Das hört sich für mich so an, als ob Sie Ihre Erfahrungen aus den vorherigen Entwicklungen von Ideen und Gründungen bei diesem Projekt gut bündeln und einsetzen konnten?

NG Ja, auf jeden Fall. Allerdings war für mich auch immer klar, dass die Arbeit bei Flying Health für mich begrenzt ist. Mir gefällt es einfach besser, an eigenen Sachen zu arbeiten, als andere zu evaluieren. Natürlich hat mir gerade dieses Projekt bei Flying Health noch eine ganz andere Perspektive mitgegeben, den ganzen Gründungsprozess nochmal aus einer anderen Perspektive betrachten zu können. Außerdem hat sich mein Netzwerk durch die Arbeit dort vergrößert. Flying Health hat zum Beispiel viele Start-ups, aber auch große Unternehmen als Partner und

Kunden und allein schon aus der Interaktion mit denen lernt man natürlich viel über den Zustand der Branche und aktuelle Trends und Problemfelder. Auch die Perspektive auf die Breite des Digital-Health-Marktes war natürlich interessant. Wir hatten uns vorher ja immer um alles selbst gekümmert und waren sehr auf unser Feld beschränkt. So konnte ich mir zusätzlich auch Projekte außerhalb meines eigenen Interessensgebietes anschauen. Aber auch dieses Projekt hatte eine begrenzte Laufzeit. Hinzu kommt, dass ich auch immer wieder mit der Idee gespielt habe, etwas Eigenes zu entwickeln. Das Konzept dazu hatte ich auch schon in der Tasche, aber die Leute, mit denen ich daran zusammengearbeitet hätte, habe ich leider nicht gefunden. Ich wollte auch nicht mehr mit Studenten gründen, sondern mit Fachleuten, die auch etwas Berufserfahrung haben. Das ist einfach ein ganz anderes Arbeiten. Damals habe ich auch öfter mit einem sehr guten Data Scientisten gesprochen, der wurde allerdings von einem Global Player angeworben.

I   Das heißt es ist nicht zu einer weiteren eigenen Gründung gekommen?

NG   Na ja, während der Zeit bei Flying Health hatte ich auch immer wieder mal Kontakt zu den beiden Kollegen, für die ich derzeit arbeite. Das sind Seriengründer aus den USA und Israel. Das heißt die bauen Firmen auf und steigen dann, nach einem Exit, aus dem Unternehmen wieder aus. Natürlich dauert das immer eine Weile bis man wieder irgendwo aussteigt, weil man nicht nur das Unternehmen und die Produkte aufbauen muss, sondern auch das Know-how in der Firma erstmal halten muss. Das heißt die haben immer eine etwa 1- bis 2-jährige Earn-out Phase, nach einem Exit. Zu der Zusammenarbeit kam es, da wir uns immer wieder mal zu Themen ausgetauscht haben, in denen ich mich etwas auskenne. Dann kam es vor kurzem dazu, dass sie mich auch gefragt haben, bei einem Projekt für sie mitzuarbeiten. Leider darf ich hier noch nicht sagen, um was es geht. Da der eine der beiden Kollegen in den USA lebt und der andere in Israel, war ich jetzt vor kurzem in Tel Aviv und habe das Entwicklungsteam dort kennengelernt. Ich bin echt total begeistert, weil das alles sehr erfahrene und kompetente Leute sind.

I   Wenn Sie sagen, dass es Ihnen so Spaß macht mit erfahrenen Leuten zusammenzuarbeiten, was heißt das in dem Kontext? Was macht jemanden aus, der im Gebiet Gründungen Erfahrungen hat?

NG   Also die Hauptkompetenz ist, glaube ich, wenn man ein Konzept entwickelt, abschätzen zu können, ob das Konzept umsetzbar ist, wie schnell das gehen würde und was man dafür tun müsste. Das zweite wäre, innerhalb des Projektteams gut kommunizieren zu können. Wir arbeiten ja in so einem Team alle mit eher flachen Hierarchien. So nach dem Prinzip verteilte Verantwortungslosigkeit. Es erfordert hierfür sehr viel Vertrauen untereinander. Gleichzeitig muss man sehr viel miteinander kommunizieren, damit das funktioniert. Und das ist eine Sache, die man lernen muss. Auch ich musste das erst lernen.

I   Welche Kompetenzen haben Sie dann für sich aus Ihren Projekten erwerben können?

NG Ich konnte zum einen lernen, wie man Verantwortung aufteilt. Zum anderen habe ich gelernt, wenn etwas innerhalb eines Projektes mal nicht so gut klappt, das offen zu kommunizieren und danach dann auch Dinge anzupassen. So zu arbeiten funktioniert einfach besser mit Kollegen, die schon Erfahrung haben. Die nehmen die Sachen einfach nicht immer so ernst. Man kann sich mit denen auch mal streiten und trotzdem fällt das Vertrauen untereinander nicht weg und man fühlt sich nicht direkt persönlich angegriffen. Natürlich kommt es auch immer darauf an, in welcher Rolle man sich befindet. Wenn man beispielsweise in der Rolle des Dienstleisters ist, muss man anders kommunizieren. Aber ich glaube wirklich, dass das Wichtigste, was man im Laufe der Zeit lernt, ist, Situationen gut einschätzen zu können. Als Student oder Forscher geht man z. B. ganz anders an Problemstellungen heran. In der Forschung dauert alles manchmal ein bisschen länger und die Situationen sind komplexer. Bei unseren Projekten ging es immer darum, möglichst schnell eine Idee erstmal einfach umzusetzen. Danach baut man diesen sogenannten Prototyp dann sukzessive aus.

I Das kann ich mir gut vorstellen. Gibt es denn auch etwas, was Ihnen jetzt noch nützt und was Sie im Laufe des Studiums gelernt haben?

NG Ja. Die fachliche Kompetenz auf jeden Fall. Und, was heute ja auch häufig vorkommt, so was wie Präsentationen oder das Verfassen von schriftlichen Beiträgen. Ich habe ja auch teilweise an verschiedenen Universitäten studiert und wenn das ein besonders kleiner Studiengang war, gab es natürlich auch vermehrt direkte Kommunikation mit den Lehrenden. Da habe ich auch schon viel dazu gelernt, wie man gut kommuniziert. Zum Beispiel offen zu sein. Ich bin ja dann auch auf alle möglichen Meetups gelaufen und die Leute hoch und runter, egal wer sie waren, angequatscht: Die Leute sind froh, sich mit jemandem über interessante Themen unterhalten zu können. Aber ich würde wirklich sagen, dass die größte Kompetenz aus dem Studium die fachliche ist.

I Welches Themengebiet würden Sie denn als Ihr fachliches Spezialgebiet bezeichnen? Ist das die Emotionserkennung?

NG Promoviert habe ich zunächst zu einem anderen, wenn doch eventuell verwandten Thema, nämlich zu Entscheidungsfindung. Mittlerweile beschäftige ich mich allerdings wieder mit ganz anderen Dingen, wie beispielsweise Semantik, Logik und Web of Data. Und die Grundlagen hatte ich alle mal im Studium. Das ist natürlich auch alles schon eine Weile her, aber man versteht auf jeden Fall die Konzepte und man kann sich schnell wieder einarbeiten. Das ist tatsächlich auch eine weitere Kompetenz, die ich aufgrund dessen erworben habe, weil ich auch viel interdisziplinär studiert habe: sich schnell in auch neue Themen einzuarbeiten, die grundlegende Diskussionskultur, die man in bestimmten Bereichen findet, zu erkennen und zu erfassen, was die wichtigsten Punkte zu einem bestimmten Thema sind. Das wird auch in der Methodologie im Start-up-Bereich viel gelehrt. Also eine Hypothese zu formulieren, diese dann möglichst schnell in ein konkretes Projekt umsetzen – den 1. Prototypen. Dann testet man den Prototypen und überprüft die Annahmen. Je nachdem wie die Ergebnisse ausfallen passt man dann im Anschluss den Prototypen an. Und so geht das immer weiter.

I Würden Sie sagen, dass Sie nach den ganzen Projekten, die Sie schon gestartet haben, ein Spezialist auf einem bestimmten Gebiet sind?

NG Spezialist denke ich nicht. Wenn dann eher Generalist. Die großen Themengebiete greifen da zu tief. Also ich kann mich wunderbar mit einem Mathematiker, Programmierer oder einem Mediziner hinsetzen und eine Idee entwickeln. Man versteht auch, was und wie die arbeiten, aber ich könnte jetzt nicht genauso spezialisiert arbeiten. Beispielsweise kann ich zwar etwas programmieren und Prototypen entwickeln, aber ich könnte keinen Code schreiben, der dann bestimmte Produktanforderungen gewährleistet oder so. Ich sehe mich mehr an der Schnittstelle. Bei meinem aktuellen Projekt arbeite ich z. B. auf der einen Seite mit dem Developer-Team zusammen und auf der anderen Seite mit den Unternehmensführern, die sich hauptsächlich mit Strategie befassen.

I Heißt das dann, dass Sie im Moment eher als Vermittler und Vorantreiber in dem Projekt tätig sind?

NG Ja schon, aber nicht nur. Ich entwickle auch selbst Konzepte, technische Lösungen und Implementierungen. Wenn ein Projekt beispielsweise in eine bestimmte Richtung läuft, dann sage ich schon, wie ich etwas machen würde, wenn ich mich dort auskenne. Das kann man dann natürlich nicht sofort in irgendeine App gießen, aber die Entwickler verstehen dann, wie es funktionieren kann, implementieren es dann in einer eleganteren und stabilen Form.

I Das hört sich ja jetzt schon etwas weiter weg vom Studium an. Wie kam es denn dazu, dass Sie überhaupt erstmal promoviert haben, bevor Sie sich in die kreative Welt der Gründer begeben haben?

NG Die Fragestellungen aus dem Studium haben mich schon immer fasziniert und Wissenschaft ist sehr kreativ. Meinen Bachelor habe ich beispielsweise im Bereich Psychologie in der Gruppe von Gerd Gigerenzer (am Max-Planck-Institut für Bildungsforschung in Berlin) geschrieben. Das war auch alles sehr spannend, aber damals für mich doch ein bisschen zu „high-level" in Bezug auf Hirn- und Verhaltensforschung. Den Master habe ich dann in Amsterdam in einem neurowissenschaftlichen Forschungslabor gemacht. Da habe ich mit genetisch veränderten Mäusen über die Basis geistiger Behinderung geforscht. Tierversuche in meiner Arbeit wollte ich aber nicht langfristig weitermachen, dafür sollte man eine Geduld aufbringen, die ich bei dieser Arbeit nur schwer aufzubringen vermag. Erwähnen möchte ich noch, dass es in Holland damals ein sehr gutes System gibt, mit Tierversuchen umzugehen. Beispielsweise mussten wir, bevor wir mit den Tieren arbeiten, erstmal noch einen Kurs belegen, in dem wir auch mit Tierschützern über den Sinn und Zweck unserer Forschung geredet und diskutiert haben. Nach Amsterdam bin ich wieder zurück ans Max-Planck-Institut in Berlin gegangen, wo ich auch schon meine Bachelorarbeit geschrieben hatte. Da gab es gerade eine neue Nachwuchsgruppe, die sehr spannende Forschung machte und deren Mitglieder unglaublich nett waren. Das ist mir immer richtig wichtig bei der Arbeit – dass man mit seinen Arbeitskollegen gut auskommt. Mit denen habe ich viel im Bereich Bildgebung (also fMRT, EEG etc.) und Computermodellierung von Entscheidungsverhalten und begleitender Hirnaktivität gearbeitet. Das Thema war auch ziemlich spannend.

I Was kann man sich unter Computermodellierung vorstellen?

NG Also wir haben uns damals ganz konkret damit beschäftigt, wie im Gehirn Wahrnehmungsentscheidungen verarbeitet werden. Ein Ansatz ist es, die mit bildgebenden Verfahren aufgezeichnete Hirnaktivität mittels formaler, mathematischer Prozesse zu beschreiben und erklärbar zu machen.

I Welcher Zweck wurde mit der Arbeit damals verfolgt? War das einfach Neugierde?

NG Ja, im Prinzip schon. Ich wurde hinsichtlich dieses Themas ein bisschen geprimed durch meinen Betreuer, den ich in Holland hatte. Die Idee war, zu erforschen, welche verschiedenen Repräsentationen von Verhalten und Denken es auf Hirnebene gibt und wie diese zusammenhängen. Und eine Ebene ist dabei auch die algorithmische. Solche Fragestellungen haben mich schon immer fasziniert und sind auch in der Philosophie verbreitet. Ich wollte mich aber nie ausschließlich philosophisch damit auseinandersetzen, sondern diese Fragestellungen irgendwie konkreter machen. Deswegen bin ich auch dazugekommen, Kognitionswissenschaften zu studieren. Ich wollte so komplexe Konzepte wie psychische Krankheit in quantitativen Modellen erfassen. Solche Modelle sind natürlich auch beschränkt, aber sie bringen in Hinblick auf die Verbesserung von aktuellen Behandlungen eventuell einen Mehrwert. Als ich z. B. in der Klinik mitgearbeitet habe, fand ich es erstaunlich, wie gerade im Bereich Parkinson, Alzheimer, aber auch bei anderen psychiatrischen und neurologischen Erkrankungen Therapieentscheidungen getroffen werden.

I Wieso? Wurden denn viele falsche Diagnosen getroffen?

NG Nein, falsch kann ich nicht sagen, ich bin kein Arzt. Aber die Entscheidungen unterliegen einer gewissen Subjektivität der Behandler, was manchmal ein Problem darstellen kann. Wir kommen jetzt hier vielleicht etwas vom Thema ab, aber was ich sehr interessant finde ist, dass man hier in Deutschland immer denkt, es sei gefährlich bei der Diagnostik eine KI-basierte Methode einzusetzen. Es gibt da sicherlich Risiken und diese Methoden lösen nicht jedes Problem. Sie können aber auch eventuell viel mehr Nachvollziehbarkeit von z. B. Diagnostikentscheidungen bieten. Mir haben z. B. auch viele Ärzte erzählt, dass sie es gut finden würden, wenn eine solche Methode ihre Entscheidungen evaluieren würde, damit sie sich ihrer eigenen Entscheidung sicherer sind. Gerade dieses Themengebiet finde ich sehr spannend. Vielleicht gehe ich auch irgendwann mal wieder in die akademische Welt zurück. Im Moment allerdings bleibe ich erstmal in der Start-up-Welt. Mir gefällt es, Dinge schnell umzusetzen und manches ist auch mit meinem Privatleben besser vereinbar. Außerdem macht es mir auch Spaß, meine Arbeit zu wechseln und verschiedene Projekte zu haben, was ja auch aus meinem Lebenslauf hervorgeht.

I Das stimmt. Es scheint immer vorwärts zu gehen. Bei solch einem Lebensstil stagniert man nicht.

NG   Ja genau. Das ist natürlich nicht immer erfolgreich und auch manchmal hart. Ich muss sagen, dass ich auch viel über mich selbst gelernt habe. Gerade in den Phasen, in denen es bei Affective Signals nicht so gut lief. Man muss die Leute und die Motivation zusammenhalten. Ich war ja derjenige, der das initiiert hatte. Man muss seine Kollegen motivieren, auch wenn man selbst manche Situationen als sehr niederschmetternd empfindet. Man muss lernen, auch an das zu glauben, was man macht. Im Deutschen redet man ja immer gerne gleich von Problemen. Aber es gibt auch das Wort Herausforderung. Das benutzen wir aber einfach nicht so häufig. Im Englischen würde man sagen: „there is a challenge". Bei SCOTT beispielsweise sind wir so vorgegangen, dass wir uns überlegt haben, welche Vorannahmen wir haben und welche Probleme wir lösen müssen und wie wir sie testen. Bei meinem aktuellen Projekt hingegen läuft das ganz anders. Wir formulieren eine Idee und dann leiten wir die Challenges, die Herausforderungen, ab. Dann überzeugt man Leute von der Idee. Was genau diese Herausforderungen sind, ist dabei eigentlich relativ irrelevant, solange das Team über die fachlichen Skills verfügt, die notwendig sind. Es kommt nur darauf an, sich ihnen zu stellen und seine Skills einzusetzen. Man findet immer einen Weg. Auch wenn das am Anfang vielleicht nicht so aussieht. Das heißt diese Herangehensweise ist quasi die umgekehrte Reihenfolge von deduktivem, wissenschaftlichem Forschen. Man fängt quasi mit der Lösung an, anstatt mit der Erklärung und der Theorie. Ich glaube auch, dass so eine Herangehensweise, wie sie auch bei den Start-ups aus dem sogenannten Deep-tech-Bereich zu finden ist, also einem Bereich, in dem man sich mit wirklich schwierigen, tiefen Problemen auseinandersetzt, die Wissenschaft ein Stück weit verändern kann. Gerade wenn man den Gesundheitsbereich betrachtet, gibt es viele Daten in einer nie da gewesenen Granularität. Auch die Art der Daten ist anders. Solche Voraussetzungen führen zu ganz anderen Fragestellungen. In unsere Gruppe war damals z. B. einer, der mittlerweile Professor in den USA ist, der hat sich soziale Neurowissenschaft auf der Ebene von Facebook-Interaktionen angeschaut.

I   Wenn Sie jetzt sagen, dass es in manchen Bereichen wichtig sein kann, das Pferd von hinten aufzuzäumen, würden Sie behaupten, dass dies vor allem von Bedeutung ist, wenn man gründet oder würden Sie tatsächlich sagen, dass der deduktive Ansatz in der Wissenschaft heute auch gar nicht mehr so angebracht ist?

NG   Nicht unbedingt. Aus meiner Sicht passt sich aber auch die Wissenschaft immer wieder an. Das hat natürlich auch was mit rein pragmatischen Dingen, wie z. B. Forschungsgeldern oder was gerade für interessante Themen diskutiert werden, zu tun. Die Wissenschaft hat aktuell andere Probleme, wie beispielsweise den freien Zugang zu Veröffentlichungen. Deswegen sollte sie es sich nicht nehmen lassen, auf ihre Weise Probleme zu lösen. Weiterhin muss man auch unterscheiden zwischen angewandter und Grundlagenforschung. Die angewandte Forschung könnte sich von der Herangehensweise beim Gründen schon etwas abschauen. Für die Grundlagenforschung würde ich das gar nicht so unbedingt sagen oder fordern. Eher anders herum. Oft werden ja Probleme auch vermeintlich durch technische Ideen gelöst, aber wenn man das in einem nur relativ schmalen Winkel betrachtet, dann löst man vielleicht gar kein Problem, sondern kreiert neue Probleme. Gerade im Bereich KI, der ja jetzt ein großer Renner überall ist, sagen sich viele Unternehmer, dass sie nicht nur die Lösung brauchen, sondern auch den Impact verstehen müssen. Also den Einfluss, den diese ganzen technischen Methoden, Zugänge etc. auf unsere Gesellschaft, auf uns haben. Dieses Bedürfnis nach Verständnis ist wirklich tiefgehend angelegt. Deswegen unterstützen die Unternehmen auch beispielsweise die Forschung. In bestimmten Bereichen, wie Computer Science, aber auch Neuro- und Kognitionswissenschaft, findet ja auch viel Forschung direkt im Unternehmen statt. Ein Beispiel ist hier das Thema „nudging" – vielleicht haben Sie schon davon gehört. In manchen Bereichen funktioniert das, in anderen ist das auch nur eine Art von Marketing mit neuem Vokabular. Da arbeiten Firmen und Expertengruppen auch schon seit einer Weile dran. Unternehmen bieten auch eine günstige Gelegenheit, um an komplexen Fragestellungen mit guten Leuten zusammenzuarbeiten. Es ist immer wichtig, über solche Fragen mit verschiedenen Menschen zu diskutieren. Nur so kommt man weiter. Wenn ich für ein Start-up recherchiere, spreche ich Befürworter und Gegner einer Idee an und rede auch mit der Konkurrenz. Also insgesamt denke ich, dass sich einige Ansätze aus Wissenschaft und Wirtschaft vermengen, das ist jetzt ja auch nicht so neu, eventuell, nur die Geschwindigkeit und die Bereiche in denen das passiert. Der ganze Hype mit digitalen Lösungen und so ist zwar extrem groß, aber es gibt auch viele Versprechen und da muss man erstmal abwarten, ob und wie die alle (ein-)gehalten werden.

I   Wenn Sie jetzt sagen, man muss, wenn man ein Start-up gründet, auch vor allem der Motor sein, der das ganze Projekt vorantreibt und seine Mitarbeiter motiviert, welche persönlichen Voraussetzungen muss man, Ihrer Meinung nach, unbedingt mitbringen, um in den Bereich des Gründens einzusteigen?

NG   Das ist schwierig. Es gibt natürlich nicht irgendein Rezept, das einen zum guten Gründer macht. Aber ich denke, man muss jemand sein, der auch immer ein Stück weit Geduld haben kann und man darf nicht opportunistisch sein, sondern überzeugt sein von seiner Idee. Das heißt man darf nicht starr sein, sondern man muss Vorschläge annehmen können und kritikfähig sein. Aber das kennt man ja auch schon aus der Wissenschaft. Eine gute Theorie ist hinterher auch widerlegbar und wird immer weitergetrieben oder widerlegt. Eine weitere Kompetenz ist es, sich selbst motivieren zu können, auch wenn es mal nicht so gut läuft. Man darf das nicht zu nah an sich rankommen lassen. Im Misserfolgsfall, aber auch im Erfolgsfall.

I   Wie funktioniert das denn – Dinge nicht zu sehr an sich rankommen zu lassen?

NG   Ich diskutiere z. B. auch viel mit meiner Frau. Die ist Künstlerin. Hat also nochmal eine ganz andere Perspektive. Die Identifikation zwischen Arbeit und Person ist bei mir nicht sehr nah, ehrlich gesagt ist das mit der Arbeit bei mir auch so, dass ich morgen was ganz anderes machen könnte.

I   Was mich noch interessieren würde – wie ist das so, wenn man von einem Projekt ins nächste übergeht, wie stellt man sich von dem einen auf ein neues ein?

NG   Man muss mit dem alten Projekt schon erst einmal abschließen. Also ich nehme mir da, soweit es die realweltlichen Probleme wie Einkommen und so, zulassen, schon immer ein bisschen Zeit, um das Ganze zu reflektieren. Schreibe das auch auf und unterhalte mich nochmal mit den beteiligten Mitarbeitern nach einer gewissen Distanz. Man redet dann darüber, was gut war und was nicht so gut war. Auf jeden Fall ist es wichtig, das erst nach einer gewissen Zeit zu machen, wenn alle etwas Abstand gewonnen haben. Außerdem versuche ich natürlich, jedes Projekt zu einem klaren Punkt zu beenden. Das habe ich bisher auch eigentlich geschafft. Also entweder liquidiert man das Projekt oder man hat einen bestimmten Prozess mit einem Ziel abgeschlossen, sodass dann da was ist, mit dem andere weiterarbeiten können. So ein guter Abschluss ist natürlich auch privat sehr wichtig. Vor allem darüber sprechen ist da hilfreich. Und für den Anfang, für neue Projekte, gilt natürlich immer, dass man auch Zweifel hat. Deswegen ist es mir immer ganz wichtig, mit guten Leuten zusammenzuarbeiten. Das ist somit das Wichtigste. Da kann ich dann auch über andere Sachen hinwegsehen. Und dann ist es natürlich wichtig, möglichst fundiert zu sehen, was die Knackpunkte sind, die Herausforderungen, die während des Projekts auftreten können. Kann man solche Herausforderungen erkennen, identifizieren und bin ich überzeugt davon, dass wir eine Lösung dafür finden. Und bei Flying Health war es nochmal ein bisschen anders. Das war auch nur ein recht kleines Team und da gibt es jetzt keine festen Arbeitsabläufe, sondern eher Rollen, die man einnimmt. Da muss man dann in einem Prozess erstmal herausfinden, wer welche Rolle spielt und welche man selbst übernimmt.

I   Wie sind Sie denn zu Ihrem aktuellen Projekt gekommen und wie sieht die Arbeit in etwa aus? Ich weiß, Sie dürfen noch nicht so viel verraten, aber welche Aufgaben haben Sie im Moment ungefähr?

NG   Im Moment arbeite ich für ein US-israelisches Start-up. Da arbeite ich mit Seriengründern zusammen. Das heißt der eine hat beispielsweise schon 3, der andere sogar schon 4 Unternehmen groß gemacht und verkauft. Die Idee unseres Projekts darf ich leider nicht erzählen, aber es geht um den sogenannten Deep-tech-Bereich. Das heißt wir entwickeln neue, komplexe technische Lösungen für ein, unserer Meinung nach, bestehendes Problem. Die Lösungen sind vor allem datenbasiert. Und dazu gekommen bin ich, weil ich den einen Gründer schon länger kenne und mich schon immer wieder mal zu fachlichen Themen mit ihm ausgetauscht habe. So was mache ich auch immer noch. Auch mit anderen Leuten. Also, dass ich verschiedene Projekte anschaue, helfe oder den Kontakt unter den Kollegen herstelle. Und so kam es, dass wir immer öfter gesprochen haben. Irgendwann kam dann noch der Mitgründer dazu und dann haben wir auch zu dritt öfter gesprochen. Parallel dazu haben die sich auch noch hervorragende Entwickler gesucht. Schlussendlich meinten sie dann, dass sie jetzt ein Team zusammen hätten und die Arbeit umsetzen würden. Dann habe ich mich mit allen beim Projektauftakt getroffen und das Team und das Problem an sich haben mich wirklich überzeugt.

I   Und welche Aufgaben haben Sie dann im Moment bei diesem Projekt ungefähr?

NG   Also am Anfang hatte ich schon Zweifel was dieses Projekt angeht. Mittlerweile haben wir aber, denke ich, ziemlich gut umrissen, was so die Herausforderungen sind. Jetzt sind wir dabei, diese Lücken oder Challenges zu füllen und mir ist klar, dass es auf jeden Fall nichts Unmögliches ist. An sich mache ich immer wieder kleine sogenannte POC(proof of concept)-Studien. Da implementiert man immer wieder mal kleine Ideen und schaut, ob bestimmte Dinge überhaupt funktionieren, wie schnell man die Idee umsetzen kann oder man unterhält sich mit Experten, denen man seine Idee vorstellt. Dann liest man auch viel Literatur oder probiert Tools von anderen Unternehmen aus. Mittlerweile befinden wir uns in der Phase, in der man so lange weiterentwickelt wie das Geld langt. Danach käme dann die Phase, in der man entweder schon Geld verdient oder einsammelt.

I Da kommen wir gleich zu meiner nächsten Frage – die Frage nach dem Geld. Wie verdient man denn sein Geld bei solchen Projekten? Hat man einen Auftrag, der finanziert wir oder wie läuft das?

NG Nein. Also dadurch, dass die beiden Seriengründer aus meinem jetzigen Team schon so bekannt sind, haben die Leute, mit denen sie öfter zusammenarbeiten und die auch signifikant Geld in den Anschub des Projektes reinstecken. Unser Ziel ist es jetzt, bis zum nächsten Frühjahr ein Prototyp zu haben und ein Geschäftsmodell. Wir führen auch schon Investorengespräche. Das läuft so, dass wir den Investoren unsere Idee und die Lösung vorstellen und die dann hoffentlich final sagen „Gut, ihr habt ein gutes Team und eine gute Idee, um ein relevantes Problem zu lösen, wir geben euch das Geld." Das habe ich früher auch etwas anders gemacht. Da habe ich viel mehr Zeit in monatliche Pläne gesteckt, die ich vorgestellt habe. Viele der jetzigen Investoren sagen, dass sie sich so was gar nicht anschauen und eine gröbere Planung erstmal ausreicht. Es kommt sowieso meist alles anders. Es wird eher vom Ende hergedacht und die glauben uns auch einfach, wenn die unsere Problemformulierung, den Lösungsansatz und unseren Track Record sehen, also dass tatsächlich auch mit dem Team schon Unternehmen gegründet wurden. Das war bei uns am Anfang ganz anders. Wir waren ja alles Wissenschaftler und da hat man uns nicht immer abgenommen, dass wir auch Ahnung vom Geschäfte machen haben. In Deutschland ist es auch grob gesagt häufig so, dass die Investoren bei ihrer Entscheidung so vorgehen, dass sie erstmal schauen, ob sie ähnliche Vorgehensweisen oder Modelle tatsächlich auch aus Deutschland kennen. Im Gesundheitsbereich gibt es da aber auch noch nicht so viele richtig erfolgreiche Modelle. Deswegen gibt es da auch noch viele Bedenken. In Amerika ist das anders. Die haben andere Assoziationen und das Risiko wird in anderen Bereichen verortet. Da heißt es „Gut, wir finden schon eine Lösung, wir schauen uns lieber die Leute an, die dahinterstehen und wenn die okay sind und das Problem einfach zu verstehen ist, dann machen wir mit." Wichtig ist hier tatsächlich auch die Einfachheit der Formulierung des Problems. Einfach zu formulieren, sollte man sich sofort antrainieren, wenn man in diesem Bereich arbeiten möchte. Das ist in der Wissenschaft ja im Prinzip auch so. Allgemein tendieren wir in Deutschland aber ja dazu, Dinge immer ein bisschen komplexer darzustellen. Damit kommt man in der Start-up-Welt aber nicht immer weit. Investoren verstehen die komplexen technischen Lösungen sowieso nicht, dafür gibt es Experten, die die Einschätzung, z. B. des Risikos, oder die Umsetzbarkeit abschätzen. Und die Experten werden dazu geholt, wenn man das Problem als Investor versteht. Das habe ich auch schon gemacht, dass ich Expertisen über Dinge geschrieben habe, die mir Investoren zum drüber schauen gegeben haben.

I Das heißt ein wichtiger Teil Ihrer Arbeit ist es auch, Investoren an Land zu ziehen und sie von Ihrer Idee zu überzeugen?

NG Ja, ganz genau. Auch die mentalen Modelle von den Investoren zu kennen oder zu erforschen, ist wichtig. In der Wissenschaft schaut man sich da immer eher an, was andere so publiziert haben und in der Investorenwelt schaut man sich eher an, was das für ein Typ Mensch ist, welche Meinungen vertritt er, wie wird in deren Unternehmen investiert. Also wo taucht der Investor auf, was sagt er so usw. Das ist eine ganz andere Art an Information. Man versucht auch zu verstehen, wie der/diejenige so tickt, damit man einerseits einschätzen kann, was deren Erwartungshaltung ist und andererseits kann man die Recherche auch zur Vorbereitung nutzen. Also wie erzähle ich meine Story. Die erzählt man ja auch nicht immer gleich.

I Als was für einem Beruf zugehörig würden Sie sich denn mittlerweile bezeichnen?

NG Das ist eine gute Frage. Also als Wissenschaftler sehe ich mich nicht mehr. Dafür bin ich schon zu lange raus aus dem Bereich. Wohl dann eher als Berater. Das kann zwar alles oder nichts heißen, aber passt eigentlich ganz gut. Scientific Consultant z. B.

I Jetzt habe ich noch eine Frage zur Vereinbarkeit von Beruf und Privatleben. Sie haben ja schon erzählt, dass Sie auch viel mit Ihrer Frau über die Arbeit reden. Wie schaffen Sie es, auch unter dem Aspekt der öfter wechselnden Projekte, Ihre Familie und die Arbeit unter einen Hut zu bekommen?

NG Ja, das ist tatsächlich eine Herausforderung. Ich habe ja 3 Kinder und denen wollen meine Frau und ich natürlich gerecht werden. Wir haben jetzt nicht Kinder in die Welt gesetzt, um sie weg zu organisieren. Auf der anderen Seite muss man natürlich schauen, dass man Leute in seiner Umgebung hat, denen man die Kinder auch mal anvertrauen kann und auf die man sich verlassen kann, gerade zwecks Selbsterfüllung. Also es ist wirklich schwierig. Es ist nie ganz gerecht immer 50:50 aufgeteilt. Das wäre schön. Ich versuche, mir immer eine gewisse Flexibilität zu erhalten. Ich arbeite ja sehr in der Nähe, aber deswegen nicht unbedingt weniger. Trotzdem kann ich dann auch oft meine Kinder abholen. Das habe ich schon extra so organisiert. Meine Frau ist in der Hinsicht auch relativ flexibel. Die hat ihr Atelier auch hier in der Umgebung. Es klappt natürlich nicht immer alles super, aber wir versuchen, es möglichst gut zu organisieren und ich steige auch nicht immer von einem Projekt volle Kanne in das nächste Projekt ein. Das wäre nicht machbar. Das klingt jetzt vielleicht so, als ob ich damit immer super gut umgehen würde, aber so leicht ist das für mich auch nicht, immer wieder neue Projekte anzufangen. Man hat ja auch Geld von Leuten bekommen und am Ende hat man das im Prinzip in den Sand gesetzt. Die wissen zwar immer, dass da ein Risiko dabei ist, trotzdem fühlt sich das nicht immer super an. So was versuche ich dann von meiner Familie fernzuhalten. Natürlich nicht immer. Das ist, glaube ich, ganz normal. Man muss einfach aus jeder Erfahrung, die man macht, weiter lernen. Es ist auf jeden Fall schwierig und wir führen viele Diskussionen. Es ist quasi ein ständiger Kampf, weil jeder sagt, „Das, was ich gerade mache ist wichtig." Das schwankt allerdings auch. Mal ist alles gut und alle sind gesund, mal haben alle gleichzeitig viel zu tun. Teilweise holen wir uns dann auch Hilfe.

I Das klingt auf jeden Fall nach einer weiteren Challenge. Kommen wir zu den letzten Fragen. Was mich noch interessieren würde: Haben Sie ein Vorbild?

NG Also ganz generell eigentlich nicht aus der Start-up-Welt. Aber vielleicht meine Mutter. Die ist ja auch Unternehmerin, also Ingenieurin, und hat auch selbst eine Firma aufgebaut. Und was ich bei ihr als Vorbild sehe ist, dass sie, obwohl sie griechisch ist, eine recht hanseatische Einstellung zu allem hat. Mit dem Thema Erfolg geht sie z. B. sehr nüchtern um. Das ist für sie nicht entscheidend und muss auch nicht ständig kommuniziert werden. Das ist gerade hier in Berlin nicht so gang und gäbe. Da geht es oft darum, wie viel Geld wer an Land gezogen hat. Das ist natürlich auch super. Das kriegt nicht jeder hin, aber ich finde das ist nicht das Entscheidende. Und das hat meine Mutter mir und meiner Schwester, glaube ich, gut vermittelt. Zum Erfolg gehört zwar viel Fleiß dazu, aber es ist auch einfach viel Glück. Man muss zur richtigen Zeit am richtigen Ort sein. Vieles kann man auch gar nicht so beeinflussen, wie man es gerne hätte. Man darf sich da selbst nicht zu ernst nehmen.

I Man muss quasi Abstand halten können. Das verstehe ich. Nun zu einer letzten Frage: Wo würden Sie sich in 10 Jahren sehen? Machen Sie sich da manchmal Gedanken drüber?

NG Ja, natürlich im Hinblick auf meine Kinder schon. Und was die berufliche Seite angeht würde ich mir meinen jetzigen Lebensstil schon gerne erhalten. Also auch bei dem Projekt, in dem ich jetzt gerade mitarbeite, glaube ich nicht, dass ich ewig bleiben werde. Das heißt ich würde es mir gerne erhalten, immer wieder neue Dinge anzufangen. Ein Traum ist es auch, mit ein paar guten Freunden oder auch mit meiner Frau mal ein Projekt zusammen zu machen. Ganz ehrlich habe ich auch noch nie soweit gedacht oder 10 Jahre lang im Voraus strategisch geplant. Das wird schon so alles kommen wie es kommt. Natürlich entwickelt man Pläne, sobald etwas eine gewisse Konkretisierung hat. Aber dass es nicht immer so kommt wie man plant, das habe ich auch bei den Start-up-Projekten gelernt. Auch kleine Dinge können sehr schnell viel verändern. Wir haben beispielsweise bei einem Unternehmen mal sehr lange pilotiert und hatten da einen sehr starken Fürsprecher, der relativ weit oben saß und dann hat der die Position gewechselt und dann war plötzlich ein Neuer da und der hatte ganz andere Pläne auf seiner Agenda. Solche Sachen muss man auch immer bedenken. Was ich mir tatsächlich auch vorstellen könnte, ist, es einmal in einer ganz anderen Szene oder einem anderen Land zu arbeiten. Ich bin ja Halbgrieche und bin auch in dieser Community aufgewachsen. Gerade das aktuelle Projekt, zu dem ich nach Tel Aviv musste, hat mich daran erinnert. Oder auch mal wo ganz anderes hinzugehen wie Asien.

I Was würde Sie daran reizen in einem anderen Land zu arbeiten? Ist das die andere Umgebung, die andere Denkweise oder Kultur?

NG Die Kultur. Also das, was ich machen werde, wird schon immer in einem gewissen Bereich sein. Und das mal in einem anderen Kontext zu machen, würde mich schon reizen. Gerade wenn man dann auch in einer anderen Sprache spricht, finde ich das spannend. Manche Dinge lassen sich gar nicht so wie hier kommunizieren. Man muss dann ganz andere Austauschformen finden.

I   Glauben Sie, die Sprache und eine andere Kultur könnten die Art von Ideen, die man entwickelt, beeinflussen?

NG   Ja, sicherlich.

I   Gut, dann bedanke ich mich herzlich bei Ihnen für das Gespräch, ich denke, da sind viele Gedanken dabei gewesen, die für Studenten, die sich für die Arbeits- und Organisationspsychologie des 21. Jahrhunderts interessieren, inspirierend und spannend sein können.

NG   Ich bedanke mich auch.
Video des Interviews (▣ Abb. 9.1):

▣ **Abb. 9.1**   Video 9.1 (▶ https://doi.org/10.1007/000-0st)

The manufacturer's authorised representative in the EU is Springer
Nature Customer Service Centre GmbH, Europaplatz 3, 69115 Heidelberg,
Germany. If you have any concerns regarding our products, please
contact ProductSafety@springernature.com

Printed and bound by CPI Group (UK) Ltd, Croydon, CR0 4YY

28/04/2026

02098489-0007